Jürgen Wolsfeld

Das Jagdrecht in Nordrhein-Westfalen

disserta Verlag

Wolsfeld, Jürgen: Das Jagdrecht in Nordrhein-Westfalen, Hamburg, disserta Verlag, 2014

Buch-ISBN: 978-3-95425-756-0
PDF-eBook-ISBN: 978-3-95425-757-7
Druck/Herstellung: disserta Verlag, Hamburg, 2014
Covermotiv: © carlosgardel – Fotolia.com

Bibliografische Information der Deutschen Nationalbibliothek:
Die Deutsche Nationalbibliothek verzeichnet diese Publikation in der Deutschen
Nationalbibliografie; detaillierte bibliografische Daten sind im Internet über
http://dnb.d-nb.de abrufbar.

© disserta Verlag, Imprint der Diplomica Verlag GmbH
Hermannstal 119k, 22119 Hamburg
http://www.disserta-verlag.de, Hamburg 2014
Printed in Germany

Für meine Ehefrau Melanie,
meine Kinder Sara-Tamar, Sebastian Manuel
und Benedict Jonathan

und

für meine Eltern
Jakobine und Werner Wolsfeld

Jürgen Wolsfeld, Oktober 2012

Der Autor

 Rechtsanwalt **Jürgen Wolsfeld** wurde am 12.07.1968 geboren und studierte nach seiner Ausbildung zum Industriekaufmann Betriebswirtschaftslehre und Rechtswissenschaft an der Universität Bielefeld und der Deutschen Hochschule für Verwaltungswissenschaften Speyer. Dieses Studium schloss er mit dem Staatsexamen ab.

[1] Er ist als Rechtsanwalt in Neuss tätig, Justiziar des Deutschen Wildschutzverbandes und Ausbilder für Jagdrecht an der Kölner Jägerschule, der Jägerschule Wermelskirchen und der Jägerschule Frohburg (Sachsen). Im Rahmen dieser Tätigkeit gibt er das jährlich stattfindende Seminar für Jagdrecht der Kölner Jägerschule im Jägerlehrhof Springe.

Daneben ist er ständiger Autor zweier Fachzeitschriften und war langjähriger Korrekturassistent am Lehrstuhl für öffentliches Recht der Universität Bielefeld.

Jürgen Wolsfeld ist zudem Mitautor des Jagdrechtsbuches „Jagdrecht im Freistaat Sachsen", erschienen im Neumann-Neudamm Verlag, Melsungen.

---

[1] Foto: Jürgen Wolsfeld.

Vorwort

Das Jagdrecht ist als Kernfach für das „grüne Abitur" nicht nur notwendiger Bestandteil zum Erwerb, sondern auch unverzichtbarer Wissensbestandteil zum dauerhaften Erhalt des Jagdscheins. In der Tat ist das Jagdrecht unentbehrliches Rüstzeug für jeden Jäger. Nur wer das Jagdrecht kennt, kann eigenes Unrecht vermeiden. Diese Erkenntnis muss sich dem Jäger dauerhaft einprägen.

Im Jagdbetrieb ist es erforderlich, die vorkommenden Ereignisse rechtlich richtig zu beurteilen. Entsprechend diesen Anforderungen erstreckt sich der Inhalt dieses Werkes auf das Bundesjagdgesetz und die wichtigsten Regelungen des Landesjagdgesetzes Nordrhein-Westfalen. Letztere Beschränkung auf das Landesrecht ist für ein überschaubares Werk unverzichtbar.

Die enorme Zersplitterung des Stoffs macht es teilweise erforderlich, nur das Grundsätzliche aufzuzeigen. In diesen Fällen mag der entsprechende Hinweis genügen. Vertiefende Studien seien dem Leser überlassen.

Das vorliegende Werk soll als Mittelweg zwischen dem Gesetzestext und der juristischen Kommentierung dienen. Es soll dem Jagdscheinanwärter das notwendige prüfungsrelevante Wissen im Jagdrecht vermitteln und dem praktischen Jäger schnelle Orientierungshilfe sein. Dies entbindet jedoch nicht davon ggf. anwaltlichen Rat einzuholen.

Die Darstellung erfolgt nah an dem Gesetzestext und reduziert sich letztlich auf markante Stichworte. Dabei dienen grafische Darstellungen am Anfang einiger Themengebiete der besseren Lernmöglichkeit. Der Autor hat die Erfahrung gemacht, dass eine solche Stoffvielfalt nur dann dauerhaft als Wissen „gespeichert" werden kann, wenn letztlich das jeweilige Themengebiet auf eine kurze grafische Darstellung reduziert werden kann. Dies haben die Jungjäger in zahlreichen Kursen bestätigt.

Für Anregungen, Hinweise und Kritik ist der Autor dankbar. Die 2. Auflage enthält u. a. Neuerungen im Jagd, Waffen- und Naturschutzrecht, sowie Ergänzungen zur Weidgerechtigkeit und Wildkrankheiten.

Neuss, im Oktober 2012

RA Jürgen Wolsfeld

Inhaltsverzeichnis

Einleitung

Die Jagd war nach deutschem Recht mit dem Eigentumsrecht verbunden. Ab 800 n. Chr. wurden von den Königen und in ähnlicher Art und Weise auch von den Kirchen große Waldgebiete zu Bannforsten erklärt. In diesen behielten sich die Könige und die Kirchen die Jagd vor. Die Verletzung dieses Vorrechts wurde bestraft. Zwischen den Bannforsten lagen die Allmenden, die Gemeindeeigentum waren. Hier konnten die Bauern zunächst noch frei jagen. Im Laufe der Zeit wurden sie auch hier von der Jagdausübung verdrängt. Im 16. Jahrhundert schwand die königliche Gewalt und die Landesfürsten erstarkten. In Zeiten des Lehns- und Ständewesens stand die Jagdgerechtigkeit dem Landesherrn zu. Vor diesem Hintergrund war das Jagdrecht zunächst Ländersache[2]. In den Revolutionsjahren 1848/49 gehörte das Jagdrecht zu den meistdiskutierten Rechtsmaterien an der Schnittstelle zwischen privatem und öffentlichem Recht[3]. Zur Ausübung der adligen Jagdlust gab es überhöhte Wildbestände. Dies führte zu enormen Wildschäden in der Landwirtschaft. Missernten und die Hungersnot im Jahr 1847 führten letztlich zur Anarchie der Jagd in den Revolutionsjahren[4]. In Deutschland erfolgte eine Aufhebung der Jagdregale. Alle bisher geltenden Jagdgesetze (Schonzeiten) wurden aufgehoben. Viele Bauern nutzten diesen fast gesetzlosen Zustand aus und es kam zur größten Wildmetzelei in der deutschen Jagdgeschichte. Es zeigte sich, dass auf diese Weise der Wildbestand bald ausgerottet sein würde. Die Mitglieder der Deutschen Nationalversammlung erhoben das Jagdrecht als Jedermannsrecht zum Grundrecht[5]. Am 20. Dezember 1848 beschlossen sie:

„Im Grundeigentum liegt die Berechtigung zur Jagd auf eigenem Grund und Boden. Die Jagdgerechtigkeit auf fremdem Grund und Boden, Jagddienste, Jagdfrohnden und andere Leistungen für Jagd-Zwecke sind ohne Entschädigung aufgehoben. Nur ablösbar jedoch ist die Jagdgerechtigkeit, welche erweislich durch einen lästigen, mit dem Eigenthümer des belasteten Grundstückes abgeschlossenen Vertrag erworben ist; über Art und Weise der Ablösung haben die Landesgesetzgebungen das Weitere zu bestimmen. Die Ausübung des Jagdrechts aus Gründen der öffentlichen Sicherheit und des gemeinen Wohls zu ordnen, bleibt der Landesgesetzgebung vorbehalten. Die Jagdgerechtigkeit auf fremdem Grund und Boden darf in Zukunft nicht wieder als Grundgerechtigkeit bestellt werden."[6]

Am 05. März 1850 erging in Preußen das Gesetz, dass jeder Grundstückseigentümer nur dann zur Jagdausübung berechtigt ist, wenn seine zusammenhängende Fläche mindestens 300 Morgen (75 ha) betrug. Soweit die Fläche kleiner war, wurden sie mit anderen Flächen zusammengelegt und gegen eine angemessene Pacht verpachtet. Hieraus resultiert das heutige Reviersystem (im Gegensatz zum Lizenzsystem[7]). Mitte des 19. Jahrhunderts floss der Naturschutzgedanke in die Jagd ein. Förster weisen darauf hin, dass Feldgehölze und Feuchtwiesen zur Erhaltung eines gesunden Wildbestandes zu erhalten seien. Gegen Ende des 19. Jahrhunderts entstand der Gedanke der „Hege mit der Büchse[8]." Eine weitere Veränderung erfuhren die Gesetze des Jägers mit dem Reichs-Jagdgesetz vom 03.07.1934. Erstmals wurden Vorschriften über den Abschussplan, das Bestehen einer Jägerprüfung und

---

[2] Schandau, Drees, Thies, Müller-Schallenberg, Das Jagdrecht in Nordrhein-Westfalen, 4. Aufl., 2007, S. 11, Schneider, Rincke, Das Jagdrecht im Freistaat Sachsen, 2. Aufl., 2005, S. 1 ff.

[3] Vgl. hierzu: Kohl, Gerald, Jagd und Revolution, Rechtshistorische Reihe, Band 114, 1993.

[4] Schwenk, Sigrid, Die Jagd von der Neuzeit bis zur Gegenwart, Zeitsprünge, Ausgabe April 2004, Seite 63.

[5] Zusammen mit anderen Grundrechten wurde der Jagdrechtsparagraph in die Frankfurter Reichsverfassung aufgenommen (Artikel IX, § 169).

[6] Schwenk, Sigrid, Die Jagd von der Neuzeit bis zur Gegenwart, Zeitsprünge, Ausgabe April 2004, Seite 63.

[7] Ein Lizenzsystem ist nur für den Sonderfall der Jagd auf Helgoland, dem Untersee und dem Rhein bei Konstanz zugelassen, vgl. § 44 BJagdG.

[8] Schwenk, Sigrid, Die Jagd von der Neuzeit bis zur Gegenwart, Zeitsprünge, Ausgabe April 2004, Seite 63.

der Abschluss einer Jagdhaftpflicht-Versicherung als Voraussetzung für den Erwerb eines Jagdscheins niedergeschrieben.

Nach 1945 wurde durch die Besatzungsmächte den deutschen Jägern das Führen von Waffen verboten. Die Jagd wurde in der Regel durch die Besatzer selbst ausgeführt. Mit dem Bundes-Jagdgesetz vom 29.11.1952 wurde das vormals umfassende Jagdgesetz auf notwendige Rechtsgrundsätze reduziert. Ein umfassendes Gesetzeswerk verbot das Bonner Grundgesetz vom 08.05.1949. Dieses sah für das Jagdwesen gemäß Art. 75, Ziffer 3 i. V. m. Art. 72 GG lediglich den Erlass von Rahmenvorschriften vor. Einem Rahmengesetz ist zu Eigen, dass die Länder den Rahmen entsprechend ausfüllen und verschärfen dürfen, eine Milderung der gesetzlichen Vorgaben ist jedoch nicht erlaubt.

In der ehemaligen DDR war eine Bindung des Jagdausübungsrechts an Grund und Boden seit der Bodenreform[9] im Jahre 1945 nicht vorhanden. Der Großgrundbesitz wurde zerschlagen, d.h. alle Landwirtschaftsbetriebe mit über 100 Hektar Nutzfläche entschädigungslos enteignet und an landarme und landlose Bauern verteilt. Die Festlegung von Mindestgrößen von Jagd- und Wildbewirtschaftungsgebieten wurde ebenfalls praktisch aufgehoben, da die Festlegung der Mindestgrößen von 75 bzw. 150 Hektar nicht mehr eingehalten werden konnte. Bis weit in das dritte Quartal 1946 erfolgte im sowjetischen Besatzungsgebiet keine organisierte Jagd mehr. Es kam zu hohen Wildschäden durch eine Verdreifachung des Schwarzwildvorkommens[10]. Daher erfolgte ab September/Oktober 1946 die Ausübung der Jagd durch Jagdkommandos bzw. Jagdgesellschaften um den enormen Wildschäden zu begegnen. So wurden die Aufgaben der Kommandos auch unscharf definiert als „Schutz des gesellschaftlichen Eigentums vor Schaden durch wild lebende Tiere" und „Nutzung des Wildbestandes für die Lebensmittelversorgung der Bevölkerung"[11]. Im Jahre 1947 erfolgte zunächst nur die Freigabe von 15 Langwaffen mit glatten Läufen je Landesforstamt. Dies bedeutete, dass 75 Waffen für 10 Millionen Hektar Jagdfläche vorhanden waren. Mit der Gründung der DDR am 7. Oktober 1949 wurden die Jagdkommandos der Deutschen Volkspolizei und deren Chef und damit letztlich dem Ministerium des Innern als oberster Aufsichtsbehörde unterstellt. Während bisher Polizeiangehörige in die Jagdkommandos berufen wurden, war jetzt auch die Berufung anderer Staatsangehöriger möglich. Erst 1962 erfolgten die Neuordnung des Jagdwesens und die Übertragung der Jagdbewirtschaftungsbezirke an die staatlichen Forstwirtschaftsbetriebe. Die Mitglieder der Jagdgesellschaften hatten Beiträge zu entrichten. Diese Beiträge waren gering, da das Wild grundsätzlich abzuliefern war. Für die Mitglieder der Staatsführung galten jedoch Sonderregelungen. Das Jagdrecht der DDR wich erheblich von den bisher bekannten Traditionen und dem der Bundesrepublik Deutschland ab. Wesentliche Abweichungen waren:

- Der sozialistische Staat gewährleistet den Arbeitern, Genossenschaftsbauern und anderen Werktätigen das Recht und die Bedingungen zur Ausübung der Jagd und stellt den Jagdgesellschaften unentgeltlich Jagdflächen zur Verfügung[12],
- Wild ist Volkseigentum[13],

---

[9] Auf der Grundlage von Beschlüssen der Potsdamer Konferenz der UdSSR, der USA und Großbritannien (17. Juli bis 2. August 1945).

[10] Klemm, M., Schwarzwild und Schwarzwildschäden in Deutschland 1946, Nachrichtenblatt Pflanzenschutzdienst, Berlin, 2. Jg, H. 28, Seite 74-77.

[11] Callenius, Hans-Walter, Unsere Jagd, Sonderheft, „Jagd und Jäger in der DDR, 9/2000.

[12] Einführung zum Gesetz über das Jagdwesen der Deutschen Demokratischen Republik, GBl. I Nr. 18, Seite 217.

[13] § 3 des Gesetz über das Jagdwesen der Deutschen Demokratischen Republik, GBl. I Nr. 18, Seite 217.

- Die Jagdgebiete werden völlig von den Eigentumsstrukturen an Grund und Boden getrennt[14] und zu zusammenhängenden Größen von mindestens eintausend bis höchstens viertausend Hektar zusammengelegt,
- Aufsichtsbehörde war das Ministerium für Land-, Forst- und Nahrungsgüterwirtschaft als Oberste Jagdbehörde[15]. Daneben wurden Räte der Bezirke gebildet[16].

Seit der Deutschen Wiedervereinigung gilt das Bundesjagdgesetz im gesamten Bereich der Bundesrepublik Deutschland. Heute muss sich der Jagdscheinanwärter – neben dem Bundesjagdgesetz in der Fassung vom 29.09.1976 - mit einer Vielzahl von Gesetzen auseinandersetzen. Dies sind vor allem:

- Bundesjagdgesetz (BJG)[17]
- Waffengesetz (WaffG)[18]
- Allgemeine Waffengesetz-Verordnung (AwaffV)[19]
- Tierschutzgesetz
- Tierschutz-Hundeverordnung[20]
- Tierseuchengesetz
- Tierkörperbeseitigungsgesetz
- Tollwutverordnung
- Fleischhygiene-Verordnung (Tier-LMHV)
- Strafgesetzbuch (StGB)
- Bürgerliches Gesetzbuch (BGB)
- Naturschutzgesetz
- Bundeswildschutzverordnung
- Bundesartenschutzverordnung
- Landesjagdgesetz Nordrhein-Westfalen (LJG-NW)
- Verwaltungsvorschrift zum Landesjagdgesetz Nordrhein-Westfalen – Runderlass des Ministeriums für Umwelt, Raumordnung und Landwirtschaft vom 24.01.2000[21]
- Nachdem im April 2010 die neue Verordnung zur Durchführung des Landesjagdgesetzes[22] in Kraft getreten ist, löst diese numehr die nachfolgenden Verordnungen ab:
  - Verordnung über die Jägerprüfung vom 12. April 1995 (GV.NW. S. 482), zuletzt geändert durch VO vom 08. März 2002[23]
  - Verordnung über die Falknerprüfung (Falknerprüfungsverordnung)[24]
  - Verordnung über die Bejagung, Fütterung und Kirrung von Wild (Fütterungsverordnung) vom 23. Januar 1998[25] sowie durch Art. 111 EuroAnqG NRW vom 25. September 2001[26]

---

[14] § 2 Abs. 2 des Gesetz über das Jagdwesen der Deutschen Demokratischen Republik, GBl. I Nr. 18, Seite 217.

[15] § 4 des Gesetz über das Jagdwesen der Deutschen Demokratischen Republik, GBl. I Nr. 18, Seite 217.

[16] § 10 ff. des über das Jagdwesen der Deutschen Demokratischen Republik, GBl. I Nr. 18, Seite 217.

[17] In der Fassung vom 29. September 1976 (BGBl. I S. 2849), zuletzt geändert durch Artikel 12g Absatz 16 des Gesetzes vom 24.08.2004 (BGBl. I S. 2198).

[18] Waffengesetz vom 11. Oktober 2002 (BGBl. I S. 3970, BGBl. I 2003, S. 1957), geändert durch Art. 3 des Gesetzes vom 10. September 2004 (BGBl. I S. 2318).

[19] Allgemeine Waffengesetz-Verordnung vom 27. Oktober 2003 (BGBl. I S. 2123), die zuletzt durch Artikel 2 Absatz 63 des Gesetzes vom 22. Dezember 2011 (BGBl. I S. 3044) geändert worden is

[20] Tierschutz-Hundeverordnung vom 2. Mai 2001 (BGBl. I S. 838), die durch Artikel 3 des Gesetzes vom 19. April 2006 (BGBl. I S. 900) geändert worden ist.

[21] MBl. NW S. 196.

[22] GV.NRW.S.238, zuletzt geänder durch Art. 1 ZweiteÄndVO v. 14.11.2011 (GV.NRW.S.564).

[23] GW.NRW. S. 105.

[24] in der Fassung vom 11. Juli 1978 (GV. NW. S. 135), zuletzt geändert d. Gesetz v. 17.12.2009 (GV.NRW.S.871)

- Verordnung über die Verwendung von Fanggeräten und die Voraussetzungen und Methoden der Fallenjagd (Fangjagdverordnung)[27]
- Verordnung über die Beschränkung der Verwendung von Bleischrot[28]
- Verordnung zur Klasseneinteilung und Abschuss von männlichem Schalenwild außer Schwarzwild[29]

> Verordnung über die Jagdzeiten vom 31. März 2010[30]
> Verordnung über Bewirtschaftungsbezirke für Rotwild, Sikawild, Damwild und Muffelwild vom 28. September 2001[31]
> Zielbestände für Bewirtschaftungsbezirke für Rotwild, Sikawild, Damwild und Muffelwild vom 28. September 1994[32]
> Richtlinien über die Gewährung von Zuwendungen aus den Mitteln der Jagdabgabe[33]
> Berücksichtigung von Belangen der Forstwirtschaft durch die Jagdbehörden des Landes Nordrhein-Westfalen[34]
> Forstliche Stellungnahme zur Abschussplanung für Schalenwild[35]
> Verordnung über den Schutz von Wild (Bundeswildschutzverordnung) vom 25. Oktober 1985[36], zuletzt geändert durch Art. 3 der Verordnung vom 16.02.2005[37]
> Verordnung über die Zulassung von Ausnahmen von den Schutzvorschriften für besonders geschützte Tierarten vom 25. Oktober 1994[38]
> Ausübung der Jagd in Naturschutzgebieten[39].

Obwohl diese Liste recht umfangreich ist, ist diese nicht abschließend. Vorerst ist es jedoch ausreichend, die wichtigsten Passagen aus diesen Gesetzen zu kennen. Lediglich diese werden für die Prüfung relevant sein.

Mit Inkrafttreten der Föderalismusreform am 1. September 2006 ist die Zuständigkeit für die Jagdgesetzgebung zwischen Bund und Ländern neu geordnet worden. Der Bund braucht sich nun nicht mehr auf Rahmenvorschriften zu beschränken sondern kann detaillierte Regelungen erlassen. Gleichzeitig räumt die Föderalismusreform den Ländern ein umfangreiches Abweichungsrecht ein. Das Recht der Jagdscheine bleibt aber dem Bund vorbehalten.

Die beiden tragenden Säulen unseres heutigen Jagdwesens sind das so genannte Reviersystem und die dem Inhaber des Jagdrechts auferlegte Pflicht zur Hege. Die Hege ist zugleich in den allgemeinen Biotop- und Artenschutz eingebettet.

---

[25] GV.NW.S.186;ber. S. 380/SGV.NW.S.37.
[26] GV.NRW. S.738.
[27] vom 05. Juli 1995 (GV.NW.S.918);ber. 1997 S. 388/SGV.NW.792), geändert durch Art. 110 EuroAnyG NRW vom 25. September 2001 (GV.NRW.S. 738).
[28] GV.NRW.S.448, zuletzt geändert durch § 41 Abs. 2 Nr. 4 LandesjagddurchführungsVO v. 31.3.2010.
[29] GV.NRW.S.914.
[30] Gesetz und Verordnungsblatt (GV. NRW.) Ausgabe 2010 Nr.14 Seite 235 bis 248.
[31] GV.NRW.S. 738.
[32] GV.NW.S.984.
[33] RdErl MUNLV vom 24.09.2000 – III B 6 71-60-00.03.
[34] RdErl. MURL vom 17. Januar 1995 MBl NW S. 304.
[35] RdErl. des MURL vom 02. Oktober 1995 (MBl.NW S. 1626).
[36] BGBl. I S. 2040.
[37] BGBl. I S. 258.
[38] GV. NW S. 964.
[39] Runderlass des Ministeriums für Umwelt, Raumordnung und Landwirtschaft (MURL) vom 01. März 1991 (MBl. NW S. 507).

Vorbemerkung:

Voraussetzung für das Verständnis der Gesetzestexte ist aber der Aufbau der
Behördenstruktur in Nordrhein-Westfalen. Folgende Tabelle sollte daher vom
Jagdscheinanwärter beherrscht werden:

	Jagdbehörden	Forstbehörden	Naturschutzbehörden
untere Ebene	Kreis oder die kreisfreie Stadt	staatliche Forstämter (für Kreis Neuss in MG) (Ausnahme Staatswald Tannenbusch, FA Bonn)	Kreis und kreisfreie Städte als untere Landschaftsbehörde
obere Ebene	Landesbetrieb Wald und Holz NRW Münster	Landesbetrieb Wald und Holz NRW Münster als höhere Forstbehörden	Bezirksregierungen als höhere Landschaftsbehörden (RP in Köln, D´dorf, Detmold, Arnsberg und Münster)
Oberste Ebene		Ministerium für Klimaschutz, Umwelt, Landwirtschaft, Natur- und Vertbraucherschutz des Landes Nordrhein-Westfalen	

1. Teil: Die Jagdbehörden

Der dreistufige Aufbau der Jagdbehörden ist in § 46 LJG geregelt.

(1) Oberste Jagdbehörde ist das Ministerium. Es ist zugleich oberste Sonderaufsichtsbehörde.
(2) Obere Jagdbehörde ist das Landesamt für Ernährungswirtschaft und Jagd. Es führt die Sonderaufsicht über die untere Jagdbehörde.
(3) Untere Jagdbehörde ist der Kreis oder die kreisfreie Stadt als Kreisordnungsbehörde.

I. Untere Jagdbehörde

Untere Jagdbehörde ist der Kreis oder die kreisfreie Stadt. Sie wird bezeichnet als
„Kreisjagdamt". Ihre Aufgaben nehmen sie als Ordnungsbehörden war. Vor diesem
Hintergrund sind sie sog. Pflichtaufgaben zur Erfüllung nach Weisung. Nach § 48 LJG-NW
gilt der Grundsatz der Allzuständigkeit der unteren Jagdbehörde. Demnach ist diese Behörde
für sämtliche Belange der Jagd **sachlich** zuständig. Lediglich ergangene oder noch ergehende
Durchführungsverordnungen können etwas anderes bestimmen.

Als Erstbehörde ist die untere Jagdbehörde z.B. zuständig für

➢ Erteilung, Versagung und Einziehung von Jagdscheinen
➢ Durchführung der Jägerprüfung

- Überprüfung der Jagdpachtverträge
- Erlass von Bußgeldbescheiden bei Verletzung jagdrechtlicher Vorschriften
- Überwachung des Abschusses
- Anmeldung eines Beizvogels, § 3 Abs. 2 Nr. 4a BWildSchV
- Abrundung von Jagdbezirken u. a.

Die örtliche Zuständigkeit richtet sich nach dem betroffenen Recht. Soweit ein ortsgebundenes Recht (Jagdrecht, Jagdausübungsrecht) betroffen ist, ist die Behörde zuständig, in deren Bezirk der Ort liegt. Ist allerdings eine Angelegenheit der natürlichen Person betroffen, ist die Behörde örtlich zuständig, in deren Bezirk die natürliche Person ihren gewöhnlichen Aufenthalt hat (z.b. Beantragung des Jagdscheins).

Sind mehrere Behörden zuständig, gilt der Prioritätsgrundsatz. Es entscheidet die Behörde, welche zuerst mit der Angelegenheit befasst wurde. Allerdings kann die zuständige Aufsichtsbehörde eine abweichende Regelung treffen.

Die untere Jagdbehörde ist auch zuständige Behörde oder Stelle im Sinne der Bundeswildschutzverordnung[40].

II. Obere Jagdbehörde

Obere Jagdbehörde ist der Landesbetrieb Wald und Holz in Münster (§ 46 Abs. 2 Satz 1 LJG-NW). Sie ist Sonderaufsichtsbehörde für die 53 unteren Jagdbehörden und führt die Obere Aufsicht über die Jagdgenossenschaften in NRW. Das Weisungsrecht dieser Behörde richtet sich nach den §§ 8 ff. OBG. Ausdrücklich zugewiesen sind dieser Behörde folgende Verwaltungsaufgaben:

1. Die Entscheidung über die Zuständigkeit bei der Abrundung, Zusammenlegung oder Teilung von gemeinschaftlichen Jagdbezirken, soweit die örtliche Zuständigkeit mehrerer unteren Jagdbehörden betroffen ist.

2. Die Bestimmung der zuständigen Jagdbehörde, soweit mehrere Jagdbehörden für die Bildung von Hegegemeinschaften zuständig sind.

3. Die staatliche Anerkennung eines Fachinstitutes.

4. Die Regelung der Jagdausübung in Wildschutzgebieten und in Nationalparken.

5. Die Festsetzung des Abschussplanes, soweit ein Einvernehmen mit dem Jagdbeirat nicht zu erzielen ist.

6. Die befristete Aufhebung der Schonzeit in Sonderfällen.

7. In Einzelfällen die Zulassung des Lebendfangs von Wild während der Schonzeit, des Erlegens von Wild, für das eine Jagdzeit nicht festgesetzt ist; das Aushorsten (aus dem Nest nehmen) von Junghabichten für Beizzwecke; die Gestattung des Ausnehmens der Gelege von Federwild.

---

[40] Verordnung über die Zuständigkeit der Bundeswildschutzverordnung vom 26. September 1989, GV. NW. S. 508; geändert durch Artikel 166 des Dritten Befristungsgesetzes vom 5.4.2005 (GV. NRW. S. 306), in Kraft getreten am 28. April 2005.

8. Die Genehmigung des Aussetzens fremder und weiterer Tierarten in der freien Wildbahn.

9. Die Führung der oberen Aufsicht über die Jagdgenossenschaften.[41]

Die Abrundung von Jagdbezirken erfolgt durch behördlichen Verwaltungsakt, der der Klage zugänglich ist. Eine Abrundung kommt z. B. dann in Betracht, wenn eine Veränderung aus dem Gesichtspunkt der Hege und der Jagdausübung zweckmäßig erscheint[42]. Für die Abrundung ist es unerheblich, ob ein privater Dritter dieser zustimmt oder diese ablehnt. Auch allein die Zweckmäßigkeit ist nicht ausreichend[43].

III. Oberste Jagdbehörde

Die Oberste Jagdbehörde ist das **Ministerium** für **Klimaschutz, Umwelt, Landwirtschaft, Natur- und Verbraucherschutz** des Landes Nordrhein-Westfalen. Es hat seinen Sitz in Düsseldorf. Das Ministerium führt die Aufsicht über die obere Jagdbehörde und die unteren Jagdbehörden als Sonderaufsichtsbehörde. Es ist zugleich Sonderordnungsbehörde i. S. des § 12 OBG NW. Eine Übertragung von Verwaltungszuständigkeiten ist nicht erfolgt.

Für staatseigene Jagdbezirke sind je nach Landesrecht die Forstbehörden zuständig. Diese regeln die wesentlichen Aufgaben der unteren Jagdbehörde. Die staatlichen Forstbetriebe des Landes Nordrhein-Westfalen bewirtschaften nur rund 1,6 % der gesamten Jagdfläche des Landes in Eigenregie (Verwaltungsjagden).

IV. Verwaltungsverfahren/Rechtsweg

Seit dem 1. November 2007 wurde in Nordrhein-Westfalen durch das 2. Gesetz zum Bürokratieabbau vom 9.10.2007[44] in einer Reihe von verwaltungsrechtlichen Fällen das Widerspruchsverfahren gestrichen. Anhand des Gesetzeswortlautes muss daher in jedem Einzelfalle geprüft werden, ob vor der Klageerhebung ein Widerspruchsverfahren durchzuführen ist.

Nach dem Widspruchsverfahren bzw. bei Entbehrlichkeit, wird Klage beim Verwaltungsgericht (VerwG) erhoben (§§ 74 ff. VwGO). Nächsthöhere Instanz ist dann das Oberverwaltungsgericht (OVG). Zurzeit wird überprüft, ob ein Widerspruchsverfahren zukünftig noch durchgeführt werden muss. Eine entsprechende gesetzliche Änderung bleibt abzuwarten.

V. Beratungsorgane

Bei der Erfüllung ihrer Aufgaben werden die Jagdbehörden vom Jagdbeirat und von Jagdberatern unterstützt. Beide Organe haben beratende Funktion.

---

[41] Vgl. §§ 3 Abs. 5; 8 Abs. 2 Satz 2; 19 Abs. 3; 20 Abs. 2; 22 Abs. 6; 24 Abs. 2 und 3; 31 Abs. 2 und 3;
   47 Abs. 3 LJG NW
[42] OVG Niedersachsen, Urteil vom 06.12.1990, JE II Nr. 115, RdL 1991, Seite 293.
[43] BVerwG, Urteil vom 29.01.1981 in JE II Nr. 42.
[44] GV.NRW.2007 S. 939.

1. Der Jagdbeirat

Der Jagdbeirat wird bei den Jagdbehörden zur Beratung von Angelegenheiten grundsätzlicher Bedeutung und wichtiger Einzelfragen gebildet (§§ 37 Abs. 1 BJG, 51 Abs. 3 LJG NW). Dieser setzt sich zusammen aus

- drei Jägern (entsandt vom zuständigen Landesjagdverband Nordrhein-Westfalen e.V.)
- zwei Vertretern der Landwirtschaft (entsandt vom zuständigen Landwirtschaftsverband)
- zwei Vertretern der Forstwirtschaft (entsandt von den Verbänden der Waldbesitzer)
- einem Vertreter der Jagdgenossenschaft (entsandt von der Körperschaft, die die Aufgaben der unteren Jagdbehörde wahrnimmt)
- einem Vertreter des Naturschutzes (gemeinsam benannt von den nach § 58 BNatSchG anerkannten Vereinen)
- einem Vertreter der unteren Forstbehörden (benannt von der höheren Forstbehörde)
- und dem hauptamtlichen Landrat bzw. Oberbürgermeister, der die Aufgaben der unteren Jagdbehörde wahrnimmt.

Der Jagdbeirat soll dem widerstreitenden Interessenausgleich der Jäger, Landwirtschaft, Forstwirtschaft, des Naturschutzes und der Jagdgenossenschaften dienen.

Bei der Obersten Jagdbehörde wird der Landesjagdbeirat gebildet (§ 51 Abs. 1 LJG NW), der sich in der Zusammensetzung erweitert.

Die Mitglieder der Jagdbeiräte sind ehrenamtlich tätig (§§ 81 bis 87 VwVfG NW), erhalten jedoch eine Aufwandsentschädigung nach § 24 KrO i. V. m. § 33 GO bzw. dem Gesetz über die Entschädigung ehrenamtlicher Mitglieder von Ausschüssen v. 13.05.1958 (GV.NW.S. 193).

Die Mitglieder des Jagdbeirates sind weisungsunabhängig. Die Beschlüsse des Jagdbeirates bindet die Jagdbehörde jedoch nicht (Ausn.: Einvernehmen bei Bestätigung/Festsetzung der Abschusspläne, §§ 21 Abs. 2 Satz 1 BJG; 22 Abs. 3 und 4 LJG NW).

2. Die Jagdberater

Der Jagdberater und sein Stellvertreter werden aus der Mitte des Jagdbeirates gewählt (§ 51 Abs. 4 LJG NW). Sie beraten die Jagdbehörde bei der Erfüllung der laufenden Geschäfte (§ 51 Abs. 5 Satz 1 LJG NW). Auch ist die Wahl eines Vertreters für bestimmte Angelegenheiten, z.B. als Vertreter des Jagdberaters im Prüfungsausschuss für die Jägerprüfung (vgl. § 2 Abs. 2 JPO), zulässig. Der Jagdberater und deren Stellvertreter sind jagdlich erfahrene Personen, die ehrenamtlich tätig sind und Inhaber eines Jagdscheins sein müssen (§ 51 Ab. 4 LJG NW).

VI. Sonstige Organe

Weitere Organe sind die Vereinigung der Jäger und die Forschungsstelle für Jagdkunde und Wildschadensverhütung.

1. Vereinigung der Jäger (§ 52 LJG NW)

Die Vereinigung der Jäger ist der freiwillige Zusammenschluss der Jäger in den Landesjagdverbänden/Landesjägerschaften der einzelnen Bundesländer. Es gibt 16 deutsche

Landesjagdverbände mit knapp 300.000 Mitgliedern. Weist eine Vereinigung von Jägern nach, dass ihr mehr als ein Drittel der Jagdscheininhaber im Lande NRW angehört, so ist sie von der obersten Landesjagdbehörde als Landesvereinigung der Jäger anzuerkennen. Der Landesjagdverband NRW hat mehr als 60.000 Mitglieder[45].

Dachverband ist der Deutsche Jagdschutzbund e.V. (DJV). Mitglieder des DJV sind die einzelnen Landesjagdverbände (LJV), Mitglieder der LJV die jeweiligen Kreisjägerschaften. Die einzelnen Jäger sind Mitglieder der Kreisjägerschaften in den verschiedenen Hegeringen.

Dem Landesjagdverband NRW obliegt die Förderung[46]

- des Artenschutzes durch geeignete Maßnahmen zur Erhaltung artenreicher, gesunder und den landeskulturellen Verhältnissen angepasster Wildbestände, insbesondere durch nachhaltige Nutzung,
- des Tierschutzes durch tierschutzgerechte Jagd sowie die Bekämpfung von Wildseuchen,
- des Naturschutzes und der Landschaftspflege im Sinne des Bundesnaturschutzgesetzes und des Landschaftsgesetzes NW,
- des Biotopschutzes durch die Sicherung und Pflege der Lebensräume wildlebender Tierarten,
- des jagdlichen Schießens und Jagdhornblasens sowie der Führung und Prüfung brauchbarer Jagdhunde gemäß Vorgabe Landesjagdgesetz,
- des Natur- und Umweltbewusstseins junger Menschen, insbesondere in außerschulischen Lernorten.

Der Deutsche Jagdschutzbund e.V. ist Mitglied der FACE (Fédération des Associations des Chasseurs et Conservation de la Faune Sauvage de l´U.E.).

2. Forschungsstelle für Jagdkunde und Wildschadensverhütung (§ 53 LJG NW)

Diese ist im Geschäftsbereich des Ministeriums errichtet. Aufgabe dieser Stelle ist u. a. die Erforschung der Wildkrankheiten sowie deren möglichen Bekämpfung und die Öffentlichkeitsarbeit.

3. Landschaftswacht

Die Landschaftswacht ist beauftragte der Unteren Landschaftsbehörde für den Außendienst. Die Landschaftswacht soll die zuständigen Behörden über nachteilige Veränderungen in der Landschaft benachrichtigen und darauf hinwirken, dass Schäden von Natur und Landschaft abgewendet werden (§ 13 Abs. 1 LG NW).

---

[45] Zahl gemäß Landesjagdverband Nordrhein-Westfalen, Jagd und Jäger 2007/2008, Seite 58.
[46] Entnommen aus: Jagd und Jäger 2007/2008, Seite 58.

Fragenkatalog zum 1. Teil [47]

1. Wer ist zuständig für die Ahndung von Überschreitungen des Abschussplanes?

2. Von wem wird der Jagdberater gewählt?

3. Welche Stellen in Nordrhein-Westfalen sind Untere Jagdbehörden?

4. Welcher Stelle ist der Abschussplan einzureichen?

5. Welche der aufgeführten Stellen nimmt in der Regel die Abrundung von Jagdbezirken vor?

6. Bei welcher Behörde sind der Abschluss sowie jede Änderung eines Jagdpachtvertrages anzuzeigen?

7. Welche Stelle ist die höhere Landschaftsbehörde?

8. Welche Funktion hat der Jagdberater?

9. Was verstehen Sie unter der „Landesvereinigung der Jäger"?

10. Welche Behörde kann das Aushorsten von Junghabichten zu Beizzwecken zulassen?

11. Bei welcher Behörde ist ein Beizvogel anzumelden?

12. Welche Aufgaben hat die Landschaftswacht?

---

[47] Beim schriftlichen Teil der Prüfung sind aus den Sachgebieten des § 3 Absatz 2 Nummer 1 bis 4 je 25 Fragen anhand eines Fragebogens den Bewerbern zur schriftlichen Beantwortung vorzulegen. Der Fragebogen ist so zu gestalten, dass die Beantwortung der Fragen durch Ankreuzen vorgegebener Antworten möglich ist. Der Fragebogen wird für jeden Prüfungstermin von der oberen Jagdbehörde landeseinheitlich erstellt. Die Fragen sind dem unter www.jaegerpruefungsfragen.nrw.de veröffentlichten Fragenkatalog von insgesamt fünfhundert Fragen zu entnehmen. (sog. Multiple-Choice-Verfahren). Nachfolgend sind innerhalb dieses Werkes nach jedem Kapitel einige Fragen des vorgenannten Teils zusammengefasst. Zur Anerkennung von gleichwertigen ausländischen Jägerprüfungen vgl. Anlage „Verwaltungsvorschrift zum Landesjagdgesetz Nordrhein-Westfalen (VV-LJG-NRW) in diesem Buch.

1. Die Untere Jagdbehörde ist für die Ahndung zuständig. Dabei handelt es sich um eine Ordnungswidrigkeit (§§ 56 Abs. 1 LJG-NRW, 39 Abs. 2 Nr. 3 BJG).

2. Der Jagdberater wird vom Jagdbeirat gewählt (§ 51 Abs. 4 Satz 2 LJG-NW).

3. Die Kreise oder kreisfreien Städte (§ 46 Abs. 3 LJG-NW).

4. Der Abschussplan ist bei der zuständigen Unteren Jagdbehörde einzureichen (§ 22 Abs. 1 LJG-NW).

5. Die Untere Jagdbehörde (§ 3 Abs. 5 LJG-NW).

6. Bei der örtlich zuständigen Unteren Jagdbehörde (§§ 12 Abs. 1 BJG, 14 Abs. 1 LJG-NW).

7. Die Bezirksregierungen (§ 8 Abs. 1 Satz 2 LG NRW).

8. Der Jagdberater berät die Jagdbehörden und wirkt als Prüfer bei der Jägerprüfung mit (§§ 51 Abs. 5 Satz 1 LJG-NW).

9. Diese weist eine Vereinigung von Jägern nach, der mehr als ein Drittel der Jagdscheininhaber im Land Nordrhein-Westfalen angehören. Sie ist dann von der Obersten Landesjagdbehörde als Landesvereinigung der Jäger anzuerkennen (§ 52 Abs. 1 LJG-NW).

10. Die Obere Jagdbehörde (§ 24 Abs. 3c LJG-NW).

11. Bei der Unteren Jagdbehörde (§ 3 Abs. 2 Nr. 4 a BWildSchV).

12. Die Landschaftswacht ist Beauftragte der Unteren Landschaftsbehörde für den Außendienst. Sie soll die zuständigen Behörden über nachteilige Veränderungen in der Landschaft benachrichtigen und darauf hinwirken, dass Schäden von Natur und Landschaft abgewendet werden (§ 13 Abs. 1 LG NRW).

§ 1 BJG

Inhalt des Jagdrechts

(1) Das Jagdrecht ist die ausschließliche Befugnis, auf einem bestimmten Gebiet wildlebende Tiere, die dem Jagdrecht unterliegen (**Wild**), zu **hegen**, auf sie die Jagd **auszuüben** und sie sich **anzueignen**. Mit dem Jagdrecht ist die **Pflicht** zur Hege verbunden.

(2) Die Hege hat zum Ziel die **Erhaltung** eines den landschaftlichen und landeskulturellen Verhältnissen angepassten **artenreichen** und **gesunden Wildbestandes** sowie die Pflege und Sicherung seiner Lebensgrundlagen; auf Grund anderer Vorschriften bestehende gleichartige Verpflichtungen bleiben unberührt. Die Hege muss so durchgeführt werden, dass Beeinträchtigungen einer ordnungsgemäßen land-, forst- und fischereiwirtschaftlichen Nutzung, insbesondere Wildschäden, möglichst vermieden werden.

(3) Bei der Ausübung der Jagd sind die allgemein anerkannten Grundsätze deutscher Weidgerechtigkeit zu beachten. (Außerhalb des Gesetzestextes: Das Oberlandesgericht Koblenz bezeichnet den Begriff der Weidgerechtigkeit als **Summe der rechtlich bedeutsamen geschriebenen und ungeschriebenen Regeln, die bei der Jagdausübung als weidmännische Pflichten zu beachten sind**).

(4) Die Jagdausübung erstreckt sich auf das **Aufsuchen, Nachstellen, Erlegen** und **Fangen** von Wild.

(5) Das Recht zur Aneignung von Wild umfasst auch die ausschließliche Befugnis, **krankes** oder **verendetes** Wild, **Fallwild** und **Abwurfstangen** sowie **Eier** von Feder**wild** sich anzueignen.

(6) Das Jagdrecht unterliegt den Beschränkungen dieses Gesetzes und der in seinem Rahmen ergangenen landesrechtlichen Vorschriften.

§ 1 LJG NW

Ablieferungspflicht von Kennzeichen

Wer bei der Ausübung der Jagd oder des Jagdschutzes bei erlegtem, gefangenem oder verendetem Wild Kennzeichen vorfindet, ist verpflichtet, die **Kennzeichen** bei der **unteren Jagdbehörde** unter Angabe von Zeit und Ort des Fundes unverzüglich abzuliefern[48].

---

[48] Die Ablieferungspflicht trifft grundsätzlich nur den jagdausübenden oder den jagdschutzausübenden Jäger. Allerdings dürfte auch der Jäger gemeint sein, der gerade nicht jagdlich handelt. Nicht betroffen ist aber z.B. der Erholungsuchende Waldspaziergänger.

Inhalt des Jagdrechts
„Jagdbezirke", „Wild"

Nach dem gesetzlichen Inhalt der Vorschrift des § 1 Abs. 1 Satz 1 Bundesjagdgesetz ist das Jagdrecht die ausschließliche Befugnis, auf einem bestimmten Gebiet wildlebende Tiere, die dem Jagdrecht unterliegen (Wild), zu hegen, auf sie die Jagd auszuüben und sich anzueignen. Mit dem Jagdrecht verbunden ist die Pflicht zur Hege. Durch diese Bestimmung, soll der fortschreitenden Gefährdung vieler Tierarten entgegengewirkt werden. Der Inhalt des Jagdrechts in seinen einzelnen Rechten und Pflichten ist im Gesetz genau umschrieben.

Das Jagdrecht ist Teilinhalt des umfassenden Eigentumsrechts am Grund und Boden, kann jedoch öffentlich-rechtlich durch Regelungen des Natur- und Landschaftspflegerechts, des Tierschutzes und des Ordnungsrechts überlagert sein.

Das Jagdrecht umfasst gemäß der Vorschrift des § 905 BGB die Erdoberfläche, den Erdkörper unter der Erdoberfläche und den Luftraum.

Der Eigentümer kann dieses Recht jedoch nur dann tatsächlich ausüben, wenn sein Grundeigentum einen Eigenjagdbezirk im Sinne des § 7 BJG bildet. Diese Unterscheidung zwischen Jagdrecht und Jagdausübungsrecht ist der Grundgedanke der deutschen jagdrechtlichen Bestimmungen[49].

Das Jagdauübungsrecht (§ 8 Abs. 5 BJG) stellt einen Vermögenswert des privaten Rechts dar, das bei gemeinschaftlichen Bezirken in der Regel durch Verpachtung genutzt wird (§ 10 BJG). Es gehört wie das Fischereirecht[50] zu den sonstigen Rechten i. S. d. § 823 Abs. 1 BGB, so dass seine Verletzung Schadensersatzansprüche[51] oder Unterlassungsansprüche auslösen kann. Ist der Jagdausübungsberechtigte durch eine unfallbedingte Körperverletzung an der Ausübung seines Jagdausübungsrechts (Jagdpachtrechts) zeitweise gehindert, kann dieser Schaden beim Schmerzensgeld Berücksichtigung finden[52]. Das Jagdausübungsrecht genießt als konkrete subjektive Rechtsposition, die der Jagdgenossenschaft als öffentlichrechtliche Körperschaft zusteht, den Schutz des Art. 14 GG[53]. Der Jagdvorstand muss für die ungehinderte Ausübung der Jagd Sorge tragen[54].

In Deutschland herrscht das Reviersystem. Es gibt zwei Arten von Reviersystemen, das Eigenjagdrevier und das gemeinschaftliche Jagdrevier. Demnach sind **Jagdbezirke**, in denen

---

[49] Schandau, Drees, Thies, Müller-Schallenberg, Das Jagdrecht in Nordrhein-Westfalen, 4. Aufl., 2007, § 1 BJG, Seite 17.

[50] BGH, Urteil vom 31.3.2007, III ZR 258/06.

[51] Vgl. etwa LG Trier, Urteil vom 21.06.2005, 1 S 183/04 zur Höhe des Schadensersatzes auf Tötung eines Rehkitzes, BGH, Urteil vom 30.10.2003, III ZR 380/02, BGH in NJW RR 2004, Seite 100, 101 f..

[52] BGH in BGHZ 55, S. 146.

[53] Oberverwaltungsgericht NRW, Urteil vom 27.02.2007, 9a D 129/04.G, Seite 5.

[54] LG Köln, Urteil vom 16.07.1987.

die Jagd ausgeübt werden darf, entweder Eigenjagdbezirke (§ 7 BJG) oder gemeinschaftliche Jagdbezirke (§ 8 BJG). Der im allgemeinen Sprachgebrauch vielfach verwendete Begriff „Jagdrevier" hat im Bundesjagdgesetz keine Verwendung gefunden.

Den Gegensatz bildet das sog. „Lizenzsystem", wonach die Jagd auf Grund einer allgemeinen Erlaubnis an jedem beliebigen Ort ausgeübt werden darf. Das Lizenzsystem ist heute – von örtlichen Ausnahmen abgesehen (§ 44 BJG) - gesetzlich ausgeschlossen (Wattenmeer, Jagd auf Seehunde).

Aufgrund der Mindestgrößenanforderung entstehen die Jagdbezirke grds. kraft Gesetzes.

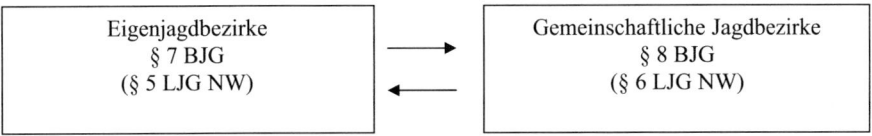

In diesem Zusammenhang gebietet zunächst die Entscheidung des Europäischen Gerichtshofs für Menschenrechte (EGMR) vom 10. Juli 2007 Beachtung[55]. Der EGMR entschied, dass das Luxemburger Gesetz über die Verpachtung der Jagd und die Entschädigung für Wildschäden vom 20. Juli 1925 gegen die EU-Menschenrechtskonvention verstößt und damit europarechtswidrig ist, soweit dieses Gesetz eine Zwangsmitgliedschaft in einer Jagdgenossenschaft[56] vorsieht. Das Gericht sieht die Vereinigungsfreiheit nach Artikel 11 der Europäischen Menschenrechtskonvention als verletzt an. Nun ist Luxemburg nicht Deutschland. Jedoch ist hier zu beachten, dass das Luxemburger Gesetz den Bestimmungen im Bundesjagd- und den Landesjagdgesetzen sehr ähnelt. Zudem ist eines der gewichtigen Argumente für diese Entscheidung, dass die ethisch-moralischen Bedenken gegen die Jagd überwiegen. Auf eine Entschädigung in Geld komme es nicht an. So ist es auch nicht verwunderlich, dass die Entscheidung des Bundesverfassungsgerichts über die Verfassungsmäßigkeit der Zwangsmitgliedschaft in einer Jagdgenossenschaft[57] nunmehr dem EGMR zur Entscheidung vorgelegt wurde. Sieht der EGMR auch in dieser Entscheidung einen Verstoß gegen die EU-Menschenrechtskonventionen, besteht die Gefahr, dass „jagdfreie Zonen" entstehen. Die Gefahr besteht durchaus, da beim EGMR die Meinung besteht, das das Ziel des Jagdgesetzes, das ökologische Gleichgewicht zu wahren, auch ohne Zwangsmitgliedschaft erreicht werden kann. Damit wäre das Ende des gemeinschaftlichen Jagdbezirkes eingeläutet. Man mag sich kaum vorstellen, was dies für die Wildschadensvermeidung und die Wildfolge bedeuten würde[58]. Wild, welches aus „jagdfreien Zonen" einwechselt oder sich dorthin flüchtet, könnte dort nicht bejagt werden. Tierseuchenbekämpfung könnte an der Grenze zur „jagdfreien Zone" enden. Der Erfolg wäre mithin sehr fraglich. Das Verwaltungsgericht Würzburg hat noch kürzlich eine Klage zweier Tierschützer und Jagdgegner gegen die Mitgliedschaft in einer Jagdgenossenschaft abgewiesen[59]. Zudem hat der EGMR ausdrücklich hervorgehoben, dass die Mitgliedstaaten

[55] EGMR, Schneiders vs. Großherzogtum Luxemburg, 10. Juli 2007, Az.: 21113/04.
[56] Das Jagdgenossenschaftssystem wurde im 19. Jahrhundert eingeführt. Es beendete die ausbreitende ungeordnete Bauernjagd nach Abschaffung des Jagdmonopols des Landesherrn.
[57] BVerwG, Urteil vom 14.04.2005, 3 C 31/04; BGH, Urteil vom 15.12.2005, III ZR 10/05; Nichtannahmebeschluss des BVerfG, Beschluss vom 13.12.2006, 1 BvR 2084/05.
[58] Vgl. auch: Nieding, Ende des Reviersystems?, Pirsch 8/2008, Seite 28 (31).
[59] VG Würzburg, Urteil vom 13.11.2008, Az.: W 5 K 07.1084 und W 5 K 07.1501; Pirsch 01/2009, Seite 24.

gem. Art. 1 Abs. 2 des Protokolls Nr. 1 ein großen Ermessensspielraum bei der Wahl der Umsetzungsmodalitäten haben, wenn das Eigentumsrecht des Einzelnen durch das Gesetz eingeschränkt wird um den allgemeinen Interessen gerecht zu werden.

Anders aber der Europäische Gerichtshof für Menschenrechte in Straßburg. In seiner Entscheidung zu dem „Luxemburger Sachverhalt" aus dem Jahr 2007[60] führt er aus, dass es in Bezug auf das luxemburgische Jagdgesetz nicht gerechtfertigt sei, den „kleinen Eigentümer zu verpflichten, das Jagdrecht auf ihrem Land zu übertragen, damit Dritte davon Gebrauch machen, der den Überzeugungen der Eigentümer völlig widerspricht." Dies erweise sich als unverhältnismäßige Belastung, die nicht durch den zweiten Absatz von Art. 1 Zusatzprotokoll gerechtfertigt sei.

Diese Entscheidung wurde von Jagdrechtlern heftig kritisiert. Zu einem kurzen „Aufatmen" führte dann die erste „Deutschland-Entscheidung" der kleinen Kammer des EGMR[61]. Hier erklärte die Kammer die Rüge der Verletzung der negativen Vereinigungsfreiheit in der Form der Pflichtmitgliedschaft in der Jagdgenossenschaft für unzulässig und sah auch keine Eingriffe in die Eigentumsfreiheit, Gewissensfreiheit und Gleichbehandlungsgrundsatz.

Gegen dieses Urteil der kleinen Kammer legte der Kläger die Beschwerde ein und beantragte eine Entscheidung der siebzehnköpfigen großen Kammer. Die große Kammer knüpfte an die „Frankreich-Entscheidung"[62] und die „Luxemburger-Entscheidung" aus dem Jahr 2007 an und gab der Beschwerde am 26.06.2012 statt. Der EGMR stellte mit der Mehrheit der Stimmen eine Verletzung von Artikel 1 Protokoll Nr. 1 (Schutz des Eigentums) zur Europäischen Menschenrechtskonvention (EMRK) fest. Er gelangte zu der Auffassung, dass sich die Situation in Deutschland nicht substantiell von derjenigen unterschied, die er in den Fällen von Frankreich und Luxemburg geprüft hatte. Der EGMR sah keinen Grund, von seinen Folgerungen in den Fällen aus Frankreich und Luxemburg abzuweichen. Demnach ist die Verpflichtung, die Jagd auf dem eigenen Land zu dulden, obwohl dies aus Gewissensgründen abgelehnt wird, eine unverhältnismäßige Belastung des Grundstückseigentümers.

Die Europäische Menschenrechtskonvention entfalten als Vertragsvölkerrecht nebst den Zusatzprotokollen wegen Art. 59 Abs. 2 Satz 1 Grundgesetz innerstattliche Wirksamkeit. Durch die Übernahme nach Art. 59 Abs. 2 Satz 1 Grundgesetz erhalten diese Konventionen und ihre Zusatzprotokolle den Status eines Bundesgesetzes. Sie stehen mithin unmittelbar unter dem Grundgesetz und sind von den Jagdbehörden wie ein solches anzuwenden.[63] Der Gesetzgeber ist mithin gefordert das Jagdgesetz einer Änderung zu unterziehen. Hans-Jürgen Thies schlägt eine Ergänzung des § 6 Bundesjagdgesetz vor. Grundeigentümern könnte das Recht eingeräumt werden, ihr Grundstück als befriedeten Bezirk erklären zu lassen. Entscheiden würde die Jagdbehörde unter Abwägung der Allgemeinwohlbelange und der Individualinteressen.[64] Dem stimme ich zu, da damit das Reviersystem zunächst erhalten bliebe. Es besteht nämlich durchaus die Gefahr, dass das Reviersystem als Bestandteil der öffentlichen Ordnung in Anbetracht der Entscheidung des EGMR, Art. 20a GG und den neuesten wissenschaftlichen Erkenntnissen über die Selbstregulierung des Wildes nicht mehr zu halten ist.[65]

---

[60] EGMR, Schneider vs. Großherzogtum Luxemburg, 10. Juli 2007, Az.: 21113/04.
[61] EGMR, Herrmann vs. Deutschland, 20.Januar 2011, Az.: 9300/07.
[62] EGMR, Chassagnou u.a. vs. Frankreich, 29. April 1999, Az.: 25088/94, 28331/95, 28443/95.
[63] Vgl. BVerfGE 74, S. 358 (370); 82, S. 106 (120).
[64] Thies, Hans-Jürgen, „Wie es für Jäger weitergeht", Rheinisch-Westfälischer Jäger, 8/12, S. 4.
[65] Vgl. Seiler, Christian, Der deutsche Jagdzwang auf dem Prüfstand des Europäischen Gerichtshofs für Menschenrechte, NuR, 2012, S. 165 (168).

In der Zwischenzeit müssten die Gerichte, mangels anderslautender Behördenanweisung, entscheiden.

§ 7 BJG – Eigenjagdbezirke

(1) Zusammenhängende Grundflächen mit einer land-, forst- oder fischereiwirtschaftlich nutzbaren Fläche von **75 Hektar**, die im Eigentum ein und derselben Person oder einer Personengemeinschaft stehen, bilden einen Eigenjagdbezirk. Die Länder können abweichend von Satz 1 die Mindestgröße allgemein oder für bestimmte Gebiete höher festsetzen.

Soweit am Tag des Inkrafttretens des Einigungsvertrages in den Ländern eine andere als die in Satz 1 bestimmte Größe festgesetzt ist, behält es dabei sein Bewenden, falls sie nicht unter 70 Hektar beträgt. Die Länder können, soweit bei Inkrafttreten dieses Gesetzes eine solche Regelung besteht, abweichend von Satz 1 bestimmen, dass auch eine sonstige zusammenhängende Fläche von 75 Hektar einen Eigenjagdbezirk bildet, wenn dies von Grundeigentümern oder Nutznießern zusammenhängender Grundflächen von mindestens 15 Hektar beantragt wird.

(2) Ländergrenzen unterbrechen nicht den Zusammenhang von Grundflächen, die gemäß Absatz 1 Satz 1 einen Eigenjagdbezirk bilden. In den Fällen des Absatz 1 Satz 4 besteht ein Eigenjagdbezirk, wenn nach den Vorschriften des Landes, in dem der überwiegende Teil der auf mehrere Länder sich erstreckenden Grundflächen liegt, für die Grundflächen insgesamt die Voraussetzungen für einen Eigenjagdbezirk vorliegen würden. **Im Übrigen gelten für jeden Teil eines über mehrere Länder sich erstreckenden Eigenjagdbezirkes die Vorschriften des Landes in dem er liegt.**

(3) Vollständig eingefriedete Flächen sowie an der Bundesgrenze zusammenhängende Grundflächen von geringerem als 75 Hektar land-, forst- und fischereiwirtschaftlich nutzbaren Raum können allgemein oder unter besonderen Voraussetzungen zu Eigenjagdbezirken erklärt werden; dabei kann bestimmt werden, dass die Jagd in diesen Bezirken nur unter Beschränkungen ausgeübt werden darf.

(4) In einem Eigenjagdbezirk ist jagdausübungsberechtigt der Eigentümer. An Stelle des Eigentümers tritt der Nutznießer, wenn ihm die Nutzung des ganzen Eigenjagdbezirks zusteht.

§ 5 LJG NW Eigenjagdbezirke (Zu § 7 BJG)

(1) Ist eine Personenmehrheit oder eine Juristische Person Eigentümer oder Nutznießer eines Eigenjagdbezirks und wird die Jagd weder durch Verpachtung noch durch angestellte Jäger ausgeübt, so sind jagdausübungsberechtigt diejenigen, die von den Verfügungsberechtigten der unteren Jagdbehörde benannt werden. Die untere Jagdbehörde kann eine angemessene Frist setzen. Wird innerhalb der Frist keine geeignete Person benannt, so kann die untere Jagdbehörde die Anordnungen, die zur Ausübung und zum Schutze der Jagd erforderlich sind, auf Kosten der Eigentümer oder Nutznießer treffen.

Die untere Jagdbehörde kann die Zahl der Personen, die gemäß Satz 1 benannt werden können, bei Jagdbezirken bis zu 300 ha auf zwei Personen und für jede weiteren vollen 150 ha auf je eine weitere Person beschränken.

(2) Der Eigentümer von Flächen, die an einen Eigenjagdbezirk angegliedert werden, hat gegen den Eigentümer oder Nutznießer des Eigenjagdbezirks einen Anspruch auf eine den Flächenanteil entsprechende angemessene Entschädigung. Als angemessene Entschädigung ist der Pachtpreis anzusehen, der für den gemeinschaftlichen Jagdbezirk der Gemeinde gezahlt wird, in der der Eigenjagdbezirk liegt, oder wenn in einer Gemeinde mehrere gemeinschaftliche Jagdbezirke bestehen oder der Eigenjagdbezirk sich über mehrere Gemeinden erstreckt, der Durchschnittspachtpreis der an den Eigenjagdbezirk angrenzenden gemeinschaftlichen Jagdbezirke. Bei verpachteten Eigenjagdbezirken hat der Eigentümer einen Anspruch auf eine dem Flächenanteil entsprechende angemessene Entschädigung in Höhe des Pachtpreises, wenn dieser höher ist als die nach Satz 2 zu zahlende Entschädigung.

(3) Die **Obere** Jagdbehörde kann vollständig eingefriedete Grundflächen sowie an der Bundesgrenze liegende zusammenhängende Grundflächen von geringerem als 75 ha land-, forst- oder fischereiwirtschaftlich nutzbarem Raum zu Eigenjagdbezirken erklären, wenn dies aus Gründen der Jagdausübung oder Jagdpflege geboten erscheint. Sie kann hierbei bestimmen, dass die Jagd in diesen Bezirken nur unter Beschränkung ausgeübt werden darf. Als vollständig eingefriedet gelten solche Grundflächen, die gegen das Ein- und Auswechseln von Wild – ausgenommen Federwild, Wildkaninchen und Raubwild – dauernd umzäunt sind und keine Einsprünge besitzen[66].

§ 8 BJG Gemeinschaftliche Jagdbezirke

(1) Alle Grundflächen einer Gemeinde oder abgesonderten Gemarkung, die **nicht zu einem Eigenjagdbezirk gehören**, bilden einen **gemeinschaftlichen Jagdbezirk**, wenn sie im **Zusammenhang mindestens 150 Hektar** umfassen.

(2) Zusammenhängende Grundflächen verschiedener Gemeinden, die im Übrigen zusammen den Erfordernissen eines gemeinschaftlichen Jagdbezirkes entsprechen, können auf Antrag zu gemeinschaftlichen Jagdbezirken zusammengelegt werden.

(3) Die **Teilung** gemeinschaftlicher Jagdbezirke in mehrere selbständige Jagdbezirke kann **zugelassen** werden, **sofern jeder Teil die Mindestgröße von 250 Hektar** hat.

(4) Die Länder können die Mindestgrößen allgemein oder für bestimmte Gebiete höher festsetzen.

(5) **In gemeinschaftlichen Jagdbezirken steht die Ausübung des Jagdrechts der Jagdgenossenschaft zu.**

§ 6 LJG NW Zusammenlegung und Teilung gemeinschaftlicher Jagdbezirke (zu § 8 BJG)

(1) Zusammenhängende Grundflächen verschiedener Gemeinden, die im Übrigen zusammen den Erfordernissen eines gemeinschaftlichen Jagdbezirks entsprechen, können auf Antrag zu einem gemeinschaftlichen Jagdbezirk zusammengelegt werden. Dem Antrag ist stattzugeben, wenn er von Grundstückeigentümern gestellt wird, die über mehr als die Hälfte der zusammenhängenden Grundflächen verfügen.

(2) Die Zusammenlegung benachbarter gemeinschaftlicher Jagdbezirke innerhalb einer Gemeinde zu einem neuen gemeinschaftlichen Jagdbezirk kann zugelassen werden, wenn sie von allen beteiligten Jagdgenossenschaften beschlossen worden ist.

---

[66] Vgl. aber § 5 Abs. 3 LJG-NW (untere Jagdbehörde).

(3) Die Teilung eines gemeinschaftlichen Jagdbezirks in mehrere selbständige Jagdbezirke darf nur zugelassen werden, sofern die Jagdgenossenschaft sie beschlossen hat, jeder Teil die Mindestgröße von 300 ha hat und die Teilung den Erfordernissen der Hege und Jagdausübung entspricht.

Merke:

In dem in Deutschland vorherrschenden Reviersystem, gibt es zwei räumliche Einheiten, innerhalb derer die Jagd ausgeübt werden darf. Zum einen ist dies der Eigenjagdbezirk, zum anderen der gemeinschaftliche Jagdbezirk. In gemeinschaftlichen Jagdbezirken steht die Jagdausübung der Jagdgenossenschaft zu.

Grundflächen, die nicht Eigenjagdbezirksgröße (75 Hektar zusammenhängende Jagdfläche eines Eigentümers) erreichen, gehen kraft Gesetzes in die Jagdgenossenschaften auf Gmeinde- bzw. Gemarkungsebene ein. Sie sind damit Bestandteil gemeinschaftlicher Jagdbezirke. Diese umfassen privates, körperschaftliches und staatliches Grundeigentum. Das Jagdausübungsrecht wird von den Jagdgenossenschaften in der Regel verpachtet. In seltenen Fällen wird es durch Mitglieder selbst wahrgenommen oder es werden Jäger angestellt.

Alle Grundflächen einer Gemeinde oder abgesonderten Gemarkung, die nicht zu einem Eigenjagdbezirk gehören, bilden einen gemeinschaftlichen Jagdbezirk, wenn sie im Zusammenhang mindestens 150 Hektar umfassen. Diese Regelung hat den Sinn, dass ausreichend große Jagdbezirke geschaffen werden und damit die zweckmäßige Jagdausübung und die Hege gewährleistet sind.

Die Zahl der Jagdpächter wird bei gemeinschaftlichen Jagdbezirken bis zu 300 Hektar auf zwei beschränkt. In größeren Jagdbezirken ist für jede weiteren vollen 150 Hektar je ein weiterer Pächter zulässig. Die Überschreitung dieser Zahl führt zur Nichtigkeit des Jagdpachtvertrages (§ 15 LJG-NW). Bei Eigenjagdbezirken ist die Zahl der Personen, die in einem verpachteten Eigenjagdbezirk jagen dürfen zwar nicht begrenzt (auch wenn dieser nur die Mindestgröße hat), jedoch kann die Jagdbehörde die Zahl der nach § 5 Abs. 1 Satz 1 LJG-NW jagdausübenden Personen in gleicher Weise beschränken.

Im Gegensatz zum Pachtrecht des bürgerlichen Gesetzbuches gibt es bei der Jagdpacht einige Besonderheiten und Einschränkungen. So darf das Jagdausübungsrecht an Hochwild und Niederwild nicht getrennt voneinander an verschiedene Personen verpachtet werden. Gleiches gilt für eine eingeschränkte Verpachtung nur zu bestimmten Jahreszeiten[67]. Wohl aber kann sich der Verpächter die Jagd auf bestimmtes Wild vorbehalten[68]. Diesen Vorbehalt kann er aber später nicht an einen anderen Pächter verpachten[69].

Der Jagdpachtvertrag bedarf der Schriftform. Ist gem. § 126 BGB durch Gesetz schriftliche Form vorgeschrieben, so muss die Urkunde von dem Aussteller eigenhändig durch Namensunterschrift oder mittels notariell beglaubigten Handzeichens unterzeichnet werden. Bei einem Vertrag muss die Unterzeichnung der Parteien auf derselben Urkunde erfolgen.

---

[67] Rose, Jagdrecht in Nordrhein-Westfalen, Kommentar, 2004, § 10, Seite 85.
[68] Rose, Jagdrecht in Nordrhein-Westfalen, Kommentar, 2004, § 10, Seite 85.
[69] Schandau, Drees, Thies, Müller-Schallenberg, Das Jagdrecht in Nordrhein-Westfalen, 5. Aufl., 2008, § 1 BJG, Seite 91 mit Verweis auf § 11 Abs. 1 Satz 2 BJG.

Werden über den Vertrag hinaus mehrere gleichlautende Urkunden aufgenommen, so genügt es, wenn jede Partei die für die andere Partei bestimmte Urkunde unterzeichnet[70].

Nach der Vorschrift des § 11 Abs. 4 Satz 2 BJG soll die Pachtdauer mindestens neun Jahre betragen. Nordrhein-Westfalen hat von der Möglichkeit eine höhere Mindestpachtzeit festzusetzen, keinen Gebrauch gemacht. Allerdings werden Hochwildreviere regelmäßig nur mit einer Pachtdauer von 12 Jahren angeboten. Dies ist der längeren Entwicklungszeit bei Rotwild geschuldet. Eine Höchstpachtdauer wurde gesetzlich nicht festgelegt.

Die Jagdpacht wird in den Jagdschein eingetragen. Die Eintragung erfolgt durch die Untere Jagdbehörde (§ 13 LJG-NW).

Jagdpachtfähig ist nur, wer zum Beginn des Pachtvertrages einen gültigen Jahresjagdschein besitzt und einen solchen während dreier Jahre in Deutschland besessen hat[71]. Der Besitz eines Jugendjagdscheins oder eines Falknerjagdscheins reicht hierfür nicht aus. Ein unmittelbares aneinander anschließen der Jagdscheine ist nicht notwendig. Die Deutsche Staatsangehörigkeit wird für die Jagdpachtfähigkeit nicht vorausgesetzt. Pächter darf aber nur eine natürliche Person sein.

Am 04. April 2007 musste der Bundesgerichtshof[72] im Rahmen einer Wildschadensersatzklage die vorgenannten Normen beachten. Nach dem vorgetragenen Sachverhalt hatte der leitende Angestellte N für die P.H. AG formell die Rolle des Jagdpächters übernommen und den Jagdpachtvertrag gezeichnet. Allerdings war von vornherein besprochen, dass die Anpachtung für die P.H. AG erfolgt und diese auch sämtliche Kosten und Folgekosten der Jagdpacht übernimmt. Dies sah der Bundesgerichtshof als Scheingeschäft mit der Folge, dass der zugrunde liegende Jagdpachtvertrag gemäß § 117 Abs. 1 BGB nichtig war. Die Jagdgenossenschaft blieb auf ihrem Wildschaden sitzen.

Ein Pachtvertrag ist auch dann als von Anfang an nichtig anzusehen, wenn dieser wirksam angefochten wurde. Nach den allgemeinen Bestimmungen des BGB ist u. a. eine Anfechtung wegen Irrtums oder arglistiger Täuschung nach den Vorschriften der §§ 119, 123 BGB möglich[73]. Die Anfechtung bedarf zu ihrer Wirksamkeit einer ausdrücklichen Erklärung.

Gemäß § 11 Abs. 3 BJG darf die Gesamtfläche eines Jagdpächters nicht mehr als 1000 Hektar betragen. Dies gilt für einen einzigen Pächter oder einem Jäger der bereits Pächter eines anderen Jagdbezirks ist – unerheblich ob gemeinschaftlicher Jagdbezirk oder Eigenjagdbezirks, wenn dadurch die Gesamtfläche 1000 Hektar übersteigen würde. Hintergrund dieser Einschränkungen ist, dass die Hegeziele gesichert werden sollen. Zur Kontrolle der Jagdpachthöchstfläche erfolgt die Eintragung der Jagdflächen in den Jagdschein (§ 11 Abs. 7 BJG). Nach der Vorschrift des § 13 LJG-NW erfolgt die Eintragung von der unteren Jagdbehörde. Dadurch ist gewährleistet, dass die gesamte Jagdpachtfläche eines Inhabers zu ersehen ist. Jagdpächter und Inhaber einer entgeltlichen Jagderlaubnis sind verpflichtet, der unteren Jagdbehörde innerhalb eines Monats nach Abschluss des Pacht- und Erlaubnisvertrages unter Vorlage des Vertrages die Größe der Flächen mitzuteilen, auf denen ihnen die Ausübung des Jagdrechts zusteht (§ 13 Abs. 3 LJG-NW).

---

[70] Nichtigkeit des Jagdpachtvertrages wegen Verletzung des Schriftformerfordernisses: Oberlandesgericht Köln - Urteil vom 11. Juni 1993 - 20 U 228/92 - 32 0158/92 LG Köln - LBS
[71] Jagdanpachtung durch Strohmann. Scheingeschäft: § 117 BGB, §§ 11, 35 BJG, § 31 LJG Rh.-Pf. BGH 4.4.2007 - III ZR 197/06 - 185 LBS III/2007
[72] Aktenzeichen: III ZR 197/06.
[73] Vgl. etwa LG Neuruppin, Urt. v. 08.04.2008, Az.: 2 O 286/07; Otto, Pirsch 13/2008, Seite 27.

Der Jagdpachtvertrag erlischt, wenn dem Pächter der Jagdschein unanfechtbar entzogen worden ist. Er erlischt auch dann, wenn die Gültigkeitsdauer des Jagdscheins abgelaufen ist und entweder die zuständige Behörde die Erteilung eines neuen Jagdscheins unanfechtbar abgelehnt hat oder der Pächter die Voraussetzungen für die Erfüllung eines neuen Jagdscheines nicht fristgemäß erfüllt (§ 13 BJG). Entsteht dem Verpächter durch die Beendigung des Pachtvertrages ein Schaden, ist dieser durch den Pächter zu ersetzen, wenn ihn ein Verschulden trifft.

Daneben erlischt der Jagdpachtvertrag durch Zeitablauf oder Kündigung. Gerade letzteres führte zu einigen Entscheidungen der Gerichte. Die Kündigung bietet nämlich die Möglichkeit der vorzeitigen Beendigung des Pachtvertrages vor Ablauf der Mindestpachtdauer. Fraglich ist z. B., ob der Pächter eines Reviers ohne Schwarzwild ein vorzeitiges Kündigungsrecht hat, wenn sich später doch Schwarzwild als Stand- oder Wechselwild einstellt. In diesem Fall dürfte ein Kündigungsgrund allerdings nicht bestehen, da das plötzliche Auftauchen des Schwarzwilds in der Risikosphäre des Pächters liegt. Durch die Übertragung des Wildschadensersatzrisikos auf den Pächter trägt er nämlich das gesamte Risiko. Etwas anderes kann nur gelten, wenn der Verpächter bei Vertragsabschuss das Vorkommen bzw. Nichtvorkommen einer bestimmten Wildart zugesichert hat[74]. Auch große Maisschläge rechtfertigen keine außerordentliche Kündigung. Dies gilt auch, wenn die Maisschläge innerhalb der Pachtzeit gewaltige Dimensionen annehmen. Das außerordentliche Kündigungsrecht ergibt sich aus dem allgemeinen Pachtrecht des Bürgerlichen Gesetzbuchs und ist dort in den §§ 543, 569 BGB geregelt. Wesentlicher Gesichtspunkt ist hierbei, ob die Vertragsfortsetzung unzumutbar ist und der Kündigungsgegner konkrete Pflichtverletzungen begangen hat. Liegen die Kündigungsgründe aber in der Risikosphäre des Pächters, so stellen diese keinen Anlass für einen Kündigungsgrund da. Hat der Jagdpächter im Pachtvertrag den Wildschadensausgleich übernommen, so liegt das gesamte Schadensrisiko beim Pächter. Dies gilt auch für den Schaden der Höhe nach. Vor diesem Hintergrund ist anzuraten sich im Pachtvertrag festschreiben zu lassen, wie viel Prozent der Feldfläche mit einer bestimmten Frucht in einem Wirtschaftsjahr bebaut werden kann. Zusätzlich sollte im Jagdpachtvertrag das Verhältnis zwischen Wald- und Feldfläche festgelegt werden. Derartige Vereinbarungen bieten ggf. später die Möglichkeit eines wichtigen Grundes zur außerordentlichen Kündigung des Jagdpachtvertrages[75]. Dem Jagdpächter verbleibt in derartigen Fällen ggf. auch die Möglichkeit der Pachtminderung[76].

Bei Meinungsverschiedenheiten unter Mitpächtern besteht kein Kündigungsrecht. Hierin ist nämlich kein vertragswidriger Gebrauch der Sache zu sehen, der die Rechte des Vermieters, also der Jagdgenossenschaft, in erheblichem Maße verletzt (§ 553 BGB). Auseinandersetzungen zwischen den Jagdpächtern, die sich zum Nachteil der Verpächterin auswirken, berechtigen diese nicht zur Kündigung[77]. Bisher hat die Rechtsprechung aus § 553 BGB als Kündigungsgrund u. a. gelten lassen, wenn eine ungenügende Wildschadensminderung trotz mehrfacher Abmahnung vorliegt[78], bei Umgehung des Unterverpachtungsverbotes[79] und bei groben Grenzverletzungen[80].

---

[74] Frank, B., Plötzlich ist Schwarzwild da, unsere Jagd 8/2004, Seite 22.
[75] So auch Heine, Günter, Große Maisschläge – ein Kündigungsrecht, unsere Jagd 3/2008, Seite 25.
[76] Windenergieanlagen im Revier – Minderung der Jagdpacht möglich?, Mehring in unsere Jagd 2/2005, Seite 26; Plötzlich ist Schwarzwild da, Frank in unsere Jagd 8/2004, Seite 22; Verpachtung eines Hochwildreviers ohne Rotwild, Pfälzisches Oberlandesgericht Zweibrücken, Beschluss vom 25. Juni 2003, Az. 8 U 8/03.
[77] OLG Köln in AgrR 1982, Seite 341; fehlerhaft: OLG Brandenburg in „Wild und Hund" 2/96, Seite 54/55.
[78] OLG Stuttgart in EJS I Seite 61 Nr. 18.
[79] LG Bonn in EJ III Nr. 4.
[80] OLG Stuttgart in DP 1957, Seite 299.

Durch den Tod des Jagdpächters erlischt der Pachtvertrag nicht. Vielmehr haben die Erben (§ 1922 BGB) der unteren Jagdbehörde die jagdausübungsberechtigten Erben unter Beachtung der Vorschrift des § 11 Abs. 1 LJG-NW zu benennen. Ist keiner der Erben jagdpachtfähig (§ 11 Abs. 5 BJG), so haben die Erben der Unteren Jagdbehörde eine oder mehrere Personen als Jagdausübungsberechtigte zu benennen (§ 16 LJG-NW). Handelt es sich bei dem Verstorbenen Jäger um einen Mitpächter, tun die Erben gut daran, die überlebenden Mitpächter einzubeziehen. Mehrere Pächter bilden in der Regel eine Gesellschaft des bürgerlichen Rechts[81]. Der Eintritt eines neuen Gesellschafters (Mitpächter) bedarf der Zustimmung der übrigen Gesellschafter (Mitpächter). Allerdings gebietet es die gesellschaftsrechtliche Treupflicht, dass die Zustimmung nur versagt werden darf, wenn gewichtige Gründe oder Bedenken gegen die Aufnahme des neuen Gesellschafters vorliegen (§ 242 BGB). Kommt eine Einigung nicht zustande, muss ggf. das Gericht entscheiden[82]. Zur Vermeidung solcher Streitigkeiten sollte daher zwischen Mitpächtern eine vertragliche Regelung für den Erbfall erfolgen. Denkbar ist z.B., dass das Jagdausübungsrecht auf die verbleibenden Mitpächter übergehen soll. Zudem könnte an ein Vermächtnis gedacht werden[83].

Daneben kann der Pachtvertrag auch durch den Eintritt einer vertraglichen Regelung beendet werden. Scheidet eine Grundfläche aus, die die Größe des selbstständigen Jagdbezirks unter die gesetzliche Mindestgröße verringert, so erlischt auch der Pachtvertrag, wenn dies unter einer Bedingung im Jagdpachtvertrag entsprechend vereinbart wurde[84].

Gemäß § 8 Abs. 5 BJG steht im gemeinschaftlichen Jagdbezirk das Jagdausübungsrecht grundsätzlich der Jagdgenossenschaft zu. In Nordrhein-Westfalen existieren ca. 3600[85] Jagdgenossenschaften, die für den gesetzlichen Hegeauftrag unverzichtbar sind. Ihr Zweck liegt nämlich in der Verwirklichung des Jagdausübungsrechts[86]. Sie ist eine Körperschaft des öffentlichen Rechts und untersteht der Aufsicht der staatlichen Jagdbehörde. Bei der Mitgliedschaft in der Jagdgenossenschaft handelt es sich um eine Zwangsmitgliedschaft, da der gemeinschaftliche Jagdbezirk kraft Gesetzes entsteht und erlischt[87]. Der Grundstückserwerber wird demnach mit Eigentumserwerb eines im gemeinschaftlichen Jagdbezirk gelegenen Grundstücks auf dem die Jagd – wenn auch nur teilweise[88] – ausgeübt werden darf Jagdgenosse. Ein Austritt ist nicht möglich. Der Eigentümer eines befriedeten Bezirks ist allerdings kein Jagdgenosse (vgl. § 6 Satz 2 BJG; § 4 Abs. 3 und 4 LJG-NW). Die Jagdgenossenschaft wird durch den Jagdvorstand gerichtlich und außergerichtlich vertreten. Der Jagdvorstand besteht aus einem Vorsitzenden und zwei Beisitzern. Die Vorstandsmitglieder müssen nach dem BJagdG nicht Jagdgenossen sein.[89] Ein weiteres Organ der Jagdgenossenschaft ist die Genossenschaftsversammlung. Diese wählt den Jagdvorstand (§ 7 Abs. 6 LJG-NW; § 9 Abs. 2 Satz 2 BJG). Ist ein Jagdvorstand noch nicht gewählt, werden die Geschäfte vom Gemeindevorstand[90] wahrgenommen, in deren Gebiet der größte

[81] OLG Karlsruhe in AgrarR 1982, Seite 75; OLG Oldenburg, JE I Nr. 84.
[82] OLG Karlsruhe in AgrarR 1981, Seite 111.
[83] Vgl. auch Frank, Rechtsfragen beim Tod eines Jägers/Jagdpächters, ZEV 11/2005, Seite 475 f.
[84] Amtsgericht Kleve, Urteil vom 20.09.2000, Az.: 28 C 287/01, unter www.jagdrecht-nrw.de.
[85] Laut Landesamt für Natur, Umwelt und Verbraucherschutz Nordrhein-Westfalen.
[86] Schandau, Drees, Thies, Müller-Schallenberg, Das Jagdrecht in Nordrhein-Westfalen, 4. Aufl., 2007, § 1 BJG, Seite 75.
[87] Die Zwangsmitgliedschaft ist rechtmäßig: BVerwG, Urteil vom 14.04.2005, 3 C 31/04; BGH, Urteil vom 15.12.2005, III ZR 10/05; Nichtannahmebeschluss des BVerfG, Beschluss vom 13.12.2006, 1 BvR 2084/05.
[88] VG Stade, RdL 1986, Seite 140.
[89] Metzger, in: Lorz/Metzger/Stöckel, § 9, Rn. 3.
[90] Es ist unklar, ob durch das unbestimmte Wort „Gemeindevorstand" auf den Gemeindevorsteher, also den Bürgermeister, oder auf den Gemeinderat als Beschlussorgan Bezug genommen wird. In der Rechtsprechung

Flächenanteil des Jagdbezirks liegt, aber im Benehmen mit der anderen beteiligten Gemeinde (vgl. § 9 Abs. 2 Satz 3 BJG, § 7 Abs. 7 Satz 2 LJG-NW). Obwohl Notvorstand, ist das Handeln des Gemeindevorstandes nicht auf Notgeschäfte beschränkt. Vielmehr kann dieser sämtliche Geschäfte vornehmen, wenn diese auch durch einen ordnungsgemäß gewählten Jagdvorstand vorgenommen werden dürften[91].

Die Jagdgenossenschaft ist verpflichtet, ein Jagdkataster zu führen und fortzuschreiben. Aus dem Jagdkataster müssen mindestens die Jagdgenossen, die ihnen im gemeinschaftlichen Jagdbezirk gehörenden Grundstücke sowie deren Größe hervorgehen (§ 7 Abs. 4 LJG-NW)[92].

Zudem hat die Jagdgenossenschaft eine Satzung aufzustellen. Die Rahmensatzung für die Jagdgenossenschaften nach dem Landesjagdgesetz (LJG-NW) ist in einem Runderlass des Ministers für Ernährung, Landwirtschaft und Forsten vorgegeben[93]. Die Satzung bedarf der Genehmigung der Aufsichtsbehörde (vgl. §§ 7 Abs. 2, 47 Abs. 2 LJG-NW).

Wesentliche Aufgabe der Jagdgenossenschaft ist die Verpachtung des gemeinschaftlichen Jagdbezirkes (§ 10 BJG).

Ein Streitpunkt bei der Neuanpachtung eines Reviers ist immer wieder die Übernahme der Reviereinrichtungen. Bei Beendigung des Jagdausübungsrechts, also der Jagdpacht, ist der Jagdpächter verpflichtet, die Reviereinrichtungen zu entfernen, wenn nicht mit dem nachfolgenden Pächter eine anders lautende Vereinbarung getroffen wurde (z.B. Kauf der Reviereinrichtungen[94]). Weder kann der ehemalige Verpächter verlangen, dass der neue Pächter die Einrichtungen übernimmt, noch kann der neue Pächter verlangen, dass er diese Einrichtungen erhält. Der ehemalige Jagdpächter hat eine Schonfrist zum Abbau der Einrichtungen, die ihm der neue Pächter zu gewähren hat. Er muss sie entfernen, wenn der Verpächter dies verlangt, weil diese etwa gefährlich sind. Gemäß den Vorschriften der §§ 581 Abs. 2, 548 Abs. 2 BGB verjährt der Wegnahmeanspruch in sechs Monaten nach Beendigung des Jagdpachtvertrages. Nach Ablauf dieser Frist darf der ehemalige Pächter die Reviereinrichtungen nicht mehr entfernen.

Bei einer Jagdhütte sollte der Pächter drauf achten, dass eine Baugenehmigung vorliegt. Im Außenbereich sind Bauvorhaben nur unter bestimmten Voraussetzungen zulässig (vgl. § 35 Abs. 1 Nr. 4 BauGB). Eine Jagdhütte ist nur dann zulässig, wenn die Jagd ohne diese Einrichtung nicht oder nur unter erschwerten Umständen ausgeübt werden kann. Die erforderliche Baugenehmigung wird also nur dann erteilt werden, wenn es dem Jagdpächter wegen der weiten Entfernung zwischen Wohnort und Revier nicht zumutbar ist, ständig zu reisen. Wohnt der Jagdausübungsberechtigte also innerhalb des Jagdreviers, so ist eine Jagdhütte zur Jagdausübung nicht erforderlich[95]. Auch sollte der Jagdpächter wissen, dass eine Baugenehmigung mit Auflagen versehen sein kann. So kann diese durchaus auf die Nutzung einer bestimmten Person beschränkt sein[96]. Liegen diese Voraussetzungen bei dem neuen Pächter nicht vor, muss er die Jagdhütte entfernen. Auch eine andere Nutzung kann den

---

wird wohl ausgeführt, dass der Gemeinderat gemeint ist (VGH BW, Urt. vom 08.09.1985 in JE IV Nr. 87; VG Sigmaringen, Urteil vom 28.09.1983 in JE III Nr. 74).

[91] Vgl. BGH in MDR 1983, Seite 115.

[92] Zum Einsichtsrecht des Jagdpächter: LG Siegen v. 9.12.2003 - 1 O 44/03 - 171 ES.

[93] MBl. NW 1980 Seite 72; MBl. NW Seite 757.

[94] Zur Bewertung von Reviereinrichtungen: Rahn, Wild und Hund, April 2005, Seite 26 ff.

[95] BVerwG, Urteil vom 18.10.1986.

[96] BVerwG, Beschluss vom 23.11.1995, Az.: 4 B 209/95.

Bestandsschutz der Jagdhütte gefährden[97]. Auch große Hochsitze könnten nach einer Landschaftsschutzverordnung genehmigungspflichtig sein.

Im Bereich der Jagdpacht müssen die Gerichte sich häufig mit Sachmängeln auseinandersetzen. Eine neuere Entscheidung des Bundesgerichtshofs[98] musste sich für das Bundesland Bayern ebenfalls ausführlich mit dieser Frage beschäftigen. Der Kläger hatte einen Eigenjagdbezirk „als Hochwildrevier" gepachtet, ohne dass die Beklagte Verpächterin eine Gewähr für die Größe und Ergiebigkeit der Jagd übernahm. Es stellte sich nach Anpachtung heraus, dass in diesem Jagdrevier über einen längeren Zeitraum Rotwild nicht mehr als Standwild anzutreffen war. Vor diesem Hintergrund handele es sich um ein Niederwildrevier. Der Kläger machte demnach eine Pachtminderung geltend. Fraglich war, ob es sich um einen Mangel i. S. d. Gesetzes handelt, wenn kein Hochwildrevier vorliegt. Der Bundesgerichtshof wies darauf hin, dass der Jagdpachtvertrag ein privatrechtlicher Vertrag sei, auf den die Vorschriften über das Pachtverhältnis (§ 581 ff. BGB) anzuwenden sind, soweit nicht jagdrechtliche Bestimmungen oder jagdrechtliche Besonderheiten entgegenstehen[99]. Gegenstand des Pachtvertrages sei das Jagdausübungsrecht; es handele sich daher um eine Rechtspacht. Die mietrechtlichen Regeln über die Sachmängelgewährleistung gelten demnach entsprechend[100]. Mangel der Mietsache ist eine für den Mieter nachteilige Abweichung des tatsächlichen Zustandes vom vertraglich Geschuldeten, sofern dadurch die Tauglichkeit zum vertragsgemäßen Gebrauch unmittelbar aufgehoben oder gemindert ist[101]. Wird ein Eigenjagdbezirk „als Hochwildrevier" in Bayern verpachtet, muss hierin Rotwild als Standwild vorkommen, so der BGH. Zum Hochwild gehören Schalenwild (unter anderem Rotwild) außer Rehwild, ferner Auerwild, Steinadler und Seeadler. Vorkommen von zum Schalenwild zählenden Hochwild, das während der Jagdzeit nicht ständig im Revier steht (Wechselwild), oder die Zugehörigkeit eines Jagdreviers zu einem Rotwildgebiet machen ein Jagdrevier noch nicht zu einem Hochwildrevier. Allerdings sind hierbei die Landesjagdgesetze zu beachten. So wurde dies für das Niedersächsische Landesrecht z. B. offen gelassen[102]. Dem steht nicht entgegen, dass keine Gewähr für die Größe und Ergiebigkeit der Jagd übernommen wurde. Diese Regelung enthält lediglich einen Ausschluss der Gewährleistung für eine bestimmte Abschussmenge an Hochwild und lässt die Notwendigkeit, dass zum Hochwild zählendes Schalenwild im Revier überhaupt als Standwild vorkommt, nicht entfallen. Dies entspricht – unter Berücksichtigung landesrechtlicher Besonderheiten – auch überwiegend vertretender Auffassung[103]. Der Bundesgerichtshof stellte in diesem Fall auch klar, dass der Jagdpächter nicht das Risiko für den Erhalt des Reviers als Hochwildrevier trägt. Dem stünde schon entgegen, dass der Wildbestand von zahlreichen anderen Faktoren (und nicht nur aus der Hegepflicht) außerhalb des Einflussbereichs eines Jagdpächters abhängt, die allein der Risikosphäre des nach § 535 Abs. 1 BGB (§ 581 Abs. 2 BGB) zur Gebrauchsgewährung verpflichteten Verpächters zuzuordnen sind (Lage, Größe, Form und Beschaffenheit des Reviers, Art und Umfang der Nutzung des Waldes sowie angrenzende Flächen durch Dritte), und die nach den

---

[97] Vgl. etwa BVerwG, Beschluss vom 21.06.1994.

[98] BGH, Urteil vom 21.02.2008, Az.: III ZR 200/07.

[99] So schon: BGH, Urteil vom 05.02.1987, Az.: XII ZR 234/85, NJW-RR 1987, 839.

[100] So auch: Staudinger/Sonnenschein/Veit, BGB, Neubearb. 2005, § 581, Rn. 55, Seite 298.

[101] BGH, Urteil vom 21.09.2005, Az.: XII ZR 66/03; NJW 2006, 899, 900 Rn. 19; Staudinger/Emmerich, § 536, Rn. 5 m. w. N.

[102] BGH, Beschluss vom 26.09.1985, Az.: III ZR 174/84; WM 1985, Seite 1408.

[103] Vgl. OLG Koblenz, Urteil vom 26.11.1999, Az.: 10 U 376/99; OLG Köln in VersR 1992, Seite 193; LG Amberg, Jagdrechtliche Entscheidungen III Nr. 116; LG Marburg, Jagdrechtliche Entscheidungen III Nr. 182; AG Lauterbach, Jagdrechtliche Entscheidungen III Nr. 132; Leonhardt, Jagdrecht, Stand 1. August 2007, Erl. zu § 11 BJagdG, Seite 13 ff.; einschränkend für die Rechtslage in Rheinland-Pfalz: OLG Koblenz, Jagdrechtliche Entscheidungen III Nr. 147; für Hessen: AG Rothenburg a. d. Fulda, Jagdrechtliche Entscheidungen III Nr. 181; siehe auch: MünchKomm/Harke, § 581, Rn. 37.

Feststellungen des in erster Instanz bestellten Sachverständigen gerade in dem vom Kläger gepachteten Revier Rotwild als Standwild fast ausschließen. Hegemaßnahmen können diesen Tatbestand nur bedingt beeinflussen. Es sei deshalb verfehlt, hieraus eine Einstandspflicht des Jagdpächters für das Vorkommen von Hochwild zu folgern und auf diese Weise den Verpächter von seiner grundsätzlichen Verpflichtung zur Gebrauchsverschaffung zu entlasten[104].

Diese Entscheidung ist nachvollziehbar, da eine „Hochwildjagd" eine wertsteigernde Eigenschaft eines Reviers bezeichnet (§ 133 BGB).

Allerdings entschied das Landgericht Bonn, dass ein Jagdpächter einen sogenannten „Friedwald" hinzunehmen hat, wenn die Jagdgenossenschaft „keine Gewähr für Größe, Eignung und Ergiebigkeit" übernommen hat[105]. Dabei ging es um ein Revier in der Nähe der Stadt Bad Münstereifel. Diese hatte auf der Grundlage des neuen Bestattungsgesetzes des Landes NRW eine 45 Hektar große Waldfläche als Friedwald gewidmet. Dort werden die Urnen von Verstorbenen an den Wurzeln großer Bäume beigesetzt. Der Jagdpächter trug vor, dass durch die Besuche das Wild massiv gestört wird und daher nur die Hälfte der ursprünglichen Strecke erzielt werden konnte. Er wollte daher, dass der Pachtpreis reduziert wird. Nachdem die Jagdgenossenschaft dies ablehnte, kündigte der Jagdpächter den Vertrag. Ergänzend führte das Landgericht Bonn zur Pachtpreisminderung aus, dass laut Pachtvertrag kein Anspruch auf eine Pachtpreisermäßigung besteht, „die sich aus dem Forstbetrieb, der Bebauung und dem Erholungsverkehr ergebe".

Stören Mitglieder der Jagdgenossenschaft bewusst die Jagdausübung, kann der Pächter die Pacht mindern[106].

Die Pachtvertragsklausel „der Verpächter haftet nicht für die Größe und Ergiebigkeit der Jagd" schließt eine Pachtminderung wegen Beeinträchtigung der Jagdausübung nicht grundsätzlich aus[107].

Zusammenfassend besteht ein Pachtminderungsrecht nach der Vorschrift des § 536 BGB immer dann, wenn das übliche Maß überschritten wird und damit eine nicht unerhebliche „spürbare" Beeinträchtigung des Jagdausübungsrechts gegeben ist. Dies ist natürlich eine Einzelfallentscheidung[108].

Der Jagdpächter ist gegenüber der landwirtschaftlichen Berufsgenossenschaft beitragspflichtig. Gemäß § 539 Abs. 1 Nr. 5, 776 Abs. 1 Nr. 3 RVO ist er gegen Arbeitsunfall versichert. Der Revierinhaber ist jedoch nicht gegen Sachschäden durch Jagdunfälle versichert, gleichwohl gegen Personenschäden durch Jagdunfälle, die er bei dem jagdlichen Betrieb erleidet.

Jagdpachtfähig ist nur derjenige, der einen gültigen Jahresjagdschein besitzt und zuvor schon drei volle Jahre lang Inhaber eines Jahresjagdscheins gewesen ist. Dabei brauchen die früheren Jagdscheine zeitlich weder unmittelbar vor dem vierten Schein zu liegen, noch aneinander anzuschließen. Allerdings muss der Zeitraum von drei Jahren voll ausgefüllt

---

[104] BGH, Urteil vom 21.02.2008, Az.: III ZR 200/07.
[105] Landgericht Bonn, Urteil, Az.: 7 O 233/08.
[106] OLG Naumburg, JE I Nr, 88.
[107] OLG Bamberg, Urt. v. 8.8.2002, Az.: 1 U 38/00; OLG Karlsruhe, Urt. v. 8.8.1980, Az.: 10 U 153/78.
[108] Vgl. hierzu auch Thies, Müller.Schallenberg, Das Jagdrecht in Nordrhein-Westfalen, 5. Aufl., 2008, S. 102 ff.

sein[109]. Jugendjagdscheine und Falknerscheine gelten nicht als Jahresjagdschein im Sinne der Pachtfähigkeit.

Jagdpachtverträge sind der zuständigen unteren Jagdbehörde des Jagdbezirkes anzuzeigen. Die Behörde kann den Vertrag binnen drei Wochen nach Eingang der Anzeige beanstanden, wenn die Vorschriften über die Pachtdauer nicht beachtet sind oder wenn zu erwarten ist, dass durch eine vertragsgemäße Jagdausübung die Vorschriften des § 1 Abs. 2 BJG verletzt sind (§ 12 BJG). Die weitere Prozedere ergibt sich aus § 12 BJG.

Neben der Jagdpacht hat der Jagdpächter in Nordrhein-Westfalen eine Jagdsteuer zu zahlen[110]. Die Jagdsteuer ist eine örtliche Aufwandsteuer, die die Kreise und kreisfreien Städte in Nordrhein-Westfalen auf der Grundlage der §§ 2 und 3 des Kommunalabgabengesetzes NRW in Verbindung mit einer Jagdsteuersatzung erheben können[111]. Der Hochsauerlandkreis hat z.B. eine eigene Jagdsteuersatzung (JS) erlassen. Das jährliche Steueraufkommen beläuft sich in Nordrhein-Westfalen auf rd. 9,5 Millionen Euro.

Die Jagdsteuer beträgt im Hochsauerlandkreis 20 % des jeweiligen Jagdwertes. Bei der Ermittlung dieses Jagdwertes ist grundsätzlich zwischen **nicht verpachteten** und **verpachteten Revieren** zu unterscheiden.

Der Jagdwert **verpachteter Reviere** errechnet sich aus dem jeweiligen Pachtpreis, zuzüglich der vom Steuerpflichtigen übernommenen Mehrwertsteuer, und den vereinbarten Nebenleistungen (z. B. Kosten einer Jagdhütte, Wildschadenverhütung).

Beispielberechnung:

Pachtpreis:	2.200,00 €
Kosten Jagdhütte:	1.200,00 €
Jagdwert:	3.400,00 €

Die Jagdsteuer im Hochsauerlandkreis beträgt 20 %:

20 % v. 3.400,00 € = 680,00 € Jagdsteuer

Da bei **nicht verpachteten Jagden** (selbstgenutzten Eigenjagden) kein Pachtpreis als Steuergrundlage vorliegt, wird in diesen Fällen ein fiktiver Jagdwert ermittelt. Dabei wird zunächst anhand der Abschusszahlen und der Reviergröße ein Punktwert berechnet. Dieser wird den Punktwerten vergleichbarer verpachteter Reviere im Hochsauerlandkreis gegenübergestellt und in so genannte Punkteklassen eingeteilt. Aus den Pachtzahlungen der so vergleichbaren Reviere wird dann ein Durchschnittspreis pro Hektar berechnet. Dieser Durchschnittspreis wird bei der Jagdwert-Festsetzung des jeweiligen Reviers als Hektarwert zu Grunde gelegt und mit der entsprechenden Reviergröße multipliziert[112].

Bei der Ermittlung des Jagdwertes können auch Nebenleistungen wie z.B. Wildschäden herangezogen werden. So beinhaltet die Satzung des Kreises Euskirchen über die Erhebung von Jagdsteuer in § 3, dass als Steuermaßstab der finanzielle Aufwand, den der Inhaber der Jagd für die Ausübung des Jagdrechts erbringt (Jagdaufwand) gilt. In § 3 Abs. 2 der

---

[109] Schandau, Drees, Thies, Müller-Schallenberg, Das Jagdrecht in Nordrhein-Westfalen, 4. Aufl., 2007, § 1 BJG, Seite 94a. Vgl. aber Gesetz zur Abschaffung der Jagdsteuer, GV.NRW. S. 394.
[110] Jagdsteuer auch bei Eigenjagden: Art. 3, 12 GG OVG NRW 23.5.2007 - 14 A 3631/05 - 90 LBS III/2007.
[111] Keine Jagdsteuer bei Jagdbegehungsscheinen: VG Arnsberg vom 25.6.1996, 3 K 3485/95 und vom 12.12.1997, 3 K 799/97, 95/019250 und 97/01450.
[112] Entnommen aus: www.hochsauerlandkreis.de/Buergerservice_und_Aktuelles.

vorgenannten Satzung wird aufgeführt, dass bei verpachteten Jagden als Jagdaufwand gilt, dass vom Pächter zu entrichtende Entgelt, das sich zusammensetzt aus dem Pachtpreis, der übernommenen Mehrwertsteuer sowie dem Wert der vereinbarten Nebenleistungen (hierzu gehört auch eine Entschädigung zur Wildschadensverhütung, nicht aber ein etwa übernommener Wildschadenersatz). Die Einbeziehung von Wildschadenersatzleistungen erscheint auch zweifelhaft, da die Vergütungspflichten gesetzlichen Ursprungs sind[113]. Die Erhebung der Jagdsteuer ist verfassungsgemäß[114]. Gleichwohl verzichten mittlerweile die Länder Bayern, Berlin, Bremen, Hamburg und Thüringen auf die Jagdsteuer.

Der Jagdpächter kann Dritten Personen **Jagderlaubnisse** erteilen. Gemäß § 12 LJG-NRW kann einem Jagdgast eine entgeltliche oder eine unentgeltliche Jagderlaubnis erteilt werden.

Die entgeltliche[115] Jagderlaubnis bedarf immer der Schriftform (§ 12 Abs. 3 LJG-NRW). Wird diese Form nicht eingehalten, ist die Jagderlaubnis nichtig. Sie ist zudem der unteren Jagdbehörde anzuzeigen. Derartige strenge Regeln sind auch erforderlich, da eine schriftlich erteilte Jagderlaubnis bzw. ein Begehungsschein den Jagdgast zur Jagdausübung ohne Anwesenheit[116] des Jagdausübungsberechtigten berechtigt. Allerdings muss er das entsprechende Legitimationspapier bei sich führen (§ 12 Abs. 7 LJG-NRW). Zudem beinhaltet dieses, neben dem Namen und den eigenhändigen Unterschriften, auch die vereinbarten Einschränkungen[117] der Jagdausübung. Überschreitet der Dritte diese Einschränkungen, macht er sich der Jagdwilderei strafbar.

Aufgrund der Norm des § 12 Abs. 2 LJG-NRW besteht für den Pächter eines Jagdbezirks von mehr als 300 Hektar eine Pflicht zur Erteilung einer Jagderlaubnis, wenn diese Fläche an eine geringer als die nach § 11 Abs. 1 LJG-NRW zulässige Zahl von Pächtern verpachtet ist. Für jede weiteren vollen jagdlich nutzbaren 150 Hektar die die Fläche von 300 Hektar übersteigen, muss dann eine Jagderlaubnis erteilt werden.

Die Jagderlaubnis endet mit Zeitablauf, Kündigung, Widerruf, Tod des Jagdausübungsberechtigten oder des Dritten oder bei Beendigung des Jagdpachtvertrages.

Die unentgeltliche Jagderlaubnis ist ein bloßes „Gefälligkeitsverhältnis". Für diese gelten die Gesichtspunkte aus § 12 Abs. 3 Satz 1, 12, 13 LJG-NRW nicht. Unentgeltlich heißt „umsonst". So genannte Hegebeiträge können dazu führen, dass die als unentgeltliche Jagderlaubnis titulierte Vereinbarung als entgeltlich angesehen wird[118]. Dies kann zu weit reichenden Folgen für den Pächter führen, wenn der Pachtvertrag nur die Erteilung unentgeltlicher Jagderlaubnisscheine erlaubt.

---

[113] Siehe hierzu: OVG NW, Urteil vom 24.04.1980, 3 A 954/79.

[114] BVerfG, Beschluss vom 10.08.1989, JE Band VII Nr. 53.

[115] Eine unentgeltlich titulierte Jagderlaubnis, für die aber ein Entgelt gezahlt wird, ist eine entgeltliche Jagderlaubnis: LG Düsseldorf, Urt. v. 19.05.2000, Az.: 22 S 214/99, Müller-Schallenberg, WuH 16/2005, Seite 96 ff.

[116] Hat der Dritte das Legitimationspapier nicht dabei, muss sich der Jagdausübungsberechtigte oder der Jagdschutzberechtigte in Rufweite befinden (vgl. hierzu auch: v. Pückler in WuH 11/2003, Seite 70 f.; OLG Koblenz, Beschl. v. 04.06.1980 – 2 Ss 278/80; Müller-Schallenberg, Knemeyer, Jagdrecht NRW, 2006, Seite 58 m.w.N.)

[117] Erfolgt eine Erlaubnis zur gesamten Jagdausübung, so könnte eine Unterverpachtung vorliegen (vgl. LG Bonn, Urteil vom 14.04.1976, JE III Nr. 4). Dies kann zu Problemen führen, wenn die Unterverpachtung im Jagdpachtvertrag untersagt wurde.

[118] Vgl. hierzu LG Düsseldorf, Urt. v. 19.05.2000, Az.: 22 S 214/99, Müller-Schallenberg, WuH 16/2005, Seite 96 ff.

Wild

Gegenstand des Jagdrechts ist nach der Vorschrift des § 1 Abs. 1 BJG das **Wild**. Der Begriff „Wild" ist in § 1 Abs. 1 BJG legal definiert. Hiernach versteht das Gesetz unter Wild: „wildlebende Tiere, die dem Jagdrecht unterliegen". Die einzelnen Tiere, welche dem Jagdrecht unterliegen, sind in § 2 BJG abschließend aufgeführt, wenn in entsprechenden landesrechtlichen Vorschriften keine Ergänzungen erfolgt sind (vgl. § 2 LJG-NW, § 1 Verordnung über die Jagdzeiten und die Jagdabgabe i. d. F. vom 31. März 2010[119]). Allerdings bedeutet dies nicht, dass die Tierart auch tatsächlich bejagt werden darf. Maßgeblich ist die Festsetzung einer Jagdzeit. Zudem gibt es Bejagungsverbote aus anderen Rechtsgebieten, z.B. dem Naturschutz oder Artenschutz. So unterliegen die Tierarten Fischotter und Wildkatze zwar dem Jagdrecht, sind aber zugleich streng geschützte Tierarten im Sinne des Artenschutzrechts (Doppelstatus).

Der Begriff „wildlebend" bedeutet, dass sich die Tiere in natürlicher Freiheit, also nicht in der Gewalt des Menschen befinden[120]. Wird das Tier gefangen genommen verliert es seine Freiheit. Das Tier ist dann nicht mehr wildlebend und hat damit den Charakter des „Wildes" verloren. Dies gilt auch für Tiere, die in der Gefangenschaft geboren werden. Erlangt dieses Tier jedoch die Freiheit wieder, übernimmt es wieder die Eigenschaft des „Wildes". An dieser Stelle ist ergänzend auf das Bürgerliche Gesetzbuch zu verweisen:

---

§ 960 BGB „Wilde Tiere"

Wilde Tiere sind herrenlos, solange sie sich in der Freiheit befinden. Wilde Tiere in Tiergärten und Fische in Teichen oder anderen geschlossenen Privatgewässern sind nicht herrenlos.

Erlangt ein gefangenes Tier die Freiheit wieder, so wird es herrenlos, wenn nicht der Eigentümer das Tier unverzüglich verfolgt oder wenn er die Verfolgung aufgibt.

Ein gezähmtes Tier wird herrenlos, wenn es die Gewohnheit ablegt, an den ihm bestimmten Ort zurückzukehren.

---

§ 959 BGB „Aufgabe des Eigentums"

Eine bewegliche Sache wird herrenlos, wenn der Eigentümer in der Absicht, auf das Eigentum zu verzichten, den Besitz der Sache aufgibt.

§ 90a BGB „Tiere"

Tiere sind keine Sachen. Sie werden durch besondere Gesetze geschützt. Auf sie sind die für Sachen geltenden Vorschriften *entsprechend anzuwenden*, soweit nicht etwas anderes estimmt ist.

---

[119]Nordrhein-Westfalen hat von seinem Erweiterungsrecht keinen unmittelbaren Gebrauch gemacht. Vielmehr erfolgt diese durch Rechtsverordnung. So wurde in § 1 Verordnung über die Jagdz. z.B. Marderhund, Waschbär, Nilgans, Aaskrähe und Elster zu Tierarten die dem Jagdrecht unterliegen erklärt.
[120]Schandau, Drees, Thies, Müller-Schallenberg, Das Jagdrecht in Nordrhein-Westfalen, 4. Aufl., 2007, § 1 BJG, Seite 18.

„Herrenlos[121]" bedeutet also, dass keiner Eigentümer der Tiere ist. So hat auch der Jagdausübungsberechtigte bis zur Aneignung kein Eigentum, sondern **nur** ein **Aneignungsrecht[122]**. Ein anderer als der Jagdausübungsberechtigte kann daher kein Eigentum am Wilde erwerben. Vor diesem Hintergrund ist ein Wilderer auch ein Wilderer und kein Dieb. Diebstahl an herrenlosen Sachen ist nämlich nicht möglich, da die Komponente der „fremden" Sache fehlt. Fremd ist nämlich eine Sache im Eigentum eines anderen. Der Ausdruck „Wilddieb" ist falsch.

Sogar in Schaugattern gehaltene Tiere können herrenlos werden (demgegenüber sind die in sog. Jagdgattern gehaltene Tiere trotz Einzäunung der Gatterfläche nach wir vor herrenlos). Mit Blick auf § 960 Abs. 2 BGB ist zu fragen, was zur „unverzüglichen Verfolgung" oder zur „Aufgabe der Verfolgung" erforderlich ist[123].

Ob eine Verfolgung als aufgegeben anzusehen ist, hängt nicht vom Willen des ursprünglichen Eigentümers ab, sondern davon, ob von einer weiteren Verfolgung tatsächlich Abstand genommen wird[124]. Anders als bei stärker geschütztem Eigentum an zahmen Tieren, bedarf es keiner Dereliktionsabsicht[125]. Auch kann der ausdrückliche Eigentumsvorbehalt nicht vor dem Eigentumsverlust schützen[126]. Entscheidend ist allein, ob die getroffenen Maßnahmen zur Rückerlangung des Tieres fortwirken, geeignet[127] sind und hierin bei objektiver Betrachtung noch ein Andauern gesehen werden kann.

Gemäß der Vorschrift des § 960 Abs. 2 BGB muss die Verfolgung unverzüglich erfolgen. Demnach muss der Eigentümer ohne schuldhaftes Zögern geeignete Maßnahmen zur Wiedererlangung des Tieres ergreifen. Er darf also nach Kenntniserlangung von der Freiheit des Tieres die Verfolgung nicht schuldhaft verzögern.

---

[121] „Die vertragliche Übertragung des Jagdausübungsrechts auf den Jagdpächter macht diesen nicht zum Halter oder Aufseher der in seinem Jagdbezirk befindlichen Wildtiere", LG Gera, Beschluss vom 28.10.2005, 1 S 275/05.

[122] Vgl. hierzu auch: AG Hameln, Urt. vom 04.01.2008, Az.: 32 C 210/07.

[123] „Bei gezähmten Wildtieren (hier: Sakerfalke), die die Freiheit wiedererlangt haben, kann der Eigentümer ebenso wie bei gefangenen Wildtieren den Eintritt der Herrenlosigkeit durch unverzügliche und andauernde Verfolgung verhindern.", LG Bonn, Beschluss vom 15.10.1992, 8 T 114/92.

[124] Palandt, Bürgerliches Gesetzbuch, 66., neubearbeitete Auflage, 2007, § 960, Rn. 1; Schandau, Drees, Thies, Müller-Schallenberg, Das Jagdrecht in Nordrhein-Westfalen, 4. Aufl., 2007, § 1 BJG, S. 18; Landgericht Kiel, Urteil vom 10.05.1984, Az.: 7 S 60/84; OLG Frankfurt, EJS III 41; Studinger-Gursky, § 930, Rn. 6.

[125] Freiwillige Aufgabe des Eigentums an beweglichen Sachen, in der Absicht, auf das Eigentum zu verzichten; vgl. § 959 BGB.

[126] Landgericht Kiel, Urteil vom 10.05.1984, Az.: 7 S 60/84.

[127] JW 1930, Seite 2471.

Inhalt des Jagdrechts „Hege"

Gemäß § 1 Abs. 1 BJG ist mit dem Jagdrecht die Pflicht zur Hege verbunden. Jagen und Hegen gehören zusammen wie Säen und Ernten. Aufgrund der Wechselbeziehung zwischen allen Tierarten, sind auch die Tierarten von der Hege umfasst, die nicht dem Jagdrecht unterliegen. Die zunehmende Inanspruchnahme der freien Landschaft durch bauliche Anlagen und durch Rationalisierung der Land- und Forstwirtschaft mit intensiver Bodennutzung führt dazu, dass der Lebensraum der wildlebenden Tiere immer mehr eingeengt wird[128]. Umweltschäden bedrohen und gefährden viele Arten wildlebender Tiere. Bereits frühzeitig hat der Gesetzgeber diese Problematik erkannt und dem Nutzer des Wildes auch den Schutz des Wildes vor äußeren Gefahren auferlegt. Damit ist die Wildhege stark in den Vordergrund gerückt. Allerdings ist durch die Pflicht zur Wildhege und Biotophege auch die Rechtstellung von Wild und Jägern deutlich gestärkt worden.

Das Ziel der Hege ist in § 1 Abs. 2 BJG geregelt. Danach ist Ziel der Hege die Erhaltung eines den landschaftlichen und landeskulturellen Verhältnissen angepassten artenreichen und gesunden Wildbestandes sowie die Pflege und Sicherung seiner Lebensgrundlagen. Die Hege umfasst alle ökonomischen und ökologischen Notwendigkeiten. Dies wird durch das Wort „landeskulturell" deutlich. Die Hege muss nämlich so durchgeführt werden, dass Beeinträchtigungen einer ordnungsgemäßen land-, forst- und fischereiwirtschaftlichen Nutzung, insbesondere Wildschäden, möglichst vermieden werden. Damit umfasst die Hege sowohl die Sorge um einen gesunden Wildbestand (Tierhege) als auch die Sorge und Pflege und Sicherung der Lebensgrundlagen dieses Wildbestandes (Biotophege). Aber nur das Wild, also diejenigen Tiere, die dem Jagdrecht unterliegen, genießen den Schutz der Hegepflicht. Alle übrigen Tiere unterstehen dem Naturschutz.

Zu einem gesunden Wildbestand gehört auch die Mitwirkung an Seuchenmaßnahmen. Eine entsprechende Anordnung der unteren Jagdbehörde stellt eine Konkretisierung der vom Gesetzgeber vorgesehenen Beschränkung des Jagdrechts in Form der Inhaltsbestimmung der Hegepflicht des Jagdrechtsinhabers durch die Behörde dar[129].

Die Sicherung einer ordnungsgemäßen Land-, Forst- und Fischereiwirtschaft, insbesondere also der Vermeidung von Wildschäden, kommt im Verhältnis zu anderen Interessen Vorrang zu. Die Hege versucht einen Interessenausgleich zu schaffen, indem sie den besonderen Schutz der genannten Wirtschaftsbereiche Vorrang einräumt. Allerdings darf dies nicht dazu führen, dass ein ganzer Wildbestand oder eine Tierart insgesamt ausgerottet wird[130].

---

[128] Schandau, Drees, Thies, Müller-Schallenberg, Das Jagdrecht in Nordrhein-Westfalen, 4. Aufl., 2007, § 1 BJG, S. 20.

[129] Oberverwaltungsgericht für das Land Nordrhein-Westfalen, Urteil vom 10.06.1999, 13 A 2008/98.

[130] Vgl. etwa VG Osnabrück, Totalabschuss einer Wildart, Urteil vom 11.06.2004, 2 A 16/98.

Diese Zielsetzung wird durch die Herstellung eines altersmäßig gleichmäßig verteilten Geschlechterverhältnisses erreicht. Auch die Anlage von Äsungsflächen (etwa 3 % der bejagbaren Fläche sollten Grünäsungsflächen oder 1,5 % Wildäcker sein[131]) und Futterpflanzen, durch Fütterungen in Notzeiten sowie durch die Pflege und Verbesserung der Lebensräume des Wildes sind entsprechende Maßnahmen zur Erreichung dieses Ziels. Der frühzeitige Abschuss kranker und schwacher Stücke ist ebenfalls förderlich für diese Zielsetzung. Letzteres wird häufig unter dem Stichwort „Hege mit der Büchse" aufgezeigt.

Daneben ist eine Überpopulation zu vermeiden. Bei einem Überbestand sind nämlich die Lebensgrundlagen gefährdet[132]. Allerdings lassen nur vorübergehende überdurchschnittliche Fraßschäden oder die vorübergehende Vermehrung des Kaninchenbestandes grundsätzlich nicht zwingend auf eine Verletzung der Hegepflicht des Jagdpächters schließen. Eine fristlose Kündigung des Jagdpachtvertrages käme demnach nur in Betracht, wenn der Jagdpächter die Bejagung schuldhaft in einem erheblichen Umfang verzögert hat[133].

Der einzelne Grundstückseigentümer hat gegenüber dem Jagdausübungsberechtigten kein eigenes Recht auf Reduzierung des Wildbestandes. Bei der Hegepflicht handelt es sich nämlich um eine öffentlich-rechtliche Verpflichtung. Geschützt wird die Allgemeinheit, die ein Interesse daran hat, dass ein an den landschaftlichen und landeskulturellen Verhältnissen angepasster artenreicher Wildbestand erhalten bleibt. Die Reduzierung des Wildbestandes ist mithin Angelegenheit der Jagdbehörden. Die kann entsprechende Anordnungen treffen. Ansonsten wählt die Jagdbehörde das Mittel des Abschussplanes bei Schalenwild außer Schwarzwild als Regulator. Die Bestätigung oder Festsetzung von Abschussplänen, den Abschuss im Bestand bedrohter Tierarten zu verbieten, die Erlaubnis zur Nachtjagd auf Schalenwild zu erteilen und das Gebot zur Fütterung von Wild in Notzeiten zu sichern ist eine Verpflichtung der Jagdbehörde zur Hege.

Nach § 1 Abs. 1 BJG ist die Hegepflicht mit dem Jagdrecht verknüpft. Das Jagdrecht steht nach § 3 Abs. 1 Satz 1 BJG dem Eigentümer auf seinem Grund und Boden zu, dass nach § 3 Abs. 3 BJG nur in Jagdbezirken (Eigenjagdbezirke oder gemeinschaftliche Jagdbezirke) ausgeübt werden darf.

In jagdrechtlich selbstgenutzten Eigenjagdbezirken fallen Jagdrecht und Jagdausübungsrecht häufig in einer Person zusammen. Die Hegepflicht ist daher eindeutig geklärt.

Bei gemeinschaftlichen Jagdbezirken erfolgt jedoch regelmäßig eine Verpachtung nach § 11 Abs. 1 BJG. Da die Hegepflicht Teil des Jagdrechts ist, geht sie automatisch mit der Verpachtung auf den Pächter über[134]. Allerdings hat dies in einer Entscheidung des Landgerichts Stendal eine Einschränkung erfahren. Demnach obliegt die Pflicht zur Hege im Einzelfall nicht allein dem Jagdpächter, sondern auch dem Grundstückseigentümer, dessen Rechte und Pflichten durch die Verpachtung insoweit nicht eingeschränkt werden, und darüber hinaus der Jagdgenossenschaft. Für einen Verstoß gegen die Hegepflicht durch unterlassene Beseitigung unzulässiger Fütterungsmittel darf demnach nicht allein der Jagdpächter im Wege der außerordentlichen Kündigung verantwortlich gemacht werden[135].

---

[131] Schandau, Drees, Thies, Müller-Schallenberg, Das Jagdrecht in Nordrhein-Westfalen, 4. Aufl., 2007, § 1 BJG, Seite 20.
[132] BGH in NJW 1984,Seite 2216.
[133] OLG Koblenz, Urteil vom 25.05.1983, 1 U 1563/82.
[134] Schandau, Drees, Thies, Müller-Schallenberg, Das Jagdrecht in Nordrhein-Westfalen, 4. Aufl., 2007, § 1 BJG, Seite 20.
[135] So LG Stendal, Urteil vom 08.02.2000, 23 O 202/99.

Nach § 12 Abs. 8 LJG-NW ist ein Jagdgast auf Verlangen des Jagdpächters verpflichtet, bei der Durchführung erforderlicher Hegemaßnahmen in angemessenem Umfang mitzuwirken. Grundstückseigentümer als Inhaber des Jagdrechts neben dem Jagdausübungsberechtigten sind öffentlich-rechtlich zu allgemeinem oder mitwirkendem Tun verpflichtet. In Nordrhein-Westfalen kommt dies in § 28 LJG-NW zum Ausdruck. Danach hat der Grundstückseigentümer die Verpflichtung, die Genehmigung zur Errichtung von Einrichtungen für die Ansitzjagd (u. a. Hochsitze) und Futterplätze zu erteilen, wenn ihm die Duldung der Anlage zugemutet werden kann und er hierfür eine angemessene Entschädigung erhält. Das Grundrecht der Gewissensfreiheit und der Eigentumsgarantie wird durch die Pflicht zur Duldung von Jagdeinrichtungen nach den Bestimmungen der Jagdgesetze nicht verletzt. Grundlage einer Entscheidung des Landgerichts Zweibrücken war, dass ein Veganer die Entfernung eines Hochsitzes und einer Anfütterungseinrichtung verlangte, da er ansonsten in eine unerträgliche Gewissensnot käme. Die Abwägung des Gerichts ergab zunächst, dass das Jagdrecht nicht unverhältnismäßig in das Eigentum des Veganer eingreift, da die mit dem deutschen Jagdrecht verfolgten Ziele, nämlich der Schutz des Eigentums anderer vor Wildschäden und die Wahrung der Belange von Natur und Landschaftspflege dem Gemeinwohl dienen und durch die verfassungsrechtliche Gemeinwohlbildung des Eigentums gedeckt sind. Auch das in das Grundgesetz aufgenommene Staatsziel des Tierschutzes ändere hieran nichts, da durch dieses Staatsziel die grundsätzliche Berechtigung für die Durchführung der Jagd nicht aufgehoben ist, sondern allenfalls Folgerungen über die Art und Weise der Jagdausübung hieraus abgeleitet werden können. Auch die Berufung des Veganer auf das Grundrecht der Gewissenfreiheit führe nicht zu einer anderen Beurteilung. Das Grundrecht der Gewissensfreiheit aus Artikel 4 Abs. 1 GG sei nicht schrankenlos gewährleistet. Auch dieses unterliegt vielmehr den so genannten grundrechtsimmanenten Schranken, da die Grundrechte immer auch durch die Grundrechte Dritter eingeschränkt werden. Da das Jagdrecht aber gemäß den obigen Ausführungen auch dem Schutz des Eigentums Dritter und damit deren Schutz bei wirtschaftlicher Betätigung gilt, greifen hier die verfassungsimanenten Schranken ein. Die Frage, ob die mit dem Jagdrecht verfolgten Ziele in gleicher Weise oder – worauf der klagende Veganer abgestellt hatte – sogar noch besser durch die Wiedereinsetzung der natürlichen Feinde des Wildes, insbesondere von Wölfen, erreicht werden könnten, konnte das Landgericht offen lassen, da der Gesetzgeber in jedem Fall ein freies Ermessen hat, wie er die Erreichung der grundrechtlich zulässigen Ziele regelt[136].

Dieser Einschätzung stand damals auch die Entscheidung des Europäischen Gerichtshofs für Menschenrechte[137] nicht entgegen, da das Bundesverfassungsgericht in seinem Beschluss vom 19.10.2004[138] ausgeführt hat, dass die Entscheidungen des EGMR keine absoluten Bindungswirkungen für die deutschen Gerichte entfalten. Die Entscheidungen des EGMR haben keinen Verfassungsrang. Allerdings müssen sich die deutschen Gerichte mit diesen Entscheidungen gebührend auseinander setzen.

Den unteren Jagdbehörden obliegt es, die im Einzelfall zur Erfüllung der Hegepflicht gegenüber dem Jagdausübungsberechtigten erforderlichen Anordnungen zu treffen und ggf. auch durchzusetzen. Dazu zählen u. a. die Bestätigung oder Festsetzung von Abschussplänen, den Abschuss im Bestand bedrohter Tierarten zu verbieten, die Erlaubnis zur Nachtjagd auf Schalenwild zu erteilen und das Gebot zur Fütterung von Wild in Notzeiten zu sichern.

Zum Zwecke der Hege bilden die Jagdausübungsberechtigten für mehrere zusammenhängende Jagdbezirke Hegegemeinschaften (§ 10a BJG). Dieser Zusammenschluss

---

[136] Landgericht Zweibrücken, Urteil vom 30.11.2004, 2 C 539/03, Seite 5 ff.
[137] „Chassagnon et autres v. France", NJW 1999, Seite 3695.
[138] Bundesverfassungsgericht, Beschluss vom 19.10.2004, Az.: 2 BvR 1481/04.

ist nach dem Bundesjagdgesetz zunächst freiwillig. Allerdings können die Länder derartige Zwangsverbände anordnen, wenn diese aus Gründen der Hege erforderlich sind. Die Initiative hierfür liegt bei der Unteren Jagdbehörde. Die Aufgabe dieser Zusammenschlüsse ergibt sich schon aus der Namensgebung. Diese soll u. a. gemeinsame Hegemaßnahmen durchführen (vgl. § 8 LJG-NW)[139].

Freiwillige Hegegemeinschaften unterliegen dem Zivilrecht. Streitigkeiten bei von Amts wegen gebildeten Hegegemeinschaften unterliegen dem Verwaltungsrechtsweg.

Bundesjagdgesetz

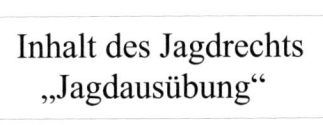

Inhalt des Jagdrechts
„Jagdausübung"

Nach der Vorschrift des § 1 Abs. 4 BJG erstreckt sich die Jagdausübung auf das Aufsuchen, Nachstellen, Erlegen und Fangen von Wild. Der in dieser Bestimmung verwendete Begriff der Jagdausübung umfasst nur die tatsächliche Ausübung der Jagd (Jagdausübung im engeren Sinne)[140].

Derjenige, dem die Ausübung des Jagdrechts in einem Jagdbezirk zusteht (Jagdausübungsberechtigter), ist verpflichtet, dort das Jagdrecht auszuüben. Er ist der für die Ausübung des Jagdrechts einschließlich des Jagdschutzes verantwortliche Jagdbezirksinhaber.

Ist der Eigentümer oder Nutznießer eines Eigenjagdbezirks eine Personenmehrheit, eine juristische Person oder nicht jagdpachtfähig (§ 11 Abs. 5 BJG), so hat er der Jagdbehörde eine oder mehrere jagdpachtfähige Personen als im Sinne des Absatz 1 und Satz 2 verantwortliche Personen zu benennen, wenn die Jagd nicht durch Verpachtung ausgeübt wird.

Der Begriff des „Nachstellen" umfasst alle Handlungen, die dem Fangen oder Erlegen dienen oder die einen Fang oder eine Erlegung vorbereiten sollen. Der Begriff wird auch in § 292 StGB verwandt.

---

§ 292 StGB „**Jagdwilderei**"

Wer unter Verletzung fremden Jagdrechts oder Jagdausübungsrechts

dem Wild nachstellt, es fängt, erlegt oder sich oder einem Dritten zueignet oder
eine Sache, die dem Jagdrecht unterliegt, sich oder einem Dritten zueignet, beschädigt oder zerstört,

wird mit Freiheitsstrafe bis zu drei Jahren oder mit Geldstrafe bestraft.

....

---

[139] Zur Mustersatzung vgl. MBl.NW.1995, Seite 960.
[140] Schandau, Drees, Thies, Müller-Schallenberg, Das Jagdrecht in Nordrhein-Westfalen, 4. Aufl., 2007, § 1 BJG, S. 24.

Es ist nicht maßgeblich ob der Erfolg auch wirklich eintritt. Nachstellen ist z.B. Heranpirschen, Auflauern, Verfolgen von Wild, das Zutreibenlassen durch Treiber, das Aufstellen von Fallen, von Schlingen sowie das Auf-dem-Anstand-Stehen. Letzteres setzt nicht voraus, dass das Gewehr geladen ist, wenn es nur leicht schussfertig zu machen ist[141].

Das „Aufsuchen" von Wild setzt nach dem BayObLG die Absicht voraus, das Wild zu erlegen[142]. Der Begriff „Aufsuchen" ist gleichrangig zum Begriff des „Nachsuchen". Zeitlich betrifft dies die unmittelbare Annäherung an das Wild. Aufsuchen bedeutet aber nach dem AG Neuburg nicht nur das Aufsuchen zum Zwecke des Nachstellens und Erlegens, sondern schlechthin das Aufsuchen des Wildes im Revier. Wäre unter Aufsuchen des Wildes nur ein solches zum Zwecke des Erlegens zu verstehen, hätte der Gesetzgeber das Wort „Aufsuchen" nicht aufzuführen brauchen[143].

Der Begriff des „Erlegen" beinhaltet alle unmittelbaren Tötungshandlungen. Das Erlegen beginnt mit der Schussabgabe und endend mit dem Fangschuss oder dem Abnicken. Damit wird nicht der unmittelbare Erfolg vorausgesetzt. Vielmehr wird auch das Abnicken bzw. der Fangschuss nach erfolgreicher Nachsuche umfasst[144].

Das Wild ist „gefangen", wenn das Wild lebend in die tatsächliche Gewalt des Fängers gerät[145]. Hierunter fällt unter Umständen auch die Aufnahme von krankem und verletztem Wild soweit das Wild zur Beute wird[146]. Allerdings erfährt das Fangen von Wild eine subjektive Einschränkung. Ist nämlich Wild in eine Falle geraten, welches nicht vom Jäger beabsichtigt war, so ist es im jagdrechtlichen Sinne nicht „gefangen", wenn es unverzüglich frei gelassen wird. In diesem Falle gilt das Wild nicht als Beute. Beute ist aber der Zweck der Jagd und daher untrennbar mit dem Begriff „Jagd" verbunden[147].

Gemäß § 3 BJG steht das Jagdrecht dem Eigentümer[148] auf seinem Grund und Boden zu. Es ist untrennbar mit dem Eigentum am Grund und Boden verbunden. Als selbstständiges dingliches Recht kann es nicht begründet werden. Allerdings wird das Jagdausübungsrecht dadurch eingeschränkt, dass es bestimmter Grundstücksgrößen (Eigenjagdbezirk, gemeinschaftlicher Jagdbezirk) bedarf. Es ist daher immer streng zwischen Jagdrecht und Jagdausübungsrecht zu unterscheiden. Bei gemeinschaftlichen Jagdbezirken steht das Jagdausübungsrecht nämlich der Jagdgenossenschaft zu. Der Jagdpächter erhält durch den Jagdpachtvertrag ein abgeleitetes Jagdausübungsrecht. Der Jagdgast hat lediglich eine Jagderlaubnis.

---

[141] Schandau, Drees, Thies, Müller-Schallenberg, Das Jagdrecht in Nordrhein-Westfalen, 4. Aufl., 2007, § 1 BJG, Seite 24; Reichsgericht, Urteil vom 24.10.1889, 1884/89.

[142] BayObLG, Rdl 1983, Seite 37.

[143] AG Neuburg, Urteil vom 10.05.1982, OWi 14 Js 12110/82.

[144] Schandau, Drees, Thies, Müller-Schallenberg, Das Jagdrecht in Nordrhein-Westfalen, 4. Aufl., 2007, § 1 BJG, Seite 24.

[145] „Das Aufstellen von Fallen (Fußangeln und sog. Schwanenhälse) stellt eine Jagdausübung dar. Eine Ausübung der Jagd liegt auch dann vor, wenn dabei billigend in Kauf genommen wird, dass auch Menschen in die Fallen geraten können.", VG Magdeburg, Urteil vom 16.04.2004, 1 A 697/03 MD.

[146] Wer von ihm selbst angefahrenes, schwer leidendes Wild tötet, handelt nur bei ausdrücklicher Einwilligung des Jagdausübungsberechtigten nicht rechtswidrig, so AG Öringen, Urteil vom 18.12.1975, Ds 80/75 (Anmerkung: Nach m. E. kritisch, es wurde dabei wohl der Tierschutzgedanke nicht berücksichtigt).

[147] OLG Oldenburg, Beschluss vom 03.09.1982, 1 Ss 432/82.

[148] Eigentümer der Bundeswasserstraßen ist gem. Art. 89 GG der Bund. In Nordrhein-Westfalen betrifft dies insbesondere den Rhein.

Inhalt des Jagdrechts „Aneignung"

Zum Jagdrecht gehört die Befugnis sich Wild anzueignen (§ 1 Abs. 1 BJG). Allerdings beinhaltet diese Vorschrift keine Aneignungspflicht. Vor diesem Hintergrund muss sich der Jagdausübungsberechtigte angefahrene Tiere nicht aneignen[149]. Das Aneignungsrecht erfasst erlegtes und gefangenes Wild sowie nach § 1 Abs. 5 BJG auch die ausschließliche Befugnis, krankes oder verendetes Wild, Fallwild und Abwurfstangen, sowie Eier von Federwild[150] sich anzueignen. Es stellt sich mithin die Frage, wann Wild verendet oder Fallwild ist.

Das Wild ist schlichtweg verendet, wenn es durch äußere Gewalteinwirkung getötet worden ist[151]. Dies kann nicht nur durch Schuss, sondern auch durch Stich, Schlag, Falle, Schlinge, Raubwild oder Raubzeug, Blitzschlag oder Zusammenprall mit einem Kraftwagen erfolgt sein.

Dagegen ist Fallwild Wild, das natürlich umgekommen ist (z. B. durch Krankheit, Wintersnot, Ertrinken oder entsprechenden Alter). Fallwild ist häufig an der Blutfülle im Wildbrett zu erkennen. Statistisch versteht man unter Fallwild das Wild, welches durch einen Verkehrsunfall getötet wurde. Sind bei dem Fallwild Krankheitszeichen erkennbar, hat der Jäger die Fernhalte- und Anzeigepflicht.

Die Jagdbarkeit an verendetem Wild und Fallwild endet erst, wenn der Kadaver gänzlich in Verwesung übergegangen ist. Dabei ist es unerheblich, ob das Wildbret noch zum menschlichen Genuss geeignet ist; es genügt, wenn es zu anderen Zwecken verwendbar ist[152]. Ist das Geweih oder Gehörn noch mit dem Schädel eines solchen Stückes verbunden, ist die Jagdbarkeit des Tieres noch nicht beendet, da der Tierkörper noch nicht vollständig zerstört ist[153].

Mancherorts ist bei der Bevölkerung das Suchen der Passstangen durchaus üblich (Harz: Zackelsuchen). Zum Sammeln ist aber die schriftliche Erlaubnis des Jagdausübungsberechtigten erforderlich.

Im Hinblick auf die EG-Vogelschutzrichtlinie ist das Sammeln von Eiern von Federwild grundsätzlich gänzlich verboten (§ 22 Abs. 4 BJG).

---

[149] Kümmerle, Nagel, Jagdrecht in Baden-Württemberg, 10. Auflage 2006, Seite 97, anders aber, wenn es sich um seuchenverdächtiges Wild handelt.

[150] Beachte, dass die Gelege und Nester des Federwildes grds. ganzjährig geschützt sind (vgl. 22 Abs. 4 S. 4 BJG).

[151] Schandau, Drees, Thies, Müller-Schallenberg, Das Jagdrecht in Nordrhein-Westfalen, 4. Aufl., 2007, § 1 BJG, Seite 27.

[152] Schandau, Drees, Thies, Müller-Schallenberg, Das Jagdrecht in Nordrhein-Westfalen, 4. Aufl., 2007, S. 26.

[153] Reichsgericht, RGSt 13, 84.

Der Jagdausübungsberechtigte erwirbt gemäß § 958 BGB das Eigentum an dem Wild, wenn der Jagdausübungsberechtigte es in Eigenbesitz nimmt. Nach § 854 BGB wird der Besitz einer Sache durch die Erlangung der tatsächlichen Gewalt über die Sache erworben. Gemäß § 855 BGB kann er sich dabei auch anderer Personen bedienen. Diese Personen werden vom Gesetzgeber „Besitzdiener" bezeichnet. Besitzdiener im jagdlichen Bereich können Jagdgehilfen, Treiber oder Jagdgäste sein.

---

§ 854 BGB „**Erwerb des Besitzes**"

Der Besitz einer Sache wird durch die Erlangung der tatsächlichen Gewalt über die Sache erworben.

Die Einigung des bisherigen Besitzers und des Erwerbers genügt zum Erwerbe, wenn der Erwerber in der Lage ist, die Gewalt über die Sache auszuüben.

§ 855 BGB „**Besitzdiener**"

Über jemand die tatsächliche Gewalt über eine Sache für einen anderen in dessen Haushalt oder Erwerbsgeschäft oder in einem ähnlichen Verhältnis aus, vermöge dessen er den sich auf die Sache beziehenden Weisungen des anderen Folge zu leisten hat, so ist nur der andere Besitzer.

Das Eigentum an einem herrenlosen Tier kann nicht erworben werden, wenn die Aneignung gesetzlich verboten[154] ist oder bei Verletzung des Aneignungsrechts eines anderen (§ 958 Abs. 2 BGB). Einschränkungen bestehen für wildlebende Tiere z.B. durch das Jagd- und Naturschutzrecht. Auch nach dem Bundesnaturschutzgesetz ist es verboten, wildlebende Tiere besonders geschützter Arten zu fangen, zu verletzen, zu töten sowie sie in Besitz zu nehmen. Die Aufnahme von Tieren der vom Aussterben bedrohten Arten muss der Naturschutzbehörde gemeldet werden. Tote Tiere besonders geschützter Arten sind bei der zuständigen Behörde abzugeben. Das Aneignungsrecht eines anderen wird z. B. verletzt, wenn das Wildstück auf der Grenze zwischen zwei Jagdbezirken liegt. Hier haben nämlich beide Revierinhaber ein Aneignungsrecht am ganzen Stück. Allerdings müssen sie den hälftigen Wert dem Jagdnachbarn erstatten[155].

Wer sich entgegen eines Jagdausübungsrechts Wild aneignet, begeht Wilderei (§ 292 StGB). Wer überfahrenes Wild in seinen Kofferraum legt, macht sich bereits objektiv der Wilderei verdächtig. Führer von Fahrzeugen, die Schalenwild an- oder überfahren, sind vielmehr verpflichtet, dies dem Jagdausübungsberechtigten, der Polizei oder der Gemeindebehörde unverzüglich anzuzeigen. Allerdings kann der Fahrer eines solchen Fahrzeuges nicht wegen Unfallflucht nach der Vorschrift des § 142 StGB verurteilt werden, wenn ein Fremdschaden nicht vorliegt. Die „Beschädigung" des Wildes ist kein Fremdschaden, da Wild herrenlos ist. Er verletzt auch kein fremdes Rechtsgut nach § 7 Abs. 1 StVG[156].

---

[154] Zur Diskussion, ob der Abschuss innerhalb der Schonzeit dem Eigentumserwerb entgegensteht: Schandau, Drees, Thies, Müller-Schallenberg, Das Jagdrecht in Nordrhein-Westfalen, 4. Aufl., 2007, § 1 BJG, Seite 29 m.w.N.

[155] Schandau, Drees, Thies, Müller-Schallenberg, Das Jagdrecht in Nordrhein-Westfalen, 4. Aufl., 2007, § 1 BJG, Seite 29.

[156] AG Weilburg, Urteil vom 17.11.1995, Az.: 5 C 364/95.

Bundesjagdgesetz

Inhalt des Jagdrechts „Weidgerechtigkeit"

Nach § 1 Abs. 3 BJG muss die Jagdausübung unter Beachtung der allgemein anerkannten Grundsätze deutscher Weidgerechtigkeit erfolgen. Der Begriff beinhaltet die ethische Einstellung des Jägers zum Wild unter sittlich moralischen Gesichtspunkten[157]. § 1 TierSchG bezeichnet das Tier als Mitgeschöpf des Menschen. Vor diesem Hintergrund dürfen einem Wirbeltier[158] ohne vernünftigen Grund keine Schmerzen, Leiden oder Schäden zugefügt werden. So schränkt § 4 Abs. TierSchG die Tötung eines Wirbeltieres mit der Voraussetzung „weidgerechter Jagdausübung" ein. Diese Vorschrift des § 1 Abs. 3 BJG muss daher in ihrer ethischen und rechtlichen Gebotenheit sehr hoch eingeschätzt werden. Aufgrund der ständig ergänzenden Ausgestaltung dieses Begriffes durch technischen Wandel in der Gesellschaft, handelt es sich um eine auszufüllende Generalklausel, wie sie in § 242 BGB („Treu und Glauben") zu finden ist.

Der Begriff der Weidgerechtigkeit ist seit Jahrhunderten in der deutschen Jägerschaft verwurzelt und - schon aus diesem Grunde - ständigen Wandlungen unterworfen. Der Begriff der Weidgerechtigkeit ist zeitungebunden und hängt von den technischen und gesellschaftlichen Entwicklungen ab.[159] In der „Jäger-Praktika" von Doebel aus dem Jahre 1746 wird ausgeführt: „Der Jäger muss hirsch-, jagd-, forst- und holzgerecht gottesfürchtig und fromm, treu und redlich gegen seine Herrn, vorsichtig, verständig, klug, wachsam und munter, unverdrossen, unerschrocken und von guter Leibenskonstitution sein, Liebe zu den Hunden haben und auch gutes und reichliches Gewehr halten." Gleichwohl sind die Grundsätze deutscher Weidgerechtigkeit nie in allen ihren Einzelheiten schriftlich niedergelegt worden[160], da er ein veränderlicher Rechtsbegriff ist. Weidgerechtigkeit ist eine historisch gewachsene Vorstellung, die es zu keiner Definition gebracht hat. Weidgerecht nennt man alles was den strengen Regeln des Weidwerks entspricht. Weidmann ist der Jäger, der die Jagd weidgerecht ausübt. Nach Ernst Ritter von Dombrowski (1892) unterscheidet

---

[157] Verwaltungsgerichtshof Baden-Württemberg, Urteil vom 28.09.1960, IV 330/60.
[158] Wer ein Wirbeltier ohne vernünftigen Grund tötet, wird mit Freiheitsstrafe bis zu drei Jahren oder mit Geldstrafe bestraft (§ 17 TierSchG).
[159] So auch Conrad in DJZ 01/2009, Seite 18.
[160] Schandau, Drees, Thies, Müller-Schallenberg, Das Jagdrecht in Nordrhein-Westfalen, 4. Aufl., 2007, § 1 BJG, S. 24.

dies den Weidmann vom Sonntagsjäger oder Schießer[161]. Die Kommentatoren des Reichsjagdgesetzes von 1934 trivialisierten den weidgerechten Jäger als einen, der nach den bewährten Erfahrungen und Regeln eines edlen deutschen jagdlichen Brauchtums jagt. Eine Orientierung in der Neuzeit bilden zahlreiche Gerichtsurteile. Die Weidgerechtigkeit beinhaltet die Kenntnis und die praktische Anwendung und traditionsbewusste Bewahrung durch anständig denkende Jäger. Das Oberlandesgericht Koblenz bezeichnet den Begriff der Weidgerechtigkeit als die Summe der rechtlich bedeutsamen geschriebenen und ungeschriebenen Regeln, die bei der Jagdausübung als weidmännische Pflichten zu beachten sind. Dem entspricht § 37 Abs. 2 BJG, wonach die Länder die Mitwirkung von Vereinigungen der Jäger vorsehen können bei Verstoß eines Jagdscheininhabers gegen die Grundsätze der Weidgerechtigkeit[162]. Kurt Lindner definiert es so: „Weidgerecht ist eine durch ethisches Pflichtgebot bestimmte Verhaltensweise des Jägers gegenüber einem als Wild bezeichneten Tier, gegenüber den jagdverbundenen Mitmenschen und gegenüber der Umwelt."[163] Lindner verurteilt damit insbesondere auch den Revieregoismus. Balke nimmt zur Definition die Religion und Menschlichkeit zur Hilfe. Danach ist Weidgerechtigkeit die tätige Bejahung der Geschöpflichkeit.[164]

Die internationale Jagdkonferenz im Jahre 1971 formulierten fünf Gruppen weidmännischer Gebote:

1. Dem Wild unnötige Qualen ersparen.
2. Im Wild des dem Menschen am nächsten stehenden Geschöpf der Natur zu achten.
3. Dem Wild im Rahmen des Ziels der Jagd ein Maximum an Chancen zu lassen.
4. Sich ritterlich und anständig gegenüber den Jagdnachbarn und Mitjagenden zu verhalten.
5. Jagdbetrieb und Jagdleidenschaft im Sinne einer durch die allgemeinen Gesetze und die Pflicht zur Wahrung des Ansehens der Jägerschaft bedingten Disziplin unter Kontrolle zu halten[165].

Bei der Weidgerechtigkeit wird deutlich, dass „Jagd aktiver Naturschutz, Tierschutz und Artenschutz" ist. Allerdings beschränkt sich der Artenschutz auf Besitz-, Handels- und Verwertungs- und Nachstellungsverbote. Der jagdrechtliche Artenschutz ist aber viel weitgehender. Er verpflichtet den Jäger und die Jagdbehörden und stellt dies unter Strafe. Aus diesem Grund geht das Jagdrecht bei kollidierenden Regelungen häufig vor.

Die Weidgerechtigkeit gebietet es, den Tieren bei der Jagd eine Chance zu geben. Dies ist z.B. auch erkennbar in dem Verbot des Abklingelns von Feldern.

Auch ist es geboten, auf unsichere Schüsse zu verzichten. Insofern ist auf Weitschüsse zu verzichten. Was unter Weitschüssen verstanden werden kann, ist allerdings schwierig darzulegen. Anhaltspunkt dürfte jedoch die günstigste Einschussentfernung der Waffe sein. Unter den Gesichtspunkt der sicheren Schussabgabe stimme ich Dr. Heinz Rose zu, der von dem Irrglauben Abstand nimmt, dass Hasen nicht in der Sasse oder Fasane nicht am Boden geschossen werden dürfen[166]. Nur sichere und geübte Schützen sollten sich den Schuss auf flüchtiges oder fliegendes Wild zutrauen, so Rose[167]. In diesem Zusammenhang definiert sich

---

[161] Kühnle, Die Jagd als Mechanismus der biotischen und kulturellen Evolution des Menschen, Seite 297.
[162] OLG Koblenz, Beschluss vom 23.01.1984, 1 Ss 558/83.
[163] Peter Conrad in DJZ, 01/2009, Seite 18.
[164] Bernd Balke, Über den Begriff der Weidgerechtigkeit, Jagd- und Fischerei-Verlag, 2007, Seite 233.
[165] Schandau, Drees, Thies, Müller-Schallenberg, Das Jagdrecht in Nordrhein-Westfalen, 4. Aufl., 2007, § 1 BJG, S. 24.
[166] So auch: Conrad in DJZ 01/2009, Seite 18.
[167] Heinz Rose, Jagdrecht in Nordrhein-Westfalen, 2004, Seite 17.

die Weidgerechtigkeit demnach nach der Schussleistung des Schützen. Ungeübte Schützen haben daher den Schuss auf flüchtendes Wild zu unterlassen. Diesen bleibt der Schuss auf verhoffendes oder langsam ziehendes Wild.

Das Anlocken von Wild ist dann nicht weidgerecht, wenn es die Not der Tiere ausnützt. So ist es zwar verboten, Wild an Fütterungen zu erlegen, aber nicht an Kirrungen. Gleichwohl ist letzteres nicht weidgerecht. Nicht weidgerecht ist es nach meiner Einschätzung auch, Lockmittel auf Geruchsbasis zu verwenden. Conrad schildert den Fall, dass rauschige Hausschweine durch den Wald getrieben oder angepflockt werden, um Keiler anzulocken.[168]

Ein weiteres Gebot der Weidgerechtigkeit ist die unverzügliche Nachsuche auf verletztes Wild. Dazu gehört immer ein brauchbarer Jagdhund[169]. Jedem Jäger müssen daher die entsprechenden Schweißhundstationen in seinem Jagdbezirk bekannt sein.

Auch ist es nicht erlaubt, wenn in einen Fuchsbau 50 Liter Wasser zum Zwecke des Fuchssprengens eingeleitet werden[170].

Insbesondere vor dem Hintergrund des Elbhochwassers, welches noch jedem in Erinnerung sein wird, sei auf eine Entscheidung des Amtsgerichts Neuburg hingewiesen. Danach ist das Jagen bei Hochwasser nicht weidgerecht[171].

Auch wildernde Hunde sind u. U. von dem Gebot der weidgerechten Jagdausübung umfasst. Wird ein wildernder Hund in der Absicht angeschossen, ihm einen Denkzettel zu geben, so ist dies nicht weidgerecht[172].

Nicht weidgerecht und tierschutzwidrig ist auch das Niederknüppeln von Kaninchen[173] oder die Jagdausübung unter Verwendung von Feuer[174].

Neuerdings wird auch der Einsatz elektronischer Wildüberwachungsmittel wie z.B. Wildsensoren als Verstoß gegen die Grundsätze der deutschen Weidgerechtigkeit angesehen[175]. Argument hierfür ist, dass die Chancengleichheit des Wildes abnimmt[176]. Dieser Ansicht ist nicht zuzustimmen, da dies unweigerlich dazu führt, dass auch die Verwendung von Nachsichtgeräten o. ä. nicht mehr als Weidgerecht anzusehen sind. Sämtliche derartigen elektronischen Neuerungen verringern die Chancengleichheit des Wildes.

In der Neuzeit wird der Ruf nach fruchtbarkeitshemmenden Hormonen für das Schwarzwild immer lauter. Diese Vergiftung einer Art mit der „Pille" ist nach meiner Ansicht nicht weidgerecht. Hiermit verhöhnen wir unsere Tierwelt und den Tierschutz. Ein derart schwerwiegender Eingriff in die Natur darf nicht erlaubt werden.

---

[168] Conrad in DJZ 01/2009, Seite 19.
[169] „Das vorsätzliche Unterlassen des Einsatzes eines brauchbaren Jagdhundes zur Nachsuche verstößt gegen die Gebote der Weidgerechtigkeit.", AG Gifthorn, Urteil vom 26.02.1987, 8 OWi 14 Js 1250/87.
[170] AG Hannover, Urteil vom 12.02.1987, 535 C 13372/86.
[171] AG Neuburg, Urteil vom 10.05.1982, OWi 14 Js 12110/82.
[172] AG Jever, Urteil vom 17.01.1974, C 462/73.
[173] LG Torgau, DJ 1937, 45.
[174] VG Münster, Urteil vom 11.02.1984, 7 K 480/84.
[175] Von Pückler, WuH 6/2006, Seite 112; Schandau, Drees, Thies, Müller-Schallenberg, Das Jagdrecht in Nordrhein-Westfalen, 4. Aufl., 2007, § 1 BJG, S. 26.
[176] Schandau, Drees, Thies, Müller-Schallenberg, Das Jagdrecht in Nordrhein-Westfalen, 4. Aufl., 2007, § 1 BJG, S. 26.

Verstöße gegen die Weidgerechtigkeit sind nicht grundsätzlich als alleiniger Grund unter Strafe gestellt. Einige derselben werden jedoch nach § 39 BJG als Ordnungswidrigkeit mit der Verhängung einer Geldbuße geahndet. Außerdem kann bei schweren Verstößen gegen die Weidgerechtigkeit der Jagdschein versagt oder entzogen werden. Soweit der Verstoß unter Verwendung von Waffen erfolgt ist, kann dies auch die Einziehung der Waffenbesitzkarte bedeuten. Auch kann der Verstoß gegen die Weidgerechtigkeit im Rahmen eines weiteren Deliktes zu einer Erhöhung des Bußgeldes führen[177]. Regelmäßig werden die Landesjagdverbände bei staatlichen Sanktionen wegen Verstößen gegen die Weidgerechtigkeit zur Stellungnahme gebeten bzw. diesen entsprechende Gelegenheit gegeben.

Die Weidgerechtigkeit ist nach wie vor schwer fassbar. Eine Orientierung findet sich aber bereits in einem Gedicht von Hermann Löns aus dem Jahre 1916, der in „Kraut und Lot"[178] sein Verständnis zu dieser Thematik und das ethische, ökologische Pflichtgebot des Weidmanns wie folgt fasst:

„Der Heger

Das Schießen allein macht den Jäger nicht aus;
wer weiter nichts kann, bleibe besser zu Haus.

Doch wer sich ergötzt an Wild und an Wald,
auch wenn es nicht blitzet und knallt,

und wer noch hinauszieht zur jagdlosen Zeit,
wenn Heide und Holz sind vereist und verschneit,

wenn mager die Äsung und bitter die Not,
und hinter dem Wilde einherschleicht der Tod.

Und wer ihn dann wehrt, ist Weidmann allein,
der Heger, der Pfleger kann Jäger nur sein.

Wer bloß um des Schießens hinausging zur Jagd,
zum Weidmann hat er es niemals gebracht."

Eine weitere Orientierung in der Neuzeit bietet Kühnle[179] an:

„Handle so,-
daß du die Jagd in Achtung vor Recht und Würde des Tieres als deinem Wesensgenossen zu deiner Freude und deinem Glück zum Vorteil der Tierrasse ausübst. Deine schicksalsgestaltende Rolle für das Tier und sein Milieu in Ausübung der Jagd sei dir bewußt. Deine Jagd darf die Leibesfrucht des Tieres nicht verletzen, sie darf anderen Tieren, die du

---

[177] „Die Errichtung einer nach JagdG RP §§ 28 Abs. 2 S 1, 41 Abs. 1 Nr. 13 unzulässigen Fütterungsanlage in der Nähe von Hochsitzen stellt einen Verstoß gegen die allgemein anerkannten Grundsätze der deutschen Weidgerechtigkeit dar und kann im Rahmen der Bußgeldzumessung erschwerend gewürdigt werden.", OLG Koblenz, Beschluss vom 23.01.1984, 1 Ss 558/83.
[178] Löns Hermann, Kraut und Lot, Hannover: Sponholtz 1916.
[179] Kühnle, Die Jagd als Mechanismus der biotischen und kulturellen Evolution des Menschen, Seite 376.

nicht unmittelbar bejagst, keine seelische Pein, nicht Ängstigung, Entsetzen oder Notlage bereiten.

Handle so,-
daß du zwar die Jagd im sportlichen Geiste (Fairneß), niemals aber als einen Sport betreibst und, dir stets deiner Gliedschaft im ökologischen Gefüge bewußt, jegliche Tier- und Pflanzenwelt deiner jagdlichen Umwelt in deine Verantwortungsträgerschaft mit einbeziehst. Jage nie ohne Passion, jage nicht ohne Triebbewußtsein und jage nur in Einfühlung mit der Seele des Tieres. Töte nur, wenn du unmittelbar (sofort) zu töten vermagst.

Handle so,-
daß deine Jagd dem bejagten Tier nicht Angst, Schmerz oder Entsetzen bereitet, und achte den Anspruch des Tieres auf Lebensqualität und Lebensraum. Die Grundrechte aller Tierorganismen (Tierwürde und Tierrecht) sind gleich. Deine Hegebemühungen darf sich nicht nur auf jagdbare Tiere beschränken, sonder gebührt jeglicher Tierart, auch der kleinsten deines Jagdbereichs. Deine Jagd und Hege darf in keinem Fall unterscheiden Stand- und Wechselwild.

Handle so,-
daß dein Denken, Fühlen und Wollen in Ausübung der Jagd nur allein durch deinen Jagdbetrieb und das Naturerlebnis bestimmt sind und nur Intention zu deiner Freude und deinen Glücksempfindungen bilden. Jegliches materielle Ziel widerspricht der Werterangordnung der Jagd mit Ausnahme im Hinblick auf die Verwertung der Beute."[180]

Meiner Ansicht nach sollte sich der Jäger bewusst sein, dass Mensch und Tier als Geschöpf zusammengehören. Mensch und Tier sitzen „im gleichen Boot". Beide geben sich ihre Lebensmöglichkeit. Weder das Tier, noch die Natur gehen allerdings allein darin auf dem Menschen zu nutzen. Weidgerechte Jagd zwingt daher den Jäger zu einer bewussten Jagd mit dem Inhalt der rechten und menschlichen Gesinnung. Der weidgerechte Jäger nimmt die Tiere in seine Obhut und ist dabei gleichsam ein „guter Hirte". Er erlegt, aber mordet nicht. Mord ist nämlich verwerfliches, selbstsüchtiges und sinnloses Töten. Gerade der Unterschied zwischen Jagd und Mord macht die Weidgerechtigkeit aus.

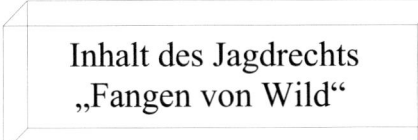

Inhalt des Jagdrechts
„Fangen von Wild"

Der Fallenjäger muss sich mit einer Vielzahl von Gesetzen auseinandersetzen.

Gleichzeitig zeigt die stark reduzierte Gesetzesauflistung am Anfang dieses Werkes, dass derjenige, der sich zum Jagen hingezogen fühlt, kein Hobby betreibt. Ein Hobby wird selten durch eine solche Gesetzesvielfalt geregelt. Es ist durchaus ein anschauliches Bild, wenn man aussagt, dass der Jäger immer eine ganze Bibliothek an Gesetzestexten im Rucksack mitführe. Neben den aufgeführten Gesetzen wirken noch zahlreiche andere Gesetze auf das Jagdwesen

---

[180] Kühnle, Die Jagd als Mechanismus der biotischen und kulturellen Evolution des Menschen, Seite 297.

direkt oder indirekt ein. Daneben sind auch internationale Rechtszusammenhänge zu beachten.

„Wer Niederwild haben will, muss Raubwild kurz halten!"

Die Fangjagd ist eine legitime Nutzung von Wildbeständen. Darüber hinaus trägt sie zur Erhaltung zahlreicher gefährdeter frei lebender Tierarten bei (§ 1 BJG). Das Fangen von verwilderten Haustieren dient den Zielen des Naturschutzes.

Durch die Bejagung des Haarraubwildes unter Verwendung der Falle wird wesentlich dazu beigetragen, die auf den Menschen übertragbare Wildtiertollwut einzudämmen und der Verbreitung des Fuchsbandwurmes entgegenzuwirken. Denn mit einer Erhöhung des Bestandes tritt auch eine Erhöhung der Krankheitsrate auf. Mit dem Fuchsbandwurm kann sich auch der Fallenjäger infizieren, da ein Kontakt zu der Fuchslosung bereits ausreichend sein kann. Ausreichende Selbstsicherung ist daher unerlässlich.

Auf die Fangjagd kann demnach auch zur Erfüllung der gesetzlich vorgeschriebenen Jagdschutzaufgaben (§ 23 BJG) – Schutz des Wildes vor Tierseuchen, wildernden Hunden und Katzen – nicht verzichtet werden. § 23 BJG ist daher Rechtsgrundlage der Fallenjagd.

Beim Aufstellen von Fallen achtet der Jäger auf die besonderen Lebensgewohnheiten geschützter frei lebender Tierarten. Eine Selektion der zu fangenden Tierarten ist durch Verwendung von Lebendfangfallen, Wahl des Köders und des Fangplatzes, Anlage von Fangbunkern u. a. m. gewährleistet. Die Einhaltung der Schonzeit und des Artenschutzes ist damit ebenfalls gewährleistet.

Außerdem sind die Landesjagdgesetze zu beachten. Ferner spielen das Naturschutzgesetz, das Tierschutzgesetz, das Tierkörperbeseitigungsgesetz, das Straßenverkehrsgesetz und das Bundesseuchengesetz eine Rolle in der Ausübung der Fallenjagd.

Hierzu einige rechtliche Grundsätze der Fallenjagd:

- ◆ Nach § 1 Abs. 4 BJG erstreckt sich die Jagdausübung auf das Aufsuchen, Nachstellen, Erlegen und Fangen von Wild.

- ◆ Nach § 19 Abs. 1 Nr. 5b BJG ist es unter anderem verboten, Fallen beim Fang von Federwild zu verwenden. Weiter ist es verboten, Fanggeräte zu verwenden, die nicht unversehrt fangen oder nicht sofort töten.

- ◆ Der Jagdschutz nach § 23 BJG umfasst nach näherer Bestimmung durch die Länder den Schutz des Wildes u. a. vor Wildseuchen, vor wildernden Hunden und Katzen.

- Bei der Ausübung der Fallenjagd sind allgemein anerkannte Grundsätze deutscher Weidgerechtigkeit zu beachten (§ 1 Abs. 3 BJG).

- Nach § 4 Abs. 1 Tierschutzgesetz (TierSchG) darf ein Wirbeltier nur unter Betäubung oder sonst, soweit nach den Umständen zumutbar, nur unter Vermeidung von Schmerzen getötet werden. Ist die Tötung eines Wirbeltieres ohne Betäubung im Rahmen weidgerechter Ausübung der Jagd oder auf Grund anderer Rechtsvorschriften zulässig oder erfolgt sie im Rahmen zulässiger Schädlingsbekämpfungsmaßnahmen, so darf die Tötung nur vorgenommen werden, wenn hierbei nicht mehr als unvermeidbare Schmerzen entstehen. Ein Wirbeltier töten darf nur, wer die dazu notwendigen Kenntnisse und Fähigkeiten hat.

- Nach § 20 Abs. 1 BJG darf an Orten, an denen die Jagd nach den Umständen des einzelnen Falles die öffentliche Ruhe, Ordnung und Sicherheit stören oder das Leben von Menschen gefährden würde, nicht gejagt werden.

- § 823 BGB Bürgerliches Gesetzbuch (BGB) bestimmt, dass derjenige, der eine Gefahrenquelle schafft, verpflichtet ist, notwendige Vorkehrungen zum Schutz Dritter zu treffen.

  o Die Unfallverhütungsvorschriften der Landwirtschaftlichen Berufsgenossenschaften enthalten Bestimmungen über das Aufstellen und die Bedienung von Fallen hinsichtlich der Unfallgefahr für Menschen. Die Unfallverhütungsvorschrift (UVV)[181] verlangt zur Fallenjagd, dass Fangeisen nur mit einer entsprechenden Vorrichtung gespannt und nur mit einem geeigneten Gegenstand ge- bzw. entsichert werden dürfen. Der Spannhebel für Schwanenhälse kostet ca. € 40,00. Dies ist eine gute Investition, da eine Selbstbefreiung aus dieser Falle nahezu ausgeschlossen ist und schwere Verletzungen die Folge sind.

  Fangeisen dürfen fängisch nur so aufgestellt werden, dass keine Person gefährdet werden (z.B. Fangbunker). Tagsüber dürfen nur Lebendfangfallen fängisch gestellt werden.

  o Fallenjagd muss weidgerecht erfolgen.

Verstöße gegen jagdrechtliche Vorschriften können zu erheblichen Geldbußen führen. Hier einige fallenjagdspezifische Beispiele:

Nach § 55 Abs. 2 Nr. 9 LJG i. V. m. der Verordnung über die Verwendung von Fanggeräten und die Voraussetzungen und Methoden der Fallenjagd (FangjagdVO) werden folgende Zuwiderhandlungen wie folgt geahndet:

1. Verwendung verbotener Fanggeräte entgegen § 30 DVO LJG-NRW

   ➢ Geldbuße bis zu 5.000,00 Euro.

2. Verwendung von Fallen für den Lebendfang entgegen § 31 DVO LJG-NW

   ➢ Geldbuße bis zu 5.000,00 Euro.

---

[181] Nach einer Studie der Universität Münster kommt es jedes Jahr zu 1.600 angezeigten Jagdunfällen. Hierzu kommt noch eine erhebliche Dunkelziffer. Hauptursache ist die unsachgemäße oder nach der UVV unsachgemäße Waffenhandhabung (Die Zeit vom 31. Januar 2002; Vgl. Wissmann, Frank: Multifaktorielle Analyse von Schussverletzungen durch Jagdwaffen, Münster 1993).

3. Verwendung von anderen Abzugseisen entgegen § 32 DVO LJG-NW

   ➢ Geldbuße bis zu 5.000,00 Euro.

4. Verwendung von Abzugseisen entgegen Mindestklemmkräfte, § 32 Abs. 5 DVO LJG-NW
.
   ➢ Geldbuße bis zu 5.000,00 Euro.

5. nicht oder nicht ordnungsgemäßes Abdecken von Ködern entgegen § 33 Abs. 3 DVO LJG-NW

   ➢ Geldbuße bis zu 5.000,00 Euro.

6. Nichtkontrollieren von Fallen entgegen 33 Abs. 4 DVO LJG-NW

   ➢ Geldbuße bis zu 5.000,00 Euro.

Grundsätze der Fallenjagd nach Bundesrecht

Fallenjagd ist Jagdausübung. Vor diesem Hintergrund ist stets ein Jagdschein erforderlich. Jagdausübung ist demnach auch das Fängischstellen der Falle nach der Herausnahme des verendeten Wildes. Bloße Hilfsbedienstete bedürfen aber keines Jagdscheins, z.B. Abtransport tot gefangenen Wildes. Der Abtransport lebend gefangenen Wildes ist durch Hilfsbedienstete nicht zulässig. Dieses wäre ein Verstoß gegen das Tierschutzgesetz.

§ 19 BJG regelt unter anderem die sachlichen Verbote für die Fallenjagd:

(1) Verboten ist.....

2.d) auf Wild mit Pistolen oder Revolvern zu schießen, ausgenommen im Falle der Bau- und Fallenjagd sowie zur Abgabe von Fangschüssen, wenn die Mündungsenergie der Geschosse nicht mindestens 200 Joule beträgt;

5.a) künstliche Lichtquellen, Spiegel, Vorrichtungen zum Anstrahlen oder Beleuchten des Zieles oder der Zieleinrichtung, Nachtzielgeräte, die einen Bildwandler oder eine elektronische Verstärkung besitzen und für Schusswaffen bestimmt sind, Tonbandgeräte oder elektrische Schläge erteilende Geräte beim **Fang** *oder Erlegen von Wild aller Art zu verwenden oder zu nutzen sowie zur Nachtzeit an Leuchttürmen oder Leuchtfeuern Federwild zu* **fangen***;*

7. Saufänge, Fang- oder Fallgruben ohne Genehmigung der zuständigen Behörde anzulegen;

*8. Schlingen jeder Art, in denen sich Wild fangen kann, herzustellen, feilzubieten, zu erwerben oder **aufzustellen**;*

9. Fanggeräte, die nicht unversehrt fangen oder nicht sofort töten, sowie Selbstschussgeräte zu verwenden;

Es ist verboten, zur Nachtzeit an Leuchttürmen oder Leuchtfeuern Federwild zu fangen. Für den Begriff der Nachtzeit gilt auch hier die in § 19 Nr. BJG enthaltene gesetzliche Bestimmung. **Als Nachtzeit gilt die Zeit von eineinhalb Stunden nach Sonnenuntergang bis eineinhalb Stunden vor Sonnenaufgang.** Umfasst ist nicht nur die dunkle Nacht, sondern auch die Dämmerung.

Verboten ist auch, beim Fang von Federwild Vogelleim, Fallen, Angelhaken, Netze, Reusen oder ähnliche Einrichtungen sowie geblendete Lockvögel zu verwenden.

Grundsätzlich ist die Fallenjagd auch mit selbst gefertigten Fallen erlaubt. Allerdings müssen diese unversehrt fangen oder sofort töten. Wieselwippbrettfallen sind als Lebendfangfallen zwar grundsätzlich zulässig, müssen aber eine hinreichende Größe des Innenraums ausweisen und eine gute Verblendung. Ohne Verblendung wäre das Tier in ständiger Bewegung und würde letztlich an Kreislaufversagen oder am Herztod sterben. Tellereisen sind als besondere Totschlagfallen kraft Europarechts generell verboten. Das Abzugseisen ist hingegen grundsätzlich zulässig. Eine Einschränkung erfährt die Fallenjagd weiterhin bei Fang- und Fallgruben. Dies sind natürliche oder künstlich hergestellte Vertiefungen im Erdboden, die mit Ästen oder Zweigen abgedeckt sind und in denen das Wild gefangen werden soll. Gleiches gilt für den Saufang. Hierunter versteht man eine Vertiefung, die ebenfalls mit Ästen oder Zweigen oder aber auch mit einer Falltür abgedeckt und mit einer Umzäunung versehen ist; durch Eicheln, Mais oder ähnliche Futtermittel wird das Schwarzwild an den Saufang gekirrt. Derartige Gruben dürfen nur mit Genehmigung der zuständigen Behörde (§ 19 BJG) angelegt werden.

Zweifelhaft und strittig ist, ob die Benutzung einer Grube, welche von anderen angelegt worden ist unter dieses Verbot fällt. In der Praxis ist dieser Streit jedoch bedeutungslos, da ein Verstoß schon dann vorliegt, wenn nur ein Teil der Grube vom Täter angelegt wird. Dies könnte z.B. die frische Abdeckung sein.

Schlingen sind Schleifen, die zumeist aus Draht, aber auch aus Rosshaar, Schnur usw. hergestellt sind. Keine Schlingen sind Fangnetze[182]. Daher dürfen diese beim Frettieren verwendet werden.

Quälerische Fanggeräte sind alle Geräte, die nicht unversehrt fangen oder nicht sofort töten, sowie Selbstschussgeräte. Diese sind nicht geeignet, den Tieren unnötige Schmerzen und Leiden zu ersparen. Ihre Verwendung ist daher tierquälerisch. Solche Geräte sind vor allem Tellereisen (das Zusammenschlagen der Bügel wird durch Druck auf den Teller des Eisens ausgelöst), Pfahleisen (auf Pfählen oder anderen künstlichen oder natürlichen Erhebungen aufgerichtete Tritteisen) und quälerisches Vogelfanggerät.

Geräte, welche ausschließlich für den Fang nicht jagdbarer Tiere (z.B. Mäuse) in Betracht kommen, werden von dem hier behandelten Verbot nicht erfasst.

---

[182] RGSt. 43, 162.

Wenn der Gesetzgeber von einer „Verwendung" der Falle spricht, so bedeutet dies eine Handlung im Rahmen der Jagdausübung. Hierzu gehören insbesondere das Aufstellen des Fanggerätes oder das Ausleben der Selbstschüsse.

Landesrechtliche Ergänzungen der Fallenjagd

Über das Verbot des § 19 Abs. 1 Nr. 9 BJG hinaus untersagen die §§ 30 ff. DVO LJG-NRW die Verwendung folgender Fanggeräte:

- Knüppelfallen (einschließlich Prügel- und Rasenfallen)
- Marderschlagbäume
- Scherenfallen
- Drahtbügelschlagfallen (einschließlich Fallen nach Conibear-Bauart)
- Totschlagfallen aller Art, die durch Tritt, Druck oder Berührung ausgelöst werden
- Wippbrettkastenfallen, die nicht in § 2 Abs. 2 FangjagdVO genannten Mindestmaße aufweisen:

> Wippbrettkastenfallen müssen eine Mindestlänge von 80 cm, ein Mindestbreite von 10 cm und eine Mindesthöhe von 15 cm (Innenmaße) aufweisen. Wippbrettkastenfallen für das Hermelin müssen an einer Seite des Fangraums ein kreisförmiges Loch mit einem Durchmesser von 24 mm aufweisen oder mit einer Gewichtstarierung versehen sein, durch die der Fang von Mauswieseln und Mäusen verhindert wird (§ 31 Abs. 2 DVO LJG-NRW).

> Abzugseisen für Fuchs, Dachs, Waschbär und Marderhund müssen zwei Spannfedern und Bügelweiten von mindestens 56 cm bis höchstens 70 cm aufweisen; Abweichungen bis zu 10 v. H. sind zulässig (§ 32 Abs. 2 DVO LJG-NRW).

> Abzugseisen für Marder müssen eine Bügelweite von 37 cm aufweisen; Abweichungen bis zu 10 v. H. sind zulässig (§ 32 Abs. 3 DVO LJG-NRW).

> Bei Abzugseisen sind folgende Mindestklemmkräfte einzuhalten:

> | | |
> |---|---|
> | Bügelweite 70 cm | 300 Newton |
> | Bügelweite 60 und 56 cm | 200 Newton |
> | Bügelweite 37 cm | 150 Newton |

(§ 32 Abs. 5 DVO LJG-NW).

Die Voraussetzungen einer zulässigen Falle für den Lebendfang regeln mithin detailliert die §§ 31, 33 Abs. 1, 4 DVO LJG-NRW. Die baulichen Voraussetzungen einer Falle für den Todfang sind in §§ 32, 33 Abs. 2, 3 DVO LJG-NRW niedergelegt.

Die Klemm- oder Schlagkraft der Abzugseisen wird in Newton berechnet. Hierzu kann man spezielle Prüfgeräte kaufen. Wer diese nicht erwerben möchte, kann die Materialprüfung von Schlagfallen bei der Deutschen Versuchs- und Prüf-Anstalt für Jagd- und Sportwaffen (DEVA) durchführen lassen.

Nach der Vorschrift des § 33 Abs. 4 DVO LJG-NRW sind Lebendfallen mindestens zweimal täglich (morgens und abends) und Fallen für den Todfang einmal täglich (morgens) zu kontrollieren.

Gemäß § 33 Abs. 1 DVO LJG-NRW müssen Fallen für den Lebendfang so gebaut sein oder verblendet werden, dass dem gefangenen Tier die Sicht nach außen verwehrt wird.

Bei Abzugseisen mit Bügelweiten von 37 cm bis 60 cm soll über den losen Bügel gefangen werden (§ 33 Abs. 2 DVO LJG-NRW).

Beim Einsatz von Fallen für den Todfang und beköderten Fallen für den Lebendfang sind die Köder so abzudecken, dass der Fang von auf Sicht jagenden Beutegreifern ausgeschlossen ist. Abzugseisen für Marder dürfen nur in Fangbunkern benutzt werden (Ei als Köder) (§ 33 Abs. 3 DVO LJG-NRW).

Die Conibear-Falle (Drahtbügelfalle)[183]

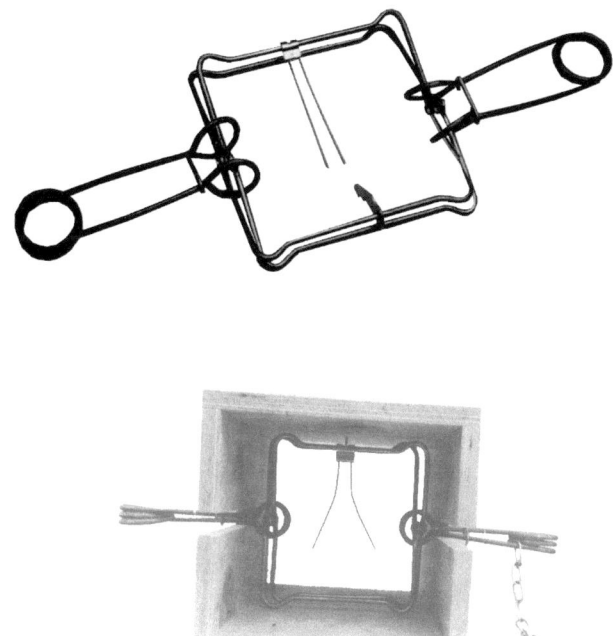

---

[183] Weitere Bilder unter www.tobias-buehrig.de/Conibear.htm.

Zum Jagdschutz berechtigte Personen sind gemäß § 25 Abs. 4 Nr. 2 LJG NW weiterhin befugt, wildernde **Hunde** und **Katzen** zu schießen. Andere Tötungsarten sind durch diese Vorschrift nicht gedeckt[184]. Für die Fallenjagd gilt eine weitere Einschränkung. Gemäß § 25 Abs. 4 Nr. 2 Satz 3 LJG NW erstreckt sich die Tötungsbefugnis nicht auf solche Hunde und Katzen, die sich in Fallen gefangen haben, es sei denn, die unverzügliche Tötung ist aus Gründen des Tierschutzes geboten. Alle lebend gefangenen Katzen sind daher bei der Gemeinde als Fundsache zum Tierheim abzugeben.

Im Übrigen gilt eine Katze nur als „wildernd", wenn sie innerhalb des Jagdreviers weiter als 200 Meter vom nächsten Haus entfernt ist (gesetzliche Fiktion nach § 25 Abs. 4 Nr. 2 BJG). Demnach darf auch eine Falle nicht innerhalb der 200 Meter aufgestellt werden.

Ein Hund gilt als „wildernd", wenn er im Jagdbezirk außerhalb der Einwirkung seines Führers Wild aufsucht, verfolgt oder reißt. Außerhalb der Einwirkung seines Führers befindet sich der Hund, wenn er nicht jederzeit rückholbar ist. Für die Fallenjagd ist dies bedeutungslos, da diese Voraussetzungen vorab schwer kontrollierbar sind. Allerdings kann man Hunde, die nachweislich häufig herrenlos im Revier streunen oder wildern, mit einer Duftspur anlocken und im Hundefang lebend fangen. Der Jäger hat dann die Möglichkeit den Hundebesitzer zu überführen oder den gefangenen Hund der Ordnungsbehörde zu übergeben.

Häufig stellt sich die Frage, ob der Revierinhaber gegenüber dem Hundehalter Schadensersatz wegen des verletzten bzw. getöteten Wildes verlangen kann. Das Amtsgericht Amberg[185] und das anschließende Landgericht Amberg urteilten hierzu: „Der Anspruch scheitert schon daran, dass durch das Tier (Hund) eine Sache beschädigt werden muss, die in fremdem Eigentum steht. Herrenloses Wild erfüllt diese Voraussetzungen nicht." In einem anderen Fall der Wilderei urteilte das Landgericht Freiburg am 17. März 1981[186], dass das Jagdvergnügen im Rechtsverkehr noch nicht derart kommerzialisiert sei, dass es einen einklagbaren Vermögenswert darstellt.

Die Verwendung der Wieselwippbrettfalle ist ohne Verblendung und Mindestgröße nicht mehr erlaubt. Viele gefangene Wiesel sterben trotz zweimaliger, täglicher Kontrolle den Stresstod. Daher fängt diese Falle nicht mehr unversehrt lebend.

Haftung des Fallenjägers nach dem Bürgerlichen Gesetzbuch (BGB)

Der sorglose Fallenjäger kann bei Verletzung der vorgenannten Vorschriften erheblichen Schadensersatzansprüchen ausgesetzt sein. Diese können sich aus dem Deliktsrecht des Bürgerlichen Gesetzbuches ergeben. Rechtsgrundlage ist § 823 Abs. 1 BGB in Verbindung mit der Verletzung einer Verkehrssicherungspflicht. Der Haftungsbegründende Tatbestand des § 823 Abs. 1 BGB ist nämlich nur dann erfüllt, wenn die Rechtsgutverletzung zurechenbar ist. Sowohl beim Unterlassen als auch bei einer mittelbar schädigenden Handlung des Haftenden, ist die Rechtsgutverletzung diesem nur zuzurechnen, wenn er eine deliktische Verkehrssicherungspflicht verletzt hat.

Das von der Rechtsprechung auf der Grundlage der Vorschriften über unerlaubte Handlungen (§§ 823 ff. BGB) entwickelte Rechtsinstitut der Verkehrssicherungspflicht geht davon aus, dass jeder, der eine Gefahrenquelle schafft, die notwendigen Voraussetzungen zum Schutz

---

[184] BayObLG NJW 1953, 1563 f.
[185] Aktenzeichen 3 C 920/86.
[186] Aktenzeichen: 9 S 301/80.

Dritter treffen muss. Dass bei einer Fallenjagd solche Verkehrssicherungspflichten begründende Gefahrenquellen geschaffen werden, wird von der Rechtsprechung seit jeher bejaht[187].

Wer eine Totschlagfalle aufstellen möchte, hat die erforderliche Verkehrssicherungspflicht und die jeweiligen Landesjagdgesetze zu beachten. Im Revier sollten Totschlagfallen in Fangbunkern, Fallenkästen oder Fangburgen eingebaut werden. Dadurch werden sie für Dritte (z.B. spielende Kinder) nicht zur Gefahr.

In von Menschen (besonders Kindern) sehr häufig besuchten Revierteilen stellt man wegen der Unfallgefahr keine Fallen.

Eine wesentliche Verkehrssicherungspflicht ist zudem bereits in § 3 Abs. 6 der Unfallverhütungsvorschriften der landwirtschaftlichen Berufsgenossenschaften (Unfallverhütungsvorschrift Jagd (UVV))[188] in Verbindung mit der Durchführungsanweisung geregelt. Danach dürfen Fangeisen nur so fängisch aufgestellt werden, dass keine Personen gefährdet werden.

Gleiches ergibt sich aus § 33 DVO LJG-NRW. Auch dort ist unter Absatz 3 u. a. geregelt, dass Fallen für den Todfang nur in Fangbunkern, geschlossenen Räumen oder Fanggärten, die den Zugang von Menschen ausschließen, aufgestellt werden dürfen. Sie sind im unmittelbaren Gefahrenbereich mit dem Hinweis auf einem wetterfesten Schild - „Vorsicht Falle – Verletzungsgefahr" - verbunden mit einem zur Warnung dienendem Piktogramm zu versehen.

Die vorgenannten „Auflagen" des Gesetzgebers sind Ausgestaltung des in der freien Landschaft bestehenden Betretungsrechts. Die Fangplätze sind mit größter Sorgfalt auszusuchen. Im Zweifel ist in der Nähe von Wanderwegen, Sportpfaden, Spielplätzen und Reitwegen auf die Todfangfallenjagd zu verzichten.

Die Rechtsfolge eines bestehenden Anspruchs aus § 823 Abs. 1 BGB in Verbindung mit der Verletzung einer Verkehrssicherungspflicht ergibt sich aus den §§ 249 ff. BGB. Danach ist Schadensersatz zu leisten.

In diesem Zusammenhang stellt sich häufig die Frage, ob eine Haftung für Hochsitze besteht. Hochsitze werden allein zu Jagdzwecken errichtet. Gemäß der Vorschrift des § 3 Abs. 1 d LFoG ist das unbefugte Betreten jagdlicher Einrichtungen verboten. Eigentümer des Hochsitzes ist zudem der Jagdpächter. Besteigt demnach ein Dritter den Hochsitz ohne Genehmigung des Eigentümers, so geschieht dies unbefugt. Dies setzt nicht voraus, dass zuvor ein entsprechendes Verbotsschild angebracht wurde (streitig)[189]. Kommt er bei der unbefugten Nutzung zu Schaden, so haftet der Jagdausübungsberechtigte nicht aus den § 823 Abs. 1 BGB und auch nicht aus den §§ 836, 837 BGB[190]. Allerdings kann dies bei Kindern, in der Nähe von Spielplätzen, an Parkplätzen oder Ortsrändern anders aussehen, wenn hier keine

---

[187] „Wer zur Ausübung der Fangjagd Fallen aufstellt, ist verpflichtet, ausreichend Sorge dafür zu tragen, dass im Fallenaufstellbereich spielende Kinder nicht gefährdet werden.", LG Augsburg, Urteil vom 26.02.1991, 4 S 4449/90.

[188] Vgl. Anlage am Ende des Buches.

[189] OLG Stuttgart, Urteil vom 12.11.1976, Az.: 5 O 86/76; VersR 1977, 384; a.A. OLG Braunschweig, Urt. v. 12.11.1976, LG Gießen, Urteil vom 28.02.2001; Kümmerle, Nagel, Jagdrecht in Baden-Württemberg, 10. Auflage 2006, Seite 189.

[190] OLG Köln, Urteil vom 20.07.1982, Az.: 14 U – 67/81.

entsprechenden Vorkehrungen getroffen wurden[191]. Ohne zusätzliche Sicherungsmaßnahmen die das Besteigen verhindern, ist hier die Verkehrssicherungspflicht verletzt[192].

Allerdings müssen auch Hochsitze den Unfallverhütungsvorschriften entsprechen. Wird ein Jagdgast geschädigt, haftet der Jagdpächter.

Die Jagd mit Fallen unter dem Aspekt des Tier- und Artenschutzes

Fallen jeder Art sollen nur von Jägern gestellt werden, die dazu gründlich ausgebildet sind und die neben der nötigen Sachkenntnis auch genügend Zeit haben, um die Fallen regelmäßig zu kontrollieren. Nur wenn menschliche Nachlässigkeit und technische Mängel weitgehend ausgeschlossen werden, lassen sich Bedenken gegen die Fallenjagd hinsichtlich Tierschutzes (Quälerei) und Artenschutz (Fang geschützter Tiere) widerlegen.

Artenschutz

Nach dem deutschen Jagdgesetz ist es die vornehmste Pflicht des Jägers, einen artenreichen und gesunden sowie den landschaftlichen und landeskulturellen Verhältnissen angepassten Wildbestand durch die Hege zu erhalten. Die Regulierung erfolgt einerseits mit der Waffe, andererseits aber auch mit der Falle. Die Fallenjagd weist dabei jedoch die Besonderheit auf, dass die Wildtiere nicht im Beisein des Jägers gefangen werden. Demnach gilt es bei der Jagdausübung mit der Falle von vornherein auszuschließen, dass artengeschützte Tiere betroffen werden. Nachfolgend soll beispielhaft aufgezählt werden, wie dies vermieden werden kann.

Berechtigte Personen sind befugt, wildernde Katzen zu fangen. Dies wurde bereits an vorheriger Stelle eingehend ausgeführt. Für den Artenschutz ergibt sich für den Fallenjäger das Problem, dass wildernde Hauskatze und Wildkatze vorab nicht zu trennen sind. Dies wirft die Frage auf, wie sich der Jäger verhält, wenn echte Wildkatzen in seinem Revier vorkommen. Aus artenschutzrechtlichen Gründen gibt es hierfür nur eine Lösung, will man nicht vollkommen auf die Fallenjagd verzichten. Dort wo man mit der echten Wildkatze rechnen muss, wird die Fallenjagd grundsätzlich nur mit der Lebendfangfalle ausgeübt.

Diese Vorgehensweise kann auf andere Wildarten übertragen werden. So gilt das gleiche auch für die Bundesländer, in denen der Baummarder eine ganzjährige Schonzeit hat.

Auch darf der Jäger, nach Erlaubnis der zuständigen Behörde, Bisamfallen aufstellen. Damit sich in dieser Falle keine Wasservögel fangen, sollen auch im Wasser Fangbunker angelegt werden. Dort wo Tauchenten und Schwäne vorkommen, sollte der Fallenjäger gänzlich auf die Bisamfalle verzichten.

Wie wichtig der Artenschutz in der Bundesrepublik ist, zeigt sich in der zunehmenden Verarmung der ehemals vielfältigen Tierwelt. Von 94 einheimischen Säugetierarten sind bereits 8 % ausgestorben, 11 % vom Aussterben bedroht und mehr oder weniger 36 % gefährdet. Weltweit verschwinden pro Tag um die 100 Arten von unserer Erde! Artenvielfalt erhalten ist einerseits eine ethische Pflicht, sie ist aber auch von direktem Nutzen für uns Menschen. Wie selbstverständlich beziehen wir Nahrung, Grundstoffe und heilende Wirkstoffe für die Medizin aus dem vielfältigen Angebot der Natur.

---

[191] Vgl. zur Verkehrssicherungpflicht bei Jagdhochsitzen: Gebhard, Verkehrssicherungspflicht im Wald, AgrarR 1995, Seite 389 (Seite 397).
[192] Von Pückler in WuH 17/2001, Seite 97.

Tierschutz

Im Tierschutzgesetz wird der Fallenfang nicht ausdrücklich erwähnt. Die Fangjagd unterliegt deshalb dem allgemeinen Grundsatz des § 1 Tierschutzgesetz.

Zweck dieses Gesetzes ist es, aus der Verantwortung des Menschen für das Tier als Mitgeschöpf, dessen Leben und Wohlbefinden zu schützen. Niemand darf einem Tier ohne vernünftigen Grund Schmerzen, Leiden oder Schäden zufügen.

Nach § 4 Abs. 1 Tierschutzgesetz (TierSchG) darf ein Wirbeltier nur unter Betäubung oder sonst, soweit nach den Umständen zumutbar, nur unter Vermeidung von Schmerzen getötet werden. Ist die Tötung eines Wirbeltieres ohne Betäubung im Rahmen weidgerechter Ausübung der Jagd oder auf Grund anderer Rechtsvorschriften zulässig oder erfolgt sie im Rahmen zulässiger Schädlingsbekämpfungsmaßnahmen, so darf die Tötung nur vorgenommen werden, wenn hierbei nicht mehr als unvermeidbare Schmerzen entstehen. Ein Wirbeltier töten darf nur, wer die dazu notwendigen Kenntnisse und Fähigkeiten hat.

Beim Gebrauch von Fallen kann aber nicht von vornherein ausgeschlossen werden, dass den darin gefangenen Tieren nicht länger anhaltende und sich wiederholende Schmerzen zugefügt werden.

Unter Fallenjagd versteht die Rechtsprechung hinsichtlich Tierschutzes auch, dass die Fallen ausreichend kontrolliert werden (!!) und diese sofort töten oder unversehrt lebend fangen!!

Die kurzfristige Gefangenschaft einer Katze in einer Drahtfalle erfüllte den objektiven Tatbestand des Zufügens länger anhaltender oder sich wiederholender Schmerzen oder Leiden i. S. des § 17 Nr. 2 b nicht[193].

Das Fangen der Tiere nach dem Naturschutzgesetz

Die frühesten Überlieferungen von aktivem Naturschutz in Deutschland stammen aus der Zeit um 1820. Der Drachenfels bei Königswinter sollte als Steinbruch genutzt werden. Die besser situierten Kreise der damaligen Gesellschaft wollten die malerische Schönheit des Drachenfelsens aber erhalten und konnten sich mit Hilfe des preußischen Königshauses durchsetzen. Der Drachenfels wurde 1836 durch Ankauf vor der Nutzung als Steinbruch bewahrt und ist heute das älteste Naturschutzgebiet Deutschlands. Erstmals 1919 verpflichtete sich das Deutsche Reich in Artikel 150 der Weimarer Verfassung zur Erhaltung und Pflege der Natur. Das Reichsnaturschutzgesetz von 1935 war allerdings das erste deutsche Naturschutzgesetz. Es wurde jedoch wenig beachtet, wie zahllose Baumaßnahmen (zum Beispiel der Autobahnbau) der damaligen Zeit beweisen. Eine negative Folge war außerdem, dass der Naturschutz durch dieses Gesetz für lange Zeit einen "braunen Makel" bekam. Erst 1976 wurde das alte Reichsnaturschutzgesetz in der BRD durch eine neue Gesetzgebung ersetzt. Der Begriff Naturschutz umfasst heute alle Untersuchungen und Maßnahmen zur Erhaltung und Wiederherstellung der Leistungsfähigkeit des Naturhaushaltes. Bis zum heutigen Tage hat der gesetzlich regulierte Naturschutz nichts an Aktualität eingebüßt. In der Bundesrepublik gibt das Bundesnaturschutzgesetz den Rahmen des Naturschutzes vor, der durch die einzelnen landesgesetzlichen Naturschutzgesetze ausgefüllt wird.

„Jagd ist aktiver Naturschutz". Häufig befindet sich der grünliche Aufkleber einer bekannten Jagdzeitschrift deutlich sichtbar auf Fahrzeugen unserer Weidmänner. Auf die Frage, was mit

---

[193] OLG Düsseldorf, Urteil vom 06.07.1992, Az.: 1 Ws 544/92.

aktivem Naturschutz durch die Jagdausübung gemeint ist, erhält man jedoch teilweise haarsträubende Antworten.

Inhalt des Jagdrechts ist an erster Stelle die Hege der wildlebenden jagdbaren Tiere. Die Sicherung und Pflege ihrer Lebensgrundlagen als Hegeziel bedeutet aber nichts anderes als Biotoppflege und Biotopgestaltung. Dabei soll längerfristig eine Regeneration aller heimischen Arten dauerhaft gesichert werden. Hierzu dient auch die Fallenjagd.

Im Naturschutzrecht ist es also ähnlich wie im Jagdrecht: Der Bund hat mit dem Bundesnaturschutzgesetz ein Rahmengesetz geschaffen, und die Länder haben durch Landesnaturschutzgesetze und zahlreiche Verordnungen diesen Rahmen ausgefüllt. Das Naturschutzrecht schützt drei verschiedene Bereiche, nämlich

1. die Tierarten,

2. die Pflanzenarten,

3. einzelne Teile der Natur und Landschaft (Flächenschutz).

In Naturschutzgebieten darf die Jagd grundsätzlich ausgeübt werden. Denn auch diese Gebiete gehören zum Jagdbezirk, auch in ihnen muss der Wildbestand reguliert (tragbare Wilddichte, Altersaufbau, Geschlechterverhältnis) und krankes und kümmerndes Wild erlegt werden, damit ein gesunder Bestand erhalten bleibt. Innerhalb der Naturschutzgebiete ist das Jagen allerdings verboten, wenn dies in der jeweiligen Verordnung, die das betreffende Gebiet unter Naturschutz stellt, zur Erreichung des Schutzzweckes ausdrücklich festgelegt ist. Hierzu kann auch ein Verbot von Totschlagfallen gehören.

In Naturschutzgebieten sind alle Tiere geschützt. Einige wenige Arten unterliegen (nur) dem allgemeinen Schutz, alle übrigen zusätzlich dem weitergehenden besonderen Schutz. Der allgemeine Schutz beinhaltet abermals drei Verbote (§ 39 BNatSchG):

1. Verboten ist, wildlebende Tiere ohne vernünftigen Grund zu fangen, zu verletzen oder zu töten (allg. Nachstellungsverbot),

2. Verboten ist, wildlebende Tiere mutwillig zu beunruhigen (=allg. Störverbot),

3. Verboten ist, Lebensstätten wildlebender Tiere und Pflanzen ohne vernünftigen Grund zu beeinträchtigen oder zu zerstören.

Zu den allgemein geschützten Tieren gehören:
Waschbär, Marderhund, Sumpfbiber u. a.

Besonders geschützte Tierarten (vgl. § 44 BNatSchG) werden zusätzlich durch weitere Verbote geschützt:

1. Verboten ist, wildlebende Tiere der besonders geschützten Arten nachzustellen, sie zu fangen, zu verletzen, zu töten oder ihre Entwicklungsformen (Eier, Larven u. a.), Nist-, Brut-, Wohn- oder Zufluchtstätten der Natur zu entnehmen, zu beschädigen oder zu zerstören (Nachstellverbot),

2. Verboten ist ferner, wildlebende Tiere der besonders geschützten Arten oder ihre Entwicklungsformen

   - in Besitz zu nehmen (Inbesitznahmeverbot),
   - an andere abzugeben (Verkehrsverbot),
   - zu verkaufen o. ä. (Vermarktungsverbot).

3. Verboten ist schließlich, besonders geschützte Tiere der vom Aussterben bedrohten Arten an ihren Nist-, Brut-, Wohn- oder Zufluchtstätten durch Aufsuchen, Fotografieren, Filmen oder ähnliche Handlungen zu stören (Störverbot).

Ausnahmen von den Verboten sind:

1. Wild, das sich der JAB/RInh. rechtmäßig angeeignet hat,
2. Aufnahme zwecks Ablieferung an die zuständige Stelle,
3. Aufnahme zwecks Verwendung für Forschung oder Lehre, sofern das Tier nicht vom Aussterben bedroht ist,
4. Aufnahme verletzter und kranker Tiere zwecks Heilung und anschließender Freilassung.

Zu den besonders geschützten Tieren gehören z.B. Biber, Fledermaus, Eichhörnchen, alle Vogelarten, Wildkatze, Moorente, Knäkente, alle Greife und Falken.

Die Landesgesetze sehen teilweise weitere Verbote vor, z.B. das Verbot, brütende oder sich sammelnde Tiere unnötig zu stören oder Bäume und Horsten oder Bruthöhlen in der Zeit vom 01. März bis 30. September zu fällen oder zu besteigen.

Nachweispflicht und Pflanzenschutz sind weitere Aspekte des Naturschutzes.

Ergänzend sei auf den Runderlass des Ministeriums für Umwelt, Raumordnung und Landwirtschaft des Landes Nordrhein-Westfalen vom 01. März 1991[194] verwiesen. Danach werden Naturschutzgebiete durch Landschaftspläne der Kreise und kreisfreien Städte oder durch ordnungsbehördliche Verordnungen der Regierungspräsidenten ausgewiesen, soweit dies im öffentlichen Interesse erforderlich ist.

Der Schutz bestimmter Teile von Natur und Landschaft und die ordnungsgemäße Jagdausübung und Hege stellen mitunter Gegensätze dar. Es bedarf deshalb einer Regelung im Einzelfall, ob und inwieweit der Schutzzweck der in § 20 Abs. 1 LJG (hierin erfolgt der gesetzliche Hinweis, dass die Jagd in Naturschutzgebieten durch Verordnungen u. a. geregelt ist) genannten Gebiete eine Einschränkung oder Untersagung der Jagdausübung erfordert. Einschränkende Regelungen zur Ausübung des Jagdrechts in Naturschutzgebieten müssen notwendig, geeignet, angemessen und nachvollziehbar sein. Dabei sind neben dem völligen Jagdverbot viele Variationen denkbar. So können sich Jagdbeschränkungen insbesondere beziehen auf

   - einzelne Wildarten oder Wildartengruppen (z.B. Haarwild, Federwild, Wasserwild),
   - die Örtlichkeit (z.B. Teilflächen eines Naturschutzgebietes),

---

[194] MBl. NW. S. 507.

- die Zeit (z.B. Verkürzung oder Beschränkung von Jagdzeiten für einzelne Wildarten oder Wildartengruppen oder Festlegung eines allgemein begrenzten Zeitraums für alle dem Jagdrecht unterliegenden Arten),
- die Jagdart (z.B. Treib-, Drück-, Suchjagden, deren Anzahl wie auch die Anzahl der Jagdausübenden sowie die Fallen- und Baujagd),
- die Erstellung von jagdlichen Einrichtungen und die Durchführung von Hegemaßnahmen (z.b. Hochsitze, Wildäsungsflächen, Fütterungen, künstliche Brutstätten). In diesem Zusammenhang können auch Gebote für die Jagdausübung in Betracht kommen.

Letztlich ist in diesem Runderlass nochmals ausdrücklich festgehalten, dass die Bejagung wildernder Hunde und Katzen im Rahmen des Jagdschutzes auch im Interesse des Naturschutzes liegt.

Näheres zum Naturschutz findet sich in dem entsprechenden Kapitel dieses Werkes.

Weitere gesetzliche Bestimmungen zur Beachtung bei der Fallen(-jagd)

Neben den bereits bearbeiteten Bestimmungen gibt es weitere beachtenswerte Gesetze in der Verordnung zum Schutz gegen die Tollwut (Tollwut-Verordnung), Tierkörperbeseitigungsgesetz (TierKBG), Tierseuchengesetz (TierSG) und Forstgesetz für das Land Nordrhein-Westfalen (LFoG).

➢ Nach § 11 der Tollwut-Verordnung ist die Wildtollwut von Jagdausübungsberechtigten durch verstärkte Bejagung der Füchse zu bekämpfen. Jagdausübungsberechtigte müssen tollwuterkranktem und tollwutverdächtigem Wild sofort nachstellen und es töten sowie unschädlich beseitigen. Die unschädliche Beseitigung ist in § 5 Abs. 1 Satz 2 Tierkörperbeseitigungsgesetz geregelt. Danach ist der Tierkörper einschließlich Bälge und Trophäen zur Tierkörperbeseitigungsanstalt zu verbringen. (Eine Vergrabung des Tierkörpers außerhalb von öffentlichen Wegen und Plätzen und in Wasserschutzgebieten mit einer nicht ausreichenden, mindestens 50 Zentimeter starken Erdschicht, ist dann nicht mehr erlaubt).

Ausgenommen von der Verpflichtung zur unschädlichen Beseitigung ist Untersuchungsmaterial zur Feststellung der Tollwut; bei Füchsen und kleineren Tieren ist das der ganze Tierkörper, bei größeren Tieren nur der Kopf. Wird das Untersuchungsmaterial nicht der zuständigen Behörde oder einem staatlichen Veterinäruntersuchungsamt abgeliefert, so ist der zuständigen Behörde mitzuteilen, wo es sich befindet. Nur durch die Untersuchung des Gehirns in staatlichen Veterinäruntersuchungsämtern kann die Tollwut mit Sicherheit festgestellt werden. Die Veterinärämter befinden sich in den Landratsämtern der Kreise.

In Tollwutrevieren ist das Abtrennen des Kopfes (Fuchs, ganzer Körper) zu Untersuchungszwecken nur mit Plastikhandschuhen vorzunehmen. Sie sollten nach Gebrauch verbrannt werden.

Hat die zuständige Veterinärbehörde den Ausbruch der Tollwut bei einem Haus- oder Wildtier festgestellt oder den begründeten Verdacht des Tollwutausbruchs, erklärt sie je nach den örtlichen Gegebenheiten ein Gebiet mit einer Fläche von mindestens 5.000 Quadratkilometern oder mit einem Radius von mindestens 40 Kilometern um die Tierhaltung bzw. um die Abschuss-, Tötungs- oder Fundstelle zum gefährdeten Bezirk

(§ 8 I Tollwutverordnung). Die Behörde bringt an den Zugängen zum gefährdeten Bezirk und an anderen geeigneten Stellen Schilder mit der Aufschrift „Tollwut! Gefährdeter Bezirk" gut sichtbar an (§ 8 II Tollwutverordnung).

195

Im gefährdeten Bezirk dürfen unter anderem Hunde und Katzen nicht frei laufen gelassen werden. Dies gilt allerdings nicht für Hunde und Katzen, die nachweislich unter wirksamem Impfschutz stehen und von einer Person begleitet werden, der sie zuverlässig gehorchen. Bei Katzen reicht es gemäß der Vorschrift des § 8 Abs. 3 Tollwutverordnung aus, dass diese nachweislich unter wirksamen Impfschutz stehen. Muss die Behörde davon ausgehen, dass ungeimpfte Hunde oder Katzen mit seuchenkranken Tieren in Berührung gekommen sind, ordnet die Behörde die sofortige Tötung an. Sie kann die sofortige Tötung dieser Hunde und Katzen anordnen, wenn anzunehmen ist, dass sie mit seuchenverdächtigen Tieren in Berührung gekommen sind (§ 9 I Tollwutverordnung).

➢ Das Tierseuchenrecht stellt die Grundlage für die Tierseuchenbekämpfung bei Haus- und Wildtieren dar. Die Vorschrift des § 24 BJG schreibt zwar die Anzeigepflicht bei Wildseuchen vor, ohne jedoch zu definieren, was eine Wildseuche ist. Allerdings lässt sich die Tierseuche definieren als alle Krankheiten die im Tierseuchengesetz verankert sind. Der § 24 Tierseuchengesetz ermöglicht bei Wildtieren eine ziemlich weit reichende Einwirkungsmöglichkeit der Behörden. Die anzeigepflichtigen Tierseuchen sind in der Verordnung vom 03. November 2004 aufgeführt[196]. Bei Verdacht ist die Anzeige unverzüglich, also ohne schuldhaftes Zögern, zu erstatten. Wildseuche sind Mildbrand, Wild- und Rinderseuche, Tollwut, Maul- und Klauenseuche, Schweinepest, Brucellose, Geflügelcholera, Hühnerpest, Sarcoptesräude des Gamswildes, seuchenhaftes Erblinden des Gamswildes, Kreuzlähme des Rotwildes, Myxomatose, Tuarämie und andere Wildkrankheiten in seuchenartigem Umfang. Die einzelne Bekämpfungsanweisung ergibt sich aus der jeweiligen speziellen Verordnung (z.B. Schweinepest-VO, Tollwut-VO, Aujeszkysche Krankheit-VO, Fleischhygienegesetz, Geflügelhygienegesetz, Geflügelpest-Verordnung[197] u. a.). Denn, das Seuchenrecht bleibt nach § 44 a Bundesjagdgesetz unberührt. So hat der Jagdausübungsberechtigte auf Anordnung der zuständigen Behörde z. B. erlegtes oder verendetes Wildgeflügel aus Sperrbezirken, Verdachtssperrbezirken oder Beobachtungsgebieten zur Untersuchung einzusenden. Nachfolgend zwei Seuchenbeispiele:

Schweinepest:

Nach z. B. § 14a Abs. 2 **Schweinepest-VO** kann die zuständige Behörde unter Berücksichtigung epidemiologischer Erkenntnisse Maßnahmen in Bezug auf die Tötung von Wildschweinen einschließlich der Verpflichtung des Jagdausübungsberechtigten zur Mitwirkung anordnen. Dabei bedeutet der Ausdruck „Mitwirkung" nicht, dass die Tötungsverpflichtung nur teilweise auf den

---

195 Quelle: www.absperr-schilder-technik.de.
196 BGBl. I Seite 2764.
197 Geflügelpest-Verordnung vom 03. November 2004, BGBl. I Seite 2746.

Jagdausübungsberechtigten übertragen werden kann. Die der Schweinepest-VO zugrunde liegende Richtlinie 2001/89/EG kennt eine Restriktion von Maßnahmen gegenüber den Jagdausübungsberechtigten nicht (vgl. Art. 16 Abs. 3 Buchst. i und j der Richtlinie 2001/89/EG). Auch fordern Sinn und Zweck der Vorschrift eine Tötung von Wildschweinen gerade durch die Jagdausübungsberechtigten, da sie mit den örtlichen Verhältnissen vertraut sind. Dieses Ergebnis wird auch durch § 24 Abs. 4 Satz 5 TierSchG bestätigt. Nach dieser Vorschrift kann dem Jagdausübungsberechtigten auferlegt werden Tötungen durchzuführen. § 14a Abs. 8 Nr. 1 Schweinepest-VO beschränkt dagegen die Verpflichtung des Jagdausübungsberechtigten zur Mitwirkung nicht auf jagdliche Handlungen (wie etwa täglich zu jagen). Dies folgt zu einen daraus, dass die Norm von der Tötung von Wildschweinen einschließlich der Verpflichtung des Jagdausübungsberechtigten daran – d.h. an der Tötung – mitzuwirken, spricht. Zum anderen folgt dies aus Sinn und Zweck der Norm. Nur mit der Anordnung eines jagdlichen Erfolges, nämlich **einer bestimmten Zahl von Tötungen**, kann die Ausbreitung der Schweinepest verhindert werden. Die Auferlegung nur der Jagd führt nicht unmittelbar zu einem Tötungserfolg, zumal faktisch nicht kontrolliert werden kann, ob der Jagdausübungsberechtigte auf mögliche Abschüsse verzichtet[198]. Die Behörde kann demnach bestimmte Stückzahlen verlangen.

„Für die Jagdausübung im Seuchenfall hat die Seuche grundsätzlich folgende Konsequenzen[199]:

- Zahl der empfänglichen Tiere ist vor allem durch das Erlegen von Jungtieren zu reduzieren!

- Die Gesamtstrecke in betroffenen Revieren sollte daher mindestens zu 70 Prozent aus Frischlingen (noch nicht einjährigen Stücken) und zu 15 bis 20 Prozent aus Überläufern (einjährigen Stücken) bestehen. Als **Ausnahmemöglichkeit** sei auch auf den **waidgerechten Fallenfang von Frischlingen in Seuchengebieten (genehmigungspflichtig!)** hingewiesen. Bei der Entscheidung über die Art der Bejagung sollte man stets bedenken: Je eher die Seuche in einer Region getilgt wird, umso früher können wieder gesunde Bestände heranwachsen und umso weniger Tiere müssen qualvoll an der Schweinepest sterben.

- **Die Jagd darf dabei nicht zum Versprengen oder zur Störung des Sozialgefüges der Rotten führen!**
  Darum müssen vor allem Leit- und führende Bachen geschont werden. Innerhalb der ersten 6 Monate nach einem Seuchenausbruch sollte auf Drück- oder Treibjagden ganz verzichtet werden; es müssen vor allem Ansitzjagden durchgeführt werden. Kirrungen können helfen, das Wild am Standort zu halten. Es wird empfohlen, revierübergreifend die erforderlichen Aktivitäten zu beraten und abzustimmen.

---

[198] Oberverwaltungsgericht NRW, Beschluss vom 26.06.2007, 13 B 703/07.
[199] Quelle für das Nachfolgende in: http://www.bmelv.de/cln_044/nn_753672/DE/06-
Forstwirtschaft/Jagd/SchweinepestWildschweine.htm

Dabei gelten folgende Leitsätze für die Jagd

- Alle Jagdarten meiden, die zu großen Aktionsräumen und Versprengungen der Sauen führen!

- Noch nicht einjährige Stücke im Rahmen der Einzeljagd bei jeder sich bietenden Gelegenheit bejagen!

- Soweit möglich, Ablenkungsfütterungen zur Ortsbindung einzelner Schwarzwildfamilien anlegen (genehmigungspflichtig)!

- In gefährdeten Bezirken verwendete Ausrüstungen, insbesondere Stiefel und Kleidung, erst nach Reinigung und, soweit möglich, Desinfektion außerhalb des Bezirkes wieder nutzen!
  Jagdhunde frühestens nach einer Woche wieder frei jagen lassen!

- **Erlegte Virusträger sind sicher aus dem Verkehr zu ziehen, jede Erregerstreuung im Revier ist zu vermeiden!**
  In "gefährdeten Bezirken" sind alle erlegten Wildschweine einschließlich Aufbruch zu sammeln und einer labordiagnostischen Untersuchung zu unterziehen. **Virushaltige Tierkörper und der entsprechende Aufbruch müssen vernichtet werden!** Aus gleichem Grund sollte in anderen Risikogebieten der Schwarzwildaufbruch gesammelt und in Tierkörperbeseitigungsanstalten unschädlich beseitigt oder für Tiere unerreichbar vergraben werden. In festgelegten Überwachungsgebieten bestimmt die zuständige Behörde das Verfahren. Werden diese Regeln nicht ausreichend beachtet, kann es schnell zu Virusverbreitungen auch in Hausschweinebeständen kommen, wie die Erfahrungen der jüngsten Vergangenheit gezeigt haben. **Grundsätzlich sollte jeder, der Kontakt zu Hausschweinen hat, in Revieren mit Schweinepest nicht zur Jagd gehen!"**

Neuere wildbiologische Untersuchungen sehen die intensive Schwarzwildbejagung eher kritisch. Durch die Bejagung würden die Schweine unruhig, sie ziehen umher. So würden die Erreger der Schweinepest verteilt. Professor Paul Müller empfiehlt dagegen die ganzjährige Jagd auf Frischlinge bei Schonung der Leitbachen. Mindestens 75 Prozent jeden Jahrgangs müssten geschossen oder gefangen werden[200].

Nach EU-Recht ist eine Impfung gegen die Schweinepest bei Wildschweinen nicht allgemein zugelassen, sondern nur als Feldversuch unter Leitung durch das Friedrich-Loeffler-Institut möglich. Mit der Entscheidung der Kommission vom 22. Februar 2002 (2002/161/EG), abgelöst durch die Entscheidung der Kommission vom 27.Februar 2003 (2003/135/EG), zuletzt geändert durch Entscheidung 2007/135/EG vom 23. Februar 2007, wurde der vorgelegte Plan zur Notimpfung des Schwarzwildes in Rheinland-Pfalz genehmigt. In Nordrhein-Westfalen erfolgt eine Notimpfung in Abstimmung mit der europäischen Union als Feldversuch.

---

[200] Falsche Jagd verbreitet Schweinepest, Rotenburger-Rundschau vom 21.06.2002.

Die Klinischen Symptome bei Wildschweinen sind, dass diese einige Tage nach Aufnahme des Virus Mattigkeit, verminderten Fluchtreflex zeigen und aufgrund der erhöhten Körpertemperatur vermehrt Suhlen aufsuchen. Das Auffinden eines Stück Schwarzwildes an Wasser kann daher ein erster Hinweis auf Schweinepest sein. Es können Bewegungsstörungen, Krämpfe, Lähmungen und der Tod eintreten. Beim klassischen Bild zeigen sich Blutungen unter anderem in der Haut, am Kehldeckel, an der Blase und dem Darm. Adulte Tiere überstehen die Infektion in der Regel. Bei Frischlingen kommt es oft zu einem akuten Krankheitsgeschehen mit Todesfolge. Es existieren jedoch auch persistent virämische Jungtiere, welche über eine lange Zeit große Virusmengen ausscheiden, im Wachstum kümmern und erst nach einigen Monaten an der Krankheit sterben[201].

Materialien zu einer Probeentnahme von Blut zur Schweinepestuntersuchung und einer Probe aus den Zwerchfellpfeilern, der Zungenmuskulatur oder dem Vorderlauf zur Trichinenuntersuchung (Probemenge sollte mindestens 60 Gramm betragen):[202]

---

[201] Quelle: http://www.mufv.rlp.de/themen/tiere/tierseuchen.
[202] Quelle: Eigenes Foto.

Um die Rückverfolgbarkeit von Lebensmitteln sicherstellen zu können, muss jeder Tierkörper an Bauch oder Brustkorb mit einer amtlichen Wildmarke gekennzeichnet werden. Es handelt sich dabei um Marken, die ohne Werkzeug geschlossen werden und dann nur noch gewaltsam geöffnet werden können. Diese sind mit einer individuellen Nummer versehen, welche dann auf den Wildursprungsschein einzutragen ist.

203

Wildursprungsscheine sind vorgefertigte Formulare, die der „kundige" Jäger nach dem Ansprechen und Erlegen des Wildes sowie nach erfolgter Untersuchung des Wildkörpers auszufüllen hat. Es werden Datum, Zeitpunkt und Ort des Erlegens sowie die Nummer der Wildursprungsmarke erfasst. Eine Durchschrift des Wildursprungsscheins verbleibt beim probeentnehmenden Jäger, der diesen mindestens zwei Jahre aufbewahren muss, eine weitere Durchschrift verbleibt bei der jeweiligen Untersuchungsstelle. Diese Durchschriften müssen zwei Jahre aufbewahrt werden. Die letzte Durchschrift wird vom probeentnehmenden Jäger an denjenigen weitergegeben, der das Wildschwein übernimmt.

---

[203] Quelle: Eigenes Foto.

Vogelgrippe bei Wildvögeln:

„Zwischen dem 24.06.2007 und dem 15.08.2007 wurde bei 326 Wildvögeln (Schwäne, Gänse, Schwarzhalstaucher, Haubentaucher) das Vorliegen von HPAI H5N1 bestätigt. Bei diesen Fällen handelt es sich um folgende Geschehen[204]:

o   zwei benachbarte Stadtseen in Nürnberg (Bundesland Bayern) (16 Fälle),

o   ein See in Frohburg, Landkreis Leipziger Land (Bundesland Sachsen an der Grenze zum Bundesland Thüringen) sowie im benachbarten Windischleuba, Landkreis Altenburger Land (Bundesland Thüringen) (6 Fälle),

o   ein Stausee in Badra, Kyffhäuserkreis (Bundesland Thüringen) und Kelbra, Kreis Mansfeld-Südharz (Bundesland Sachsen-Anhalt) (287 Fälle),

o   in Ebeleben, Kyffhäuserkreis (3 Fälle) und Auleben, Kreis Nordhausen (9 Fälle) (Bundesland Thüringen),

o   in Torgau, Landkreis Torgau-Oschatz (Bundesland Sachsen, in Nähe zum Bundesland Brandenburg) (1 Fall),

o   in Machern, Muldentalkreis (Bundesland Sachsen) (1 Fall),

o   ein Stausee nahe München (Bundesland Bayern) (3 Fälle)."

Die Klassische Geflügelpest ("Vogelgrippe") ist eine besonders schwer verlaufende Form der Aviären Influenza bei Geflügel und anderen Vögeln, die durch hochpathogene Influenzaviren der Subtypen H5 und H7 verursacht wird. Die Geflügelpestverordnung wurde daher am 18. Oktober 2007 neu gefasst[205]. Näheres findet sich dort.

➢ Im Forstgesetz des Landes Nordrhein-Westfalen ist das Betretungsverbot in bestimmten Waldbezirken eingehend geregelt. Nach § 3 dieses Gesetzes ist es verboten,

-    Forstkulturen, Forstdickungen, Saatkämpen und Pflanzgärten zu betreten,
-    Ordnungsgemäß gesperrte Waldflächen zu betreten,
-    Waldflächen, während auf ihnen Holz eingeschlagen oder aufbereitet wird, zu betreten,

soweit keine besondere Befugnis vorliegt. Zudem dient die Fallenjagd auch der Wildschadensverhütung durch Verringerung der Wilddichte (§ 1 b Nr. 10).

Das Bundeswaldgesetz definiert in § 2 Abs. 1 den Wald als jede mit Forstpflanzen bestockte Grundfläche. Die Waldeigenschaft endet erst mit der behördlichen Genehmigung der Nutzungsänderung. Kleine Freiflächen unterbrechen den Waldzusammenhang nicht[206].

---

[204] Quelle: http://www.bmelv.de/cln_044/nn_753458/DE/07
SchutzderTiere/Tierseuchen/Vogelgrippe/SituationVogelgrippe.html.
[205] BGBl. I Seite 2348.
[206] VGH BW, Urteil vom 20.12.1993 in NVwZ 1995, Seite 1225.

Die umfangreichen Bestimmungen der Fallenjagd machen es meiner Ansicht nach erforderlich, dass entsprechende Fallenjagdlehrgänge besucht werden, obwohl dies vom Gesetzgeber nicht vorgegeben ist.

Auszug aus der Verordnung zur Durchführung des Landesjagdgesetzes
(Landesjagdgesetzdurchführungsverordnung – DVO LJG-NRW) vom 31. März 2010, zuletzt
geändert durch VO vom 14. November 2011

Kapitel 3
Verwendung von Fanggeräten und Voraussetzungen und Methoden
der Fallenjagd

§ 30
Verbotene Fanggeräte

Über das Verbot des § 19 Absatz 1 Nummer 9 des Bundesjagdgesetzes hinaus sind verboten:

1. Knüppelfallen (einschließlich Prügel- und Rasenfallen),

2. Marderschlagbäume,

3. Scherenfallen,

4. Drahtbügelschlagfallen (einschließlich Fallen nach Conibear-Bauart),

5. Totschlagfallen aller Art, die durch Tritt, Druck oder Berührung ausgelöst werden,

6. Wippbrettkastenfallen, die nicht die in § 11 Absatz 2 genannten Mindestmaße aufweisen.

§ 31
Fallen für den Lebendfang

(1) Fallen für den Lebendfang müssen so beschaffen sein, dass sie

1. für den Einzelfang bestimmt sind,

2. vermeidbare Verletzungen des gefangenen Tieres ausschließen und

3. dem gefangenen Tier einen ausreichend großen Freiraum bieten.

(2) Wippbrettkastenfallen müssen eine Mindestlänge von 80 cm, eine Mindestbreite von 10 cm und eine Mindesthöhe von 15 cm (Innenmaße) aufweisen. Wippbrettkastenfallen für das Hermelin müssen an einer Seite des Fangraums ein kreisförmiges Loch mit einem Durchmesser von 24 mm aufweisen oder mit einer Gewichtstarierung versehen sein, durch die der Fang von Mauswieseln und Mäusen verhindert wird.

§ 32
Fallen für den Totfang

(1) Fallen für den Totfang müssen so beschaffen sein, dass

1. sie über eine für die jeweilige Tierart ausreichende Bügelweite verfügen,

2. die Klemmkraft für das sofortige Töten des Tieres ausreicht und

3. sie über einen Köderabzug ausgelöst werden.

(2) Abzugeisen für Fuchs, Dachs, Waschbär und Marderhund müssen zwei Spannfedern und Bügelweiten von mindestens 56 cm bis höchstens 70 cm aufweisen; Abweichungen bis zu 10 vom Hundert sind zulässig.

(3) Abzugeisen für Marder müssen eine Bügelweite von 37 cm aufweisen; Abweichungen bis zu 10 vom Hundert sind zulässig.

(4) Wer die Fangjagd mit Totfangfallen ausübt, muss sich vor dem Einsatz davon überzeugen, dass die Fanggeräte die technischen Voraussetzungen nach Absatz 1, insbesondere hinsichtlich der Klemmkraft, erfüllen.

(5) Bei Abzugeisen sind folgende Mindestklemmkräfte einzuhalten:

Bügelweite 70 cm 300 Newton

Bügelweite 60 und 56 cm 200 Newton

Bügelweite 37 cm 150 Newton.

§ 33
Fangmethoden

(1) Fallen für den Lebendfang müssen so gebaut sein oder verblendet werden, dass dem gefangenen Tier die Sicht nach außen verwehrt wird.

(2) Bei Abzugeisen mit Bügelweiten von 37 cm bis 60 cm soll über den losen Bügel gefangen werden.

(3) Beim Einsatz von Fallen für den Totfang und beköderten Fallen für den Lebendfang sind die Köder so abzudecken, dass der Fang von auf Sicht jagenden Beutegreifern ausgeschlossen ist. Fallen für den Totfang dürfen nur in Fangbunkern, geschlossenen Räumen oder Fanggärten, die den Zugang von Menschen ausschließen, aufgestellt werden. Sie sind im unmittelbaren Gefahrenbereich mit dem Hinweis auf einem wetterfesten Schild „Vorsicht Falle - Verletzungsgefahr" verbunden mit einem zur Warnung dienenden Piktogramm zu versehen. Die Öffnung der Fangbunker oder der Zugang zu den Fanggärten darf bei der Bügelweite von 37 cm nicht größer als 8 cm, bei den übrigen Bügelweiten nicht größer als 25 cm sein.

(4) Fallen für den Lebendfang sind täglich morgens und abends zu kontrollieren; Fallen für den Totfang sind täglich morgens zu kontrollieren.

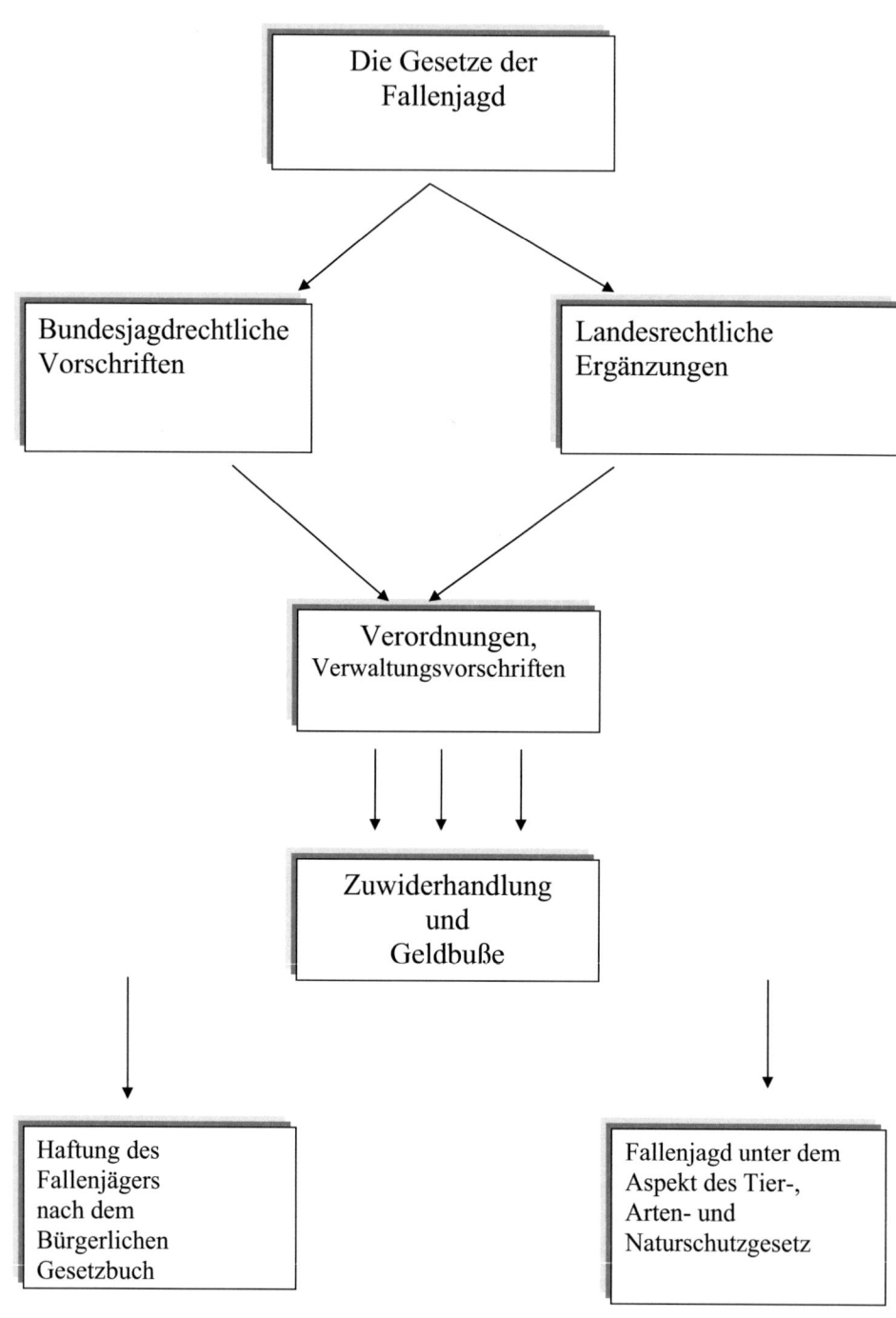

Die Gesetze der Fallenjagd

Bundesjagdrechtliche Vorschriften

Landesrechtliche Ergänzungen

Verordnungen, Verwaltungsvorschriften

Zuwiderhandlung und Geldbuße

Haftung des Fallenjägers nach dem Bürgerlichen Gesetzbuch

Fallenjagd unter dem Aspekt des Tier-, Arten- und Naturschutzgesetz

Fragenkatalog zum 2. Teil

1. Dürfen Sie mit der Faustfeuerwaffe einen Fuchs töten, der sich in einer Kastenfalle gefangen hat?

2. Welche Tierarten dürfen in Nordrhein-Westfalen nicht gefangen werden?

3. Wird zum Sammeln von Abwurfstangen ein Jagdschein benötigt?

4. Wer ist Inhaber des Jagdrechts?

5. Wer darf in einem befriedeten Bezirk Wildkaninchen fangen, töten und sich aneignen?

6. Welche Pflicht ist mit dem Jagdrecht verbunden?

7. Wem steht das Aneignungsrecht an Abwurfstangen und den Eiern des Federwildes zu?

8. Sie finden bei der Ausübung der Jagd bei erlegtem, gefangenem oder verendetem Wild Kennzeichen vor. Wo sind diese Kennzeichen unverzüglich abzuliefern?

9. Mit welchen Fanggeräten ist in Nordrhein-Westfalen das Fangen von Wild verboten?

10. Was hat die Hege zum Ziel?

11. Was verstehen Sie unter dem Jagdausübungsrecht?

12. Dürfen Katzen, die sich in Fallen gefangen haben, getötet werden?

13. Unterliegen aus Wildgehegen ausgebrochene Tiere dem Jagdrecht?

14. Welche Mindestgröße müssen zusammenhängende land-, forst- oder fischereiwirtschaftlich nutzbare Grundflächen aufweisen, die im Eigentum ein und derselben Person stehen, um einen Eigenjagdbezirk zu bilden?

15. Welche Grundflächen bilden einen gemeinschaftlichen Jagdbezirk?

16. Was verstehen Sie unter einem Reviersystem?

1. Ja Sie dürfen (§ 19 Abs. 1 BJG).

2. Alle ganzjährig geschonte Arten wie Luchs, Wildkatze, Fischotter, Murmeltier, Schneehase, alles Federwild einschließlich Falken und Greife; darüber hinaus alle nicht dem Jagdrecht unterliegenden Arten wie Eichhörnchen, Biber, Wolf, Siebenschläfer, Igel, Fledermäuse und alle Vogelarten (besonders geschützt nach der Artenschutzverordnung).

3. Nein, aber es bedarf der schriftlichen Erlaubnis des Jagdausübungsberechtigten (§ 15 Abs. 1 Satz 2 BJG).

4. Der Grundstückseigentümer auf seinem Grund und Boden (§ 3 Abs. 1 BJG).

5. Die Grundstückseigentümer und Nutzungsberechtigten sowie deren Beauftragte (§ 4 Abs. 4 LJG-NW).

6. Die Pflicht zur Hege (§ 1 Abs. 1 Satz 2 BJG).

7. Dem Jagdausübungsberechtigten (§ 1 Abs. 5 BJG).

8. Bei der zuständigen Unteren Jagdbehörde (§ 1 LJG-NW).

9. Mit Fanggeräten, die nicht unversehrt fangen oder sofort töten und mit Schlingen jeglicher Art (§ 19 Abs. 1 Nr. 8 und 9 BJG) und mit Knüppelfallen, Marderschlagbäumen, Scherenfallen, Drahtbügelschlagfallen, Totschlagfallen aller Art, die durch Tritt, Druck oder Berührung ausgelöst werden, sowie Wippbrettkastenfallen ohne die erforderlichen Mindestmaße (§ 30 DVO LJG-NRW).

10. Die Erhaltung eines den landschaftlichen und landeskulturellen Verhältnissen angepassten artenreichen und gesunden Wildbestandes (Tierhege) sowie die Pflege und Sicherung seiner Lebensgrundlagen (Biotophege); (§ 1 Abs. 2 Satz 1 BJG).

11. Die Befugnis, das Jagdrecht innerhalb eines Jagdbezirks tatsächlich auszuüben, also Wild zu hegen, es aufzusuchen, ihm nachzustellen, es zu erlegen, zu fangen und sich anzueignen (§ 1 Abs. 1 und 4 BJG).

12. Nein, außer wenn die Tötung aus Tierschutzgesichtspunkten geboten ist (§ 25 Abs. 4 Nr. 2 LJG-NW).

13. Ja, aber nur wenn der Eigentümer es nicht unverzüglich verfolgt oder die Bemühungen zum Widereinfangen endgültig gegeben hat, da die Tiere erst dann herrenlos werden (§ 960 Abs. 2 BGB).

14. 75 Hektar (§ 7 Abs. 1 BJG).

15. Alle Flächen einer Gemeinde oder abgesonderten Gemarkung, die im Zusammenhang mindestens 150 Hektar umfassen und zu keinem Eigenjagdbezirk gehören (§ 8 BJG).

16. Die Anknüpfung des Jagd- und Jagdausübungsrechts ausschließlich an Jagdbezirke (§ 3 Abs. 3 BJG) im Gegensatz zur Anknüpfung an eine Jagdlizenz.

Bundesjagdgesetz

Beschränkungen der Jagd

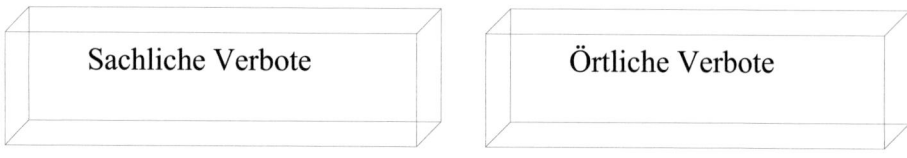

Sachliche Verbote   Örtliche Verbote

Die Beschränkungen der Jagd sind Pflichtlektüre eines jeden Jägers. Dieses Themengebiet entscheidet häufig über das Bestehen oder das Nichtbestehen einer Jägerprüfung.

A. Sachliche Verbote

Nach § 19 BJG ist es verboten

1. mit Schrot, Posten[207], gehacktem Blei, Bolzen oder Pfeilen, auch als Fangschuss, auf Schalenwild und Seehunde zu schießen[208];

2. Rehwild und Seehunde mit Büchsenpatronen zu schießen, deren Auftreffenergie auf 100 m (E 100) weniger als 1.000 Joule beträgt;

3. auf alles übrige Schalenwild mit Büchsenpatronen unter einem Kaliber von 6,5 mm zu schießen; im Kaliber 6,5 mm und darüber müssen die Büchsenpatronen eine Auftreffenergie auf 100 m (E 100) von mindestens 2.000 Joule haben;
   auf Wild mit halbautomatischen oder automatischen Waffen, die mehr als zwei Patronen in das Magazin aufnehmen können[209], zu schießen;
   auf Wild mit Pistolen oder Revolvern zu schießen, ausgenommen im Falle der Bau- und Fallenjagd sowie zur Abgabe von Fangschüssen, wenn die Mündungsenergie der Geschosse mindestens 200 Joule beträgt;

---

[207] Die „Posten" sind Schrote zwischen 6 bis 10 mm Durchmesser. Postenschrot wurde früher von Jägern bei der Ausübung von Treibjagden auf flüchtige Wildschweine und Rehe bevorzugt. In den USA sind sie als "Buckshot" (vom englischen "buck" für Bock, Rammler) als Polizei- und Selbstverteidiungs-Munition weit verbreitet. Wer allerdings einmal gesehen hat, was eine derartige Munition anrichtet, erkennt schnell die Gründe für das Verbot in der Bundesrepublik Deutschland.

[208] Zu § 19 Abs. 1 Nr. 1 BJG ist anzumerken, dass hieraus der Grundsatz „Allem Wilde, das auf Schalen geht, gehört die Kugel" erwachsen ist. Das Verbot gewährleistet, dass dem Wild unnötige Qualen erspart bleiben, die unweigerlich bei Verwendung derartiger „Geschosse" auftreten würden. Hierzu gehört aber auch, dass mit einem Flintenlaufgeschoss nur bei geeigneter Entfernung geschossen werden darf.

[209] Hier kommt es allein auf die Aufnahmefähigkeit des Magazins an. Es ist unerheblich, wie viele Patronen sich tatsächlich im Magazin befinden.

4. die Lappjagd innerhalb einer Zone von 300 Metern von der Bezirksgrenze, die Jagd durch Abklingeln der Felder und die Treibjagd bei Mondschein auszuüben;

5. Schalenwild, ausgenommen Schwarzwild, sowie Federwild zur Nachtzeit zu erlegen; als Nachtzeit gilt die Zeit von eineinhalb Stunden nach Sonnenuntergang bis eineinhalb Stunden vor Sonnenaufgang: das Verbot umfasst nicht die Jagd auf Möwen, Waldschnepfen, Auer-, Birk- und Rackelwild;

6. künstliche Lichtquellen, Spiegel, Vorrichtungen zum Anstrahlen oder Beleuchten des Zieles oder der Zieleinrichtung, Nachtzielgeräte, die einen Bildwandler oder eine elektronische Verstärkung besitzen und für Schusswaffen bestimmt sind, Tonbandgeräte oder elektrische Schläge erteilende Geräte beim Fang oder Erlegen von Wild aller Art zu verwenden oder zu nutzen sowie zur Nachtzeit an Leuchttürmen oder Leuchtfeuern Federwild zu fangen;
Vogelleim, Fallen, Angelhaken, Netze, Reusen oder ähnliche Einrichtungen sowie geblendete oder verstümmelte Vögel beim Fang oder Erlegen von Federwild zu verwenden;

7. Belohnungen für den Abschuss oder den Fang von Federwild auszusetzen, zu geben oder zu empfangen;

8. Saufänge, Fang- oder Fallgruben ohne Genehmigung der zuständigen Behörde anzulegen;

9. Schlingen jeder Art, in denen sich Wild fangen kann, herzustellen, feilzubieten, zu erwerben oder aufzustellen;

10. Fanggeräte, die nicht unversehrt fangen oder nicht sofort töten, sowie Selbstschussgeräte zu verwenden;

11. in Notzeiten Schalenwild in einem Umkreis von 200 Metern von Fütterungen zu erlegen;

12. Wild aus Luftfahrzeugen, Kraftfahrzeugen oder maschinengetriebenen Wasserfahrzeugen zu erlegen; das Verbot umfasst nicht das Erlegen von Wild aus Kraftfahrzeugen durch Körperbehinderte mit Erlaubnis der zuständigen Behörde;

13. die Netzjagd auf Seehunde auszuüben;

14. die Hetzjagd auf Wild auszuüben;

15. die Such- und Treibjagd auf Waldschnepfen im Frühjahr auszuüben;

16. Wild zu vergiften oder vergiftete oder betäubende Köder zu verwenden;

17. die Brackenjagd auf einer Fläche von weniger als 1.000 Hektar auszuüben;

18. Abwurfstangen ohne schriftliche Erlaubnis des Jagdausübungsberechtigten zu sammeln;

19. eingefangenes oder aufgezogenes Wild später als vier Wochen vor Beginn der Jagdausübung auf dieses Wild auszusetzen.

Die bundesrechtlichen Verbote werden ergänzt durch das Landesjagdgesetz Nordrhein-Westfalen. Hier sind die sachlichen Verbote in § 19 LJG-NW geregelt. Danach ist es verboten,

Wild von Ansitzen aus zu erlegen, die weniger als 75 m von der Grenze eines benachbarten Jagdbezirks entfernt sind. Zur Vermeidung übermäßiger Wildschäden kann die untere Jagdbehörde Ausnahmen zulassen. Die Sätze 1 und 2 gelten nicht, soweit die Jagdnachbarn eine abweichende schriftliche Vereinbarung getroffen haben.

Die Baujagd auf Füchse in der Zeit vom 01. März bis 15. Juni ist verboten.

Die obere Jagdbehörde kann in Einzelfällen die Verbote des § 19 Abs. 1 des Bundesjagdgesetzes mit Ausnahme der Nummer 16 zur Vermeidung übermäßiger Wildschäden sowie zu Forschungs- und Versuchszwecken zeitweise einschränken. Die entscheidet ferner über die staatliche Anerkennung eines Fachinstituts im Sinne des § 19 Abs. 3 des Bundesjagdgesetzes.

Die untere Jagdbehörde kann in Einzelfällen die Nachtjagd auf Schalenwild zulassen, soweit dies zur Erfüllung des Abschussplanes oder zur Vermeidung übermäßiger Wildschäden erforderlich ist.

Das Ministerium wird ermächtigt, durch Rechtsverordnung die Verwendung bestimmter Fanggeräte, die den Anforderungen des § 19 Abs. 1 Nr. 9 des Bundesjagdgesetzes nicht genügen, zu verbieten und die Voraussetzungen und Methoden der Fallenjagd zu bestimmen.

Die Jagd mit Bolzen oder Pfeilen ist **auch** auf anderes Wild als Schalenwild verboten.

B. Örtliche Verbote

Nach § 20 BJG ist es verboten

(1) an Orten, an denen die Jagd nach den Umständen des einzelnen Falles die öffentliche Ruhe, Ordnung oder Sicherheit stören oder das Leben von Menschen gefährden würde, darf nicht gejagt werden.

(2) Die Ausübung der Jagd in Naturschutz- und Wildschutzgebieten sowie in National- und Wildparken wird durch die Länder geregelt.

Als *Störung der öffentlichen Ruhe, Ordnung* oder *Sicherheit* kommen vor allem Örtlichkeiten in Betracht, an denen sich Menschen in gewisser Zahl aufhalten oder bewegen (z.B. Nähe einer Kirche, in der ein Gottesdienst stattfindet). Die Störung der Ruhe (Belästigung) eines einzelnen Menschen genügt nicht.

Im Übrigen kommt alles auf die Umstände der gerade vorliegenden Situation an. Jagd im Sinne des § 20 Abs. 1 BJG ist auch die bloße Ausübung des Jagdschutzes.

Insbesondere ist hier auf § 3 Satz 3 des Gesetzes über Sonn- und Feiertage (Feiertagsgesetz NW) hinzuweisen. Danach ist die Treib-, Lapp- und Hetzjagd an Sonn- und Feiertagen verboten.

Für die *Gefährdung von Menschenleben* genügt die Gefährdung des einzelnen Menschen.

Beispiele hierfür sind: Straßen oder Wege, auf denen sich Menschen bewegen oder sich mit Fahrzeugen nähern; Felder, auf denen oder in deren Nähe Menschen arbeiten; Umgebungen von Ausflugslokalen bei Ausflugsverkehr.

Nach § 20 LJG-NW gelten folgende Verbote:

(1) Die Ausübung der Jagd in Naturschutzgebieten wird nach den Vorschriften des Landschaftsgesetzes im Landschaftsplan oder in der ordnungsbehördlichen Verordnung geregelt. Die zuständige Stelle bedarf hierzu des Einvernehmens der oberen Jagdbehörde. § 7 des Landschaftsgesetzes findet entsprechende Anwendung.

(2) Die obere Jagdbehörde kann die Ausübung der Jagd in Wildschutzgebieten und in Nationalparken im Einvernehmen mit der zuständigen höheren Landschaftsbehörde durch ordnungsbehördliche Verordnung regeln, die im Amtsblatt des zuständigen Regierungspräsidenten zu veröffentlichen ist.

Die Aufzählung der Verbote ist nicht abschließend. Es sind immer auch die allgemeinen Grundsätze der deutschen Weidgerechtigkeit zu beachten. Daneben sind Bestimmungen aus anderen Rechtsgebieten zu beachten. Hierzu zählt insbesondere das Tierschutzgesetz (§ 36a BJG).

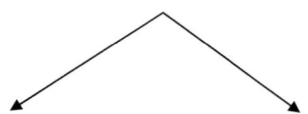

Verbote

Sachliche Verbote
§ 19 BJG
§ 19 LJG NW

Örtliche Verbote
§ 20 BJG
§ 20 LJG NW

1. Mit Schrot, Posten, gehacktem Blei, Bolzen oder Pfeilen, auch als Fangschuss, auf Schalenwild und Seehunde zu schießen.
2. Auf Rehwild und Seehunde mit Büchsenpatronen zu schießen, deren **Auftreffenergie** auf 100 m (E100) weniger als **1000 Joule** beträgt.
3. Auf alles übrige Schalenwild mit Büchsenpatronen unter einem Kaliber von **6,5 mm** zu schießen; im Kaliber 6,5 mm und darüber müssen die Büchsenpatronen eine **Auftreffenergie** auf 100 m (E 100) von mindestens **2000 Joule** haben.
4. Auf Wild mit halbautomatischen oder automatischen Waffen, die mehr als zwei Patronen in das Magazin aufnehmen können, zu schießen.
5. Auf Wild mit Pistolen oder Revolvern zu schießen, ausgenommen im Falle der Bau- und Fallenjagd sowie zur Abgabe von **Fangschüssen**, wenn die **Mündungsenergie** der Geschosse mindestens **200 Joule** beträgt.
6. Die Lappjagd innerhalb einer Zone von 300 Metern von der Bezirksgrenze, die Jagd durch Abklingeln der Felder und die Treibjagd bei Mondschein auszuüben.
7. Schalenwild, ausgenommen Schwarzwild, sowie Federwild zur **Nachtzeit** zu erlegen; als Nachtzeit gilt die Zeit von eineinhalb Stunden nach Sonnenuntergang bis eineinhalb Stunden vor Sonnenaufgang: das Verbot umfasst nicht die Jagd auf Möwen, Waldschnepfen, Auer-. Birk- und Rackelwild.
8. In Notzeiten Schalenwild in einem Umkreis von 200 Metern von Fütterungen zu erlegen.
9. Die **Brackenjagd** auf einer Fläche von weniger als **1000 Hektar** auszuüben.
10. U.a. (auch § 27 DVO LJG-NW).

1. An Orten, an denen die Jagd nach den Umständen des einzelnen Falles die öffentlich Ruhe, Ordnung oder Sicherheit stören oder da Leben von Menschen gefährden würde, darf nicht gejagt werden.
2. Die Ausübung der Jagd in Naturschutz- und Wildschutzgebieten sowie in National- und Wildparken wird durch die Länder geregelt (**§ 20 BJG**).

1. Die Ausübung der Jagd in Naturschutzgebieten wird nach den Vorschriften des Landschaftsgesetzes im Landschaftsplan oder in der ordnungsbehördlichen Verordnung geregelt. Die zuständige Stelle bedarf hierzu des Einvernehmens der oberen Jagdbehörde. § 3 (jetzt § 7) des Landschaftsgesetzes findet entsprechende Anwendung.
2. Die Obere Jagdbehörde kann die Ausübung de Jagd in Wildschutzgebieten und in Nationalparken im Einvernehmen mit der zuständigen höheren Landschaftsbehörde durch ordnungsbehördliche Verordnungen regeln, die im Amtsblatt des zuständigen Regierungspräsidenten zu veröffentlichen ist (**§ 20 LJG NW**).

Fragenkatalog zum 3. Teil

1. Wann ist die Treibjagd verboten?

2. Dürfen Sie mit der Faustfeuerwaffe einen Fuchs töten, der sich in einer Kastenfalle gefangen hat?

3. In welchem Umkreis von Fütterungen darf Schalenwild in Notzeiten nicht erlegt werden?

4. Mit welchen Fanggeräten ist in Nordrhein-Westfalen das Fangen von Wild verboten?

5. Welche Munition ist für den Schuss auf Rehwild verboten?

6. Darf man mit Bracken auf einer Fläche von weniger als 1000 ha die Stöberjagd ausüben?

7. Welche Futtermittel dürfen in Nordrhein-Westfalen zur Wildfütterung nicht verwendet werden?

8. An welchen Orten darf die Jagd nicht ausgeübt werden?

9. Für welche Wildarten besteht ein Nachtjagdverbot?

Antworten zum Fragenkatalog 3. Teil

1. An Sonn- und Feiertagen sowie bei Mondschein (§§ 3 Satz 3 FeiertagsG, § 19 Abs. 1 Nr. 3 BJG).

2. Ja (§ 19 Abs. 1 BJG).

3. Im Umkreis von 200 Metern (§ 19 Abs. 1 Nr. 10 BJG).

4. Mit Fanggeräten,die nicht unversehrt fangen oder sofort töten und mit Schlingen jeglicher Art (§ 19 Abs. 1 Nr. 8 und 9 BJG) und mit Knüppelfallen, Marderschlagbäumen, Scherenfallen, Drahtbügelschlagfallen, Totschlagfallen aller Art, die durch Tritt, Druck oder Berührung ausgelöst werden, sowie Wippbrettkastenfallen ohne die erforderlichen Mindestmaße (§ 31 Abs. 2 DVO LJG-NRW).

5. Schrot, Posten, gehacktes Blei und Munition, deren Auftreffenergie auf 100 Meter (E 100) weniger als 1000 Joule beträgt (§ 19 Abs. 1 Nr. 1 und 2 a BJG).

6. Ja, die Stöberjagd mit Bracken ist nicht der Brackenjagd gleichzusetzen (§ 19 Abs. 1 Nr. 16 BJG).

7. Verbotenes Futtermittel für alles Wild sind Küchenabfälle, Backwaren, Südfrüchte, Schlachtabfälle, Fische und Fischabfälle (§ 25 Abs. 2 Satz 4 LJG-NW); Verbotene Futtermittel für Schalenwild (außer Schwarzwild) sind alle Futtermittel außer Heu und Grassilage (§ 27 Abs. 6 Nr. 6 DVO LJG-NW). Damit ist die Fütterung von Schalenwild mit Rüben nicht mehr zulässig. Die untere Jagdbehörde kann aber Ausnahmen vom Fütterungsverbot mit Rüben zulassen.[210]

8. Verboten ist die Jagd

   - grundsätzlich in befriedeten Bezirken (§ 6 BJG);
   - auf Schalenwild in Notzeiten im Umkreis von 200 Metern von Fütterungen (§ 19 Abs. 1 Nr. 10 BJG);
   - auf Schalenwild (außer Schwarzwild) an Kirrungen (§ 27 DVO LJG-NRW);
   - auf Schalenwild (außer bei Drückjagden) in einem Umkreis von 200 Metern von Fütterungen oder Ablenkungsfütterungen (§ 27 DVO LJG-NRW);
   - in Notzeiten auf Schwarzwild in einem Umkreis von 200 Metern von Kirrungen (§ 27 DVO LJG-NRW);
   - an Orten, an denen die Jagd nach den Umständen des Einzelfalles die öffentliche Ruhe oder Sicherheit stören oder das Leben von Menschen gefährden würde (§ 20 Abs. 1 BJG).

9. Für Schalenwild (außer Schwarzwild) und Federwild (außer Möwen, Waldschnepfen, Auer-, Birk- und Rackelwild); (§ 19 Abs. 1 Nr. 4 BJG).

---

[210] Leitlinien für die Genehmigung von Ausnahmen für die Rübenfütterung vom 18.05.2010 des Ministerium für Umwelt und Naturschutz, Landwirtschaft und Verbraucherschutz des Landes Nordrhein-Westfalen.

1. Teil: Abschussregelung

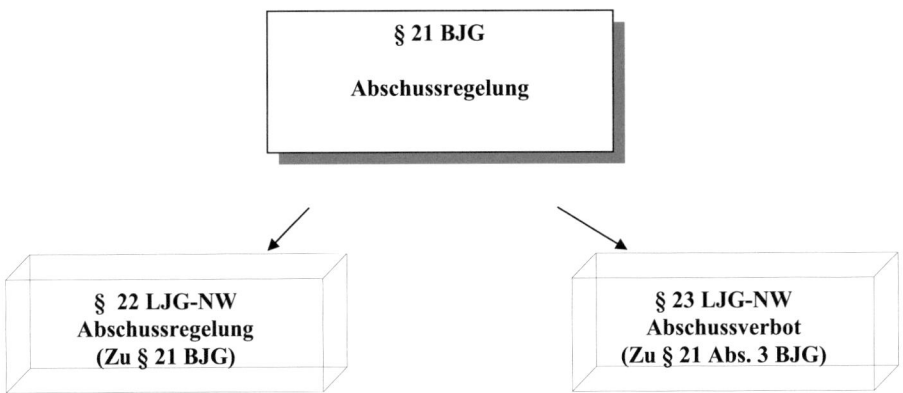

§ 21 BJG

(1) Der Abschuss des Wildes ist so zu regeln, dass die berechtigten Ansprüche der Land-, Forst- und Fischereiwirtschaft auf Schutz gegen Wildschäden voll gewahrt bleiben sowie die Belange von Naturschutz und Landschaftspflege berücksichtigt werden. Innerhalb der hierdurch gebotenen Grenzen soll die Abschussregelung dazu beitragen, dass ein gesunder Wildbestand aller heimischen Tierarten in angemessener Zahl erhalten bleibt und insbesondere der Schutz von Tierarten gesichert ist, deren Bestand bedroht erscheint.

(2) **Schalenwild (mit Ausnahme von Schwarzwild) sowie Auer-, Birk- und Rackelwild dürfen nur auf Grund und im Rahmen eines Abschussplanes** erlegt werden, der von der zuständigen Behörde im Einvernehmen mit dem Jagdbeirat (§ 37 BJG) zu bestätigen und festzusetzen ist[211]. Seehunde dürfen nur auf Grund und im Rahmen eines Abschussplanes bejagt werden, der jährlich nach näherer Bestimmung der Länder für das Küstenmeer oder Teile davon auf Grund von Bestandsermittlungen aufzustellen ist. In gemeinschaftlichen Jagdbezirken ist der Abschussplan vom Jagdausübungsberechtigten im Einvernehmen mit dem Jagdvorstand aufzustellen. Innerhalb von Hegegemeinschaften sind die Abschusspläne im Einvernehmen mit den Jagdvorständen der Jagdgenossenschaften und den Inhabern der Eigenjagdbezirke aufzustellen, die der Hegegemeinschaft angehören. Das Nähere bestimmt die Landesgesetzgebung.

Der Abschussplan für Schalenwild muss erfüllt werden. Die Länder treffen Bestimmungen, nach denen die Erfüllung des Abschussplanes durch ein **Abschussmeldeverfahren** überwacht und erzwungen werden kann; sie können den körperlichen Nachweis der Erfüllung des Abschussplanes verlangen.

---

[211] Vgl. Dreijähriger Abschussplan für Rehwild in der Anlage.

(3) Der Abschuss von Wild, dessen Bestand bedroht erscheint, kann in bestimmten Bezirken oder in bestimmten Revieren dauernd oder zeitweise gänzlich verboten werden.

(4) Den Abschuss in den Staatsforsten regeln die Länder.

§ 22 LJG-NW

(1) Der Jagdausübungsberechtigte hat der unteren Jagdbehörde einen Abschussplan für Schalenwild, ausgenommen Schwarzwild, sowie Auer- und Birkwild zahlenmäßig getrennt nach Wildarten und Geschlecht, bei männlichem Schalenwild auch nach Klassen[212], einzureichen. Der Abschussplan ist jeweils zum **01. April des Jahres**, in dem der bisherige Abschussplan ausläuft **einzureichen**. § 21 Abs. 3 Satz 2 bleibt unberührt.

(2) Der Abschussplan für **Rehwild** wird mit einer Geltungsdauer von **drei Jagdjahren**, der Abschussplan für **anderes Schalenwild**, ausgenommen Schwarzwild, sowie für Auer- und Birkwild mit einer Geltungsdauer von **einem Jagdjahr** bestätigt oder festgesetzt. Beim Abschussplan für Rehwild ist in der Regel ein Drittel des Gesamtabschusses jährlich zu erfüllen. Abweichungen bis zu 30 % im einzelnen Jagdjahr sind zulässig, jedoch im Rahmen des Gesamtabschusses auszugleichen.

(3) Ein Abschussplan, den der Jagdausübungsberechtigte fristgemäß eingereicht hat, ist von der unteren Jagdbehörde **nach Anhörung der unteren Forstbehörde** zu bestätigen, wenn

    a) der Abschussplan den jagdrechtlichen Vorschriften entspricht,
    b) der Jagdbeirat (§ 51) zugestimmt hat,
    c) bei verpachteten Jagdbezirken der Abschussplan im Einvernehmen mit dem Verpächter aufgestellt worden ist und
    d) innerhalb von Hegegemeinschaften die Abschusspläne aufeinander abgestimmt und im Einvernehmen mit den Jagdvorständen der Jagdgenossenschaften und den Inhabern der Eigenjagdbezirke aufgestellt worden sind.

(4) Liegen die Voraussetzungen nach Absatz 2 nicht vor, ist insbesondere bereits eingetretenen oder zu erwartenden Wildschäden nicht hinreichend Rechnung getragen, so wird der Abschussplan durch die untere Jagdbehörde nach Anhörung der unteren Forstbehörde im **Einvernehmen mit dem Jagdbeirat** festgesetzt. Die Festsetzung hat so zu erfolgen, dass eine nachhaltige Verringerung des Wildbestandes auf eine tragbare Wilddichte gewährleistet ist. Die Wild- und Wildschadensverhältnisse in benachbarten Jagdbezirken sind angemessen zu berücksichtigen.

(5) Die in bestätigten oder festgesetzten Abschussplänen für **weibliches Schalenwild**, für **Kälber, Kitze** und **Lämmer** festgesetzte Abschüsse gelten als Mindestabschüsse; sie können **bis zu 20 % überschritten** werden.

(6) Ist das Einvernehmen mit dem Jagdbeirat nicht zu erzielen, so wird der Abschussplan durch die obere Jagdbehörde im Einvernehmen mit dem Landesjagdbeirat festgesetzt.

---

[212] Vgl. zur Klasseneinteilung § 21 ff. DVO LJG-NRW.

(7) Der Jagdausübungsberechtigte hat über den Abschuss des Wildes und über das **Fallwild**, soweit es sich um Schalenwild handelt, eine **Streckenliste** zu führen. Die Eintragungen in die Liste sind innerhalb eines Monats vorzunehmen. Die Streckenliste ist der unteren Jagdbehörde jederzeit auf Verlangen zur Einsicht vorzulegen. Die jährliche Jagdstrecke ist der unteren Jagdbehörde jederzeit auf Verlangen zur Einsicht vorzulegen. Die jährliche Jagdstrecke ist der unteren Jagdbehörde bis zum 15. April eines jeden Jahres anzuzeigen[213].

(8) Der Jagdausübungsberechtigte hat der unteren Jagdbehörde schriftlich **bis zum 15. November** eines jeden Jahres eine **Abschussmeldung** über das erlegte **Rotwild** vorzulegen.

(9) Der Jagdausübungsberechtigte ist ferner **verpflichtet**, der unteren Jagdbehörde den Kopfschmuck und den Unterkiefer des erlegten männlichen Schalenwildes, vom erlegten männlichen Muffelwild nur den Kopfschmuck, innerhalb einer Frist von zwei Jahren nach dem Abschuss auf Verlangen vorzulegen. An den Schädeln von Rot-, Dam- und Sikahirschen ist der Oberkiefer zu belassen. Die untere Jagdbehörde kann den Jagdausübungsberechtigten bestimmter Jagdbezirke nach Anhörung des Jagdbeirates aufgeben, den Nachweis über die Erfüllung des Abschussplans für weibliches Schalenwild (ausgenommen Schwarzwild) durch Vorlage der erlegten Tierkörper oder Teilen davon innerhalb einer bestimmten Frist an bestimmte Stellen zu führen.

(10) Die untere Jagdbehörde kann anordnen, dass der Kopfschmuck und der Unterkiefer des innerhalb ihres Zuständigkeitsbereiches im letzten Jahr erlegten männlichen Schalenwildes auf einer allgemeinen **Hegeschau** vorzuzeigen ist.

(11) Erfüllt der Jagdausübungsberechtigte den Abschussplan für Schalenwild nicht, so kann die untere Jagdbehörde die Erfüllung des Abschussplanes nach den Vorschriften des Verwaltungsvollstreckungsgesetzes des Landes Nordrhein-Westfalen durchsetzen. Wild, das unter Anwendung von Verwaltungszwang erlegt wird, ist gegen angemessenes Schussgeld dem Jagdausübungsberechtigten zu überlassen.

(12) Das Ministerium wird ermächtigt, nach Anhörung des Ausschusses für Landwirtschaft, Forsten und Naturschutz des Landtags durch Rechtsverordnung

  1. männliches Schalenwild mit Ausnahme von Schwarzwild in Klassen einzuteilen und Abschussanteile sowie Grundsätze für den Abschuss in den einzelnen Klassen festzulegen,
  2. aus Gründen der Wildhege und zur Vermeidung übermäßiger Wildschäden Bewirtschaftungsbezirke für Schalenwild (Kern-, Rand- und Freigebiete) und die zulässige Wilddichte festzulegen,
  3. vorzuschreiben, dass für den Abschussplan, die Streckenliste, die jährliche Streckenmeldung und die Abschussmeldung für Rotwild bestimmte Muster zu verwenden sind.

---

[213] Gemäß Verwaltungsvorschrift zum Landesjagdgesetz Nordrhein-Westfalen (VV-LJG-NRW) v. 24.1.2000 meldet die untere Jagdbehörde die Streckenliste bis zum 31. Juli desselben Jahres an die obere Jagdbehörde. Die obere Jagdbehörde gibt die Streckenstatistik für das Land Nordrhein-Westfalen mit einer gutachterlichen Stellungnahme der Forschungsstelle für Jagdkunde und Wildschadenverhütung bis zum 30. September desselben Jahres bekannt.

Verordnung über Bewirtschaftungsbezirke für Rotwild, Sikawild, Damwild und Muffelwild vom 28. September 1994[214].

In Nordrhein-Westfalen sind mit Rot-, Sika-, Dam-, Reh-, Muffel- und Schwarzwild sechs Schalenwildarten heimisch.

In § 41 DVO LJG-NRW werden für Rot-, Sika, Dam- und Muffelwild die Verbreitungsgebiete für diese Schalenwildarten festgelegt. Rotwild lebt in 10, Sikawild in 2, Damwild in 22 und Muffelwild in 24 teilweise zersplitterten Vorkommen. Die Festlegung von Bewirtschaftungsbezirken dient in Verbindung mit Zielpopulationen für die einzelnen Vorkommen im Sinne einer vorbeugenden Konfliktminimierung sowohl der Erhaltung dieser Wildarten in ihren Lebensräumen als auch der Wildschadensverhütung. Zur Ereichung dieses Ziels werden Zielbestände (Bestände am 01. April jeden Jahres) festgelegt.

Kerngebiete[215] sind Gebiete, in denen sich Rotwild oder Damwild aufgrund der vorhandenen Lebensbedingungen dauernd aufhält.

Randgebiete sind Gebiete, in denen sich Rotwild oder Damwild aufgrund der vorhandenen Lebensbedingungen nur zeitweise oder in geringer Zahl aufhält.

Freigebiete sind Grundflächen, die zu keinem Bewirtschaftungsbezirk gehören.

In den Bewirtschaftungsbezirken ist unter Berücksichtigung von Kerngebieten und Randgebieten die Wilddichte so zu regeln, dass das Wild in einer artgemäßen Dichte erhalten bleibt und übermäßige Wildschäden vermieden werden (vgl. § 42 LJGDVO-NRW).

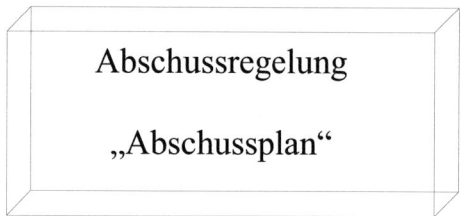

Abschussregelung

„Abschussplan"

§ 1 BJG führt aus, dass unsere Land- und Forstwirtschaft nur einen angemessenen Wildbestand verträgt. Der Jäger muss daher grundsätzlich soviel Schalenwild erlegen, wie an Jungwild hinzukommt. Wenn z.B. in einem Jagdrevier von 1000 Hektar Größe 80 Stück Rehwild stehen (40 männliche und 40 weibliche), so werden es im folgenden Jahr ca. 120 Stück sein, weil jede Geiß ein bis zwei Kitze setzt, wobei ein Teil aus natürlichen Gründen eingeht. Ein Jahr später wären es schon über 200. Die Äsung würde knapp und die Wildschäden würden enorm steigen. Die Nahrung wäre so gering, dass die geschwächten Tiere reihenweise erkrankten. Jungpflanzen hätten keine Entwicklungschancen mehr. Aus diesem Grunde muss das Jungwild vom Bestand abgeschöpft werden um Wild und Wald gesund zu erhalten. Diese Reglementierung ist Aufgabe des Abschussplanes. Er legt für jedes Revier fest, wie viel Schalenwild pro Jahr erlegt werden muss. Er garantiert gleichzeitig einen angemessenen Wildbestand; denn mehr als genehmigt darf nicht erlegt werden.

---

[214] GV.NW.S.858.
[215] Vgl. zu Kerngebieten, Randgebieten und Freigebieten § 40 Landesjagdgesetzdurchführungsverordnung.

Die Aufstellung des Abschussplanes obliegt den im Jagdbezirk betreffenden Jagdausübungsberechtigten. Das ist bei Eigenjagdbezirken der Eigentümer oder – wenn die Voraussetzungen des § 3 Abs. 4 Satz 2 BJG vorliegen – der Nutznießer, bei gemeinschaftlichen Jagdbezirken die Jagdgenossenschaft (der Jagdvorstand).

Ist der Jagdbezirk verpachtet, so ist der Abschussplan vom Pächter aufzustellen.

Um die amtliche Prüfung zu ermöglichen, hat der Jagdausübungsberechtigte in jedem Jagdjahr der unteren Jagdbehörde einen Abschussplan für die genannten Wildarten, zahlenmäßig getrennt nach Wildarten und Geschlecht, beim männlichem Schalenwild (mit Ausnahme von Schwarzwild) auch nach Klassen, einzureichen. Insoweit gelten die §§ 22 ff. DVO LJG-NRW[216]. Demnach wird männliches Schalenwild - mit Ausnahme von Schwarzwild – unter Berücksichtigung des Alters, der Geweih-, Gehörn- und Schneckenausbildung und von Gütemerkmalen in Klassen eingeteilt. Ferner sind die beim Abschuss zu beachtenden Grundsätze sowie die Abschussanteile angegeben.

Ohne die vorgenannte Aufgliederung könnte der Abschussplan nicht so festgesetzt werden, dass die Erhaltung und Förderung eines innerhalb der einzelnen Wildarten ausgewogenen Wildbestandes in den Revieren gesichert ist.

Die Höhe des Abschussplanes wird anhand der konkreten Wildschäden festgelegt. Das zuständige Forstamt erstellt z.B. alle drei Jahre ein forstliches Gutachten über den Umfang der Wildschäden im Wald. Sind diese Schäden zu hoch, wird der Abschuss erhöht. Haben sich die Schäden nicht erhöht, wird der Abschussplan der Vorjahre beibehalten. Ist der Wildbestand allerdings stark vermindert, wird die Abschusshöhe gesenkt. Zusammenfassend kann festgehalten werden, dass der Umfang der Wildschäden im Wald die Höhe der Wildrate bestimmt.

Das Jagdjahr beginnt am 01. April des jeweiligen Kalenderjahres und endet am 31. März des darauf folgenden Jahres.

Die Laufzeiten der Abschusspläne sind festgelegt. Abweichungen sind, unabhängig von Pachtzeit und Pächterwechsel, nicht zulässig.

Mehrabschüsse sind beim Abschussplan für die folgende Laufzeit zu berücksichtigen (§ 21 Abs. 2 DVO LJG-NRW).

Wer den Abschussplan missachtet, muss mit einer Ordnungswidrigkeit nach § 39 Abs. 2 Nr. 3 BJG rechnen[217].

Erfüllt der Jagdausübungsberechtigte den Abschussplan nicht, kann die untere Jagdbehörde die Erfüllung des Abschussplanes durch Zwangsgeld oder Ersatzvornahme erzwingen.

Die Bestätigung und Festsetzung des Abschussplanes ist ein Verwaltungsakt. Der Verwaltungsakt kann mit dem Widerspruch und nachfolgend mit der verwaltungsgerichtlichen Klage angefochten werden. Dabei handelt es sich nicht um eine Ermessensentscheidung, sondern um eine Entscheidung unter Anwendung unbestimmter

---

[216] GV.NRW.S.876.
[217] Vgl. etwa OLG Koblenz, Beschluss vom 10.05.1983, 1 Ss 193/83; Fahrlässige Überschreitung eines Abschussplanes: AG Eschwege, Urteil vom 22.06.2001, 96 Js – OWi 292/01 – 7 Owi.

Rechtsbegriffe. Daher unterliegt die Entscheidung in vollem Umfang der gerichtlichen Überprüfung. Widerspruch und Anfechtungsklage entfalten grundsätzlich aufschiebende Wirkung. Das bedeutet, dass der Verwaltungsakt bis zur grundsätzlichen Entscheidung nicht vollzogen werden darf[218].

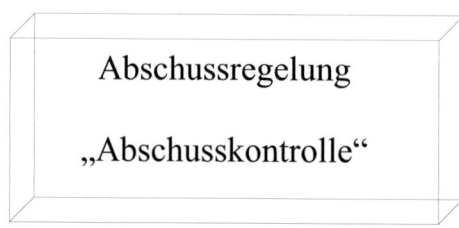

Abschussregelung

„Abschusskontrolle"

Nach der Vorschrift des § 21 Abs. 2 Satz 3 BJG haben die Länder Bestimmungen zu treffen, nach denen die Erfüllung des Abschussplanes durch ein Abschussmeldeverfahren überwacht und erzwungen werden kann. Dem hat das Land Nordrhein-Westfalen mit der Bestimmung des § 22 Abs. 7 bis 11 LJG-NW genügt.

Zunächst dient der Überwachung die sog. Streckenliste. Unter der jährlichen Jagdstrecke ist alles Wild zu verstehen, das im vergangenen Jagdjahr in die Streckenliste einzutragen war und eingetragen worden ist. Die jährliche Jagdstrecke umfasst demnach auch das aufgefundene Fallwild, soweit es sich um Schalenwild handelt. Die Streckenliste ist der unteren Jagdbehörde jederzeit auf Verlangen zur Einsicht vorzulegen. Die jährliche Jagdstrecke ist der unteren Jagdbehörde bis zum 15. April eines jeden Jahres anzuzeigen.

Bei Rotwild ist zusätzlich eine Abschussmeldung zum 15. November eines jeden Jahres der unteren Jagdbehörde vorzulegen. In die Abschussmeldung ist nur das erlegte Rotwild und nicht das Fallwild aufzunehmen.

Nach § 21 Abs. 2 Satz 7, 2. Halbsatz BJG können die Länder den körperlichen Nachweis der Erfüllung des Abschussplanes verlangen. Dabei ist wichtig, dass vom erlegten männlichen Muffelwild nur der Kopfschmuck vorzuzeigen ist.

Zur Vermeidung von sog. „Postkartenabschüssen" kann die untere Jagdbehörde nach der Vorschrift des § 22 Abs. 9 Satz 3 LJG-NW den Jagdausübungsberechtigten bestimmter Jagdbezirke nach Anhörung des Jagdbeirates aufgeben, den Nachweis über die Erfüllung des Abschussplanes für sonstiges Schalenwild, d. h. für weibliches Schalenwild, durch Vorlage der erlegten Tierkörper oder Teilen davon innerhalb einer bestimmten Frist an bestimmte Stellen zu führen. Dies ist u. a. der Fall, wenn begründeter Verdacht unrichtiger Angabe des Abschuss besteht.

Die Abhaltung öffentlicher Pflichthegeschauen ist in Nordrhein-Westfalen nicht gesetzlich vorgeschrieben. In der Praxis wird die Hegeschau jedoch vielfach ausgeübt. Zudem gibt es Regelungen in der Verwaltungsvorschrift zum Landesjagdgesetz Nordrhein-Westfalen vom 24.01.2000. Danach dürfen Hegeschauen sich nicht darauf beschränken, Kopfschmuck und Unterkiefer des erlegten männlichen Schalenwildes vorzuzeigen und zu bewerten. Ziel einer Hegeschau im Sinne von § 22 Abs. 10 LJG-NRW ist die Beurteilung der gesamten Wildpopulation einschließlich ihrer Beziehung zum Lebensraum. Durch die Aufnahme

---

[218] Vgl. § 80 Abs. 1 VwGO.

statistischer Daten über die Höhe des Wildbestandes, das Geschlechterverhältnis, den Altersaufbau und die Wildschadenssituation soll eine Grundlage für die Abschussplanung geschaffen werden. Außerdem bietet eine jährliche Hegeschau die Chance zur Diskussion zwischen Jägern, Waldbesitzern, Forstleuten sowie den beteiligten Behörden und kann so zur Lösung von Wald/Wild-Problemen beitragen.

§ 22 Abs. 10 LJG-NW ermöglicht der unteren Jagdbehörde die Anordnung, dass die Trophäe pp. auf einer allgemeinen Hegeschau vorzuzeigen ist. Mit der Vorzeigung erfüllt der Jagdausübungsberechtigte sodann seine Vorzeigepflicht nach § 22 Abs. 9 LJG-NW. Zur Vermeidung einer erneuten Vorlage werden diese von der Jagdbehörde dauerhaft gekennzeichnet. Dies erfolgt häufig mittels einer Kennzeichnung am Hinterhaupt. Hierfür wird eine Tinte verwandt, die lediglich bei Wärme sichtbar wird.

§ 23 LJG-NW

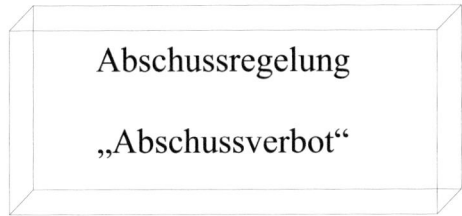

Abschussregelung

„Abschussverbot"

Die untere Jagdbehörde kann den Abschuss von Wildarten, die in ihrem Bestand bedroht erscheinen, in bestimmten Jagdbezirken oder bestimmten Revieren für eine bestimmte Zeit durch Verfügung an den Jagdausübungsberechtigten gänzlich verbieten. Das Verbot kann wiederholt werden, solange die Voraussetzungen des Satzes 1 vorliegen.

Das Abschussverbot muss in jedem Fall durch Verwaltungsakt ergehen. Ein derartiger Verwaltungsakt setzt eine Anhörung voraus[219]. Für den Erlass einer ordnungsbehördlichen Verordnung ist kein Raum. Der Grund für die Bestandsbedrohung ist ohne Bedeutung. Er kann in höherer Gewalt (Naturkatastrophen, besonders harter Winter pp.) oder auch in menschlicher Unzulänglichkeit (z.B. Leerschießen des Reviers) bestehen.

Wer Wild entgegen einem Abschussverbot erlegt, unterliegt dem Straftatbestand des § 38 BJG[220].

Abschussverbote dürfen nicht mit der Jagd- und Schonzeitenverordnung verwechselt werden. Letzteres stellt eine Rechtsverordnung dar[221].

---

[219] VG Kassel, AgrR 1982, Seite 82.
[220] „Grundsätzlich soll kein abschusspflichtiges Wild ohne jagdbehördliche Einwilligung erlegt werden. Bei Unklarheiten hat ein Abschuss zu unterbleiben", AG Cochem, Beschluss vom 06.02.2004, 2030 Js 21418/03.
[221] Vgl. Anlage zu diesem Kapitel: Dreijähriger Abschussplan für Rehwild, Quelle: Untere Jagdbehörde Neuss.

Für das Pilotprojekt „Rehwild ohne behördlichen Abschussplan" hat die Obere Jagdbehörde aufgrund des § 22 Abs. 14 LJG-NW in bestimmten Pilotgebieten die Jagdausübungsberechtigten von den Verpflichtungen des § 22 Abs. 1 und 2 LJG-NW[222] wie folgt befreit:

1. Gemäß § 22 Abs. 14 LJG-NW ist der Fassung der Bekanntmachung vom 7. Dezember 1994[223], zuletzt geändert durch Artikel I des Gesetzes vom 17. Dezember 2009[224], waren die Jagdausübungsberechtigten im Gebiet der Kreise **Höxter, Kleve, Warendorf, des Rhein-Sieg-Kreises und des Hochsauerlandkreises** für die Zeit vom 1.4.2008 bis zum 31.3.2012 von den Verpflichtungen des § 22 Abs. 1 und 2 LJG-NW entbunden. Die Entbindung galt ausschließlich für die Abschussplanung von Rehwild.

2. Diese Allgemeinverfügung erfolgte unter der Bedingung, dass der Jagdausübungsberechtigte und bei verpachteten Jagdbezirken der Verpächter der Entbindung nicht widerspricht. Ein Widerspruch ist schriftlich bei der zuständigen Unteren Jagdbehörde zu erheben.

Der Jagdausübungsberechtigte hat gemäß § 22 Abs. 1 LJG-NW der Unteren Jagdbehörde einen Abschussplan für Schalenwild, ausgenommen Schwarzwild, zahlenmäßig getrennt nach Wildarten und Geschlecht, bei männlichem Schalenwild auch nach Klassen, einzureichen. Dieser Abschussplan ist jeweils zum 1. April des Jahres, in dem der bisherige Abschussplan ausläuft, einzureichen. Für Rehwild wird nach § 22 Abs. 1 LJG-NW der Abschussplan mit einer Geltungsdauer von drei Jagdjahren bestätigt und festgesetzt. Hierbei ist in der Regel ein Drittel des Gesamtabschusses jährlich zu erfüllen. Abweichungen bis zu 30 v. H. im einzelnen Jahr sind zulässig, jedoch im Rahmen des Gesamtabschusses auszugleichen. Hier hat die Obere Jagdbehörde nun für bestimmte Pilotgebiete eine befristete Ausnahme derart zugelassen, dass die Rehwild-Bejagung ohne Abschussplan erfolgen durfte. Voraussetzung war, dass die Jagdausübungsberechtigten (bei verpachteten Jagdbezirken die Verpächter) zugestimmt hatten. Diese Ausnahme kann die Obere Jagdbehörde gemäß § 22 Abs. 14 LJG-NW zulassen, wenn dies zu wissenschaftlichen, Lehr- und Forschungszwecken für bestimmte Gebiete o. einzelne Jagdbezirke erforderlich ist. Voraussetzung hierfür ist auch, dass dadurch eine Störung des biologischen Gleichgewichts oder eine Schädigung der Landeskultur nicht zu befürchten ist. Nach Ansicht der Oberen Jagdbehörde ist letzteres nicht der Fall, da einer

---

[222] Dort heißt es: „Die obere Jagdbehörde kann zu wissenschaftlichen, Lehr- und Forschungszwecken für bestimmte Gebiete oder einzelne Jagdbezirke befristete Ausnahmen von den Verpflichtungen nach den Absätzen 1 und 2 zulassen, wenn dadurch eine Störung des biologischen Gleichgewichts oder eine Schädigung der Landeskultur nicht zu befürchten ist und die Jagdausübungsberechtigten und bei verpachteten Jagdbezirken die Verpächter zugestimmt haben."

[223] GV. NRW. S. 622.

[224] GV. NRW. S. 871.

übermäßigen Vermehrung oder einer zu starken Reduktion des Rehwildes durch Anordnung der Unteren Jagdbehörde nach § 27 oder nach § 21 Abs. 3 Bundesjagdgesetz entgegengetreten werden kann. Die Projektdauer von vier Jahren war erforderlich, um statistisch aussagekräftige Daten zu erlangen.

Die vorstehende Entbindung von der Verpflichtung, das Rehwild nach behördlichem Abschussplan zu jagen, galt, solange der Jagdausübungsberechtigte oder Verpächter des Jagdbezirks/Revier nicht widersprochen hat. Diese Reglung ist deshalb erforderlich, da die Entbindung das Vertragsverhältnis zwischen Jagdausübungsberechtigtem und Verpächter berühren kann.

Ziel des Projektes ist es zu hinterfragen, ob es zukünftig eines Abschussplanes für Rehwild noch bedarf. Laut Oberer Jagdbehörde haben die bisherigen Auswertungen darauf hingewiesen, dass die Streckenstruktur auch bei unterschiedlichen amtlichen Vorgaben keine wesentliche Unterscheidung aufweist. Offensichtlich bestimmt sich die Streckengliederung nach biologischen Gesetzmäßigkeiten.

Dieses Pilotprojekt verlangte dem Jagdausübungsberechtigten eine enorme Eigenverantwortung ab[225]. Vor diesem Hintergrund ist es wichtig, dass der Jagdausübungsberechtigte zwar ohne amtliche Planung bejagen darf, aber nicht planlos. Es ist weiterhin notwendig, eine eigenständige Planung für das jeweilige Revier aufzustellen. Dies gilt auch innerhalb der Hegegemeinschaften oder auch der Kreisgruppe. Zur späteren Auswertung ist weiterhin ein Festhalten der Strecke erforderlich. Es kann lediglich auf die behördliche Bestätigung und Festsetzung verzichtet werden. Der verminderte Aufwand ist daher dennoch geringer.

Die forstliche Stellungnahme wurde über bestimmte Zeiträume eingeholt. Es sollte ermittelt werden, ob durch den Verzicht die Balance zwischen Wald und Wild erhalten bleibt. Die nächste Forstliche Stellungnahme erfolgte daher im Jahr 2012.

Was zu tun bleibt:

1. Die Abschussplanfestsetzung durch die Untere Jagdbehörde fällt in den Projektgebieten weg. Mit Projektbeginn ist der Dreijahresabschussplan aufgehoben.
2. Eigene Planungen auf Revierebene, mit den Nachbarn innerhalb der Hegegemeinschaft oder auch der Kreisgruppe werden wie bisher fortgeführt.
3. Zur Auswertung ist exaktes Festhalten der Strecke nach Geschlecht und Alter notwendige Voraussetzung. Die Dokumentation der eigenverantwortlichen nachhaltigen Nutzung hat zentrale Bedeutung für die Jagd.

Nachfolgend: Dreijähriger Abschussplan für Rehwild (Bezug: Kohlhammer Deutscher Gemeinde Verlag).

---

[225] Vgl. hierzu auch im Kapitel „Tierschutz", Seite 162.

Dreijähriger Abschußplan für Rehwild

für Jagdjahr ...../....
Jagdjahr ...../....
Jagdjahr ...../....

Untere
Jagdbehörde: _____ Hegegemeinschaft: _____

Untere
Forstbehörde: _____

Jagdbezirk: _____

Größe des   Bejagbare
Jagdbezirkes: _____ha Fläche: _____ha davon landwirtsch. Flächen: _____ha

Pachtzeit von _____ bis _____ Wald: _____ha

Name(n) des oder   Wasser: _____ha
der Jagdaus-
übungsberechtigten: _____ _____

I Strecke in den drei vorangegangenen Jagdjahren		Rehböcke		Kitze		weibl. Wild		Summe Rehwild	Unterschriften
		I mehrj. Böcke	II einjährige Böcke	Bockkitze	Rickenkitze	Schmalrehe	Ricken		
		1	2	3	4	5	6	7	
Jagdjahr ...../.....	Abschuß								
	Fallwild *								
Jagdjahr ...../.....	Abschuß								
	Fallwild *								
Jagdjahr ...../.....	Abschuß								
	Fallwild *								
Summe									
II Abschußvorschlag für drei Jagdjahre Jagdausübungs-berechtigte(r)									Jagdausübungsberechtigte(r)
III Abschußempfehlung Hegegemeinschaft									Vorsitzender der Hegemeinschaft

IV Forstliche Stellungnahme zu I   Erhöhung des Abschusses notwendig: ja ☐ nein ☐

									Einvernehmen des Verpächters (Vors. der Jagdgenossenschaft/ Inhaber des Eigenjagdbezirks)
V Bestätigter/Festgesetzter Abschuß für die o.a. Jagdjahre									

* in Klammern: davon Verkehrsverluste

An die Jagdpächterin oder den Jagdpächter / Verpächterin oder Verpächter

Die Forstliche Stellungnahme zur Abschußplanung bildet eine wesentliche Grundlage bei der Entscheidung über die festzusetzenden Abschüsse. Evtl. Einwendungen können innerhalb von 14 Tagen gegenüber dem Forstamt - untere Forstbehörde - schriftlich geltend gemacht werden. Teilen Sie dem Forstamt bitte mit, wenn Sie eine Besprechung oder örtliche Begehung wünschen.

Stellungnahme der Jagdpächterin oder des Jagdpächters / der Verpächterin oder des Verpächters

....

....

....

....

....

Ort, Datum   Unterschrift

Hinweise zum Ausfüllen des Vordrucks

Der Vordruck wird vom Forstamt - untere Forstbehörde - für alle staatlichen Eigenjagdbezirke (Verwaltungsjagdbezirke und verpachtete Jagdbezirke), gemeinschaftlichen Jagdbezirke und kommunalen Eigenjagdbezirke, soweit die forstliche technische Betriebsleitung hier durch die untere Forstbehörde erfolgt, aufgestellt. Der ausgefüllte Vordruck ist eine Stellungnahme der unteren Forstbehörde. Sie dient der Jagdbehörde als Entscheidungshilfe bei der Festsetzung der Abschüsse. Die Stellungnahme wird der jeweiligen Jagdpächterin oder dem Jagdpächter und der Verpächterin oder dem Verpächter vor Abgabe an die untere Jagdbehörde bekannt gegeben.

Zu 1. Revierverhältnisse

Angaben zur Baumartenverteilung und zur Verjüngungsfläche erfolgen in % der Waldfläche. Die Angaben sind dem Betriebsplan bzw. -Gutachten zu entnehmen. Liegt eine Forsteinrichtung nicht vor, genügen Schätzungen. Die Verjüngungsfläche (Zeile 11) beinhaltet alle geschützten und ungeschützten Kulturen und Naturverjüngungen, soweit Leittriebe noch vom Schalenwild erreichbar sind.

Zu 2. Schutzmaßnahmen

Angaben erfolgen in % der Verjüngungsfläche. Die Quersumme der jeweiligen Zeile muß 100 ergeben. Auf die Angabe der gezäunten Fläche im Jagdbezirk kann auf keinen Fall verzichtet werden. Ziffer 2 bezieht sich ausschließlich auf Verbißschutz. Fege- und Schälschutz fallen nicht darunter. Sofern die Zäunung vorrangig zur Verhütung von Kaninchenschäden erfolgt, ist dies unter Ziffer 2 - Bemerkungen - anzugeben.

Zu 3. Vegetationsweiser - Verbißbelastung ungeschützter Leittriebe / Schälschäden

Es kann je Baumart nur ein Merkmal angekreuzt werden; bei unterschiedlichen Verhältnissen muß deshalb stets ein Mittelwert gebildet werden. Wesentliche Besonderheiten können in der Spalte Bemerkungen erläutert werden. Baumarten und Baumartengruppen mit einem Anteil von weniger als 5 % der Waldfläche sind hierbei nicht zu berücksichtigen. Beurteilt wird der Verbiß ungeschützter Leittriebe. Es sind sämtliche durch Schalenwildverbiß entstandenen Schäden der letzten 3 Jahre anzugeben. Grundsätzlich können Baumarten, die nur innerhalb von Zäunen vorkommen, nicht angekreuzt werden. Wenn jedoch Baumarten, die sich innerhalb von Zäunen leicht natürlich verjüngen, wegen Wildverbiß und im übrigen vergleichbaren Bedingungen außerhalb von Zäunen nicht vorkommen, ist starker Wildverbiß anzukreuzen.

Es werden nur frische Schälschäden der letzten 12 Monate erhoben. Eine prozentuale Erfassung ist dabei nicht erforderlich. Technische Maßnahmen zur Schälschadenverhütung werden nicht erfaßt. Entscheidend ist, ob durch die festgestellten Schälschäden das forstliche Produktionsziel auf größerer Fläche gefährdet wird.

Zu 5. Vorschlag des Forstamtes zum Abschußplan

Sofern eine Erhöhung des Abschusses für notwendig gehalten wird, soll diese in Prozent zur bisherigen Strecke angegeben werden. Dabei ist zu berücksichtigen, daß Verbiß und Schälung von Einzelbäumen als natürliche Lebensäußerungen des Wildes anzusehen sind. Wildschäden sind erst dann gegeben, wenn durch Zuwachs-, Wert-, Diversitäts- oder Stabilitätsverluste das Produktions- oder Betriebsziel gefährdet wird.

Forstliche Stellungnahme zur Abschußplanung

	Forstamt untere Forstbehörde	Jagdbezirk Revier	Untere Jagdbehörde	Jagdbezirksart
	a	b	c	d
01				1 = Gem. Jagdbezirk 2 = komm. Eigenjagd 3 = staatl. Verw. Jagd 4 = verp. staatl. Jagd
02	Verpächter(in) / Eigentümer(in)			
03	Jagdausübungsberechtigte(r)			

1. Revierverhältnisse

	bejagbare Fläche in ha				in % der Waldfläche							Verjüngungsfläche	
	insgesamt	davon Wald	davon Feld	davon Wasser	Fi	Dou	Kie	s. Nh	Bu	El/Rei	s. Lh	ha	% von Spalte b
	a	b	c	d	e	f	g	h	i	k	l	m	n
11													

2. Schutzmaßnahmen (in % der Verjüngungsflächen) - nur Verbißschutz

	Baumart	Verj.-Fl. nach BA (Zeile 11 m) ha	Verjüngung erfolgt			Waldschutz (volle ha)	
			im Zaun	mit Einzelsch.	ohne Schutz	Summe Spalte b - d	gezäunte Waldfläche	Fläche mit Einzelschutz
		a	b	c	d	e	f	g
21	Fichte					100 %		
22	Douglasie					100 %	Bemerkungen	
23	Kiefer					100 %		
24	sonst. Nadelholz					100 %		
25	Buche					100 %		
26	Eiche/Roteiche					100 %		
27	sonst. Laubholz					100 %		

3. Vegetationsweiser - Verbißbelastung ungeschützter Leittriebe / Schälschäden

Baumart	die ungeschützten Leittriebe sind geschädigt			frische Schälschäden vorhanden		Produktionsziel auf größerer Fläche gefährdet	
	gering 0% bis 20%	mittel 21% bis 50%	stark über 50%	ja	nein	ja	nein
	a	b	c	d	e	f	g
Fichte							
Douglasie							
Kiefer							
sonst. Nadelholz							
Buche							
Eiche/Roteiche							
sonst. Laubholz							

4. Trend seit letzter Erhebung: Verbißbelastung ist: / Schälschäden sind:

a	b	c	d	e	f
☐ zunehmend	☐ gleichbleibend	☐ abnehmend	☐ zunehmend	☐ gleichbleibend	☐ abnehmend

5. Vorschlag des Forstamtes zur Abschußplanung

Bemerkungen

	Wildart	Erhöhung des Abschusses notwendig		
		ja	um %	nein
		a	b	c
51	Rehwild			
52	Rotwild			
53	Sikawild			
54	Damwild			
55	Muffelwild			

Ort, Datum

Unterschrift

Verteiler:
Bl. 1 (grün) für untere Jagdbehörde
Bl. 2 (weiß) für Pächter(in)
Bl. 3 (gelb) für Verpächter(in)/Höhere Forstbehörde
Bl. 4 (blau) für Forstamt
Bl. 5 (rot) für Forstbetriebsbezirk

In Freigebieten gemäß § 2 der Verordnung über Bewirtschaftungsbezirke für Rotwild, Sikawild, Damwild und Muffelwild vom 28.09.94 (GV. NW. 1994 S. 858) sind vorhandene Stücke von Rot-, Sika-, Dam- und Muffelwild innerhalb der Jagdzeit zu erlegen. Vom Abschuß ausgenommen sind a) alle Rothirsche und b) Damhirsche der Klassen I und II.

Rechtsbehelfsbelehrung

Gegen die Bestätigung / Festsetzung des Abschußplans kann innerhalb eines Monats nach Bekanntgabe Widerspruch erhoben werden. Der Widerspruch ist schriftlich oder zur Niederschrift bei der unteren Jagdbehörde einzulegen. Über den Widerspruch entscheidet das Landesamt für Ernährungswirtschaft und Jagd, Tannenstraße 24 b, 40476 Düsseldorf. Die Frist wird auch durch Einlegung des Widerspruchs bei dieser Behörde gewahrt.
Falls die Frist durch das Verschulden eines von Ihnen Bevollmächtigten versäumt werden sollte, so würde dessen Verschulden Ihnen zugerechnet werden.

...... Untere Jagdbehörde (Stempel, Unterschrift) ......

Hinweise zur Abschußplanung und Abschußdurchführung:

1. Nach § 22 (1) LJG-NW ist der Abschußplan jeweils zum 1. April des Jahres, in dem der bisherige Abschußplan ausläuft, der unteren Jagdbehörde in zweifacher Ausfertigung einzureichen.

2. Der Abschußvorschlag des Jagdausübungsberechtigten (II) soll sich im wesentlichen an der Strecke der vorangegangenen Jagdjahre (I) orientieren.

3. Bei der Aufteilung des Abschusses ist darauf zu achten, daß mindestens ein Drittel des Gesamtabschusses auf Kitze (Sp. 3 und 4) entfällt.
   Sofern keine besonderen Verhältnisse vorliegen, wird der Abschuß zweckmäßigerweise zu je einem Drittel auf Rehböcke (Sp. 1 und 2), Kitze (Sp. 3 und 4) und weibliches Wild (Sp. 5 und 6) verteilt.

4. Bei den Rehböcken (ohne Bockkitze) ist - bei normalem Altersaufbau - von folgendem Abschußanteil in den einzelnen Klassen auszugehen:

Klasse	Alter	Anteil des Abschusses bei den Rehböcken (Sp. 1 und 2) in %
II	einjährige Böcke (Jährlinge)	40
I	mehrjährige Böcke	60

5. Innerhalb von Hegegemeinschaften ist deren Abschußempfehlung (III) einzuholen.

6. Bei der Bestätigung/Festsetzung des Abschusses (V) ist neben der Höhe der Abschüsse in den Vorjahren insbesondere der Zustand der Waldvegetation zu berücksichtigen. Die untere Forstbehörde fertigt daher eine forstliche Stellungnahme zum Abschußplan. Die untere Jagdbehörde überträgt das Ergebnis der Stellungnahme in den Abschußplan (IV).

   Die forstliche Stellungnahme zum Abschußplan bildet eine wesentliche Grundlage bei der Entscheidung der Jagdbehörde über die Höhe der Abschüsse. Sie wird für alle staatlichen Eigenjagdbezirke (Verwaltungsjagdbezirke und verpachtete Bezirke), gemeinschaftlichen Jagdbezirke und kommunalen Eigenjagdbezirke, soweit die forstliche technische Betriebsleitung hier durch die untere Forstbehörde erfolgt, erstellt.

7. Nach § 22 (2) LJG-NW ist in der Regel ein Drittel des Gesamtabschusses jährlich zu erfüllen. Abweichungen bis zu 30 % im einzelnen Jagdjahr sind zulässig, jedoch im Rahmen des Gesamtabschusses auszugleichen.

8. Nach § 22 (5) LJG-NW gelten die für Kitze und weibliches Wild bestätigten/festgesetzten Abschüsse als Mindestabschüsse; sie können bis zu 20 % überschritten werden.

Fragenkatalog zum 4. Teil

1. Wer ist zuständig für die Ahndung von Überschreitungen des Abschussplanes?

2. Welcher Stelle ist der Abschussplan einzureichen?

3. Welche Wildarten dürfen in freier Wildbahn nur auf Grund und im Rahmen eines Abschussplanes erlegt werden?

4. Welche der folgenden Wildarten unterliegen nicht der Abschussplanung?
   - In Jagdgattern alles Schalenwild (einschließlich Schwarzwild)
   - Auer-, Birk- und Rackelwild
   - Schwarzwild

5. Kann krankes Wild in der Schonzeit und über den Abschussplan hinaus geschossen werden?

6. Was verstehen Sie unter einer „Forstlichen Stellungnahme zum Abschussplan"?

Antworten zum Fragenkatalog 4. Teil

1. Die Untere Jagdbehörde; sie ahndet dieses als Ordnungswidrigkeit (§§ 56 Abs. 1 LJG-NW, 39 Abs. 2 Nr. 3 BJG).

2. Bei der zuständigen Unteren Jagdbehörde (§ 22 Abs. 1 LJG-NW).

3. Schalenwild (außer Schwarzwild), Seehunde, Auer-, Birk- und Rackelwild (§ 21 Abs. 2 BJG).

4. Aufgrund eines Abschussplanes dürfen nur Schalenwild (außer Schwarzwild), Seehunde, Auer-, Birk- und Rackelwild (§ 21 Abs. 2 BJG).

5. Nein, außer wenn die Tötung aus Tierschutzgesichtspunkten geboten ist (§ 24 Abs. 4 LJG-NW).

6. Sie dient zur Unterstützung der Ermittlung des vorhandenen Wildbestandes und erleichtert den Jagdbehörden die Entscheidung über die Höhe des Abschusses (§ 22 Abs. 4 LJG-NW).

5. Teil: Jagd- und Schonzeiten

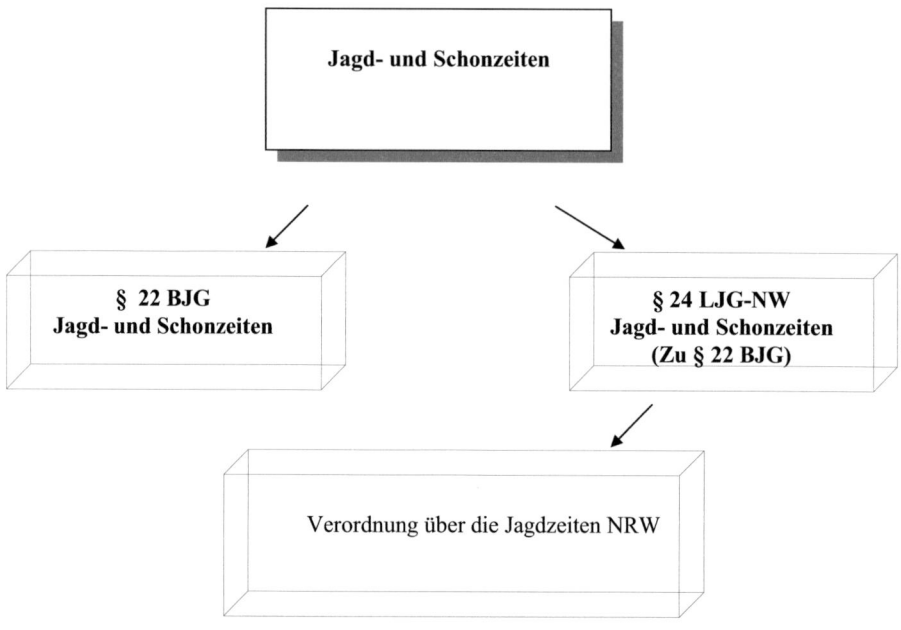

§ 22 BJG

(1) Nach den in § 1 Abs. 2 bestimmten Grundsätzen der Hege bestimmt der Bundesminister durch Rechtsverordnung mit Zustimmung des Bundesrates die Zeiten, in denen die Jagd auf Wild ausgeübt werden darf (**Jagdzeiten**). Außerhalb der Jagdzeiten ist Wild mit der Jagd zu verschonen (**Schonzeiten**). Die Länder können die Jagdzeiten abkürzen oder aufheben: sie können die Schonzeiten für bestimmte Gebiete oder für einzelne Jagdbezirke aus besonderen Gründen, insbesondere aus Gründen der Wildseuchenbekämpfung und Landeskultur, zur Beseitigung kranken oder kümmernden Wildes, zur Vermeidung von übermäßigen Wildschäden, zu wissenschaftlichen, Lehr- und Forschungszwecken, bei Störung des biologischen Gleichgewichts oder der Wildhege aufheben. Für den Lebendfang von Wild können die Ämter in Einzelfällen Ausnahmen von Satz 2 zulassen.

(2) **Wild, für das eine Jagdzeit nicht festgesetzt ist, ist während des ganzen Jahres mit der Jagd zu verschonen.** Die Länder können bei Störung des biologischen Gleichgewichts oder bei schwerer Schädigung der Landeskultur Jagdzeiten festsetzen oder in Einzelfällen zu wissenschaftlichen, Lehr- und Forschungszwecken Ausnahmen zulassen.

(3) Aus Gründen der Landeskultur können Schonzeiten für Wild gänzlich versagt werden (**Wild ohne Schonzeit**).

(4) In den Setz- und Brutzeiten dürfen bis zum Selbständigwerden der Jungtiere die für die Aufzucht notwendigen Elterntiere, auch die von Wild ohne Schonzeit, nicht bejagt werden. Die Länder können für **Schwarzwild, Wildkaninchen, Fuchs, Ringel- und Türkentaube, Silber- und Lachmöwe** sowie für nach Landesrecht dem Jagdrecht unterliegenden Tierarten aus dem in Absatz 2 Satz 2 und Absatz 3 genannten Gründen Ausnahmen bestimmen. Die nach Landesrecht zuständige Behörde kann im Einzelfall das Aushorsten von Nestlingen und Ästlingen der Habichte für Beizzwecke aus den in Art. 9 Abs. 1 Buchstabe c der Richtlinie 39/409/EWG genannten Gründen und nach den in Artikel 9 Abs. 2 dieser Richtlinie genannten Maßgaben genehmigen. **Das Ausnehmen der Gelege von Federwild ist verboten**. Die Länder können zulassen, dass Gelege in Einzelfällen zu wissenschaftlichen, Lehr- und Forschungszwecken oder für Zwecke der Aufzucht ausgenommen werden. Die Länder können ferner das Sammeln von Eiern von Ringel- und Türkentauben sowie von Silber- und Lachmöwen aus den in Artikel 9 Abs. 1 der Richtlinie 39/409/EWG genannten Gründen und nach den in Artikel 9 Abs. 2 dieser Richtlinie genannten Maßgaben erlauben.

§ 24 LJG-NW

(1) Das Ministerium wird ermächtigt, im Einvernehmen mit dem Ausschuss für Landwirtschaft, Forsten und Naturschutz des Landtags durch Rechtverordnung

    a) soweit es die Hege des Wildes erfordert, die Jagdzeiten **abzukürzen oder aufzuheben**,

    b) für Wild, für das eine Jagdzeit nicht festgesetzt ist, bei Störung des biologischen Gleichgewichts oder bei schwerer Schädigung der Landeskultur Jagdzeiten festzusetzen und

    c) für **Schwarzwild, Wildkaninchen, Fuchs, Ringel- und Türkentaube** und **Lachmöwe** sowie für nach Landesrecht dem Jagdrecht unterliegenden Tierarten Ausnahmen von dem Verbot des § 22 Abs. 4 Satz 1 des Bundesjagdgesetzes zuzulassen.

(2) Die **obere Jagdbehörde** kann die Schonzeiten für bestimmte Gebiete oder einzelne Jagdbezirke, insbesondere aus Gründen der Wildseuchenbekämpfung und Landeskultur, zur Beseitigung kranker oder kümmernden Wildes, zur Vermeidung von übermäßigen Wildschäden, zu wissenschaftlichen, Lehr- und Forschungszwecken, bei Störung des biologischen Gleichgewichts oder der Wildhege aufheben.

(3) Die **obere Jagdbehörde** kann in Einzelfällen

    a) den Lebendfang von Wild, das nicht ganzjährig mit der Jagd zu verschonen ist, während der Schonzeit zulassen,

    b) die Jagd auf Wild, für das eine Jagdzeit nicht festgesetzt ist, zu wissenschaftlichen, Lehr- und Forschungszwecken sowie zur Vermeidung übermäßiger Wildschäden zulassen,

    c) das Aushorsten von Nestlingen und Ästlingen der Habichte für Beizzwecke aus den in Artikel 9 Abs. 1 Buchstabe c der Richtlinie 30/409/EWG des Rates vom 2. April 1979 über die Erhaltung der wild lebenden Vogelarten[226] in der jeweils geltenden

---

[226] Abl. EG Nr. L 103 S. 1.

Fassung genannten Gründen und nach den in Artikel 9 Abs. 2 dieser Richtlinie genannten Maßgaben genehmigen,

d) das Ausnehmen oder Unfruchtbarmachen der Gelege von Federwild im Interesse der Volksgesundheit, im Interesse der Sicherheit der Luftfahrt, zur Vermeidung von übermäßigen Wildschäden, zum Schutz der Pflanzen- und Tierwelt, zu wissenschaftlichen, Lehr- und Forschungszwecken oder für Zwecke der Aufzucht mit Zustimmung des Jagdausübungsberechtigten gestatten, sofern es keine andere zufrieden stellende Lösung gibt.

(4) Die **untere Jagdbehörde** kann im **Einzelfall den Abschuss von kümmernden und krankem Wild über den Abschussplan hinaus oder während der Schonzeit genehmigen**. Der Genehmigung bedarf es **nicht**, wenn im **Einzelfall** das **sofortige Erlegen unerlässlich erscheint**, um dem Wild vermeidbare Schmerzen oder Leiden zu ersparen oder die Ausbreitung von Seuchen zu verhindern. Der Jagdausübungsberechtigte hat den Abschuss der unteren Jagdbehörde unverzüglich mitzuteilen und auf Verlangen das erlegte Wild vorzuzeigen.

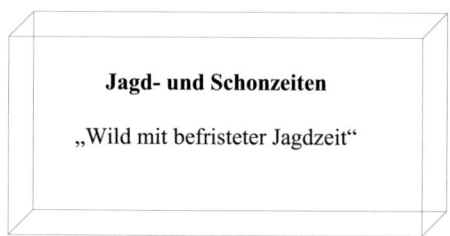

Jagd- und Schonzeiten

„Wild mit befristeter Jagdzeit"

Das Wild mit befristeter Jagdzeit ist in § 1 Abs. 1 BJagdZVO und in § 2 der VO über die Jagdzeiten vom 22.12.1977[227], zuletzt geändert durch VO vom 31. März 2010[228] – JagdZVO-NW - aufgeführt. Nur auf dieses Wild darf innerhalb der in den genannten Vorschriften bezeichneten Zeiten die Jagd ausgeübt werden. Die Anfangs- und Endtage sind jeweils inbegriffen.

Soweit Abschussgenehmigungen von der unteren Jagdbehörde erfolgen, versteht man unter krankem Wild nur Wild, das von einer Krankheit befallen ist. Kümmerndes Wild ist Wild, dass durch z. B. Alter oder Verletzung entscheidend geschwächt ist. Damit ist aber nicht der sog. „Kümmerer" (Hirsche oder Rehböcke mit schwächlichem, nicht entwicklungsfähigem Geweih oder Gehörn) gemeint[229].

---

[227] GV.NW.1978 S.4/SGV.NW.792.
[228] GV.NW.S.237.
[229] Vgl. Schandau/Dress, Jagdrecht in Nordrhein-Westfalen, 4. Aufl. 2007, S. 202.

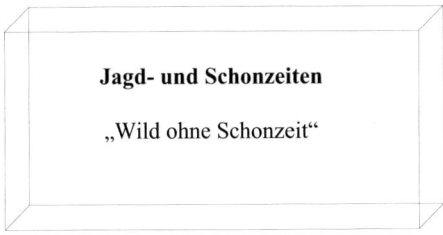

Jagd- und Schonzeiten

„Wild ohne Schonzeit"

Nach der Vorschrift des § 22 Abs. 3 BJG können aus Gründen der Landeskultur Schonzeiten für Wild gänzlich versagt werden (Wild ohne Schonzeit). Das Wild ohne Schonzeit ist bundesrechtlich benannt worden in § 1 Abs. 2 BJagdGZVO. Beim Schwarzwild sind dies die Frischlinge und Überläufer und zudem Wildkaninchen und Füchse.

In Nordrhein-Westfalen genießen vom Schwarzwild lediglich die Frischlinge (noch nicht einjährigen Stücke mit typischer Streifung und Fleckung, die sich später verliert) keine Schonzeit. Bei Überläufern (junges Wildschwein in seinem zweiten Lebensjahr) ist die Jagdzeit in NRW befristet.

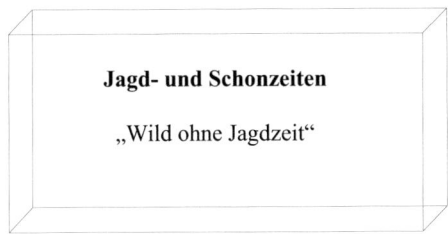

Jagd- und Schonzeiten

„Wild ohne Jagdzeit"

Wild, ohne befristete oder unbefristete Jagdzeit, ist während des ganzen Jahres mit der Jagd zu verschonen (§ 22 Abs. 2 Satz 1 BJG).

Hinzu kommt das Wild, für das die bundesrechtlich bestimmten Jagdzeiten durch Landesrecht aufgehoben worden sind. Das ist in § 3 Verordnung über die Jagdzeiten geschehen.

Neben den vorgenannten Jagdzeitenregelungen gibt es freiwillige Selbstverpflichtungen der Landesjagdverbände oder Kreisjägerschaften, die Jagd auf bestimmte Tierarten nicht auszuüben (z.B. auf den Feldhasen). Derartige Selbstverpflichtungen haben bei Missachtung vereinsrechtliche Konsequenzen.

Merke:

Das Jagdverbot in Setz- und Brutzeiten gilt auch für männliche Elterntiere, sofern diese sich an der Aufzucht der Jungtiere durch Gewährung von Schutz und/oder Nahrung beteiligen. Dies gilt auch für führende Überläuferbachen.
Bei Tollwutverdacht tritt dieses Verbot aber gegenüber der Pflicht zum Erlegen tollwutverdächtigen Wildes zurück, so dass z.B. ein tollwutverdächtiger Fuchs auch in der Setzzeit erlegt werden muss.

Verordnung
über die Jagdzeiten und die Jagdabgabe

Vom 31. März 2010

Auf Grund der §§ 2, 24 Absatz 1 und 57 Absatz 4 des Landesjagdgesetzes Nordrhein-Westfalen in der Fassung der Bekanntmachung vom 7. Dezember 1994 (GV. NRW. 1995 S. 2, ber.1997 S. 56), zuletzt geändert durch Gesetz vom 17. Dezember 2009(GV. NRW. S.871), wird im Einvernehmen mit dem Landtag des Landes Nordrhein-Westfalen verordnet:

§ 1
Tierarten

Über die im § 2 Absatz 1 des Bundesjagdgesetzes genannten Tierarten hinaus werden Waschbär (Procyon lotor), Marderhund (Nyctereutes procyonoides), Nilgans (Alopochen aegyptiacus), Aaskrähe (Corvus corone), Elster (Pica pica) und Eichelhäher (Garrulus glandarius) zu Tierarten, die dem Jagdrecht unterliegen, erklärt.

§ 2
Jagdzeiten

(1) Die Jagd darf ausgeübt werden auf:

1. Waschbären vom 16. Juli bis 31. März, Jungwaschbären ganzjährig,
2. Marderhunde vom 1. September bis 28. Februar, Jungmarderhunde ganzjährig,
3. Nilgänse vom 16. Juli bis 31. Januar mit Ausnahme der Beschränkung nach § 3 Nummer 6,
4. Aaskrähen vom 1. August bis 20. Februar und
5. Elstern vom 1. August bis 28. Februar.

(2) Abweichend von der Verordnung über die Jagdzeiten vom 2. April 1977 (BGBl. I S. 531), zuletzt geändert durch Verordnung vom 25. April 2002 (BGBl. I S. 1487), darf die Jagd ausgeübt werden auf:

1. Rotwild
Kälber vom 1. August bis 31. Januar
Schmalspießer vom 1. Juni bis 31. Januar,

2. Dam- und Sikawild
Kälber vom 1. September bis 31. Januar
Schmalspießer vom 1. Juli bis 31. Januar,

3. Rehwild
Kitze vom 1. September bis 31. Januar
Schmalrehe vom 1. Mai bis 31. Mai und vom 1. September bis 31. Januar,

4. Schwarzwild vom 1. August bis 31. Januar, Frischlinge (noch nicht einjährige Stücke) ganzjährig,
5. Feldhasen vom 1. Oktober bis 31. Dezember,
6. Wildkaninchen vom 1. Oktober bis 28. Februar, Jungkaninchen ganzjährig,
7. Iltisse vom 16. Oktober bis 28. Februar,
8. Füchse vom 16. Juni bis 28. Februar, Jungfüchse ganzjährig,
9. Fasanen vom 16. Oktober bis 15. Januar,
10. Wildtruthähne vom 16. März bis 30. April,
11. Stockenten vom 16. September bis 15. Januar und

12. Grau- und Kanadagänse vom 16. Juli bis 31. Januar mit Ausnahme der Beschränkung nach § 3 Nummer 6.

(3) Soweit die Schonzeit für Wildkaninchen, Ringeltauben und Aaskrähen zur Vermeidung übermäßiger Wildschäden von der oberen Jagdbehörde aufgehoben worden ist (§ 24 Absatz 2 Landesjagdgesetz), ist die Jagd auch in den Setz- und Brutzeiten zulässig (§ 22 Absatz 4 Satz 2 des Bundesjagdgesetzes).

§ 3
Schonzeiten

Unbeschadet der Zuständigkeit der oberen Jagdbehörde, die Schonzeit für bestimmte Gebiete oder einzelne Jagdbezirke nach § 24 Absatz 2 des Landesjagdgesetzes aufzuheben, sind folgende Tierarten mit der Jagd zu verschonen:

1. Baummarder,
2. Mauswiesel,
3. Rebhühner bis zum 31. Dezember 2015,
4. Wildtruthennen,
5. Bläss-, Saat- und Ringelgänse,

6. Grau-, Kanada- und Nilgänse vom 15. Oktober bis 31. Januar innerhalb der Grenzlinien folgender Gebiete:
a) Unterer Niederrhein
Schnittpunkt Bahnlinie (außer Betrieb) / Staatsgrenze Bundesrepublik Deutschland / Königreich der Niederlande bei Kranenburg, Staatsgrenze bis B 8, B 8 bis B 220, B 220 bis Staatsgrenze, Staatsgrenze bis Gemeindegrenze Stadt Rees / Stadt Isselburg, Gemeindegrenze bis B 67, B 67 bis L 459, L 459 bis L 468, L 468 bis B 8, B 8 bis L 396, L 396 bis B 8, B 8 bis L 287, L 287 bis A 42, A 42 bis Bahnlinie, Bahnlinie bis Xanten, Bahnlinie (außer Betrieb) über Kleve, Kranenburg bis Staatsgrenze;
b) Weseraue
Schnittpunkt B 61 / Landesgrenze Nordrhein-Westfalen / Niedersachsen, Landesgrenze bis Bahnlinie, Bahnlinie bis K 39, K 39 bis B 482, B 482 bis Wehr bei Lahde, Wehr, linkes Weserufer bis L 770, L770 bis B 61, B 61 bis Landesgrenze;

7. Wildenten (außer Stockenten),
8. Sturm-, Mantel- und Heringsmöwen und
9. Eichelhäher.

§ 4
Jagdabgabe

Die mit der Gebühr für den Jagdschein zu zahlende Jagdabgabe wird für jedes Jahr der Geltungsdauer des Jahresjagdscheins auf 45 Euro, für jedes Jahr der Geltungsdauer des Jahresfalknerjagdscheins und des Jahresjagdscheins für Jugendliche auf 22,50 Euro, für den Tagesjagdschein und für den Tagesfalknerjagdschein auf 12 Euro festgesetzt.

§ 5
Inkrafttreten, Außerkrafttreten

(1) Diese Verordnung tritt am Tage nach der Verkündung in Kraft. Sie tritt mit Ablauf des 31. Dezember 2015 außer Kraft.

(2) Mit Inkrafttreten dieser Verordnung treten die Verordnung über die Jagdzeiten vom 9. Dezember 2002 (GV. NRW. S. 447) und die Durchführungsverordnung zum Landesjagdgesetz Nordrhein-Westfalen vom 8. Februar 1985(GV. NRW. S.170) außer Kraft.

In bestimmten Gebieten am Niederrhein und der Weseraue sind Grau-, Kanada- und Nilgänse allerdings vom 15.10. bis 15.01. mit der Jagd zu verschonen (§ 3 Nr. 6 a und b JagdZVO-NRW).

Die Schonzeit für Ringeltauben wurde auf Grund massiver Wildschäden in NRW durch zahlreiche Allgemeinverfügungen für ganze Kreis- bzw. Stadtgebiete befristet aufgehoben. Diese Allgemeinverfügungen wurden jedoch nur für diejenigen Gebiete erlassen, für die bereits in der Vergangenheit auf Grund von zuvor notwendigen einzelnen Anträgen die Schonzeit zu 75 % und mehr aufgehoben wurde. Die Aufhebung erfolgte zudem nur für die Kulturarten, für die am häufigsten Anträge auf Schonzeitaufhebung gestellt wurden (Gemüse, Getreide, Raps, Erbsen, Bohnen Leguminosen, Erdbeeren, Obst, Hanf, Mais und Zuckerrüben). Die Jagd auf Ringeltauben darf dann nur an oder auf den gefährdeten Flächen sowie an Orten, die in einem räumlich funktionellen Zusammenhang mit diesen Flächen stehen, in den ausdrücklich angegebenen Zeiträumen ausgeübt werden. Der Jagdausübungsberechtigte hat die Anzahl der erlegten Ringeltauben den Unteren Jagdbehörden innerhalb der in der Allgemeinverfügung bestimmten Frist zu melden. Für in der Allgemeinverfügung nicht aufgeführte Kulturarten ist auch weiterhin ein gesonderter Antrag des Landwirts bei der Landwirtschaftskammer erforderlich, über den das Landesamt für Ernährung und Jagd im Einzelfall entscheidet. Auch ist ein Einzelantrag zu stellen, soweit in Gebieten sowie an Kulturarten Schäden drohen oder auftreten, die in den Allgemeinverfügungen nicht genannt sind.

Jagdzeiten in Nordrhein-Westfalen

Die Jagd darf ausgeübt werden unter Berücksichtigung des Bundes- und Landesrechts: *(gültig seit 31. März 2010)*

Art	vom	bis
Rotwild		
Kälber	01. August	31. Januar
Schmalspießer	01. Juni	31. Januar
Schmaltiere	01. Juni	31. Januar
Hirsche u. Alttiere	01. August	31. Januar
Dam- u. Sikawild		
Kälber	01. September	31. Januar
Schmalspießer	01. Juli	31. Januar
Schmaltiere	01. Juli	31. Januar
Hirsche u. Alttiere	01. September	31. Januar
Rehwild		
Kitze	01. September	31. Januar
Schmalrehe	01. Mai 01.September	31. Mai 31. Januar
Ricken	01. September	31. Januar
Böcke	01. Mai	15. Oktober
Muffelwild	01. August	31. Januar
Schwarzwild *Frischlinge (noch nicht einjährige Stücke)*	01. August *ganzjährig*	31. Januar *ganzjährig*
Feldhasen	01. Oktober	31. Dezember
Wildkaninchen *Jungkaninchen*	01. Oktober *ganzjährig*	28. Februar *ganzjährig*

Füchse	16. Juni	28. Februar
Jungfüchse	*ganzjährig*	*ganzjährig*
Waschbär	16. Juli	31. März
Jungwaschbären	*ganzjährig*	*ganzjährig*
Marderhund *Jungmarderhunde*	01. September *ganzjährig*	28. Februar *ganzjährig*
Steinmarder	16. Oktober	28. Februar
Iltisse	16. Oktober	28. Februar
Hermeline	01. August	28. Februar
Dachse	01. August	31. Oktober
Fasanen	16. Oktober	15. Januar
Wildtruthähne	16. März	30. April
Ringeltauben *	01. November	20. Februar
Türkentauben	01. November	20. Februar
Höckerschwäne	01. November	20. Februar
Graugänse	16. Juli	31. Januar *mit Ausnahme der unten angef. Beschränkung*
Kanadagänse	16. Juli	31. Januar, *mit Ausnahme der unten angef. Beschränkung*
Nilgänse	16. Juli	31. Januar, *mit Ausnahme der unten angef. Beschränkung*
Stockenten	16.	15. Januar

104

	September	
Waldschnepfen	16. Oktober	15. Januar
Blässhühner	11. September	20. Februar
Lach- und Silbermöwen	01. Oktober	10. Februar
Rabenkrähe	01. August	20. Februar
Elster	01. August	28. Februar

Ganzjährige Schonzeit genießen in NRW:
Baummarder, Mauswiesel, Rebhühner (bis zum 31. Dezember 2015), Wildtruthennen, Bläss- und Saat- und Ringelgänse Wildenten (außer Stockenten), Sturm-, Mantel- und Heringsmöwen, Eichelhäher.

Ringeltauben
(unter Beachtung der Allgemeinverfügung)
* Soweit die Schonzeit für Ringeltauben zur Vermeidung übermäßiger Wildschäden von der oberen Jagdbehörde aufgehoben worden ist (§ 24 Abs. 2 LJG-NW), ist die Jagd auch in der Brutzeit zulässig (§ 22 Abs. 4 Satz 2 des Bundesjagdgesetzes).

1. Grau-, Kanada- und Nilgänse genießen Schonzeit vom 15. Oktober bis 31. Januar innerhalb der Grenzlinien folgender Gebiete:

a. **Unterer Niederrhein:**

b. Schnittpunkt Bahnlinie (außer Betrieb)/Staatsgrenze Bundesrepublik Deutschland/Königreich der Niederlande bei Kranenburg, Staatsgrenze bis B 8, B 8 bis B 220, B 220 bis Staatsgrenze, Staatsgrenze bis Gemeindegrenze Stadt Rees/Stadt Isselburg, Gemeindegrenze bis B 67, B 67 bis L 459, L 459 bis L 468, L 468 bis B 8, B 8 bis L 396, L 396 bis B 8, B 8 bis L 287, L 287 bis A 42, A 42 bis Bahnlinie, Bahnlinie bis Xanten, Bahnlinie (außer Betrieb) über Kleve, Kranenburg bis Staatsgrenze.

c. **Weseraue:**

d. Schnittpunkt B 61/Landesgrenze Nordrhein-Westfalen/Niedersachsen, Landesgrenze bis Bahnlinie, Bahnlinie bis K 39, K 39 bis B 482, B 482 bis Wehr bei Lahde, Wehr, linkes Weserufer bis L 770, L770 bis B 61, B 61 bis Landesgrenze.

2. Abweichend von § 19 Abs. 1 Nr. 18 des Bundesjagdgesetzes ist es in Nordrhein-Westfalen verboten:

a. Fasanen

in der Zeit vom 01. Juni bis 15. Januar auszusetzen (das Verbot gilt nicht für Fasanen, die aus verlassenen Gelegen des jeweiligen Jagdbezirks stammen und aufgezogen worden sind).

<u>Ausnahme:</u> Die obere Jagdbehörde kann Ausnahmen zulassen, soweit dies zur Prüfung der Brauchbarkeit von Jagdhunden (§ 30 LJG-NW) erforderlich ist.

b. Wildenten

in der Zeit vom 01. Juni bis 15. Januar auszusetzen.

3. Die Baujagd auf Füchse ist nach § 19 Abs. 1 a LJG-NW in der Zeit vom 01. März bis 15. Juni verboten.

Fragenkatalog zum 5. Teil

1. Wann darf in Nordrhein-Westfalen die Jagd auf den Rehbock ausgeübt werden?

2. Welche Wildarten genießen keine Schonzeit?

3. Welche Wildarten sind ganzjährig mit der Jagd zu verschonen?

4. Wann darf in Nordrhein-Westfalen die Jagd auf Feldhasen ausgeübt werden?

5. Wann darf in Nordrhein-Westfalen die Jagd auf Rotwild ausgeübt werden?

6. Aus welchen Gründen kann die obere Jagdbehörde die Jagd auf Wild mit ganzjähriger Schonzeit zulassen?

7. Wann darf in Nordrhein-Westfalen die Jagd auf Schmalrehe ausgeübt werden?

8. Auf welche Wildarten ist die Jagd landesrechtlich in den Setz- und Brutzeiten zulässig?

9. Welche Federwildart hat in Nordrhein-Westfalen ganzjährige Schonzeit?

10. In welcher Zeit dürfen in Nordrhein-Westfalen Füchse, ausgenommen Jungfüchse, nicht bejagt werden?

11. Kann krankes Wild in der Schonzeit und über den Abschussplan hinaus geschossen werden?

1. Vom 01.05. bis einschließlich 15.10. (§ 22 Abs. 1 BJG, § 1 Abs. 1 Nr. 3 JagdZVO);

2. Frischlinge (noch nicht einjährige Stücke) und Überläufer (noch nicht geklärt), Jungfüchse, Jungmarder, Jungwaschbären, Marderhund, Jungwildkaninchen (§§ 22 BJG, 24 LJG-NW, § 2 JagdZVO-NW).

3. Alle in § 2 BJG aufgeführten Wildarten, die aber nicht in der JagdZVO oder JagdZVO-NRW mit einer Jagdzeit versehen sind: Auer-, Birk-, Rackel- und Haselwild, Wachtel, Alpenschneehuhn, Hohltaube, Säger, Haubentaucher, Großtrappe, Greife, Falken, Kolkrabe, Graureiher, Wisent, Elchwild, Steinwild, Schneehase, Murmeltier, Wildkatze, Luchs und Fischotter sowie Baumarder, Mauswiesel, Rebhühner (bis 31.12.2010), Wildtruthennen, Wildgänse (außer Grau-, Kanada und Nilgänsen). Wildenten (außer Stockenten), Sturm-, Mantel- und Heringsmöwen; Eichelhäher.

4. Vom 01.10. bis einschließlich 31.12. (§ 2 Abs. 2 Nr. 5 JagdZVO-NRW).

5. Kälber vom 01.08. bis einschließlich 31.01. des Folgejahres; Schmalspießer vom 01.06. bis 31.01.; Schmaltiere vom 01.06. bis 31.01. (§§ 2 Abs. 2 Nr. 1 JagdZVO-NRW; § 1 Abs. 1 Nr. 1 JagdZVO).

6. Aus Gründen der Wildseuchenbekämpfung und Landeskultur, zur Beseitigung von krankem oder kümmerndem Wild, zur Vermeidung übermäßiger Wildschäden, zu wissenschaftlichen Lehr- oder Forschungszwecken, bei Störung des biologischen Gleichgewichtes und aus Gründen der Wildhege (§ 22 Abs. 1 und 2 BJG, 24 Abs. 2 LJG-NW).

7. Vom 01.05. bis einschließlich 31.05. und vom 01.09. bis einschließlich 31.01. des Folgejahres (§ 2 Abs. 2 Nr. 3 JagdZVO-NRW).

8. Alle ganzjährig bejagbaren Wildarten (da nur Jungtiere) sowie Ringeltauben und Aaskrähen, soweit die Schonzeit durch die Obere Jagdbehörde zur Vermeidung übermäßiger Wildschäden aufgehoben wurde (§ 2 Abs. 1 und 3 JagdZVO-NRW).

9. Greife, Falken, Auer-, Birk-, Rackel- und Haselwild, Kolkraben, Rebhühner (bis 31.12.2010), Wildtruthennen, Gänse (außer Grau-, Kanada- und Nilgänse), Wildenten (außer Stockenten), Wachteln, Sturm-, Mantel- und Heringsmöwen, Eichelhäher, Haubentaucher, Großtrappen, Säger und Graureiher (alle Wildarten, die in der JagdZVO nicht mit einer Jagdzeit versehen wurden sowie die in § 3 JagdZVO-NRW genannten Tierarten).

10. Verboten ist die Jagd auf Altfüchse vom 29.02. bis 15.06. (§ 2 Abs. 2 Nr. 7 JagdZVO-NRW); Jungfüchse dürfen ganzjährig bejagt werden, da keine Jagdzeitbeschränkung besteht, wobei die Baujagd allerdings vom 01.03.- bis 15.06. verboten ist (§ 19 Abs. 1 a LJG-NW).

11. Ja, es sei denn, dass es genügt und möglich ist, es zu fangen und zu vorsorgen (§ 22 a BJG).

6. Teil: Wildfolge

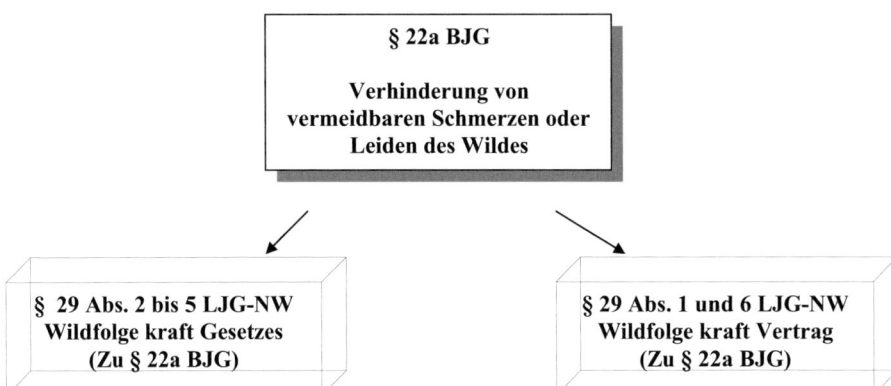

§ 22a BJG

Verhinderung von
vermeidbaren Schmerzen oder
Leiden des Wildes

§ 29 Abs. 2 bis 5 LJG-NW
Wildfolge kraft Gesetzes
(Zu § 22a BJG)

§ 29 Abs. 1 und 6 LJG-NW
Wildfolge kraft Vertrag
(Zu § 22a BJG)

§ 22a BJG

(1) Um krankgeschossenes Wild vor vermeidbaren Schmerzen oder Leiden zu bewahren, ist dieses unverzüglich zu erlegen; das Gleiche gilt für schwerkrankes Wild, es sei denn, dass es genügt und möglich ist, es zu fangen und zu versorgen.

(2) Krankgeschossenes oder schwerkrankes Wild, das in einen fremden Jagdbezirk wechselt, darf nur verfolgt werden (Wildfolge), wenn mit dem Jagdausübungsberechtigten dieses Jagdbezirks eine schriftliche Vereinbarung über die Wildfolge abgeschlossen worden ist. Die **Länder erlassen nähere Bestimmungen**, insbesondere über die Verpflichtung der Jagdausübungsberechtigten benachbarter Jagdbezirke, Vereinbarungen über die Wildfolge zu treffen; sie können darüber hinaus die Vorschriften über die Wildfolge ergänzen oder erweitern.

§ 29 LJG-NW

(1) Die Jagdausübungsberechtigten benachbarter Jagdbezirke oder benachbarter Teile von Jagdbezirken (§ 11 Abs. 2 BJG) sind verpflichtet, **innerhalb von sechs Monaten** nach Beginn der Jagdnachbarschaft schriftliche **Vereinbarungen** über die **Wildfolge** abzuschließen. Durch die Vereinbarung können die Verpflichtungen nach Absatz 2 Sätze 1 und 2 sowie nach Absatz 3 Satz 2 nicht aufgehoben werden. **Bis zum Abschluss der Vereinbarung gelten für die Wildfolge die Absätze 2 bis 5**.

(2) Tut sich krankgeschossenes **Schalenwild in Sichtweite von der Grenze** im benachbarten Jagdbezirk nieder, ist es von dem Jagdausübenden zu erlegen und zu versorgen. Die Pflicht zur Versorgung erstreckt sich auch auf krankgeschossenes Schalenwild, das nach dem Überwechseln in Sichtweite von der Grenze im benachbarten Jagdbezirk verendet. **Schusswaffen** dürfen beim Überschreiten der Grenze zur **Abgabe des Fangschusses** mitgeführt werden. Das **Fortschaffen** des versorgten **Schalenwildes** ist **nicht zulässig**. Das Erlegen ist dem Jagdausübungsberechtigten des benachbarten Jagdbezirks oder dessen Vertreter unverzüglich **anzuzeigen**.

(3) Wechselt krankgeschossenes Schalenwild in einen benachbarten Jagdbezirk, **ohne** sich in **Sichtweite** von der Grenze niederzutun, so hat der Jagdausübende den **Anschuss** und die Stelle des Überwechseln nach Möglichkeit in der Örtlichkeit **kenntlich** zu **machen** sowie das Überwechseln dem Jagdausübungsberechtigten des benachbarten Jagdbezirks oder dessen Vertreter **unverzüglich anzuzeigen**; das gilt auch für auf Grund anderer Ursachen schwer krankes oder verletztes Schalenwild. Die Jagdausübungsberechtigten der Jagdbezirke, die durch eine Nachsuche voraussichtlich berührt werden, sind nach Benachrichtigung verpflichtet, dem **Führer eines brauchbaren Schweißhundes** oder eines anderen brauchbaren Jagdhundes zur Nachsuche das Betreten ihrer Jagdbezirke unter Führung der Schusswaffe unverzüglich zu gestatten. **Können** die **Jagdausübungsberechtigten nicht erreicht werden**, so sind die **Führer von Nachsuchehunden** der von der **oberen Jagdbehörde anerkannten Schweißhundestationen**[230] **berechtigt**, die Nachsuche fortzuführen, das kranke oder verletzte Wild zu erlegen und zu versorgen. Das **Fortschaffen des Wildes ist nicht zulässig**. Der Jagdausübende, der das Stück Schalenwild krankgeschossen hat, oder ausnahmsweise eine andere mit den Vorgängen vertraute Person, hat sich für die Nachsuche zur Verfügung zu stellen.

(4) Verendet **anderes Wild als Schalenwild in Sichtweite von der Grenze**, so **darf** es der Jagdausübende **fortschaffen**. Geladene **Schusswaffen dürfen beim Überschreiten der Grenze nicht mitgeführt werden**. Das Wild ist dem Jagdausübungsberechtigten des Jagdbezirks, in dem es zur Strecke gekommen ist abzuliefern.

(5) Unbeschadet einer anderweitigen Vereinbarung gehören in den Fällen der Absätze 2 bis 4 der **Kopfschmuck** beim Schalenwild und **Trophäen** beim Schwarzwild und anderem Wild **dem Erleger**, das **Wildbret dem Jagdausübungsberechtigten**, in dessen Jagdbezirk das Wild zur Strecke kommt. Nimmt derjenige, der das Wild angeschweißt hat, dass es auf der Nachsuche zur Strecke kommt (Erleger), nicht an der Nachsuche teil oder gibt er die Nachsuche auf, so hat er kein Anrecht auf Kopfschmuck und Trophäen. Wird die Nachsuche wegen der Dunkelheit abgebrochen, so gilt sich sie nicht als aufgegeben.

(6) Ist Wildfolge vereinbart worden, ohne dass Einzelheiten festgelegt worden sind, so finden die Absätze 2 bis 5 Anwendung. Das gleiche gilt, soweit keine abschließenden Vereinbarungen getroffen worden sind.

(7) In den Fällen der Absätze 2 und 3 wird das zur Strecke gekommene Schalenwild auf den **Abschussplan des Jagdbezirks angerechnet, in dem es krankgeschossen worden ist**. Dies gilt unabhängig davon, welchem Jagdausübungsberechtigten nach Absatz 5 oder einer anderweitigen Vereinbarung über die Wildfolge der Kopfschmuck oder die Trophäen und das Wildbret zustehen.

Legaldefinition von „unverzüglich"

§ 121 Abs. 1 BGB
„Die Anfechtung muss in den Fällen der §§ 119, 120 <u>ohne schuldhaftes Zögern</u> (unverzüglich) erfolgen, nachdem ....

---

[230] Die Schweißhundeführer weisen sich durch einen Nachsuchenpass aus. Sie sind nämlich berechtigt, die Nachsuche grenzüberschreitend auch dann fortzusetzen, wenn die Jagdausübungsberechtigten nicht erreichbar sind.

Allgemeines zur Wildfolge

Nach dem Bundesrecht darf im eigenen Jagdbezirk krankgeschossenes oder schwerkrankes Wild, das in einen fremden Jagdbezirk wechselt grundsätzlich nur verfolgt werden (sog. Wildfolge), wenn mit dem Jagdausübungsberechtigten dieses Jagdbezirks eine schriftliche Vereinbarung über die Wildfolge abgeschlossen worden ist (vgl. § 22a Abs. 2 Satz 1 BJG). Das Jagdausübungsrecht gilt also nur so lange, wie sich das Wild im Jagdbezirk befindet. Es kommt also auf den Standort des Wildes und nicht des Schützen an. Vor diesem Hintergrund bedarf es einer Regelung über die Wildfolge. Streng hiervon zu unterscheiden ist das Wegerecht bei der Jagdausübung (Jägernotweg). Wer die Jagd ausübt, aber den Weg zum Jagdbezirk nicht auf einem zum allgemeinen Gebrauch bestimmten Weg oder nur auf einem unzumutbaren Umweg nehmen kann, ist zum Betreten eines fremden Jagdbezirks in Jagdausrüstung auch auf einem nicht zum allgemeinen Gebrauch bestimmten Weg befugt, der nötigenfalls von der unteren Jagdbehörde festgelegt wird. Bei Benutzung des Notwegs dürfen Schusswaffen nur ungeladen, Hunde nur an der Leine, mitgeführt werden. Der Eigentümer des Grundstücks, über das der Notweg führt, hat Anspruch auf eine angemessene Anerkennungsgebühr (§ 27 LJG-NW).

Die Wildfolge ist Ausgestaltung der Grundsätze des neuen Tierschutzgesetzes, das dem Schutz des Lebens und Wohlbefindens aller Tiere dient[231]. Die Tötung von Tieren ist nur unter bestimmten Voraussetzungen und unter Vermeidung von Schmerzen zulässig. Die Verpflichtung zum unverzüglichen Erlegen gilt nicht nur für krankgeschossenes Wild, sondern auch für das Wild, das auf Grund anderer Ursachen schwer krank oder verletzt ist.

„Krankgeschossen ist ein Stück Wild, wenn es durch einen Schuss (oder mehrere Schüsse) verletzt ist.

Schwerkrankes Wild ist das von einer Krankheit, insbesondere einer Wildseuche befallene Wild. Hierunter fällt auch kümmerndes Wild, das insbesondere durch Alter, Entkräftung, Verletzung oder Parasiten erheblich und auf lange Zeit geschwächt bleibt.

Die Verletzung von Wild kann durch Zäune, Straßenverkehr, Landwirtschaft etc. erfolgen.

Leiden sind seelische und/oder psychische Vorgänge, die Unlustgefühl auslösen (z.B. Todesangst durch Flucht vor wilderndem Hund)."

(vgl. Schandau/Drees, § 22 a BJG, I, Seite 232).

---

[231] Zur Rechtfertigung der Tötung eines angeschossenen Wildes in einem Nachbarrevier: AG Sinzig, Urteil vom 25.11.1999, 2030 Js 57655/98 – 3 Cs „Die Erlegung eines Stückes Wild im Nachbarrevier, um es von Schmerzen zu befreien, ist keine Wilderei, wenn (wie hier) nicht ein Okkupationswille gegeben ist. Bei einer solchen Tötung eines angeschossenen Wildes erfolgt keine Verletzung des Schutzzwecks der Norm des § 292 StGB."

Die Verpflichtung, krankgeschossenes, schwerkrankes und leidendes Wild unverzüglich zu erlegen, trifft jeden, der die Jagd ausübt, also nicht nur den Jagdausübungsberechtigten, sondern auch den Jagdgast. Schwerkrankes oder verletztes Wild ist jedoch dann nicht unverzüglich zu erlegen, wenn es genügt und möglich ist, es zu fangen oder zu versorgen. Soweit nach tierärztlicher oder jägerischer Erfahrung eine Heilung oder eine fühlbare Linderung der Schmerzen erwartet werden kann, wird das Fangen und Versorgen des Wildes genügen. Unter § 22a BJG dürften auch in Drahtgeflechte verstricktes Wild fallen, soweit hierdurch wesentliche Lebensfunktionen (Nahrungsaufnahme und/oder Fortbewegung) dauerhaft und erheblich eingeschränkt werden. Dies ist aber umstritten. Soweit das Wild mit Rachendasseln befallen ist, dürfte jedoch eine schwere Krankheit vorliegen.

Wird ein Stück Wild im Straßenverkehr durch einen Verkehrsunfall verletzt, ist der Kraftfahrer verpflichtet, für eine unverzügliche Tötung des Tieres durch Benachrichtung der Polizei oder des Jagdausübungsberechtigten zu sorgen.

Das Land Nordrhein-Westfalen hat diese bundesgesetzliche Vorschrift aufgrund der gesetzlichen Ermächtigung konkretisiert, ergänzt und erweitert.

Nach Landesrecht muss innerhalb einer Frist von sechs Monaten nach Beginn der Jagdnachbarschaft eine Vereinbarung über die Wildfolge schriftlich abgeschlossen werden. Soweit eine solche noch nicht besteht oder nicht abgeschlossen wird, gilt die Wildfolge kraft Gesetzes nach der Vorschrift des § 29 Abs. 2 bis 5 und 7 LJG-NW.

Der nicht fristgerechte oder Nichtabschluss einer Wildfolgevereinbarung ist zwar gesetzeswidrig, stellt aber weder eine Straftat noch eine Ordnungswidrigkeit dar (vgl. Schandau/Drees, § 22a BJG, III, S. 239).

Die Verfolgung kranken Wildes über die Reviergrenze hinaus (sog. Wildfolge) ist erleichtert worden. Nunmehr dürfen die Führer von Nachsuchehunden der von der oberen Jagdbehörde anerkannten Schweißstationen auch dann fremde Gebiete betreten und das dort nachgesuchte Wild erlegen, wenn eine vorherige Benachrichtung des Jagdnachbarn nicht möglich ist. Die anerkannten Schweißhundestationen werden aus der Jagdabgabe[232] gefördert.

Ein Verstoß gegen § 22a BJG ist nach den jagdrechtlichen Vorschriften weder eine Straftat noch eine Ordnungswidrigkeit. Allerdings könnte im Einzelfall eine Straftat nach § 17 Nr. 2 b TierschutzG vorliegen.

---

[232] Vor dem Hintergrund des Art. 3 Abs. 1 GG dürfte die Rechtfertigung der Jagdabgabe zweifelhaft sein. Der Gleichheitssatz verlangt nämlich einen die Jagdabgabe rechtfertigenden Grund. Als solcher gilt nicht das bloße Einnahmeinteresse des Staates. Vor dem Hintergrund, dass der Jäger bereits im erheblichen Umfang unentgeltliche Aufwendungen hat, dürfte eine weitere finanzielle Belastung nicht zu rechtfertigen sein.

Auch handelt es sich bei § 22a BJG um einen Grundsatz deutscher Weidgerechtigkeit (§ 1 Abs. 3 BJG). Ein Verstoß kann die Versagung des Jagdscheines oder die Einziehung des Jagdscheines nach sich ziehen (§§ 17 Abs. 2 Nr. 4, 18 BJG).

Wildfolge kraft Gesetzes

Die Wildfolge kraft Gesetzes findet nach § 29 Abs. 6 LJG-NW Anwendung, soweit Einzelheiten in einer schriftlichen Wildfolgevereinbarung nicht festgehalten sind oder eine solche nicht abgeschlossen worden ist. Sie trifft Regelungen für Schalen- und sonstiges Wild sowie hinsichtlich des Sich-Nieder-Tuns krankgeschossenen Wildes außerhalb oder in Sichtweite der Reviergrenze.

1. Schalenwild in Sichtweite, § 29 Abs. 2 LJG-NW

Vor dem Jahre 1994 war geregelt, dass ein in den Nachbarbezirk gewechseltes und krankgeschossenes Stück Schalenwild vom anderen Jagdbezirk nur dann im Rahmen der Wildfolge erlegt werden durfte, wenn es sich in Sichtweite und für einen sicheren Schuss erreichbar niedergetan hatte. Durch das Änderungsgesetz von 1994 wurde diese Voraussetzung aufgehoben. Heute ist der zur Jagd ausgerüstete Jagdausübende befugt und verpflichtet, krankgeschossenes Schalenwild, das sich in Sichtweite von der Grenze im benachbarten Jagdbezirk niedertut, zu erlegen und zu versorgen. Schusswaffen darf er allerdings nur zur Abgabe des Fangschusses mit sich führen. Deshalb wird bei Überschreitung der Grenze die Schusswaffe ungeladen sein. Eine Ausnahme ist allerdings dann gegeben, wenn es möglich erscheint, dass das Stück Wild noch flüchten könnte.

Das Fortschaffen des Stücks Schalenwildes ist untersagt. Allerdings hat der Jagdausübende die Pflicht, das Wild zu Versorgen. Dies bedeutet auch, die Verblendung oder sonstige Sicherung vor Raubwild. Der Gesetzestext ist nach ihrem Sinn und Zweck derart auszulegen, dass der Grenzübertritt mit Schusswaffe auch für die Versorgung als verendet erkannten Schalenwildes gestattet sein muss (so auch Schandau/Drees, § 22a BJG II 2a, S. 235).

Nach der Versorgung und der Vornahme etwaiger Schutzmaßnahmen ist das Erlegen oder Versorgen dem Jagdausübungsberechtigten des benachbarten Jagdbezirks oder dessen Vertreter unverzüglich anzuzeigen. Bei mehreren Jagdausübungsberechtigten genügt die Anzeige an einen von ihnen. Das Unterlassen dieser Anzeige stellt nach § 55 Abs. 2 Nr. 4 LJG-NW eine Ordnungswidrigkeit dar.

Kopfschmuck und Trophäen gehören – unbeschadet einer anderweitigen Vereinbarung – dem Erleger[233], das Wildbret dem Jagdausübungsberechtigten in dessen Jagdbezirk das Wild zur Strecke gekommen ist. Selbstverständlich bleibt es diesem Jagdausübungsberechtigten unbenommen dem Erleger das sog. „kleine Jägerrecht" (Geräusch und Nieren) zu überlassen.

Das erlegte oder versorgte Schalenwild ist auf den Abschussplan des Jagdbezirks anzurechnen, in dem es krankgeschossen wurde.

2. *Schalenwild außerhalb der Sichtweite, § 29 Abs. 3 LJG-NW*

Bei dieser Regelung handelt es sich um den klassischen Fall einer Wildfolge. Im Unterschied zur vorherigen Variante hat der Schütze nicht das Recht, die Jagdbezirksgrenze zu überschreiten, um das krankgeschossene Stück Schalenwild zu verfolgen. Vielmehr ist er verpflichtet lediglich den Anschuss und die Stelle des Überwechselns nach Möglichkeit in der Örtlichkeit kenntlich zu machen.

Darüber hinaus hat er das Überwechseln dem Jagdausübungsberechtigten des Nachbarbezirkes oder dessen Vertreter unverzüglich anzuzeigen.

Können die Jagdausübungsberechtigten nicht erreicht werden, so sind die Führer von Nachsuchehunden oder der von der Oberen Jagdbehörde anerkannten Schweißhundestationen berechtigt, die Nachsuche fortzuführen und das kranke oder verletzte Schalenwild zu erlegen oder zu versorgen (vgl. zur Anerkennung der Schweißhundestationen Erlass des MURL v. 4.4.1995 –III B 6 – 71 60 –00.03).

Das Fortschaffen des Wildes ist nicht gestattet. Unberechtigtes Fortschaffen ist Jagdwilderei (vgl. AG Hofgeismar, Urt. v. 29.08.1990- 3 Ds 213 Js 35519/90; hierzu Pückler, WuH 8/2001, Seite 74 ff.).

Das Unterlassen der vorgenannten Maßnahmen stellt eine Ordnungswidrigkeit nach § 55 Abs. 2 Nr. 5 LJG-NW dar.

3. *Sonstiges Wild*

a. *in Sichtweite, § 29 Abs. 4 LJG-NW*

Verendet anderes Wild als Schalenwild in Sichtweite der Grenze, so darf es der Jagdausübende fortschaffen, um es vor dem Verderb zu bewahren. Eine Verpflichtung

---

[233] Beim Kugelschuss gilt als Erleger der den ersten tödlichen Schuss anbringt. Beim Schrottschuss ist der letzte tödliche Schuss maßgeblich (vgl. hierzu Osgyan in WuH 20/2007, Seite 16 ff.

hierzu besteht aber nicht. Um das Wild fortzuschaffen darf der Jagdausübende das Nachbarrevier betreten, wobei er jedoch geladene Schusswaffen nicht mitführen darf.

Das Wild ist dem Jagdausübungsberechtigten des Bezirkes, in dem es zur Strecke gekommen ist, abzuliefern. Auch hier gehören gemäß § 29 Abs. 5 LJG-NW die Trophäen dem Erleger, soweit er an der Nachsuche teilnimmt oder diese nicht aufgibt. Das Wildbret selbst steht dem Jagdausübungsberechtigten zu, in dessen Jagdbezirk das Wild zur Strecke kommt.

b. *außerhalb der Sichtweite*

Dieser Fall, dass krangeschossenes sonstiges Wild außer Schalenwild in einen benachbarten Jagdbezirk wechselt, ohne sich in Sichtweite niederzutun, ist gesetzlich nicht geregelt. Die Vorschrift des § 29 Abs. 4 Satz 1 LJG-NW gilt nur für krankgeschossenes Wild, das nach dem Überwechseln in Sichtweite von der Grenze im benachbarten Jagdbezirk verendet. Dies ergibt sich aus § 29 Abs. 4 Satz 3 LJG-NW („zur Strecke gekommen") und daraus, dass § 29 Abs. 4 LJG-NW auch in die Regelung des § 29 Abs. 5 LJG-NW (Verteilung der Erinnerungsstücke und des Wildbrets) mit einbezogen worden ist.

Mangels dieser gesetzlichen Regelung kann eine Nachsuche – auch nicht mit brauchbaren Jagdhunden oder anerkannten Schweißhunden – nicht erfolgen. Gleichwohl sollte der Reviernachbar hierüber informiert werden. Dies ergibt sich nach unserer Einschätzung schon aus den Grundsätzen der Weidgerechtigkeit und des Tierschutzes.

Wildfolge kraft Vereinbarung (Vertrag)

Während es früher den Jagdausübungsberechtigten freigestellt war, Wildfolgevereinbarungen zu treffen, sind sie nunmehr nach der Vorschrift des § 29 Abs. 1 Satz 1 LJG-NW innerhalb von sechs Monaten nach Beginn der Jagdnachbarschaft hierzu verpflichtet. Sie muss daher bei jedem Wechsel eines Jagdausübungsberechtigten neu abgeschlossen bzw. erneuert werden. Dies gilt nicht für den Fall der Erbfolge.

Wird ein neuer Jagdpachtvertrag mit einem anderen Jagdpächter abgeschlossen, beginnt die Sechs-Monats-Frist nicht schon mit Vertragsabschluss, sondern vielmehr erst mit dem Beginn der Pachtzeit. Erst zu diesem Zeitpunkt beginnt die Jagdnachbarschaft.

Die Wildfolgevereinbarung ist schriftlich abzuschließen. Der Inhalt unterliegt der freien Entscheidung und Gestaltung durch die benachbarten Jagdausübungsberechtigten (dispositives Recht). Nicht abdingbar, also zwingend, sind allerdings die Verpflichtungen des § 29 Abs. 2 Satz 1 und 2 sowie Absatz 3 Satz 2 LJG-NW. Dies ergibt sich aus der Vorschrift des § 29 Abs. 1 Satz 2 LJG-NW.

Eine Verpflichtung zur Mitführung der Wildfolgevereinbarung bei der Jagdausübung besteht nicht.

Jagdhandlungen auf fremden Jagdbezirken, die weder durch die gesetzliche Wildfolge, noch durch die getroffene Wildfolgevereinbarung gedeckt sind, erfüllen den Straftatbestand der Wilderei (§ 292 StGB).

Auf der nachfolgenden Seite ist ein Beispiel für eine Wildfolgevereinbarung dargestellt. Diese hat allerdings keine allgemeine Gültigkeit. Vor Verwendung empfiehlt es sich immer fachlichen Rechtsrat einzuholen.

Wildfolgevereinbarung

Die Reviernachbarn

Frau Melanie Meier
Meierstraße 10
50455 Meierberg

und

Herr Klaus Mustermann
Musterstraße 10
50456 Musterstadt

treffen hiermit gem. § 22 a BJG und § 29 Abs. 1 Landesjagdgesetz Nordrhein-Westfalen (LJG-NW) bzw. § 22 Abs. 4 Hess.Ausf.G. z. BJG folgende

Wildfolgevereinbarung:

I.   Schalenwild

        Bezüglich der Wildfolge bei Schalenwild zwischen unseren Jagdbezirken finden die Bestimmungen des § 29 Abs. 3 bis 5 und 7 LJG-NW unverändert Anwendung.

II.   Niederwild

      1.   Flüchtet krankgeschossenes Niederwild – außer Rehwild – über die Jagdgrenze und verendet in Sichtweite, darf der Jagdausübungsberechtigte oder sein Beauftragter das Wild ggf. auch durch einen Jagdhund aus dem Nachbarrevier holen und an sich nehmen. Das Mitführen einer ungeladenen Schusswaffe ist erlaubt.

      2.   Bei der Heranholung sichtbar krankgeschossenen und nicht in Sichtweite verendeten Niederwildes darf sich der Jagdausübungsberechtigte eines Jagdhundes bedienen.

      3.   Das Wild geht in das Eigentum des Jagdausübungsberechtigten über, in dessen Revier es krankgeschossen worden ist.

      4.   In jedem Fall ist der Jagdnachbar oder dessen Vertreter über das über die Jagdgrenze geholte Wild unverzüglich, spätestens nach Beendigung der Jagd, zu benachrichtigen.

III.   Wildernde Hunde und Katzen

      1.   Wildernde Hunde und Katzen (§ 25 Abs. 4 Ziff. 2 LJG-NW) dürfen die Vertragspartner, Inhaber der von ihnen ausgestellten Erlaubnisscheine, die amtlich bestätigten Jagdaufseher und die Forstbeamten der beteiligten Jagdbezirke, über die Jagdgrenzen bis zu einer Entfernung von 100 m im Nachbarrevier beschießen und sich aneignen. Bei Überschreiten der Reviergrenzen dürfen ungeladene, erforderlichenfalls auch geladene Schusswaffen mitgeführt werden. Für die Beseitigung der Kadaver hat der Erleger zu sorgen.

      2.   Der Jagdnachbar oder dessen Vertreter ist nach Beendigung der Jagd zu verständigen, wenn wildernde Hunde oder Katzen über die Jagdgrenze beschossen oder erlegt worden sind.

_____ , den _____

_____   _____

(Melanie Meier)   (Klaus Mustermann)

Fragenkatalog zum 6. Teil

1. Was ist eine Wildfolgevereinbarung?

2. Bei der Nachsuche eines Kitzes kommen Sie mit Ihrem Hund an die Reviergrenze. Wie verhalten Sie sich?

1. Eine schriftliche Vereinbarung zwischen Jagdnachbarn über das Verfolgen von krankgeschossenem Wild, welches von einem in den anderen Jagdbezirk wechselt (§§ 22 a Abs. 2 BJG, 29 LJG-NRW).

2. Es ist zu unterscheiden, wo sich das Kitz nach Überschreiten der Reviergrenze befindet:

    - Soweit sich das Kitz in Sichtweite von der Reviergrenze niedertut:

    -   Der Jagdausübende ist verpflichtet, es zu erlegen und zu versorgen. Die Pflicht zur Versorgung erstreckt sich auch auf krankgeschossenes Schalenwild, welches in Sichtweite verendet.
    -   Der Schütze hat das Erlegen dem Jagdausübungsberechtigten des benachbarten Jagdbezirkes oder seinem Vertreter unverzüglich anzuzeigen; das Fortschaffen des versorgten Schalenwildes ist untersagt.
    -   Nach dem Wortlaut des Gesetzes ist dem Jagdausübenden das Überschreiten der Reviergrenze mit der Schusswaffe nur zur Abgabe des Fangschusses gestattet (§ 29 Abs. 2 LJG-NW).

    - Soweit es sich außerhalb der Sichtweite von der Reviergrenze im Nachbarrevier befindet:

    -   Der Jagdausübende ist verpflichtet, den Anschuss und die Stelle des Überwechselns nach Möglichkeit in der Örtlichkeit kenntlich zu machen. Darüber hinaus hat er das Überwechseln dem Jagdausübungsberechtigten des Nachbarbezirkes oder dessen Vertreter unverzüglich anzuzeigen.
    -   Ein Überschreiten der Reviergrenze mit der Schusswaffe zum Zweck des Verfolgens oder Erlegens des krankgeschossenen Schalenwildes ist dem Schützen grundsätzlich versagt; er hat sich aber für die Nachsuche zur Verfügung zu stellen. Nur ausnahmsweise kann er hiermit eine andere mit den Vorgängen vertraute Person beauftragen.
    -   Die Jagdausübungsberechtigten der jeweiligen Bezirke, die durch eine Nachsuche voraussichtlich berührt werden, sind nach Benachrichtigung verpflichtet, dem Führer eines brauchbaren Schweißhundes oder eines anderen brauchbaren Jagdhundes – Führer kann auch der Schütze selbst sein – zur Nachsuche das Betreten ihrer Jagdbezirke unter Führung der Schusswaffe unverzüglich zu gestatten.
    -   Können die Jagdausübungsberechtigten nicht erreicht werden, so sind die Führer von Nachsuchehunden oder der von der Oberen Jagdbehörde anerkannten Schweißhundestationen berechtigt, die Nachsuche fortzuführen und das kranke oder verletzte Schalenwild zu erlegen oder zu versorgen.
    -   Das Erlegen ist dem Jagdausübungsberechtigten des Jagdbezirkes, in dem das Schalenwild zur Strecke gekommen ist, unverzüglich anzuzeigen. Das Fortschaffen des Wildes ist nicht gestattet.

    (§ 29 Abs. 3 LJG-NW).

7. Teil: Wild- und Jagdschaden

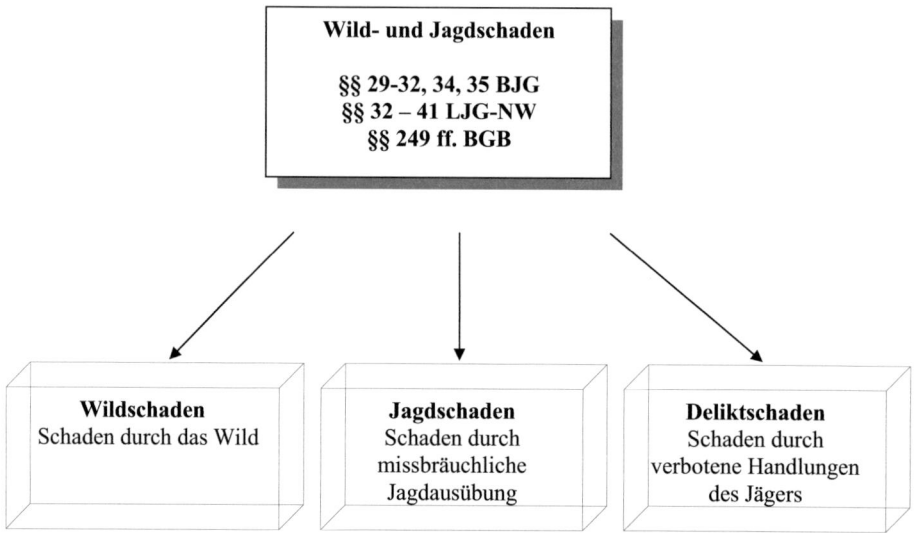

Vorbemerkung:

Auch gegenwärtig entstehen jährlich noch umfangreiche Wildschäden in Wald und Feld, die bei rechtzeitiger und sachgerechter Anwendung der heute zur Verfügung stehenden Schutzmaßnahmen sicher abgewehrt werden können. Die Ursachen für Wildschäden liegen unter anderem an einem Mangel an Nähr-, Mineral- und Wirkstoffen, an der Wilddichte, an einem Mangel an Äsungsflächen, fehlerhafte Jagdmethode und einem Mangel an Ruhezonen. In der Politik der Wildschadensverhütung stoßen durchaus widerstreitende Interessen aufeinander. So sind sie häufig Auslöser für Streitigkeiten zwischen Jagdausübungsberechtigten und Land- und Forstwirten. Gleichwohl liegt die Schadenverhütung im Interesse aller Beteiligten. Der Volkswirtschaft gehen durch nicht verhütete Schäden erhebliche Rohstoffe verloren, der Landwirt büßt durch den Schaden an den Feldanbauten die Früchte seiner Arbeit ein, dem Jagdpächter bringen besonders die im Walde nach dem Bundesjagdgesetz entstandenen Schäden hohe Geldausgaben. Eine schnelle Abwicklung ist daher unumgänglich. Vor diesem Hintergrund werden ca. 95 Prozent sämtlicher Wildschadensstreitigkeiten außerhalb des formalen Verfahrens gütig beigelegt[234].

Im Zusammenhang mit der Jagdausübung sind drei verschiedene Arten von Schäden zu unterscheiden, die alle eine Schadensersatzpflicht des Jagdausübungsberechtigten bzw. Revierinhabers nach sich ziehen können. Dies sind der Wildschaden, der Jagdschaden und der Deliktschaden. Die Unterscheidung hängt jeweils von der Verursachung des Schadens ab.

Das Bundesjagdgesetz umschreibt in der Vorschrift des § 1 Abs. 2 das von allen Jagdausübungsberechtigten zu beachtende Hegeziel in der Weise, dass ein den landschaftlich und landeskulturellen Verhältnissen angepasster artenreicher und gesunder Wildbestand zu erhalten ist, seine Lebensgrundlagen zu pflegen und zu sichern sind. Die Hege muss dabei so

---

[234] Pirsch Sonderdruck, Wildschäden im Feld bewerten, Dr. Volker Wolfram.

durchgeführt werden, dass Beeinträchtigungen einer ordnungsgemäßen land-, forst- und fischereiwirtschaftlichen Nutzung, insbesondere Wildschäden, möglichst vermieden werden.

Die Gesetzessystematik der §§ 26-35 BJG wurde überwiegend aus dem Reichsjagdgesetz übernommen. Der Gesetzgeber hat zunächst allgemeine Vorschriften zur Wildschadensverhütung vorangestellt (§§ 26-28 BJG). Sodann unterscheidet er zwischen Wildschaden und Jagdschaden. Die Geltendmachung des Schadens und das Verfahren umfassen sowohl den Wildschaden, als auch den Jagdschaden (§§ 34-35 BJG).

Wildschaden ist jeder durch Wild verursachter Vermögensschaden an Grundstücken (§ 29 Abs. 1 BJG), dessen wesentlichen Bestandteilen oder an getrennten, aber noch nicht eingeernteten Erzeugnissen eines Grundstücks (§ 31 Abs. 1 BJG).

§ 94 BGB (Wesentliche Bestandteile eines Grundstücks oder Gebäudes)

(1) Zu den wesentlichen Bestandteilen eines Grundstücks gehören die mit dem Grund und Boden fest verbundenen Sachen, insbesondere Gebäude, sowie die Erzeugnisse des Grundstücks, solange sie mit dem Boden zusammenhängen. Samen wird mit dem Aussäen, eine Pflanze wird mit dem Einpflanzen wesentlicher Bestandteil des Grundstücks.

(2) Zu den wesentlichen Bestandteilen eines Gebäudes gehören die zur Herstellung des Gebäudes eingefügten Sachen.

Nach § 26 Satz 1 BJG wird sowohl dem Jagdausübungsberechtigen als auch dem Eigentümer oder Nutzungsberechtigten eines Grundstücks das Recht, zur Verhütung von Wildschäden Wild abzuhalten oder zu verscheuchen, gewährt. Dieses sog. „Fernhalterecht" ist eine Ausprägung des speziellen Notstandsrecht im Sinne der Vorschrift des § 228 BGB und gilt nicht nur gegenüber dem Wild im Sinne des § 29 BJG, sondern umfasst auch Wild, deren Schäden nicht dem Wildschadensersatz unterliegen. Das Fernhalterecht kann z.B. durch Verwitterung, Lärm, Vogelscheuchen, Anwendung amtlich zugelassener Pflanzenbehandlungsmittel oder Einzäunung erfolgen. Letzteres unterliegt zusätzlich den baurechtlichen Vorschriften.

Das Wildfernhalterecht unterliegt immer dem Verhältnismäßigkeitsgrundsatz. Es entfällt demnach, wenn nur geringe und zumutbare Schädigungen zu erwarten sind. Diese Verpflichtung des Grundstückeigentümers verletzt keines durch das Grundgesetz begründetes Grundrecht. Insbesondere ist das Grundrecht auf Schutz des Eigentums nach Art. 14 Abs. 1 Satz 1 GG nicht verletzt. Die Jagdgesetze bestimmen insofern die Schranken des Eigentums. Der Abschuss von Wild - im Rahmen der Jagdausübung - hat Vorrang vor dem Fernhalterecht des Grundstückseigentümers oder Nutzungsberechtigten.

Das Fernhalterecht wird zudem durch weitere gesetzliche Vorschriften eingeschränkt. So darf der Eigentümer oder Nutzungsberechtigte das Wild weder gefährden noch verletzen (§ 26 Satz 2 BJG). Verstößt er vorsätzlich gegen das Schonungsgebot, handelt er ordnungswidrig im Sinne des § 39 Abs. 1 Nr. 6 BJG.

Zur Verhinderung übermäßiger Wildschäden kann die untere Jagdbehörde in Ausnahmefällen dem Jagdausübungsberechtigten die Pflicht auferlegen, unabhängig von Schonzeiten innerhalb einer bestimmten Frist in bestimmten Umfange unter Berücksichtigung des

Allgemeinwohls den Wildbestand zu verringern (§ 27 BJG)[235]. Kommt der Jagdausübungsberechtigte dem nicht nach oder verweigert er dies, so kann die Behörde im Wege der Ersatzvornahme auf dessen Kosten den Wildbestand vermindern lassen. Für das dabei erlegte Wild hat er ein angemessenes Schussgeld zu zahlen. Das Wild erhält sodann der Jagdausübungsberechtigte.

Nach § 28 BJG ist die Hege durch Verhütung von Wildschäden begrenzt. Eine Konkretisierung hat diese Rahmenvorschrift in § 31 LJG-NW erhalten.

- Gemäß § 28 Abs. 1 BJG darf Schwarzwild in Einfriedungen nur dann gehegt werden, wenn diese ein Ausbrechen verhüten.

- Das Aussetzen von Schwarzwild und Wildkaninchen ist nach der Vorschrift des § 28 Abs. 2 BJG verboten.

- Das Aussetzen oder Ansiedeln fremder Tiere in die freie Natur ist nur mit schriftlicher Genehmigung der zuständigen obersten Landesbehörde zulässig (§§ 28 Abs. 3 BJG, 31 Abs. 1 und 2 LJG-NW). Fremd sind solche Tiere, die beim Inkrafttreten des BJG (01.04.1953) nicht frei lebend und nicht heimisch waren.

- Auch die Regelungen zur Fütterung (§ 27 f. DVO) dient der Wildschadensverhütung.

Wagner hat es auf der Mitgliederversammlung vom 08. April 2008 des Bundesverbandes Deutscher Berufsjäger e.V. treffend ausgeführt: „Das Gesetz will nicht Wald oder Wild, sondern beides, und der Jäger muss es herbeiführen."[236] Ein wichtiges Mittel der Wildschadensverhütung bleibt daher die, den Revierverhältnissen angepasste Wilddichte. Diese Wilddichte wird über den Abschussplan angestrebt. Die Höhe des Abschussplanes wird anhand des Wildschadens im konkreten Wald festgelegt. Ohne eine angepasste Abschussplanung, die den Wildbestand und die vorhandenen Äsungsflächen in ein solches Verhältnis bringt, dass sich der unvermeidliche Wildschaden in Grenzen hält, bleiben alle Maßnahmen zur Verhütung von Wildschäden regelmäßig ohne Erfolg. Vor diesem Hintergrund bestimmt § 21 Abs. 1 BJG, dass der Abschuss von Wild so zu regeln ist, dass die berechtigten Ansprüche der Land-, Forst- und Fischereiwirtschaft auf Schutz gegen Wildschäden voll gewahrt bleiben, sowie die Belange von Naturschutz und Landschaftspflege berücksichtigt werden. Abschusspläne (§ 21 Abs. 2 BJG), die diesen Grundsätzen nicht Rechnung tragen, dürfen von der zuständigen Jagdbehörde nicht bestätigt werden. In diesen Fällen ist der Abschussplan von Amts wegen festzusetzen.

Dies verdeutlicht auch die Vorschrift des § 22 Abs. 3 LJG-NW, wonach der Abschussplan durch die untere Jagdbehörde im Einvernehmen mit dem Jagdbeirat festzusetzen ist, wenn insbesondere bereits eingetretene oder zu erwartende Wildschäden nicht hinreichend Rechnung getragen worden ist. Die Festsetzung hat so zu erfolgen, dass eine nachhaltige Verringerung des Wildbestandes auf eine tragbare Wilddichte gewährleistet ist. Die Wild- und Wildschadensverhältnisse in benachbarten Jagdbezirken sind dabei angemessen zu berücksichtigen. In besonderen Fällen ist die Festsetzung von Mindestabschüssen zulässig.

---

[235] Ist der Verbiss durch Rotwild derart hoch, dass er zu erheblichen Wildschäden führt, ist die Jagdbehörde auch berechtigt, erhöhte Abschusszahlen festzusetzen, so Verwaltungsgericht Neustadt für Rheinland-Pfalz in DJZ 03/08, Seite 65.

[236] Wagner, Argumentationshilfen für Jäger in der Öffentlichkeit, Der Berufsjäger, 23. Jahrgang, 2008, Seite 21.

Merke: Der Umfang der Wildschäden im Wald bestimmte die Höhe der Wildrate.

Daneben führt die Anlage von Stilllegungsflächen und Wildäcker und die erhöhte Bejagung der potenziellen Schadflächen zu einer Reduzierung der Wildschäden.

Wildschadensersatz

1. Allgemeines

Der ersatzpflichtige Wildschaden ist dem Grunde nach abschließend in den Vorschriften der §§ 29 bis 32, 34 und 35 BJG sowie 32 bis 41 LJG-NW und der Art nach in den §§ 249 ff. BGB geregelt. Bei der Wildschadensersatzpflicht handelt es sich um eine Gefährdungshaftung[237], also eine verschuldensunabhängige Haftung. Dies war bereits durch Joseph II. von Österreich am 26. Februar 1786 im Jagdpatent festgelegt. Dieser Auffassung schlossen sich deutsche Landesjagdgesetze zunächst nicht an. Erst im Preußischen Wildschadengesetz vom 11. Juli 1891 wurde eine Gefährdungshaftung für Wildschäden eingeführt.

Aufgrund vertraglicher Vereinbarungen kann von dieser gesetzlichen Haftungsregelung abgewichen werden. So kann z.B. eine Haftung auf Verschulden beschränkt werden[238] oder der Kreis des Schadwildes kann erweitert werden.

Der Gesetzgeber sieht jedoch bereits Einschränkungen vor. So ist nicht jeder durch wildlebende Tiere verursachter Schaden ein Wildschaden. Nach der gesetzlichen Regelung in der Vorschrift des § 29 Abs. 1 Satz 1 BJG ist nur der Wildschaden durch so genanntes **Schadwild** ersatzpflichtig. Hierzu zählt sämtliches Schalenwild, Wildkaninchen oder Fasane. Zum Schalenwild gehören Wisente, Elch-, Rot-, Dam-, Sika-, Reh-, Gams-, Stein-, Muffel- und Schwarzwild. Das Land Nordrhein-Westfalen hat von der Ermächtigung diesen Kreis des Schadwildes zu erweitern (§ 29 Abs. 4 BJG, 32 LJG-NW) keinen Gebrauch gemacht. Allerdings dürfte auch ein erheblicher Teil des Schadens durch das vermehrte Aufkommen von Schwarzwild verursacht werden.

Für anderes Wild als Schadwild, wird dem Staatsbürger auferlegt, die Schäden selbst zu tragen, obwohl gerade diese hohe Verluste einfordert. Zu denken ist hierbei insbesondere an bestimmte Vogelarten, die Schäden in Obst- und Beerenkulturen anrichten. Hier hat der Staatsbürger lediglich das Recht, auf eigene Kosten Abwehrmaßnahmen zu treffen.

---

[237] Die Dogmatik ist umstritten: Gefährdungshaftung (Larenz/Canaris, Schuldrecht II/2 § 84 II 2), Ausgleichspflicht (Esser/Weyers, Schuldrecht II § 64 I; LG Krefeld, JagdrEntsch. Bd. II, Sachg. IX, Nr. 21).
[238] LG Krefeld, NuR 1980, 184; Müller-Schallenberg, Knemeyer, Jagdrecht Nordrhein-Westfalen, 3. Aufl. 2006, S. 129.

Der Ersatzanspruch steht dem Geschädigten unmittelbar zu. Dies ist regelmäßig der Eigentümer oder Pächter. Eine Verpflichtung zum Wildschadensersatz in befriedeten Bezirken ist ausgeschlossen. Die Eigentümer dieser Grundstücke sind nicht Mitglieder der Jagdgenossenschaft und können daher auch nicht zum Wildschadensersatz herangezogen werden. Wer aber keinen Ersatz zahlen muss, kann auch nicht von einem Wildschadensersatz profitieren[239]. Nach der Vorschrift des § 29 BJG wird die Beschädigung eines Grundstücks vorausgesetzt, welches zu einem Jagdbezirk gehört. Demnach kann eine Haftung an befriedeten Grundstücken auch nicht aus § 29 BJG abgeleitet werden[240].

Wird durch ein aus einem Gehege ausgetretenes und dort gehegtes Stück Schalenwild Wildschaden angerichtet, so ist ausschließlich derjenige zum Ersatz verpflichtet, dem als Eigentümer die Aufsicht über das Gehege obliegt (§ 30 BJG).

2. Ersatzpflichtiger

Grundsätzlich ist für Schäden an Grundstücken im gemeinschaftlichen Jagdbezirk die Jagdgenossenschaft ersatzpflichtig, da dieser das Jagdausübungsrecht zusteht und damit die Jagdvorteile zieht. Die Jagdgenossenschaft wird aber regelmäßig dem Jagdpächter diese Verpflichtung vertraglich überbürdet haben. Dies ist nach § 29 Abs. 3 BJG möglich, unterliegt aber der Inhaltskontrolle für allgemeine Geschäftsbedingungen, soweit sie als solche verwandt werden[241]. Die vertragliche Haftungsübernahme wird im Außenverhältnis als Vertrag zugunsten Dritter gesehen[242]. Vor diesem Hintergrund ist regelmäßig der Jagdpächter unmittelbar zum Ersatz verpflichtet. Kann dieser der Ersatzpflicht nicht nachkommen, so muss hierfür an zweiter Stelle die Jagdgenossenschaft wieder für den Ersatzanspruch eintreten[243]. Im Zivilprozess muss der Geschädigte darlegen, dass vom Jagdpächter kein Ersatz zu erwarten ist[244]. Mehrere Jagdpächter haften als Gesamtschuldner[245].

Bei Grundstücken, die zu einem Eigenjagdbezirk gehören, richtet sich die Verpflichtung zum Ersatz von Wildschäden nach dem zwischen dem Geschädigten und dem Jagdausübungsberechtigten bestehendem Rechtsverhältnis (§ 29 Abs. 3 BJG). Sofern nichts anderes bestimmt ist, ist der Jagdausübungsberechtigte nur ersatzpflichtig, wenn er den Schaden durch unzulänglichen Abschuss verschuldet hat. Dies stellt eine Ausnahme von der gesetzlich geregelten Gefährdungshaftung dar. Ein Verschulden kann aber bereits auch darin liegen, dass etwa bei starkem Wildverbiss durch Kaninchen nicht weitere Jäger an der Jagd beteiligt werden.

3. Art und Umfang der Ersatzpflicht

Die Art des zu leistenden Ersatzes ist in § 249 BGB geregelt. Obwohl grundsätzlich ein Wahlrecht zwischen Wiederherstellung oder Ausgleich in Geld besteht, wird regelmäßig die Form der Geldleistung als Ausgleich verlangt.

---

[239] Vgl. Schandau/Drees, § 29 BJG III.
[240] Studinger/Detlev W. Belling/Christina Eberl-Borges (2002), § 835 BGB, Rn. 6.
[241] Aber: BGH, Urteil vom 08.10.1998, III ZR 278/97.
[242] Walsrode JagdrEntsch Bd. VII, Sachg. IX, Nr. 80.
[243] Bühl JagdrEntsch B. VII, Sachg IX, Nr. 72.
[244] Staudinger/ Detlev W. Belling/Christina Eberl-Borges (2002), § 835 BGB, Rn. 9.
[245] LG Arnsberg JagdrEntsch Bd VIII, Sachg IX, Nr. 86.

§ 249 BGB (Art und Umfang des Schadensersatzes)

(1) Wer zum Schadensersatz verpflichtet ist, hat den Zustand herzustellen, der bestehen würde, wenn der zum Ersatz verpflichtende Umstand nicht eingetreten wäre.

(2) Ist wegen Verletzung einer Person oder wegen Beschädigung einer Sache Schadensersatz zu leisten, so kann der Gläubiger statt der Herstellung den dazu erforderlichen Geldbetrag verlangen. Bei der Beschädigung einer Sache schließt der nach Satz 1 erforderliche Geldbetrag die Umsatzsteuer nur mit ein, wenn und soweit sie tatsächlich angefallen ist.

Ist die Herstellung aber nur mit unverhältnismäßigen Aufwendungen möglich, so kann der Ersatzpflichtige den Geschädigten auf eine Geldentschädigung verweisen. Dies ergibt sich aus der Vorschrift des § 251 Abs. 2 BGB.

§ 251 Schadensersatz in Geld ohne Fristsetzung
...
(2) Der Ersatzpflichtige kann den Gläubiger in Geld entschädigen, wenn die Herstellung nur mit unverhältnismäßigen Aufwendungen möglich ist. Die aus der Heilbehandlung eines verletzten Tieres entstandenen Aufwendungen sind nicht bereits dann unverhältnismäßig, wenn sie dessen Wert erheblich übersteigen.

Die Wildschadensersatzpflicht umfasst gemäß § 252 BGB auch den entgangenen Gewinn[246].

Der Umfang[247] der Schadensersatzpflicht für Erzeugnisse von Grundstücken ist in § 31 BJG näher geregelt. Die Wildschadensersatzpflicht endet mit der Einerntung der Erzeugnisse. Werden Bodenerzeugnisse, deren voller Wert sich erst zur Zeit der Ernte bemessen lässt, vor diesem Zeitpunkt durch Wild beschädigt, so ist der Wildschaden in dem Umfange zu ersetzen, wie er sich zur Zeit der Ernte darstellt. Bei der Feststellung der Schadenshöhe ist jedoch zu berücksichtigen, ob der Schaden nach den Grundsätzen einer ordentlichen Wirtschaft durch Wiederanbau im gleichen Wirtschaftsjahr ausgeglichen werden kann.

Die Schadensberechnung für Erzeugnisse erfolgte demnach regelmäßig nach Erzeugerpreisen abzüglich der für Ernte und Absatz aufzuwendenden Kosten bis zur Ernte, da diese vom Landwirt erspart werden. Der Preis, den der Großhandel oder die Genossenschaft für das jeweilige Produkt zahlt, ist der Erzeugerpreis[248].

Speziell für den Anbau von Spargel eine Beispielsrechnung: Für die Anlage eines Spargelfeldes werden 20.000 Pflanzen pro Hektar benötigt. Der Kostenaufwand für normale Pflanzen beträgt 25 Cent pro Stück (bei Hybridpflanzen der Sorte Avalim und Herkolim ca. 50 Cent pro Pflanze). Dies sind auf den Hektar 5.000,00 Euro. Für die Bodenvorbereitung sind im Durchschnitt 5.000,00 Euro zu rechnen. Der Hektar kostet demnach 10.000,00 Euro.

---

[246] Vgl. LG Freiburg, Urt. v. 11.05.1999, 7 S 146/98.

[247] „Sind Schäden an Raps- und Weizenfeldern durch Rehwildverbiss allenfalls vereinzelt feststellbar, sind derartige geringfügige Beeinträchtigungen hinzunehmen, weil die Rehe Teil der Natur sind und daher zu Landschaft dazugehören.", so LG Itzehoe, Urteil vom 28.01.1997, 1 S 398/96.

[248] Müller-Schallenberg, Knemeyer, Jagdrecht Nordrhein-Westfalen, 3.Aufl.,2006,S.132;Weihnachtsbaumkultur: LG Wuppertal, Urteil vom 03.11.2004, 8 S 43/04; Weinbau: LG Freiburg wie vor.

Diese Kosten werden auf die Nutzungsdauer abgeschrieben. Diese beträgt zwischen sechs und zehn Jahren (je nach Bodenqualität). Die Vermarktungskosten (Stech-, Sortier- und Verkaufskosten) betragen im Schnitt drei Euro pro Kilogramm. Der Ertrag pro Hektar beträgt durchschnittlich fünf Tonnen. Bei einem Verkaufspreis ab Hof von fünf Euro beträgt der Rohertrag pro Hektar 25.000,00 Euro. Möglicherweise sind die Vermarktungskosten hiervon abzuziehen.[249]

Elektrozäune oder Abdeckfolien sind kein fester Bestandteil eines Grundstücks und brauchen daher bei Beschädigungen durch Wild nicht ersetzt zu werden.

Die Schadensersatzpflicht erfährt jedoch auch gesetzliche Einschränkungen.

Ein Mitverschulden des Geschädigten führt zur Reduzierung des Ersatzanspruches. Dies ergibt sich aus der Vorschrift des § 254 Abs. 1 BGB[250] nach dem Prinzip der Schadensteilung bei Mitverursachung oder Mitverschulden.

---

§ 254 Mitverschulden

(1) Hat bei der Entstehung des Schadens ein Verschulden des Beschädigten mitgewirkt, so hängt die Verpflichtung zum Ersatz sowie der Umfang des zu leistenden Ersatzes von den Umständen, insbesondere davon ab, inwieweit der Schaden vorwiegend von dem einem oder anderem Teil verursacht worden ist.

(2) Dies gilt auch dann, wenn sich das Verschulden des Beschädigten darauf beschränkt, dass er unterlassen hat, den Schuldner auf die Gefahr eines ungewöhnlich hohen Schadens aufmerksam zu machen, die der Schuldner weder kannte noch kennen musste, oder dass er unterlassen hat, den Schaden abzuwenden oder zu mindern. Die Vorschrift des § 278 *(Erfüllungsgehilfe)* findet entsprechende Anwendung.

So kann der Anbau von Mais bis an den Dickungsrand ohne Freilassen einer Schussschneise ein Mitverschulden am Schaden herbeiführen. Das Landgericht Koblenz sah hierin eine bewusste Schaffung einer Gefahrenquelle durch den Landwirt, die die Schadensanfälligkeit wesentlich erhöht[251].

Auch das nicht rechtzeitige Abernten von Äckern oder Feldern kann im Einzelfall zu einem Mitverschulden des Geschädigten am Wildschaden führen[252]. Eine Verpflichtung zur Aberntung in einer bestimmten Jahreszeit gibt es allerdings nicht, da der Jagdpächter grundsätzlich keinen Anspruch auf Einflussnahme auf die Bewirtschaftungsmodalitäten des Grundstückseigentümers hat.

Ebenfalls kann das Unterlassen einer Information an den Jagdausübungsberechtigten vor dem Anbau potentiell wildgefährdeter Pflanzen zu einem Mitverschulden des Landwirts führen[253].

---

[249] Vgl. hierzu auch: Was tun bei Wildschäden, Dr. Peter Conrad, Blattzeit, 02/2009, Seite 5.
[250] „Ist es in den vergangenen Jahren zu Wildschäden an Maisfeldern gekommen, dann ist der Landwirt verpflichtet, den Pächter des angrenzenden Jagdbezirks von Aussaat und Milchreife so rechtzeitig zu informieren, dass dieser Sicherungsmaßnahmen, etwa in Form von Zäunen, ergreifen kann, andernfalls ihn an der Entstehung von Wildschäden ein Mitverschulden trifft.", LG Koblenz, Urteil vom 29.07.1998, 3 S 47/98.
[251] LG Koblenz, Urt. v. 28.7.1988, JE IX Nr. 106.
[252] AG Stromberg, Urt. v. 30.6.1966, EJS, Bd. 2, 15.
[253] LG Koblenz, JagdrEnt Bd XI Sachg IX Nr. 106; Belling, Staudinger, BGB Kommentar, 2008, § 835, Rn. 18.

Das Amtsgericht Simmern vertrat in einer Entscheidung die Auffassung, dass Grundstücke, die zuvor von Wildschäden betroffen waren, im Abstand von wenigen Wochen bis zu einem Monat kontrolliert werden müssen. Zudem hat das Gericht auf die Anmeldefrist verwiesen[254].

Ein vollständiger Ausschluss kommt z.b. bei übermäßigem Unterpflügen von Maiskolben in Betracht, da dies keine ordnungsgemäße Landbewirtschaftung darstellt[255]. Wildschweine hatten auf einer zuvor mit Mais bestellten Fläche, die danach bestellte Triticale fast gänzlich geschädigt. Ursache hierfür war, dass der Landwirt den unverhältnismäßig hohen Kolbenbruch gleich im Herbst pflügte und mit Triticale bestellte.

Die Frage, ob ein Mitverschulden vorliegt, ist eine konkrete Einzelfallentscheidung. Der Ersatzpflichtige trägt die Beweislast für ein Mitverschulden.

Zudem ist der Anspruch auf Ersatz von Wildschäden nicht gegeben, wenn der Geschädigte die von dem Jagdausübungsberechtigten zur Abwehr von Wildschäden getroffenen Maßnahmen unwirksam macht (§ 32 Abs. 1 BJG). Dies gilt auch für die Ablehnung von angebotenen Schutzmaßnahmen.

Darüber hinaus legt § 32 Abs. 2 BJG fest, dass Wildschäden an bestimmten hierfür besonders anfälligen Anlagen bzw. Gewächsen in Freilandpflanzungen (z.B. Weinberge, Gärten, Obstgärten, Baumschulen, Alleen, Garten-/Handelsgewächse[256]) nicht ersetzt werden, wenn die Herstellung von üblichen[257] Schutzvorrichtungen unterblieben ist und die Länder hierfür keine abweichenden Regelungen getroffen haben („*Ohne Zaun kein Geld*")[258]. Der Gesetzgeber nimmt den Eigentümer bzw. Nutzungsberechtigten bei derart gefährdeten Anpflanzungen mit in die Pflicht. Welche Schutzvorrichtungen als „üblich" anzusehen sind, unterliegt den landesgesetzlichen Bestimmungen[259]. Danach werden mindestens Zäune aus Drahtgeflecht gefordert gegen

- Rot-, Dam- und Sikawild in Höhe von 1,80 m
- Muffelwild in Höhe von 1,80 m
- Rehwild in Höhe von 1,50 m
- Schwarzwild in Höhe von 1,20 m über der Erde und 0,30 m in der Erde.
- Wildkaninchen in Höhe von 1,20 m über der Erde und 0,30 m in der Erde.[260]

Den Drahtgeflechtzäunen sind andere Zäune mit gleichen Schutzwirkungen gleichzusetzen. Elektrozäune haben sich ebenfalls als wirkungsvoll erwiesen. Die Verwendung von Stacheldraht ist im Hinblick auf § 26 BJG bedenklich, da Wild nicht gefährdet werden darf.

Die Zäune müssen laufend wilddicht gehalten werden. Bei Alleen, Einzelbäumen und anderen als den im Jagdbezirk vorkommenden Hauptholzarten werden auch anerkannte Bestäubungs-

---

[254] AG Simmern, Urt. v. 29.08.2001, Az.: 3 C 338/2001).

[255] LG Schwerin, Urteil vom 08.11.2002, 6 S 269/01; Müller-Schallenberg, Knemeyer, Jagdrecht Nordrhein-Westfalen, 3. Aufl., 2006, S. 133.

[256] Bei Schäden an Spargel-Plantagen: BGH, Urteil vom 22.07.2004, III ZR 359/03; für Zucchini: LG Heilbronn, Urteil vom 17.03.2004, 7 S 9/03; Erdbeerpflanzen: LG Baden-Baden, Urteil vom 16.01.2003, 3 S 42/02; Körnererbsen: AG Rüdesheim, Urteil vom 09.01.2002, 3 C 273/01; Hopfen: AG Freising, Urteil vom 03.07.1975; C 221/74.

[257] Hierzu: AG Cochem, Urteil vom 11.06.1992, 2 C 592/90.

[258] Georg Geisbauer, Ersatz von Wildschäden an Freilandpflanzungen und hochwertigen Handelsgewächsen, VersR 1973, S. 199.

[259] Vgl. § 37 DVO-LJG-NRW.

[260] Vgl. § 37 DVO LJG-NRW.

und Sprühmittel oder Manschetten als ausreichend angesehen. In diesen Fällen wird auch Einbinden mit Dornreisig, geteertem oder gekalktem Stoffverband, mit Dachpappe oder eingeflochtenem Maschendrahtzylinder für wirksam gehalten.

Unzumutbar ist es aber, wenn der Jagdausübungsberechtigte vom Landwirt eine Umstellung der Fruchtfolge oder das Unterlassen des Anbaus bestimmter Kulturarten verlangt[261].

Die vorgenannte Thematik war Grundlage einer Entscheidung des Oberlandesgerichts Köln aus dem Jahr 2008. Die beklagten Pächter hatten einen Gemeinschaftsjagdbezirk im Kreis Heinsberg gepachtet. In dem Pachtvertrag wurde neben der gesetzlichen Wildschadenshaftung auch die Ersatzpflicht für die von Hasen und Tauben verursachten Grundstücksschäden übernommen. Der klagende Landwirt wollte Wildschadensersatz für Ertragsausfälle an 1,5 Hektar Buschbohnen. Diese wären durch Hasen, Kaninchen und Tauben verursacht worden. Die beklagten Pächter bestritten die Verursachung durch Schadwild und wandten ein, dass es sich bei Buschbohnen um eine Sonderkultur nach § 32 Abs. 2 BJG handele. Der klagende Landwirt habe die üblichen Schutzvorrichtungen für dieses Gartengewächs unterlassen.

Im Prozess entschied das Oberlandesgericht Köln sich dafür, dass es sich bei Buschbohnen um Gartengewächse handelt. Hintergrund hierfür ist das Urteil des Bundesgerichtshofs vom 22.07.2004 über Spargel[262]. Unter Hinweis auf dieses Urteil führte das OLG Köln auf, dass es sich bei Buschbohnen nur um „Feldgewächse" handelt, wenn in der betreffenden Region in einem größeren Gebiet, jedenfalls in einem Bereich, der über einen Landkreis erheblich hinausgehende, der feldmäßige Anbau von Buschbohnen derart im Vordergrund stehe, dass der gartenmäßige Anbau dort kaum eine Rolle spiele. Die Annahme eines Feldgewächses setze demnach voraus, dass diese in der betreffenden Region „als Teil der landwirtschaftlichen Erzeugung einiges Gewicht haben.". Hingegen bejahte die Landwirtschaftskammer NRW die Feldgewächseigenschaft von Buschbohnen im Raum Heinsberg/Viersen. Hierzu wandte das Oberlandesgericht ein, dass der geringe Prozentsatz des Buschbohnenanbaus nicht „einiges Gewicht" habe. Der geringe Anbauumfang von 0,5 % im Raum Heinsberg/Viersen und 0,3 Prozent in den Regierungsbezirken Köln und Düsseldorf in Bezug auf die Gesamtackerfläche lasse dies nicht zu. Obwohl es sich bei dem Buschbohnenanbau um einen feldmäßigen Anbau handele, seien diese dennoch als Gartengewächs im Sinne des § 32 Abs. 2 Satz 2 Bundesjagdgesetz anzusehen.

Thies sieht in diesem Urteil überörtliche Auswirkungen. Demnach unterfalle ein feldmäßiger Gemüseanbau nur dann der allgemeinen unbeschränkten Wildschadenhaftung, wenn die angebaute Gemüseart in einem Gebiet, dass sich über mehrere Landkreise erstreckt, einen Anbauumfang von mehr als einem Prozent in Bezug auf die Gesamtackerfläche erreiche. Vor dem Hintergrund, dass der feldmäßige Gemüseanbau in den Regierungsbezirken Köln und Düsseldorf mit 13.000 Hektar insgesamt nur einen Flächenanteil von 3,8 Prozent an der Gesamtackerfläche erreicht, dürfte dieses Kriterium – so Thies – bei einer einzelnen Gemüseart weder im gesamten Rheinland noch im Bereich einzelner Landkreise erfüllt werden[263].

---

[261] Wolfram, Wildschäden im Feld bewerten, Sonderdruck Pirsch, 13-16/2006, S. 9.

[262] Bei Schäden an Spargel-Plantagen: BGH, Urteil vom 22.07.2004, III ZR 359/03.

[263] Wildschaden an Buschbohnen nicht ersatzpflichtig, Hans-Jürgen Thies, in Rheinisch Westfälischer Jäger, 4/2008, Seite 10.

Nachdem zunächst zwei Amtsgerichte Futtererbsen als Gartengewächse angesehen haben, hat dass Landgericht Trier in einer neueren Entscheidung die Auffassung vertreten, es handele sich um Feldfrüchte.[264]

Nach einem Urteil des Amtsgericht Walsrode ist die Rasenfläche eines Golfplatzes ein Garten im weiteren Sinne des § 32 Abs. 2 BJG. Entstehende Wildschäden sind daher nur bei Einzäunung des Golfplatzes ersatzpflichtig.[265]

Problematisch ist in jüngster Zeit der Schaden an Mais für Biogasanlagen. Dieser ist grundsätzlich nicht als Sonderkultur anzusehen. Es handelt sich bisher nicht um ein marktgängiges Produkt. Umstritten ist, ob bei einem Ertragsausfall aufgrund von Wildschaden auch der entgangene Gewinn bei der Biogasherstellung zu ersetzen ist. Befürworter verweisen auf ein Urteil des Landgerichts Freiburg[266]. Hier wurde einem Winzer der Verlust infolge geringerer Abfüllmengen beim Wein zugesprochen. Dem ist jedoch zu entgegnen, dass ein bestimmter Weinjahrgang einer bestimmten Lage schwerlich zugekauft werden kann. Bei Mais für Biogasanlagen ist dies jedoch anders.

Jagdschadensersatz

Die Regelung des Jagdschadens ist erst auf den zweiten Blick erkennbar. § 33 Abs. 1 BJG stellt aber entsprechende Verbote auf. Allerdings enthält § 33 Abs. 2 BJG den Haftungstatbestand.

Bei der Ausübung der Jagd dürfen durch die Jagdausübenden grundsätzlich die Grundstücke des Jagdbezirks betreten werden. Nach § 33 Abs. 1 BJG hat, wer die Jagd ausübt, dabei die berechtigten Interessen der Grundstückseigentümer oder Nutzungsberechtigten zu beachten.

Die Ausübung der Treibjagd auf Feldern, die mit reifender Halm- oder Samenfrucht oder mit Tabak bestanden sind, ist verboten. Die Suchjagd ist nur insoweit zulässig, als sie ohne Schaden für die reifenden Früchte durchgeführt werden kann. Besäte Felder und abgemähte Wiesen sollten geschont werden.

Mit der Vorschrift des § 33 Abs. 1 BJG wird ein Interessenausgleich zwischen dem Betretungsrecht des Jagdausübungsberechtigten und dem Eigentum des Grundstückseigentümers bzw. dem Nutzungsberechtigten geschaffen. Dadurch wird auf diese der Kreis der potentiell Geschädigten begrenzt.

[264] LG Trier, Urteil vom 14.08.2007, Az.: 1 S 91/07.
[265] AG Walsrode, Urteil vom 27.04.1990 – 7 C 102/90.
[266] LG Freiburg, Urteil vom 11.05.1999, Az.: 7 S 147/98.

Nur jeder durch missbräuchliche, nicht lediglich anlässlich der Jagdausübung[267] schuldhaft verursachte Schaden ist gemäß § 33 Abs. 2 BJG von dem Jagdausübungsberechtigten ggü. dem Geschädigtem zu ersetzen[268]. Dies gilt auch für Schäden, welche durch einen Jagdgast oder einen von ihm bestellten Jagdaufseher herbeigeführt worden sind. Diesbezüglich kann sich der Jagdausübungsberechtigte auch nicht exkulpieren[269]. Die missbräuchliche Jagdausübung ist mit verschuldeter Schädigung gleichzusetzen. Ein Missbrauch setzt nämlich notwendigerweise eine Sorgfaltspflichtverletzung voraus[270]. Schäden, die lediglich „bei Gelegenheit" der Jagdausübung entstehen, sind nicht von der Vorschrift des § 33 BJG umfasst[271].

Im Gegensatz zur Gefährdungshaftung bei Wildschaden setzt der Jagdschaden aber Verschulden voraus. Schuldhaft handelt, wer den Schaden vorsätzlich oder fahrlässig verursacht hat. Die vorsätzliche Verursachung eines Jagdschadens stellt gegenüber dem konkreten Verursacher zudem eine Ordnungswidrigkeit dar (vgl. § 39 Abs. 1 Nr. 8 BJG).

Jagdschaden ist auch ein Schaden, der z.B. beim Transport von Holz zum Bau eines Hochsitzes über eine Wiese entsteht.

Natürlich dürfen zur Bergung von erlegtem Wild, zur Nachsuche von krankgeschossenem Wild und zur Rettung von gefährdetem Wild Wiesen und Felder betreten werden, da dies keine „missbräuchliche" Jagdausübung darstellt.

Die §§ 249 ff. BGB gelten beim Jagdschaden uneingeschränkt. Entsprechende Sonderregelungen wie beim Wildschaden sind nicht vorhanden.

Deliktschaden

Auch der Jäger haftet nicht nur nach den gesetzlichen Vorschriften des Bundesjagdgesetzes, sondern auch nach denen des BGB. Ein schuldhaft herbeigeführter Schaden kann zu einem Ersatzanspruch nach § 823 BGB führen. Dieser Deliktschaden ist demnach gegeben, wenn jemand vorsätzlich oder fahrlässig das Leben, die Gesundheit, das Eigentum, den Besitz oder ein sonstiges absolutes Recht eines anderen, insbesondere auch ein fremdes Jagdausübungsrecht verletzt. Vielfach handelt es sich bei diesen Deliktansprüchen um Ansprüche aus Jagdunfällen. In all diesem Fällen ist der Täter dem Geschädigten zum Schadenersatz verpflichtet[272].

---

[267] LG Münster, Urteil vom 21.01.1983, 4 O 448/82.

[268] Keine Ersatzpflicht für die Beschädigung einer Loipe auf einem Waldweg; LG Braunschweig, Urteil vom 23.10.1985; 12 S 119/85.

[269] Vgl BGB-RGRK/Kreft Rn 18.

[270] Staudinger/Detlev W. Belling/Christina Eberl-Borges (2002), § 835 BGB, Rn. 29.

[271] Staudinger/Detlev W. Belling/Christina Eberl-Borges (2002), § 835 BGB, Rn. 28.

[272] Zur Abgrenzung Jagdschaden-Deliktschaden: OLG Düsseldorf, Urteil vom 28.01.2004, I-15 U 66/01.

Beispiele:

- Die Kugel verfehlt ihr Ziel und trifft im Hintergrund einen Wanderer.
- Verletzung eines anderen durch leichtfertigen Umgang mit der Waffe.
- Verletzung eines fremden Jagdhundes durch die Randschrote.
- Der Jagdhund beißt einen Dritten oder dessen Hund.
- Unerlaubter Abschuss fremder Hunde und Katzen.
- Schaden am Zaun durch Abrutschen mit dem PKW vom Waldweg.

Zahlenmäßig dürften in der heutigen Zeit die Jagdunfälle mit Waffen einen erheblichen Umfang der jagdlichen Deliktshaftung einnehmen. Bei Gesellschaftsjagden haftet der Jagdpächter regelmäßig nicht für die Jäger nach Deliktsrecht als Geschäftsherr nach § 831 BGB. Allerdings gilt hier die Haftung des § 33 Abs. 2 BJG. Eine Haftung nach § 831 BGB wäre allerdings gegeben, wenn er z.b. nicht geeignete Personen bei der Jagdausübung zulässt oder er keine notwendigen Sicherungsvorkehren vornimmt. Er kann die Gefahren nämlich mindern, indem er z.B. Warnwesten ausgibt und z.B. Warnschilder aufstellt, wobei dies nicht abschließend ist. Auch Ersatzansprüche aus § 823 Abs. 2 BGB wegen Verletzung eines Schutzgesetzes sind nicht ausgeschlossen. Verletzt der Jäger schuldhaft einen Hund, so ist dies ein Verstoß gegen § 303 StGB. Diese Norm gilt als Schutzgesetz[273].

Daneben gilt es, die Haftungstatbestände des § 832 BGB (Haftung des Aufsichtpflichtigen z.B. für Inhaber von Jugendjagdscheinen[274]) und des § 833 (Tierhalterhaftung) zu beachten. Mit der Frage der Tierhalterhaftung bei Wildunfällen hat sich das Landgericht Gera beschäftigt. Ein Autofahrer klagte, weil ihm ein Stück Schwarzwild ins Auto gelaufen war. Wegen des Unfalls verlangte er vom Jagdpächter Schmerzensgeld. Eine Gesellschaftsjagd fand zu diesem Zeitpunkt nicht statt. Gleichwohl war der Jagdpächter zufällig in der Nähe. Das Landgericht hat die Klage abgewiesen und ausgeführt, dass den Pächter kein Verschulden treffe. Der Autofahrer hätte seine Geschwindigkeit wegen des Wildwechselschildes anpassen müssen.[275] Damit wurde klargestellt, dass die Gefährdungshaftung des § 833 Satz 1 BGB nicht vorlag, da diese verschuldensunabhängig ist. Ein Revierinhaber ist kein Tierhalter oder Tieraufseher für das die Fahrbahn überquerende Schwarzwild. Tierhalter ist, wer über das Tier bestimmen kann, aus eigenem Interesse für die Kosten des Tieres aufkommt und das Risiko seines Verlustes trägt.[276] Die Haftung des § 836 BGB kann sich z.B. aus dem Einsturz einer jagdlichen Einrichtung ergeben[277].

Die Jagdhaftpflichtversicherung, die Voraussetzung für die Erteilung des Jagdscheins ist (§ 17 Abs. 1 Nr. 4 BJG), erstattet Deliktschäden, die der Jäger verursacht hat. Sie ersetzt aber keine Wildschäden.

---

[273] AG Neuss, Jagdr Entsch, Bd VII, Sachg XI, Nr 73.
[274] Vgl. zu den Sorgfaltspflichten § 16 BJG.
[275] LG Gera, Az.: 1 S 2751/05.
[276] Palandt, Bürgerliches Gesetzbuch, Kommentar, 68. Auflage 2009, § 833, Rn. 10.
[277] Hierzu mit guter Übersicht: Staudinger/Detlev W. Belling/Christina Eberl-Borges (2002), § 835 BGB, Rn. 40, auch zur Haftung eines behördlich bestätigten Jagdaufsehers nach § 839 BGB, Art. 34 GG.

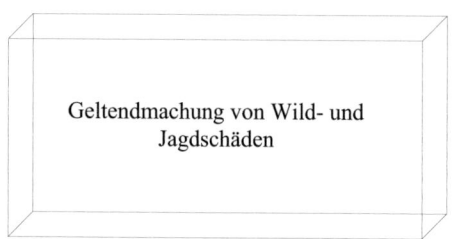

Geltendmachung von Wild- und Jagdschäden

Während für Deliktschäden das allgemeine zivilrechtliche Verfahren anzustreben ist, sind Wild- und Jagdschäden grundsätzlich bei der Gemeinde, auf deren Gebiet das Grundstück liegt auf dem der Schaden entstanden ist, anzumelden (§ 34 Abs. 1 LJG-NW). Handelt es sich um ein der Gemeinde gehörendes Grundstück, hat die Anmeldung bei deren Aufsichtsbehörde zu erfolgen (§ 34 Abs. 2 LJG-NW).

Nach der Vorschrift des § 34 BJG erlischt der Anspruch auf Ersatz von Wild- oder Jagdschäden, wenn der Berechtigte den Schadensfall nicht **binnen einer Woche**[278] nach Schadenskenntnis oder Kenntnismöglichkeit bei Beachtung gehöriger Sorgfalt bei der für das beschädigte Grundstück zuständigen Behörde anmeldet. Bei Schäden an **forstwirtschaftlich** genutzten Grundstücken genügt es, wenn er zweimal im Jahr, jeweils zum **1. Mai oder 1. Oktober** angemeldet wird. Diese Fristen sind Ausschlussfristen und keine Verjährungsfristen. Ihre Versäumung macht den Anspruch hinfällig.

Für die Berechnung der Frist gelten die §§ 187 ff. BGB. Wird z.B. ein Schaden an einem Donnerstag festgestellt, so läuft die Anmeldefrist am Donnerstag der kommenden Woche um 24.00 Uhr ab (§ 188 Abs. 2 BGB). Fällt das Ende der Frist auf einen Sonntag, staatlich anerkannten Feiertag oder einen Samstag, so endet die Frist erst am nächstfolgenden Werktag um 24.00 Uhr (§ 193 BGB). Die Frist endet also mit dem Ablauf des siebten Tages, wenn dieser nicht auf einen Sonn- oder gesetzlichen Feiertag fällt; sonst mit dem nächst folgenden Werktag.

Die Frist beginnt mit dem Tag, der der Kenntnisnahme vom Schadensereignis folgt oder der verschuldeten Unkenntnis. Bereits der nahe liegende Verdacht eines Wildschadens kann für den Fristbeginn ausreichend sein[279]. Für den Fristbeginn ist es unerheblich, ob dieser ein Wochen-, ein Sonn- oder gesetzlicher Feiertag ist.

Wird der Schaden zunächst bei einer unzuständigen Behörde gemeldet, so ist die Frist nur gewahrt, wenn diese die Schadensmeldung noch innerhalb der Frist so rechtzeitig an die zuständige Behörde weiterleitet, dass sie dort vor Fristablauf eingeht.

Die Meldepflicht besteht für jeden einzelnen Schadensfall. Tritt demnach nach dem Ortstermin ein neuerlicher Schadensfall ein, so muss dieser erneut angemeldet und ein neuer Ortstermin bestimmt werden.

Die Anmeldung kann schriftlich durch Brief oder Postkarte erfolgen und muss vom Geschädigten eigenhändig unterschrieben sein. Die mündliche Anmeldung ist in einer Niederschrift festzulegen. Dabei muss man ersehen können, dass ein Wild- oder Jagdschaden behauptet und hierfür ein Ersatzanspruch erhoben wird.

---

[278] Zur Beweislast im Klageverfahren: AG Lichtenfels, Urteil vom 05.04.2006, 1 C 338/05.
[279] Staudinger/Detlev W. Belling/Christina Eberl-Borges (2002), § 835 BGB, Rn. 43.

Nach § 35 BJG können die Länder in Wild- und Jagdschadenssachen das Beschreiten des ordentlichen Rechtsweg davon abhängig machen, dass nunmehr ein **Feststellungsverfahren** vor einer Verwaltungsbehörde (sog. Vorverfahren) stattfindet, in dem über den Anspruch eine vollstreckbare Verpflichtungserklärung (Anerkenntnis oder Vergleich) aufzunehmen oder eine nach Eintreten der Rechtskraft vollstreckbare Entscheidung (Vorbescheid) zu erlassen ist. Diese Ermächtigung enthält keine Einschränkung bezüglich der Eigenjagdbezirke. Sie gilt vielmehr für alle gesetzlichen Wild- und Jagdschadenssachen.

Derartige Vorverfahren sind sehr sinnvoll. Die Feststellung eines tatsächlich vorhandenen Wildschadens muss sehr früh erfolgen, da mit längerer Dauer der Feststellung die Prüfung durch Witterungseinflüsse wie Regen- und Schneefall, Frost, Dürre und Hagelschlag wesentlich erschwert wird. Unter Umständen kann das ursprüngliche Schadensbild überhaupt nicht mehr erkannt werden. Das Vorverfahren dient der raschen Ermittlung der notwendigen Feststellung, die in dieser Geschwindigkeit von den Gerichten nicht bewältigt werden könnte. Zudem entlastet das Vorverfahren die Gerichte wesentlich, da hier bereits die überwiegende Anzahl der Schadensfälle zur Einigung gelangt.

Von der Möglichkeit des Vorverfahrens haben die Länder durch Gesetz oder Verordnung Gebrauch gemacht. Wegen der Einzelheiten wird auf die Regelungen der Länder verwiesen. Auch soweit es in einzelnen Landesregelungen nicht ausdrücklich aufgeführt ist, bleibt es den Beteiligten unbenommen, Wild- und Jagdschadenssachen ohne behördliche Mitwirkung im Wege einer freiwilligen Übereinkunft zu regeln.

In Wild- und Jagdschadenssachen kann die Gemeinde selbst als Eigentümerin von beschädigten Grundstücken, als Ersatzpflichtige oder als Notvorstand der Jagdgenossenschaft (§ 9 Abs. 2 BJG) beteiligt sein. Ist dies der Fall, so ist sie in entsprechender Anwendung der §§ 41 ff. ZPO an der Durchführung des Vorverfahrens gehindert. Alsdann ist unter Anwendung der Vorschriften der Verwaltungsverfahrensgesetze der Länder eine andere Gemeinde von der Aufsichtsbehörde für zuständig zu erklären; es sei denn, die Landesjagdgesetze enthalten hierzu besondere Regelungen.

In Nordrhein-Westfalen bestimmt § 35 LJG, dass die zuständige Gemeinde von der Aufsichtsbehörde zu benennen ist, wenn die Gemeinde selbst als Inhaberin eines Eigenjagdbezirks oder als Notvorstand einer Jagdgenossenschaft beteiligt ist.

Die Geltendmachung des Anspruchs auf Wild- oder Jagdschadensersatz im zwingenden Vorverfahren durchläuft einzelne Stufen.[280] Diese Stufen werden wie folgt benannt:

Feststellungstermin

Ist ein Wild- oder Jagdschaden rechtzeitig und in der rechten Form gemeldet, so hat die zuständige Behörde unverzüglich einen Termin an Ort und Stelle anzuberaumen, in dem der behauptete Schaden zu ermitteln ist und auf eine gütliche Einigung hingewirkt werden soll. Zu diesem Termin sind zu laden:

- der Geschädigte,
- der Entschädigungspflichtige,

---

[280] Vgl. §§ 37 ff. LJG NW.

- der Jagdvorstand (in den Fällen des § 29 Abs. 1 BJG),
- der Jagdpächter, sofern er den Wildschaden ganz oder teilweise zu erstatten hat,
- der Eigentümer oder Nutznießer des Jagdbezirkes in den Fällen des § 29 Abs. 2 BJG,
- (den Wildschadenschätzer).

Der Schätzer soll zu dem Termin geladen werden, wenn ein Beteiligter dies beantragt. Zur Abschätzung von Wild- und Jagdschäden bestellt die untere Jagdbehörde Wildschaden-schätzer. Für jede Gemeinde sind mindestens ein Schätzer und ein Stellvertreter widerruflich für fünf Jahre zu bestellen. Die untere Jagdbehörde verpflichtet die Schätzer durch Handschlag, ihre Aufgabe unparteiisch und nach bestem Wissen und Gewissen zu erfüllen. Ist der Schätzer oder eine in gerader oder in der Seitenlinie 1. Grades mit ihm verwandte Person oder sein Ehegatte oder ihre eingetragene Lebenspartnerin oder sein Lebenspartner an einem Wildschadenverfahren beteiligt, so ist er von der Feststellung des Schadens ausgeschlossen. Zur Abschätzung von Wild- und Jagdschäden an Forstpflanzen bestellt die untere Jagdbehörde als Schätzer Forstsachverständige.

Verschiebung des Termins

Jeder Beteiligte kann in dem Termin beantragen, dass die Feststellung des Schadens in einem späteren Termin kurz vor der Ernte erfolgen soll (außer Niedersachsen). Diesem Antrag muss stattgegeben werden. Über die Verhandlung ist eine Niederschrift zu fertigen.

Gütliche Einigung

Kommt in dem Termin am Schadensort eine gütliche Einigung zustande, so ist hierüber eine Niederschrift zu fertigen, die von allen Beteiligten sowie dem Vertreter der Gemeinde zu unterzeichnen ist. Die Niederschrift muss folgende Angaben enthalten:

- Name des Ersatzpflichtigen,
- Name des Ersatzberechtigten,
- Art der Erstattung,
- Höhe der Erstattung,
- Zeitpunkt der Erstattung,
- Erstattung der Kosten.

Als Kosten kommen nur in Ansatz die notwendigen Auslagen der Gemeinde, insbesondere Reisekosten und Gebühren der Schätzer, Auslagen und Postgebühren. Die den Beteiligten erwachsenen Kosten werden nicht erstattet.

Kommt eine gütliche Einigung nicht zustande, so ist unverzüglich ein neuer Termin anzusetzen, zu dem auch ein Wildschadensschätzer, bei Schäden an Forstflächen ein Forstsachverständiger zu laden ist. Ist der Schätzer am Schadensort nicht anwesend, so ist ein neuer Termin anzuberaumen, zu dem auch der Schätzer zu laden ist (Brandenburg, Mecklenburg-Vorpommern, Nordrhein-Westfalen und Sachsen-Anhalt).

Feststellung des Schadens

Bei der Feststellung des Wild- und Jagdschadens ist folgendes zu beachten:

1. Ist der Schaden durch ein jagdbares Tier entstanden?
2. Durch welches jagdbare Tier ist der Schaden entstanden?
3. Ist der Schaden durch Such- oder Treibjagd entstanden?
4. Auf welchen evtl. anderen Ursachen kann der Schaden zurückzuführen sein?
5. Besteht für die festgestellte Wildart eine Ersatzpflicht?
6. Welchen Umfang hat der entstandene Wildschaden?
7. Welchen Ertrag hätte das Grundstück ohne Beschädigung durch Wild gebracht bzw. welchen Ertrag liefert eine Ersatzfläche?
8. Wie hoch ist der entstandene Wildschaden?

Zu ersetzen ist der Schaden, der durch Äsen, Fegen, Verbiss, Lagern, Scharren, Aufbrechen des Bodens, Schälen der Bäume und Sträucher sowie durch Such- und Treibjagden verursacht wird.

Nicht zu ersetzen ist der Schaden, der dadurch entsteht, dass ein Fuchs, Marder usw. Hühner oder Tauben tötet oder Eier raubt.

Zu beachten ist ferner, dass Ertragsverluste häufig geringer sind, als nach dem Ausmaß von Blatt- und Pflanzenverlusten zu erwarten wäre. Viele Kulturpflanzen besitzen eine beachtliche Regenerationsfähigkeit und reagieren auf einen leichten Schaden sogar mit Überkompensierung.

Häufig kam es bei Schäden durch Schwarzwild zu Unstimmigkeiten zwischen dem ersatzpflichtigem Jagdausübungsberechtigten und dem geschädigten Landwirt bei Mais. Die Jäger wollen eine Unterscheidung hinsichtlich der Schadenshöhe bei Energiemais und Silomais. Demnach soll Energiemais einen geringeren Schaden beinhalten als Silomais. Der Wildschadensschätzer Dr. Volker Wolfram sieht dies anders und möchte eine solche Unterscheidung nicht vornehmen[281]. Er zeigt auf, dass bei Energiemais durchaus höhere Schäden denkbar sind. Dies gilt insbesondere dann, wenn zukünftig spezielle Biogasmaissorten verfügbar sind[282].

Vorbescheid

Auf der Grundlage der in eine Niederschrift aufzunehmenden Schätzung setzt die zuständige Behörde den Schaden durch einen Vorbescheid fest, soweit das Landesrecht einen solchen vorsieht. Der Vorbescheid ist den Beteiligten gegen Nachweis zuzustellen. Nach Zustellung ist der Bescheid vollstreckbar, soweit nicht landesrechtliche Vorschriften eine besondere Schonfrist vorsehen.

In Brandenburg, Nordrhein-Westfalen und Hamburg wird kein besonderer Vorbescheid erteilt. Hier versucht die Gemeinde aufgrund der Schätzungen unter Berücksichtigung des Verhandlungsergebnisses eine gütliche Einigung der Beteiligten. Kommt eine solche nicht

---

[281]Wolfram, Schäden an Mais richtig bewerten, Sonderdruck aus DLZ Heft 9/2005, Seite 138.
[282]Wolfram, Schäden an Mais richtig bewerten, Sonderdruck aus DLZ Heft 9/2005, Seite 141.

zustande, so ist dies in der im Vorverfahren angefertigten Niederschrift festzustellen und diese Niederschrift mit einer Belehrung über die Frist für die Klageerhebung versehend, an die Beteiligten zuzustellen.

Die Schätzer erhalten für ihre Tätigkeit und den damit verbundenen Zeitaufwand eine Vergütung in Höhe von 20 Euro für jede angefangene Stunde, höchstens 100 Euro für einen Tag und Ersatz ihrer Reisekosten nach den für Beamte der Reisekostenstufe B geltenden Vorschriften des Reisekostenrechts des Landes (§ 38 DVO LJG-NRW).

Gegen den Vorbescheid steht den Parteien das Klagerecht zu. Diese ist binnen einer Notfrist von zwei Wochen zu erheben. Diese Frist kann nicht verlängert werden und läuft auch während eventueller Gerichtsferien. Wird die Frist versäumt, ist lediglich die Wiedereinsetzung in den vorherigen Stand möglich. Hierzu bedarf es jedoch bestimmter Voraussetzungen, die erfüllt sein müssen.

Sachlich zuständig ist bei Wildschäden nach § 23 Nr. 2 d GVG, ohne Rücksicht auf die Höhe des Streitwerts, stets das Amtsgericht, bei Jagdschäden abhängig vom Streitwert das Amtsgericht für Schäden bis einschließlich € 5.000,00 und darüber das Landgericht.

Merke:	
Örtlich zuständige Behörde:	Gemeinde (§ 34 LJG-NW)
Wildschadenschätzer Bestellende Behörde:	Untere Jagdbehörde (§ 36 LJG-NW)
Gütliches Verfahren:	Nach § 37 und 38 LJG-NW
Kein gütliches Verfahren:	Nach § 39 LJG-NW
Streitiges Verfahren:	Amtsgericht, § 23 Nr. 2 d GVG

Vertragliche Vereinbarungen

In der Regel werden die Verpflichtungen zu Wildschadensersatz und Wildschadensverhütung im Jagdpachtvertrag auf den Pächter abgewälzt. In der Praxis hat es sich eingebürgert, auf formularmäßig vorgefertigte Mustervertragstexte zurückzugreifen. Diese unterliegen häufig der Inhaltskontrolle der §§ 305 ff. BGB, da sie mehrfach Verwendung finden.

Formularmäßig abgefasste Wildschadensklauseln, in denen Wildschadensersatz und Wildschadensverhütungsaufwendungen betragsmäßig und unaufgeschlüsselt zusammengefasst werden, verstoßen gegen das in § 307 BGB geregelte Bestimmtheits- und Transparenzgebot und sind deshalb unwirksam[283].

---

[283] OLG Hamm, NJW-RR 1995, 624 ff.

Fragenkatalog zum 7. Teil

1. Die Schäden welcher Wildtierarten sind ersatzpflichtig?

2. Wer ist nach dem Gesetz grundsätzlich zum Ersatz des Wildschadens im gemeinschaftlichen Jagdbezirk verpflichtet?

3. Sie erlegen im Weizenschlag ein Stück Schwarzwild. Bei der Bergung des Stückes entsteht im Weizen eine Schleifspur. Um welchen speziellen Schaden handelt es sich?

4. Darf der Eigentümer eines Grundstückes zur Wildschadenverhütung Schutzmaßnahmen treffen?

5. Bis zu welchen Terminen sind Wildschäden an forstwirtschaftlich genutzten Flächen bei der zuständigen Behörde anzumelden?

1. Die durch Schalenwild, Wildkaninchen und Fasanen angerichteten Schäden, soweit im Jagdpachtvertrag nicht Abweichendes geregelt ist (§ 29 Abs. 1 BJG).

2. Grundsätzlich die Jagdgenossenschaft, soweit die Ersatzpflicht nicht vertraglich auf den Jagdpächter übergegangen ist (§ 29 Abs. 1 Satz 1 BJG).

3. Es handelt sich um einen Jagdschaden (§ 33 BJG).

4. Ja, er darf zur Verhütung von Wildschäden das Wild von Grundstücken abhalten und verscheuchen (§ 26 BJG).

5. Anmeldeschluss ist zum 01.05. oder zum 01.10. (§ 34 Satz 2 BJG).

8. Teil: Jagdschutz

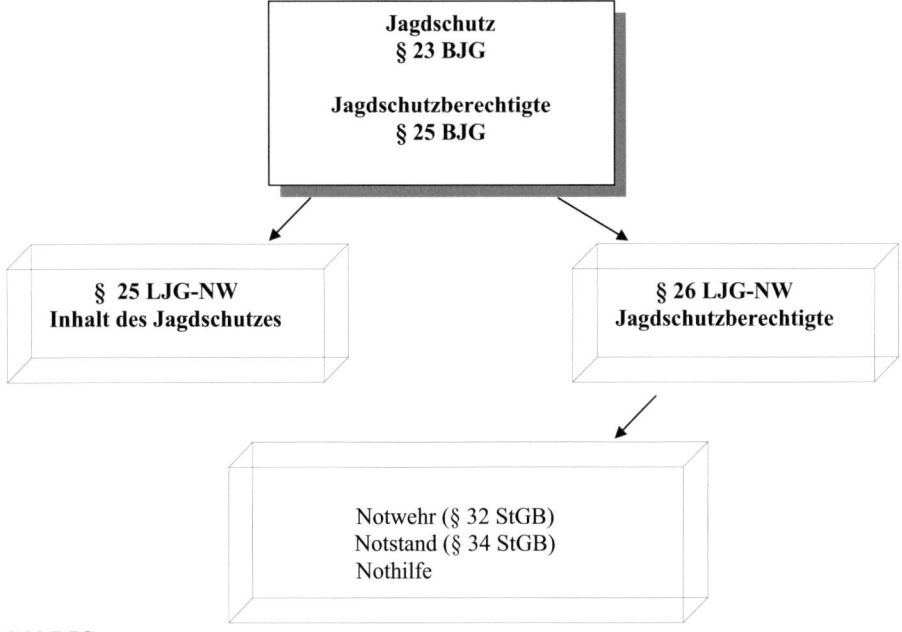

§ 23 BJG

Der Jagdschutz umfasst - nach näherer Bestimmung durch die Länder - den Schutz des Wildes insbesondere vor Wilderern, Futternot, Wildseuchen, vor wildernden Hunden und Katzen sowie die Sorge für die Einhaltung der zum Schutz des Wildes und der Jagd erlassenen Vorschriften.

§ 25 LJG-NW

(1) Der Jagdausübungsberechtigte ist verpflichtet, bei witterungs- oder katastrophenbedingtem Äsungsmangel, insbesondere bei vereister oder hoher Schneedecke oder nach ausgedehnten Waldbränden (Notzeiten), für eine angemessene Wildfütterung zu sorgen. Kommt der Jagdausübungsberechtigte dieser Verpflichtung nicht nach, so kann die untere Jagdbehörde die Erfüllung der Verpflichtung nach den Vorschriften des Verwaltungsvollstreckungsgesetzes für das Land Nordrhein-Westfalen durchsetzen.

(2) Unbeschadet des Absatzes 1 darf Schalenwild nur in der Zeit vom 1. Dezember bis zum 30. April gefüttert werden. Außerhalb dieser Zeit ist die Fütterung von Niederwild nur unter Benutzung von Fütterungseinrichtungen zulässig, die eine Futteraufnahme durch Schalenwild ausschließen. Aus Gründen der Wildschadensverhütung kann die untere Jagdbehörde Ablenkungsfütterungen für Schwarzwild genehmigen. Zur Fütterung dürfen Küchenabfälle, Schlachtabfälle, Fische, Fischabfälle, Backwaren oder Südfrüchte nicht verwendet werden. Die Verbesserung der in einem Jagdrevier vorhandenen natürlichen Äsungsflächen (Wildäcker) gilt nicht als Fütterung. Auf Schalenwild, das in Jagdgattern (§ 21 Abs. 4) gehalten wird, findet Satz 1 keine Anwendung.

(3) Das Ministerium wird ermächtigt, durch Rechtsverordnung im Interesse der Wildschadensverhütung, der Erhaltung eines gesunden Wildbestandes, der Abschusserfüllung, der Vermeidung ökologischer Beeinträchtigungen und zur Verhinderung von Missbräuchen Vorschriften über die Fütterung und Kirrung von Wild zu erlassen. Dabei kann es insbesondere Futter- und Kirrmittel sowie Fütterungs- und Kirrungseinrichtungen vorschreiben oder ausschließen und Beschränkungen über die Regelung in Absatz 2 hinaus festlegen. Ferner kann die Art der Ausbringung von Futter- und Kirrmitteln näher geregelt werden[284].

§§ 27 ff. DVO LJG-NRW

§ 27 DVO LJG-NRW)
Verbote
(1) Über die Verbote des § 19 Abs. 1 Bundesjagdgestz hinaus ist verboten, die Jagd auf Wasserfederwild an und über Gewässern unter Verwendung von Bleischrot auszuüben.

(2) Verboten ist,
1. Schalenwild außer Schwarzwild an Lockfütterungen (Kirrungen) zu erlegen,
2. Schalenwild ausgenommen bei Drückjagden in einem Umkreis von 200 Metern von Fütterungen oder Ablenkungsfütterungen zu erlegen,
3. in Notzeiten Schwarzwild in einem Umkreis von 200 Metern von Kirrungen zu erlegen.

(3) Über die Beschränkungen des § 25 Abs. 2 Sätze 1 und 4 LJG-NRW hinaus ist verboten,
1. Schalenwild außer Schwarzwild durch Ausbringen von Futter- oder Kirrmitteln anzulocken (kirren),
2. Schwarzwild außerhalb einer vom zuständigen Veterinäramt festgestellten Notzeit zu füttern,
3. Schwarzwild in anderer Weise als in § 28 dieser Verordnung festgelegt zu kirren oder zu füttern,
4. Rehwild außerhalb von Notzeiten zu füttern; hiervon ausgenommen ist die Gewöhnungsfütterung mit kräuterreichem Grasheu,
5. Futter- oder Kirrmittel in Gewässer einzubringen oder in Uferbereichen auszubringen,
6. zur Fütterung von Schalenwild außer Schwarzwild andere Futtermittel als Heu oder Grassilage zu verwenden,
7. Stoffe mit pharmakologischer Wirkung oder Futtermittelzusatzstoffe an Wild zu verabreichen, soweit dies nicht behördlich angeordnet, veranlaßt oder genehmigt worden ist; hiervon ausgenommen sind Stoffe, die ausschließlich als Silierhilfe eingesetzt werden.
8. tierische Fette und tierisches Eiweiß sowie Futtermittel, die diese Stoffe enthalten, an Wild zu verfüttern oder als Kirrmittel einzusetzen.

§ 28 DVO LJG-NRW
Kirrung und Fütterung von Schwarzwild
(1) Die Kirrung von Schwarzwild ist nur zulässig, wenn
1. im Jagdbezirk oder -revier nicht mehr als 1 Kirrstelle je angefangene 100 Hektar bejagbarer Fläche angelegt wird,
2. keine Fütterungs- oder Kirreinrichtungen verwendet werden,
3. als Kirrmittel ausschließlich Getreide einschließlich Mais ausgebracht wird,
4. die Menge des Kirrmittels zu jedem Zeitpunkt nicht mehr als 1 Liter je Kirrstelle beträgt,
5. das Ausbringen des Kirrmittels von Hand erfolgt,
6. das Kirrmittel in den Boden eingebracht oder mit bodenständigem Material so abgedeckt wird, dass die Aufnahme durch anderes Schalenwild ausgeschlossen ist, und

---

[284] Entscheidung zur unklaren Rechtslage: AG Bonn, Beschl. v. 29.04.2010, Az.: 71 OWi-336 Js 305/10.

7. die Kirrstellen der unteren Jagdbehörde unter Beifügung eines Lageplanes im Maßstab von 1:10 000 oder 1:25 000 vorher angezeigt worden sind.

(2) Die Fütterung von Schwarzwild in Notzeiten nach 27 dieser Verordnung und nach § 25 Abs. 2 Satz 3 LJG-NRW ist nur zulässig, wenn die Futteraufnahme durch anderes Schalenwild ausgeschlossen ist. § 25 Abs. 2 Satz 4 LJG-NRW bleibt unberührt.

§ 29 DVO LJG-NRW
Beseitigung verbotswidriger Fütterungen und Kirrungen

(1) Die oder der Jagdausübungsberechtigte ist verpflichtet, verbotswidrige Fütterungen oder Kirrungen unverzüglich zu beseitigen.

(2) Kommt die oder der Jagdausübungsberechtigte der Verpflichtung nach Absatz 1 nicht nach, so kann die untere Jagdbehörde die erforderlichen Maßnahmen nach dem Ordnungsbehördengesetz (OBG) anordnen.

§ 35 DVO LJG-NRW
Ausnahmen

Die untere Jagdbehörde kann im Einzelfall Ausnahmen von den Verboten des § 27 Absatz 2 und 3 zulassen, soweit dies aus Gründen der Wildhege, zur Vermeidung von übermäßigen Wildschäden oder zu wissenschaftlichen Zwecken, Lehr- und Forschungszwecken erforderlich ist. Sie bedarf hierzu des Einvernehmens mit der Forschungsstelle für Jagdkunde und Wildschadenverhütung.

§ 36 DVO LJG-NRW
Ordnungswidrigkeiten

(1) Ordnungswidrig im Sinne des § 55 Abs. 2 Nr. 9 LJG-NRW handelt, wer

1. einem Verbot des § 27 zuwiderhandelt,
2. entgegen § 28 Absatz 1 Nr. 7 die Kirrstellen der unteren Jagdbehörde nicht angezeigt hat,
3. entgegen § 29 Absatz 1 verbotswidrige Fütterungen oder Kirrungen nicht beseitigt.

...

(4) Die zur Ausübung des Jagdschutzes berechtigten Personen sind befugt,

1. Personen, die in einem Jagdbezirk unberechtigt jagen oder eine sonstige Zuwiderhandlung gegen jagdrechtliche Vorschriften begehen oder außerhalb der zum allgemeinen Gebrauch bestimmten Wege zur Jagd ausgerüstet angetroffen werden, anzuhalten, ihre Person festzustellen und ihnen gefangenes und erlegtes Wild, Schuss- und sonstige Waffen, Jagd- und Fanggeräte, Hunde und Frettchen abzunehmen;

2. wildernde Hunde und Katzen abzuschießen. Als wildernd gelten Hunde, die im Jagdbezirk außerhalb der Einwirkung ihres Führers Wild aufsuchen, verfolgen oder reißen, und Katzen, die im Jagdbezirk in einer Entfernung von mehr als 200 m vom nächsten Haus angetroffen werden. Die Befugnis erstreckt sich nicht auf solche Hunde und Katzen, die sich in Fallen gefangen haben, es sei denn, die unverzügliche Tötung ist aus Gründen des Tierschutzes geboten. Sie gilt auch nicht gegenüber Hirten-, Jagd-, Blinden- und Polizeihunden, soweit sie als solche kenntlich sind und solange sie von dem Berechtigten zu seinem Dienst verwandt oder sich aus Anlass des Dienstes vorübergehend der Einwirkung ihres Führers entzogen haben.

(5) Der Jagdausübungsberechtigte ist verpflichtet, sich bei Ausübung des Jagdschutzes im Sinne von Absatz 4 auf Verlangen durch Vorzeigen eines Jagdschutzausweises auszuweisen, es sei denn, dass ihm dies aus Sicherheitsgründen nicht zugemutet werden kann. Der Jagdschutzausweis wird von der zuständigen unteren Jagdbehörde für die Dauer der Jagdausübungsberechtigung ausgestellt.

(6) Die Befugnis nach Absatz 4 Nr. 2 steht mit Erlaubnis des Jagdausübungsberechtigten auch dem Jagdgast zu. Übt dieser die Jagd ohne Begleitung des Jagdausübungsberechtigten aus, so gilt dies nur, wenn er einen Erlaubnisschein des Jagdausübungsberechtigten mit sich führt, in dem die Befugnis nach Satz 1 eingetragen ist.

(7) Die untere Jagdbehörde kann im Einzelfall im Einvernehmen mit dem Amtstierarzt die erforderlichen Anordnungen treffen, um das Auftreten oder die Ausbreitung von Wildseuchen zu verhindern. Viehseuchenrechtliche Vorschriften bleiben unberührt.

§ 25 BJG

(1) Der Jagdschutz in einem Jagdbezirk obliegt neben den zuständigen öffentlichen Stellen dem Jagdausübungsberechtigten, sofern er Inhaber eines Jagdscheins ist, und den von der zuständigen Behörde bestätigten Jagdaufsehern. Hauptberuflich angestellte Jagdaufseher sollen Berufsjäger oder forstlich ausgebildet sein.

(2) Die bestätigten Jagdaufseher haben innerhalb ihres Dienstbezirkes in Angelegenheiten des Jagdschutzes die Rechte und Pflichten der Polizeibeamten und sind Hilfsbeamte der Staatsanwaltschaft, sofern sie Berufsjäger oder forstlich ausgebildet sind. Sie haben bei der Anwendung unmittelbaren Zwanges die ihnen durch Landesrecht eingeräumten Befugnisse.

> Die Rechte und Pflichten der Polizeibeamten ergeben sich aus § 152 Abs. 1 GVG (Folgeleistung auf Anordnung der Staatsanwaltschaft), §§ 81, 81a, 98, 105 und 163 StPO.
>
> § 152 Abs. 1: „Hilfsbeamte der Staatsanwaltschaft sind in dieser Eigenschaft verpflichtet, den Anordnungen der Staatsanwaltschaft ihres Bezirks und der dieser vorgesetzten Beamten Folge zu leisten."

§ 26 LJG-NW

(1) Der Jagdausübungsberechtigte kann zur Beaufsichtigung der Jagd volljährige, zuverlässige Personen, die Inhaber eines Jahresjagdscheins sind, als Jagdaufseher anstellen. Mehrere Jagdausübungsberechtigte können für ihre aneinandergrenzenden Jagdbezirke einen gemeinsamen Jagdaufseher bestellen; dieser soll Berufsjäger oder forstlich ausgebildet sein.

(2) Ein Jagdaufseher muss bestellt werden, wenn die untere Jagdbehörde dies verlangt. Das Verlangen ist nur zulässig, wenn ohne die Bestellung ein Jagdbezirk ohne gehörigen Schutz sein würde. Bei Jagdbezirken über 1000 ha muss der Jagdaufseher Berufsjäger[285] oder forstlich ausgebildet sein. Bei verpachteten Staatsjagdbezirken entscheidet die untere Jagdbehörde im Benehmen mit der unteren Forstbehörde.

(3) Die mit dem Jagdschutz beauftragten Forstbeamten des Staates, der Gemeinden, der Gemeindeverbände und der Landwirtschaftskammern sind bestätigte Jagdaufseher. Im Übrigen darf als Jagdaufseher nur bestätigt werden, wer geeignet und zuverlässig ist. Die

---

[285] Berufsjäger im Sinne dieser Vorschrift sind Personen, die bis zum 31.07.1982 nach der Berufsjägerausbildung des Deutschen Jagdschutz-Verbandes e.V. oder der Landesverordnung zur Ausführung des Bayerischen Jagdgesetzes oder seit dem 01.08.1982 nach der Verordnung über die Berufsausbildung zum Revierjäger/Revierjägerin ausgebildet und erfolgreich geprüft worden sind (RdErl. v. 27.10.1992).

Bestätigung bedarf der Zustimmung durch die Kreispolizeibehörde. Über die Bestätigung wird eine Bescheinigung erteilt, die der Jagdaufseher im Dienst bei sich zu tragen und bei dienstlichem Einschreiten auf Verlangen vorzuzeigen hat, es sei denn, dass ihm dies aus Sicherheitsgründen nicht zugemutet werden kann.

(4) Das Ministerium wird ermächtigt, nach Anhörung des Ausschusses für Landwirtschaft, Forsten und Naturschutz des Landtags durch Rechtsverordnung die öffentlichen Stellen zu bestimmen, denen der Jagdschutz obliegt.

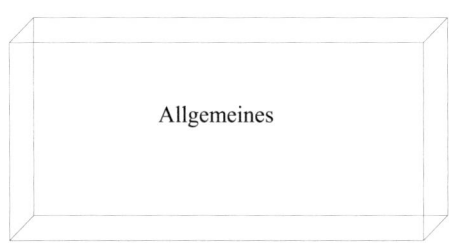

Allgemeines

Der Jagdschutz[286] umfasst das Recht und die Pflicht, das Wild präventiv gegen Gefahren aller Art zu schützen. Es beinhaltet den Schutz des Wildes vor Gefahren durch Menschen, die sich der Zuwiderhandlung gegen jagdrechtliche Vorschriften schuldig machen, durch Tiere, besonders Raubwild und Raubzeug, sowie durch sonstige Umstände, wie hauptsächlich Futternot und Wildseuchen. Ein immer wieder medienwirksames Thema ist das Erschießen von Hunden und Katzen. Diesbezüglich gibt es die Sonderregelungen der §§ 23, 25 BJG in Verbindung mit den Landesgesetzen. Zum Jagdschutz gehört insbesondere der Schutz des Wildes vor wildernden Hunden. Hierzu wurde bereits bei der Thematik der Fallenjagd ausführlich Stellung bezogen. An dieser Stelle sei der Hinweis erlaubt, dass die Vorschriften der §§ 23, 25 BJG gegenüber § 228 BGB insoweit abschließend sind, als sich der Jagdausübungsberechtigte bei Fehlen der Voraussetzungen der §§ 23, 25 BGB nicht anschließend auf § 228 BGB berufen kann[287]. § 228 BGB rechtfertigt auch strafrechtliches Handeln wegen Sachbeschädigung[288]. Sachlich kann der Jagdschutz einen vernünftigen Grund zur Tötung eines Wirbeltiers abgeben. Das Tierschutzgesetz tritt demnach zurück[289]. Ausgeschlossen ist die Tötung eines aufsichtslosen Hundes aber, wenn er keine Gefahr für das Wild darstellt, etwa weil er nahezu bewegungsunfähig auf einem Misthaufen liegt[290]. Örtlich ist der Jagdschutz mit der Waffe auf das berechtigte Jagdausübungsgebiet, also auf den festgelegten Jagdbezirk begrenzt. In befriedeten Bezirken[291] ruht die Jagd (§ 6 Satz 1

[286] Siehe auch: Axel Heider, Der Jagdschutz, NuR 1985, 94-99.
[287] Vgl. von Feldmann in: MünchKomm-BGB, 3. Aufl. 1993, § 228 Rn. 4; Repgen in: Staudinger, § 228 Rn. 7; Werner in: Staudinger, Neubearb. 2001, § 228 Rn. 30.
[288] Backmann in: jurisPK-BGB, 3. Aufl. 2006, § 228 BGB, Rn. 20.
[289] Zur Frage, wann ein Wirbeltier "ohne vernünftigen Grund" getötet wird: Bayerrisches Oberlandesgericht, Beschluss vom 21.03.1977, RReg 3 St 44/77.
[290] Bayerisches Oberlandesgericht, Beschluss vom 05.05.1993, 4 St RR 29/93.
[291] § 4 LJG-NW: Gebäude die zum Aufenthalt von Menschen dienen und Gebäude, die mit solchen Gebäuden räumlich zusammenhängen, Hofräume und Hausgärten, die unmittelbar an eine Behausung anstoßen und durch irgendeine Umfriedung begrenzt oder sonst vollständig abgeschlossen sind, Friedhöfe, Wildgehege (soweit sie nicht jagdlichen Zwecken dienen), Bundesautobahnen, Kleingartenanlagen gemäß Bundeskleingartengesetz und Dauerkleingärten gemäß Baugesetzbuch, Befriedungen durch behördliche Anordnungen.

BJG). Demnach darf hier auch kein Jagdschutz ausgeübt werden[292]. Eine Ausdehnung des Jagdschutzes auf befriedete Bezirke ist nicht möglich[293].

Der Inhalt und der Umfang des Jagdschutzes sind im Bundesjagdgesetz nur als Rahmen bestimmt (Rahmengesetz). Die Ausfüllung dieses Rahmens erfolgt durch die einzelnen Bundesländer. Nordrhein-Westfalen hat dies in der Vorschrift des § 25 LJG-NW getan.

Die Ausübung des Jagdschutzes obliegt den Jagdausübungsberechtigten. Die personelle Eingrenzung ergibt sich aus den §§ 25, 26 LJG-NW, § 25 BJG. Demnach sind zwei Hauptgruppen zu unterscheiden: zunächst die „zuständigen öffentlichen Stellen" und der „Jagdausübungsberechtigte". Zudem gibt es noch den bestätigten Jagdaufseher, den einfachen Jagdaufseher und die Jagdgäste.

Zuständige öffentliche Stellen

Durch § 26 Abs. 4 LJG-NW wird das Ministerium ermächtigt, nach Anhörung des zuständigen Landtagsausschusses durch Rechtsverordnung die öffentlichen Stellen zu bestimmten, denen der Jagdschutz obliegt. Von der Ermächtigung hat das Ministerium in Nordrhein-Westfalen bisher keinen Gebrauch gemacht. Hier gibt es daher keine öffentliche Stelle, der der Jagdschutz obliegt; auch die unteren Jagdbehörden oder die Polizeibehörden sind dies nicht. Beiden Behörden obliegt zwar die Aufgabe, Teilbereiche des Jagdschutzes wahrzunehmen, vor allem im Bereich der Verhinderung, Feststellung, Verfolgung und ggf. Ahndung von Straftaten und Ordnungswidrigkeiten, jedoch umfasst der Jagdschutz also solches wesentlich mehr als die vorgenannten Aufgabenbereiche (z.B. Bekämpfung von Wildseuchen, Fütterung in Notzeiten pp.).

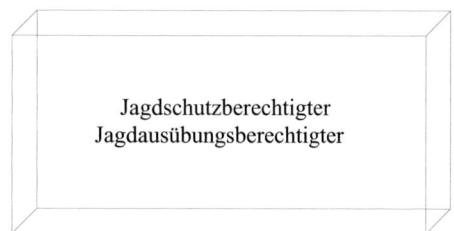

Jagdschutzberechtigter
Jagdausübungsberechtigter

Zum Kreis der Jagdschutzberechtigten gehört zunächst der Jagdausübungsberechtigte. Diesem obliegt der Jagdschutz in vollem Umfang. Jagdausübungsberechtigter ist bei verpachteten

---

[292] Zum strafrechtlichen Verbotsirrtum: Bayerisches Oberstes Landgericht, Beschluss vom 26.06.1991, RReg 4 St 194/90.
[293] Bayerisches Oberlandesgericht, Beschluss vom 05.05.1993, 4 St RR 29/93.

Jagdbezirken der Jagdpächter, bei nichtverpachteten Eigenjagdbezirken der Eigentümer oder Nutznießer, bei nicht verpachteten gemeinschaftlichen Jagdbezirken die Jagdgenossenschaft. Von mehreren Mitpächtern eines Jagdbezirkes ist jeder für sich allein jagdschutzberechtigt[294]. Der zum Jagdschutz berufene Jagdausübungsberechtigte muss aber Inhaber eines gültigen Jagdscheins[295] sein. Der Jagdausübungsberechtigte besitzt die Schutzbefugnis aber nur für seinen Jagdbezirk[296]. Der Jagdausübungsberechtigte ist verpflichtet, sich bei Ausübung des Jagdschutzes im Sinne von § 25 Abs. 4 LJG-NRW auf Verlangen durch Vorzeigen eines Jagdschutzausweises auszuweisen (vgl. auch Nr. 4 VV-LJG-NRW v. 24.1.2000), es sei denn, dass ihm dies aus Sicherheitsgründen nicht zugemutet werden kann. Die Jagdgenossenschaft selbst kann als juristische Person keinen Jagdschein lösen und damit den Jagdschutz wahrnehmen. Hier obliegt der Jagdschutz dem bestätigten Jagdaufseher.

Der Jugendjagdschein berechtigt nicht zum Jagdschutz. Er darf die Jagd nur in Begleitung einer jagdlich erfahrenen[297] Person ausüben (§ 16 BJG)[298]. Wer noch der jagdlichen Aufsicht bedarf, kann notwendigerweise nicht zu weitergehenden Schutzaufgaben befugt sein[299].

Der Jagdgast[300] ist zur Ausübung des Jagdschutzes nur im Rahmen des § 25 Abs. 6 LJG-NW befugt. Er hat lediglich eine helfende Stellung im Revier. So steht ihm der Abschuss von wildernden Hunden und Katzen nur mit ausdrücklicher Erlaubnis des Jagdausübungsberechtigen zu. Nicht bestätigte Jagdaufseher stehen hinsichtlich des Jagdschutzes dem Jagdgast gleich. Gleichwohl dürfen sie aus allgemeinem Recht gegen Wilderer gesetzmäßig vorgehen, weil Notwehr und Festnahmerecht so genannte „Jedermannsrechte" sind.

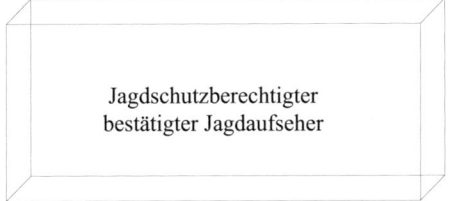

Jagdschutzberechtigter
bestätigter Jagdaufseher

Die bestätigten Jagdaufseher sind Vollzugsdienstkräfte der unteren Jagdbehörden. Sie sind Vollzugsdienstkräfte nach § 68 Abs. 1 Nr. 17 des Verwaltungsvollstreckungsgesetzes für das Land Nordrhein-Westfalen in der Fassung der Bekanntmachung vom 19. Februar 2003[301], und damit in rechtmäßiger Ausübung öffentlicher Gewalt zur Anwendung von unmittelbarem Zwang befugt. Der Gebrauch von Schusswaffen ist dabei jedoch untersagt[302]. Die Erfüllung der ihnen obliegenden Aufgaben und die rechtmäßige Ausübung der ihnen eingeräumten

[294] OLG Celle, Urteil vom 14.12.1967, 7 U 108/67.
[295] Übrigens: Auch, wenn die Verlängerung eines Jagdscheines nicht regelmäßig alle folgenden Jahre vorgenommen wurde, kann die Verlängerung beliebig oft erfolgen. Einer erneuten Prüfung bedarf es nicht.
[296] BayObLG in NStZ 81, 485.
[297] Jagdlich erfahren dürfte sein, wer mindestens einmal einen Jahresjagdschein besessen hat.
[298] Inhaber eines Jugendjagdscheins bekommen keine WBK. Sie können Waffen und Munition für die Jagd und zum Übungsschießen ausleihen. Näheres steht im § 13 (7) des Waffengesetzes.
[299] Schandau, Drees u.a., Das Jagdrecht in Nordrhein-Westfalen, 4. Auflage, 2007, Seite 222.
[300] „Wenn ein Jagdgast, der sich nicht in Begleitung des Jagdberechtigten befindet, einen wildernden Hund tötet, ist dies durch jagdrechtliche Bestimmungen nicht gerechtfertigt, sofern der Jagdgast die schriftliche Erlaubnis des Jagdberechtigten (die er besitzt) nicht mit sich führt.", LG Münster, Urteil vom 02.01.1991, 1 S 360/90.
[301] GV.NRW.S 156/SGV.NRW.2010.
[302] § 74 Verwaltungsvollstreckungsgesetz für das Land Nordrhein-Westfalen.

Befugnisse erfordern hinreichende Kenntnisse. Das LJG-NW macht daher die Bestätigung nicht nur von der persönlichen Zuverlässigkeit, sondern auch von der fachlichen Eignung abhängig. Die persönliche Zuverlässigkeit wird regelmäßig nicht mehr gesondert überprüft, da diese bereits inzident mit der Erteilung eines Jagdscheins festgestellt wurde. Nach dem Runderlass „Bestätigung von Jagdaufsehern" vom 27.10.1992 kann die fachliche Eignung als gegeben angesehen werden, wenn der Bewerber jagdpachtfähig ist und Prüfungszeugnisse des **Landesjagdverbandes NRW** über die erfolgreiche Teilnahme an einem Jagdschutzlehrgang und einem Fangjagdlehrgang vorlegt[303]. Nach dem Wortlaut dieser Verwaltungsvorschrift sind Prüfungszeugnisse außerhalb der Lehrgänge des Landesjagdverbandes NRW nicht anerkannt. Dies ist im Hinblick auf die privaten Jägerschulen bedenklich.

Die mit dem Jagdschutz beauftragten Forstbeamten des Staates, der Gemeinden, der Gemeindeverbände und der Landwirtschaftskammern sind bestätigte Jagdaufseher[304].

Die Bestätigung, bei der es sich um einen Verwaltungsakt handelt, bedarf der Zustimmung der Kreispolizeibehörde (§ 26 Abs. 3 Satz 3 LJG-NW). Die Bestätigung wird regelmäßig unter dem Vorbehalt des jederzeitigen Widerrufs zu erteilen sein. Sie erlischt automatisch mit dem Erlöschen der Bestellung. Zudem ist die Bestandskraft der Entscheidung über die Entziehung oder Nichterteilung des Jagdscheins abhängig, weil ein Jagdaufseher – anders als ein Jagdpächter – zur Erfüllung seiner Aufgaben stets im Besitz eines gültigen Jagdscheins sein muss.

Weiter sind die bestätigten Jagdaufseher verpflichtet worden, sich regelmäßig fortzubilden. Diese Fortbildung muss sich auf alle Aufgabenbereiche, insbesondere auf die Rechtsbereiche, erstrecken. Soweit die Unteren Jagdbehörden nicht selbst Fortbildungsveranstaltungen durchführen, ist der bestätigte Jagdaufseher verpflichtet, im Abstand von fünf Jahren nachzuweisen, dass er an einer qualifizierten Fortbildungsveranstaltung des Landesjagdverbandes NRW oder einer anderen geeigneten Stelle teilgenommen hat. Der Nachweis ist durch eine Teilnahmebestätigung zu führen. Liegt die letzte Bestätigung mehr als 5 Jahre zurück, so ist der Fortbildungsnachweis spätestens 1 Jahr nach In-Kraft-Treten des Runderlasses für Bestätigung von Jagdaufsehern zu erbringen. Wird der Nachweis nicht erbracht, ist die Bestätigung, soweit rechtlich zulässig, zu widerrufen. Ist ein Widerruf nicht zulässig, ist einer erneute Bestätigung erst zulässig, wenn ein Fortbildungsnachweis erbracht wird.

Ein Jagdaufseher muss bestellt werden, wenn die untere Jagdbehörde dies verlangt. Dies ist nur zulässig, wenn ohne die Bestellung ein Jagdbezirk ohne gehörigen Schutz sein würde. Für Jagdbezirke über 1000 Hektar muss dieser entweder Berufsjäger oder zumindest forstlich ausgebildet sein. Hauptberuflich angestellte Jagdaufseher sollen Berufsjäger oder forstlich ausgebildet sein (§ 25 Abs. 1 BJG).

---

[303] RdErl. d. MURL v. 27.10.1992 (MBl.NW.S.1737/SMBl.NW.7920), zuletzt geändert durch RdErl. v. 24.01.2000 (MBl.NRW.S.200).

[304] Bestätigung von Jagdaufsehern, RdErl. d. Ministeriums für Umwelt, Raumordnung und Landwirtschaft – I A 1 – 62.30.60/III B 6 – 71-28-00.00 v. 27.10.1992.

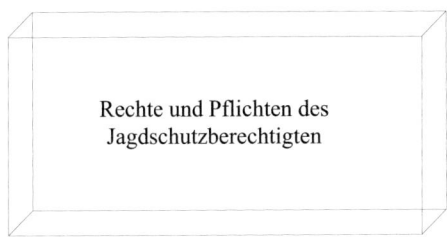

Rechte und Pflichten des
Jagdschutzberechtigten

Die rechtlichen Befugnisse des Jagdschutzberechtigten ergeben sich aus dem Recht zur Notwehr, zur vorläufigen Festnahme und aus den ihm in den einzelnen Landesjagdgesetzen eingeräumten besonderen Rechte und Pflichten.

1. Ausweispflicht

Der Jagdschutzberechtigte hat gem. § 26 Abs. 3 Satz 4 LJG-NW die Pflicht auf Verlangen den Jagdschutzausweis vorzuweisen. Dieser Ausweis wird von der zuständigen unteren Jagdbehörde für die Dauer der Jagdausübungsberechtigung ausgestellt (§ 25 Abs. 5 LJG-NW).

Der bestätigte Jagdaufseher erhält eine Bescheinigung, die er im Dienst bei sich zu tragen und bei dienstlichem Einschreiten auf Verlangen vorzuzeigen hat, es sei denn, dass ihm dies aus Sicherheitsgründen nicht zugemutet werden kann. Als Vollzugsdienstkraft hat der bestätigte Jagdaufseher gem. § 68 Abs. 2 VwVG NRW einen behördlichen Ausweis bei sich zu führen und diesen, von den angeführten Ausnahmefällen abgesehen, bei der Anwendung unmittelbaren Zwanges auf Verlangen vorzuzeigen. Der Dienstausweis für bestätigte Jagdaufseher gilt nur in Verbindung mit einem bei der Ausübung des Jagdschutzes sichtbar zu tragenden Dienstabzeichen für bestätigte Jagdaufseher, dessen Kontrollzahl in den Ausweis einzutragen ist. Die Dienstabzeichen werden von der oberen Jagdbehörde den bestätigten Jagdaufsehern ausgehändigt; sie sind nach Erlöschen der Jagdschutzberechtigung von der ausgebenden Behörde einzuziehen. Die Jagdbehörden führen Listen über die Verteilung und Ausgabe der Dienstabzeichen. Verliert der Inhaber ein solches Abzeichen, hat er den Verlust unverzüglich der ausgebenden Behörde anzuzeigen.

2. Anhalte-, Personalienfeststellung- und Abnahmerecht

Aus § 25 Abs. 4 Nr. LJG-NW ergibt sich das Anhalte-, Personalienfeststellungs- und Abnahmerecht. Das Anhalterecht umfasst die Berechtigung zur Aufforderung der Personen (z.B. Wilderer, Jagdfrevler) zum Stehenbleiben, um die erforderlichen Feststellungen über die Person (Personalien) zu treffen. Die Personalien umfassen Name, Vorname, Beruf und Wohnort. Das Anhalterecht kann vom Jagdschutzberechtigten durch unmittelbaren Zwang durchgesetzt werden. Unmittelbarer Zwang ist nach § 63 VwVG NW die Einwirkung auf Personen oder Sachen durch körperliche Gewalt, ihre Hilfsmittel und durch Waffen.
Bei der Jagdschutzausübung darf allerdings keine Schusswaffe benutzt werden (Rechtsbereinigungsgesetz vom 6.10.1987[305]. Unmittelbarer Zwang darf nur angewendet werden, wenn andere Zwangsmittel nicht zum Ziel führen oder untunlich sind. Unter mehreren möglichen und geeigneten Maßnahmen ist diejenige auszuwählen, die den

---

[305] Schon GV.NW.S.342; RdErl. d. Ministerium I A 1 – 62.30.60/III B 6 -27-28-00.00 v. 27.10.1992.

einzelnen und die Allgemeinheit am wenigsten beeinträchtigt (§ 58 Abs. 3 VwUG.NW). Hierin kommt der Grundsatz der Verhältnismäßigkeit von Mittel und Zweck zum Ausdruck. Abgesehen von Fällen echter Notwehr ist daher im Rahmen von Jagdschutz kein Fall denkbar, der die Anwendung von einer Schusswaffe rechtfertigt[306].

Bestätigte Jagdaufseher, die Berufsjäger oder forstlich ausgebildet sind, sind kraft Gesetzes Hilfsbeamte der Staatsanwaltschaft (§ 25 Abs. 2 BJG). Sie haben weitergehende Pflichten und Befugnisse. Auch ohne dass im Einzelfall eine Anordnung der Bezirksstaatsanwaltschaft erfolgt, sind sie nach § 163 StPO verpflichtet, im Rahmen ihrer Aufgabenstellung von Amts wegen strafbare Handlungen zu erforschen und alle unaufschiebbaren Anordnungen zu treffen. Zu diesem Zweck sind sie befugt, in Eilfällen körperliche Untersuchungen, Entnahme von Blutproben, Beschlagnahme von Gegenständen und Durchsuchungen von Räumen anzuordnen (§§ 81a, 98, 105 StPO).

3. Notwehr, rechtfertigender Notstand

Neben den vorbezeichneten Rechten stehen dem Jagdschutzberechtigten und jeder anderen natürlichen Person das allgemeine Notwehr- und Nothilferecht (§§ 32 ff. StGB) zu.

§ 32 StGB (Notwehr)

(1) Wer eine Tat begeht, die durch Notwehr geboten ist, handelt nicht rechtswidrig.
(2) Notwehr ist die Verteidigung, die erforderlich ist, um einen gegenwärtigen rechtswidrigen Angriff von sich oder einem anderen abzuwenden.

§ 34 StGB (rechtfertigender Notstand)

Wer in einer gegenwärtigen, nicht anders abwendbaren Gefahr für Leben, Leib, Freiheit, Ehre, Eigentum oder ein anderes Rechtsgut eine Tat begeht, um die Gefahr von sich oder einem anderen abzuwenden, handelt nicht rechtswidrig, wenn bei Abwägung der widerstreitenden Interessen, namentlich der betroffenen Rechtsgüter und des Grades der ihnen drohenden Gefahren, das geschützte Interesse das beeinträchtigte wesentlich überwiegt. Dies gilt jedoch nur, soweit die Tat ein angemessenes Mittel ist, die Gefahr abzuwenden.

Die Notwehr hat eine übergesetzliche und vorstaatliche Wurzel und ist ein Rechtfertigungsgrund, der auf dem Grundsatz beruht, dass das Recht dem Unrecht nicht zu weichen braucht. Die Verteidigung gilt daher nicht nur dem angegriffenen Rechtsgut, sondern zugleich der Bewahrung der Rechtsordnung[307].

---

[306] „Wer mit dem Ruf "Raus hier" und dem gleichzeitigen Bedrohen mit der Waffe die Insassen eines Pkw's zum Verlassen des Reviers veranlasst, macht sich zumindest der versuchten Nötigung schuldig.", AG Trier, Urteil vom 17.09.1982, 2 Js 6621/81 4 Ls.
[307] BGH in BGH 24, 356.

I. Notwehrlage
    → Angriff
    → gegenwärtig
    → rechtswidrig

II. Notwehrhandlung
    → Verteidigungshandlung
    → geeignet / erforderlich
    → Gebotenheit

III. Subjektives Rechtfertigungselement

Sozialethische Einschränkungen des Notwehrrechts
1. Krasses Missverhältnis
2. schuldlos Handelnde
3. persönliche Beziehung
4. Notwehrprovokation

Kenntnis der rechtfertigenden Umstände und Handeln zur Angriffsabwehr, str.

    - Muss nicht einziges Motiv sein.
    - Bei Nothilfe: kein Aufdrängen gegen den Willen des Angegriffenen

Angriff =   jede von einem Menschen drohende Verletzung rechtlich geschützter Interessen

gegenwärtig =   unmittelbar bevorstehend, gerade stattfindend oder noch andauernd

rechtswidrig =   objektiv im Widerspruch zur Rechtsordnung

erforderlich =   diejenige Verteidigungshandlung, die eine sofortige Beendigung des Angriffs erwarten lässt, aber gleichzeitig das relativ schonendste Mittel darstellt

Achtung!!

DER VERTEIDIGENDE MUSS

           ERST AUSWEICHEN,
           DANN DARF ER SCHUTZWEHR ÜBEN
           UND ERST DANACH ZUR TRUTZWEHR ÜBERGEHEN.

Die Verteidigung muss sich gegen den Angreifer richten. Eingriffe in Rechtsgüter unbeteiligter Dritter werden durch § 32 grundsätzlich nicht gerechtfertigt, können aber nach § 34 StGB oder nach § 904 BGB gerechtfertigt oder nach § 35 StGB entschuldigt sein.

§ 904 BGB (Notstand)

Der Eigentümer einer Sache ist nicht berechtigt, die Einwirkung eines anderen auf die Sache zu verbieten, wenn die Einwirkung zur Abwendung einer gegenwärtigen Gefahr notwendig und der drohende Schaden gegenüber dem aus der Einwirkung dem Eigentümer entstehenden Schaden unverhältnismäßig groß ist. Der Eigentümer kann Ersatz des ihm entstehenden Schaden verlangen.

§ 35 Entschuldigter Notstand

(1) Wer in einer gegenwärtigen, nicht anders abwendbaren Gefahr für Leben, Leib oder Freiheit eine rechtswidrige Tat begeht, um die Gefahr von sich, einem Angehörigen oder einer anderen ihm nahestehenden Person abzuwenden, handelt ohne Schuld. Dies gilt nicht, soweit dem Täter nach den Umständen, namentlich weil er die Gefahr selbst verursacht hat oder weil er in einem besonderen Rechtsverhältnis stand, zugemutet werden konnte, die Gefahr hinzunehmen; jedoch kann die Strafe nach § 49 Abs. 1 gemildert werden, wenn der Täter nicht mit Rücksicht auf ein besonderes Rechtsverhältnis die Gefahr hinzunehmen hatte.

(2) Nimmt der Täter bei Begehung der Tat irrig Umstände an, welche ihn nach Absatz 1 entschuldigen würden, so wird er nur dann bestraft, wenn er den Irrtum vermeiden konnte. Die Strafe ist nach § 49 Abs. 1 zu mildern.

4. Festnahmerecht

Jedem steht auch das Recht zur vorläufigen Festnahme zu (§ 127 Abs. 1 Satz 1 StPO).

§ 127 StPO (vorläufige Festnahme)

(1) Wird jemand auf frischer Tat betroffen oder verfolgt, so ist, wenn er der Flucht verdächtig ist oder seine Identität nicht sofort festgestellt werden kann, jedermann befugt, ihn auch ohne richterliche Anordnung vorläufig festzunehmen. Die Feststellung der Identität einer Person durch die Staatsanwaltschaft oder die Beamten des Polizeidienstes bestimmt sich nach § 163b Abs. 1.

(2) Die Staatsanwaltschaft oder die Beamten des Polizeidienstes sind bei Gefahr im Verzug auch dann zur vorläufigen Festnahme befugt, wenn die Voraussetzungen eines Haftbefehls oder eines Unterbringungsbefehls vorliegen.

(3) Ist eine Straftat nur auf Antrag verfolgbar, so ist die vorläufige Festnahme auch dann zulässig, wenn ein Antrag noch nicht gestellt ist. Dies gilt entsprechend, wenn eine Straftat nur mit Ermächtigung oder auf Strafverlangen verfolgbar ist.

Wichtig ist der Ausdruck „auf frischer Tat". Eine frische Tat liegt vor, wenn der Täter bei der Begehung der Tat oder unmittelbar danach am Tatort oder in dessen Nähe gestellt wurde.

Aufbau:

Vorläufige Festnahme auf frischer Tat, § 127 I StPO

    I.   Festnahmelage: auf frischer Tat

        1. Tat

Tat im Sinne des § 127 I ist nur eine zumindest rechtswidrige Straftat. Nicht ausreichend sind:

- Ordnungswidrigkeiten,
- Straflose Vorbereitungshandlungen,
- § 19 StGB: Taten von Kindern, die nicht der Strafverfolgung unterliegen.

Umstritten ist, ob ein dringender Tatverdacht ausreicht oder ob eine Straftat vorliegen muss.

Nach der Rechtsprechung reicht ein dringender Tatverdacht aus[308].

        2. Frische Tat

Eine frische Tat liegt vor, wenn der Täter bei der Begehung der Tat oder unmittelbar danach am Tatort oder in dessen Nähe gestellt wurde.

---

[308] Vgl. BGH, NJW 81, 745; anderer Ansicht: OLG Hamm, NJW 77, 591.

II.	Festnahmeberechtigte

Grundsätzlich ist jedermann zur Festnahme berechtigt. Sofern Polizeibeamte anwesend sind, endet das Festnahmerecht der Privatperson.

III.	Festnahmegründe

Festnahmegründe sind der Fluchtverdacht und die Unmöglichkeit der sofortigen Identitätsfeststellung.

IV.	Festnahmehandlung = Realakt

Anwendung körperlicher Gewalt ist möglich. Umstritten ist, in welchem Umfang eine Schusswaffe zur Festnahme eingesetzt werden darf. Grundsätzlich ist die Verwendung einer Schusswaffe nur für Warnschüsse durch § 127 StPO gedeckt[309]. Eine Ausnahme ergibt sich im Einzelfall nur, wenn eine schwerwiegende Straftat begangen worden ist[310].

V.	Subjektives Rechtfertigungselement

Handeln in Kenntnis und zum Zwecke der Festnahme.

VI.	Verhältnismäßigkeitsgrundsatz

Die Festnahme darf im Hinblick auf die zu erwartende strafrechtliche Sanktionierung nicht außer Verhältnis stehen.

Eine vorläufige Festnahme ist nur bei Vorliegen einer Straftat gerechtfertigt. Eine Rechtfertigung liegt nicht vor, wenn der Täter lediglich gegen eine Ordnungswidrigkeit begangen hat. Bei Vorliegen einer Ordnungswidrigkeit ist nur der bestätigte Jagdaufseher, der Berufsjäger oder forstlich ausgebildet ist, zur vorläufigen Festnahme berechtigt.

Die für den Jagdbetrieb wichtigsten <u>Straftaten</u> sind:

➢ <u>Strafrecht</u>: Wilderei (§ 292 StGB), Diebstahl (§ 242 StGB), Sachbeschädigung (§ 303 StGB);

➢ <u>Jagdrecht</u>: Verletzung der Schonzeiten (§ 38 BJG), Verletzung eines Abschussverbotes (§ 38 BJG);

➢ <u>Waffenrecht</u>: unerlaubter Waffenbesitz (§ 53 Abs. 3 Nr. 1b WaffG), unerlaubtes Überlassen von Waffen (§ 53 Abs. 3 Nr. 2 WaffG);

➢ <u>Tierschutz</u>: Töten von vom Aussterben bedrohten Tierarten sowie von besonders geschützten Tierarten in Naturschutzgebieten (§§ 30, 30a BNatSchG, § 329 Abs. 3 StGB).

---

[309] „Wer zur Durchsetzung eines Rechtes auf Feststellung der Person oder zur Festnahme nach StPO § 127 mit dem Erschießen droht und zur Bekräftigung dieser Drohung dicht an dem Bedrohten vorbeischießt, verletzt den Grundsatz der Verhältnismäßigkeit.", VG Augsburg, Urteil vom 09.02.1982, 1 K 80.1054.
[310] BGH, MDR 79, 985.

Bei der Festnahme muss dem Betroffenen unmissverständlich gesagt werden, dass er aufgrund von § 127 StPO vorläufig und unter dem Verdacht der Wilderei festgenommen wird. Er ist sodann unverzüglich und auf dem schnellsten Weg der nächstgelegen Polizei zuzuführen, wenn er seine Personalien nicht angibt. Durchsucht werden darf er nicht.

Überschreitet ein Jagdschutzberechtigter seine Befugnisse nach § 127 StPO, so macht er sich der Nötigung oder Freiheitsberaubung strafbar. Zudem droht Schadenersatz.

5. Jagdwilderei

Wer unter Verletzung fremden Jagdrechts oder Jagdausübungsrechts dem Wild nachstellt, es fängt, erlegt oder sich oder einem Dritten zueignet oder eine Sache, die dem Jagdrecht unterliegt, sich oder einem Dritten zueignet, beschädigt oder zerstört, wird mit Freiheitsstrafe bis zu drei Jahren oder mit Geldstrafe bestraft. In besonders schweren Fällen ist die Strafe Freiheitsstrafe von drei Monaten bis zu fünf Jahren. Ein besonders schwerer Fall liegt in der Regel vor, wenn die Tat gewerbs- oder gewohnheitsmäßig, zur Nachtzeit, in der Schonzeit, unter Anwendung von Schlingen oder in anderer nicht weidmännischer Weise oder von mehreren mit Schusswaffen ausgerüsteten Beteiligten gemeinschaftlich begangen wird[311].

§ 292 StGB schützt das Jagdrecht und das Jagdausübungsrecht nach dem Bundesjagdgesetz. Der Tatbestand knüpft an § 1 Abs. 1, 4 Bundesjagdgesetz an. Tatobjekt ist das Wild im Sinne von § 2 Bundesjagdgesetz nebst den landesrechtlichen Vorschriften. Vor dem Hintergrund, dass Wild herrenlos ist, kann fremdes Eigentum nicht gebrochen werden. Das Wild unterliegt daher nicht dem Schutz der §§ 242, 246 Strafgesetzbuch (Diebstahl, Unterschlagung).

Voraussetzung ist mithin, dass das Tier herrenlos ist. Tiere in Tiergärten sind nicht herrenlos. Eine Wilderei ist hier nicht möglich. Allerdings kann ein entlaufenes Wildtier durch Dereliktion nach § 959 BGB herrenlos werden. Damit ist das entlaufende Wildtier ein geeignetes Tatobjekt für die Wilderei. Gleiches gilt, wenn das entlaufende Wildtier nicht unverzüglich nach § 960 Abs. 2 BGB verfolgt wird. Gezähmte Tiere werden herrenlos, wenn sie die Gewohnheit aufgeben, zu den Menschen zurückzukehren (vgl. § 960 Abs. 3 BGB).

Das Jagdrecht ist ein dingliches Recht. Es folgt dem Eigentum am Grund und Boden und ist mit diesem untrennbar verbunden (§ 3 Abs. 1 Bundesjagdgesetz). In befriedeten Bezirken ruht die Jagd (§ 6 Bundesjagdgesetz). Dem Jagdausübungsberechtigten des Jagdbezirks steht hier kein Jagdausübungsrecht zu. Da dieses daher weiterhin dem Grundstückseigentümer anhaftet, macht sich der Jagende dort der Wilderei strafbar[312]. Der Grundstückseigentümer seinerseits kann sich nicht der Wilderei schuldig machen, wenn auf seinem befriedeten Bezirk die Jagd ruht[313]. Dies gilt auch, wenn einzelne Landesgesetze vorsehen, dass der Grundstückseigentümer ein beschränktes Jagdausübungsrecht hat[314]. Bei Überschreitung begeht er eine Ordnungswidrigkeit nach § 39 Abs. 1 Nr. 1 Bundesjagdgesetz.

---

[311] § 292 Strafgesetzbuch.

[312] LG Köln im MDR 62, Seite 671; BayObLG in NStZ 92, Seite 187; a. A. Furtner in JR 1962, Seite 415.

[313] In Bezirken in denen die Jagd ruht, in Bezirken die zu keinem Jagdbezirk gehören und in befriedeten Bezirken kann die untere Jagdbehörde die Jagdausübung gestatten. Die Gestattung kann auch Personen erteilt werden, die keinen Jagdschein besitzen. Allerdings muss eine ausreichende Jagdhaftpflichtversicherung nachgewiesen werden, wenn die Jagd mit Schusswaffen erfolgt.

[314] Vgl. z. B. § 4 Abs. 4 LJG-NW: „In befriedeten Bezirken dürfen die Eigentümer und Nutzungsberechtigten sowie deren Beauftragten unter Beachtung der jagd- und tierschutzrechtlichen Vorschriften jederzeit Wildkaninchen fangen oder töten und sich aneignen."; § 6 Abs. 3 SächsLJagdG: „Auf Grundflächen, auf denen die Jagd ruht, dürfen die Eigentümer oder Nutzungsberechtigten sowie die von ihnen Beauftragten Wildkaninchen, Füchse, Steinmarder, Iltisse, Hermeline und Dachse jederzeit fangen, töten und sich

Soweit der Jagdausübungsberechtigte das Wild, welches im eigenen Revier steht, von einem fremden Jagdrevier aus beschießt, macht er sich nicht der Wilderei strafbar. Die Frage, ob eine Verletzung fremden Jagdrechts gegeben ist, beurteilt sich nämlich nach dem Standort des Wildes und nicht nach dem Standort des Schützen[315]. Allerdings liegt eine Ordnungswidrigkeit nach § 39 Abs. 2 Nr. 6 Bundesjagdgesetz vor[316]. Wer sich allerdings Wild aus einem fremden Jagdbezirk zutreiben lässt, ist der Jagdwilderei strafbar[317]. Mitpächter üben das Jagdausübungsrecht immer im gesamten Jagdbezirk aus. Dies gilt auch dann, wenn dieser untereinander aufgeteilt wurde und einer der Jagdpächter im Gebiet des anderen die Jagd ausübt. Das Wesen der Mitpacht besteht nach § 13a BJG nämlich darin, dass in einem Jagdbezirk mehrere Pächter nebeneinander im Gesamthandsverhältnis die Jagd ausüben. Interne Vereinbarungen führen daher nicht dazu, dass der Tatbestand der Wilderei erfüllt wird[318]. Intern sind die Mitpächter die BGB-Gesellschaft auf die Vorschriften der §§ 705 ff. BGB anwendbar sind. Eine räumliche Aufteilung des Jagdbezirks unter die Mitpächtern wirkt nur schuldrechtlich. Er begeht bei Überschreitung zwar einen Vertragsbruch, erfüllt aber nicht den Straftatbestand der Wilderei[319]. Anders liegt der Sachverhalt allerdings, wenn ein Jagdbezirk gemäß der Vorschrift des § 11 Abs. 2 BJG teilverpachtet wird. Diese begrenzt die Jagdausübungsbefugnis der anderen Pächter. Eine Jagdausübung außerhalb der gepachteten Teilfläche erfüllt den Straftatbestand der Wilderei.

Der Jagdausübungsberechtigte oder der Jagdgast kann Wilderer sein, wenn er die Grenzen seines Jagdausübungsrechts in zeitlicher, örtlicher oder sachlicher Hinsicht überschreitet (z. B. Überschreitung der Abschussquote[320], Jagd auf Wildarten die nicht von der Befugnis umfasst sind). Eine Jagderlaubnis im Sinne des Straftatbestandes der Wilderei dürfte allerdings auch dann bestehen, wenn die nach Landesrecht zulässige Höchstzahl der Jagderlaubnisscheine überschritten wird. Dies ist aber strittig.[321]

Zu den Tathandlungsalternativen Erlegen, Nachstellen und Fangen wurde bereits ausführlich im Rahmen der Jagdausübung Stellung genommen.

Wenn der Wilderer das Wild fortschafft bleibt es herrenlos. Demnach steht dem Jagdausübungsberechtigten weiterhin das Aneignungsrecht zu (vgl. § 958 StGB).

Im Rahmen der Rechtfertigungsgründe (z.B. Tötung eines tollwütigen Fuchses) kann der Notstand nur das Erlegen des Wildes umfassen und nicht die Zueignung. Der „Gnadenschuss" zur Vermeidung weiterer Qualen ist keine Wilderei[322]. Andere Ansichten sind im Hinblick auf den geänderten Tierschutz als Staatsziel mit Verfassungsrang abzulehnen.

§ 292 StGB schützt auch die dem Jagdrecht unterliegenden Sachen. Gemäß der Vorschrift des § 1 Abs. 5 StGB kommt hier Fallwild, Eier jagbaren Federwildes, Gelege geschützter Raubvögel und Abwurfstangen in Betracht.

---

aneignen."; § 4 Abs. 3 LJagdG Schleswig-Holstein: „Eigentümerinnen oder Eigentümer oder Nutzungsberechtigte von befriedeten Bezirken und deren Beauftragte dürfen dort zur Schadensabwehr Füchse, Steinmarder und Wildkaninchen innerhalb der Jagdzeit tierschutzgerecht fangen, töten und sich aneignen. Eines Jagdscheines bedarf es hierzu nicht."

[315] Stree/Heine, Eser/Heine in Schönke/Schröder, Strafgesetzbuch, 26. Auflage 2001, Seite 2321.

[316] Tröndle/Fischer, Strafgesetzbuch, 54. Auflage 2007, Seite 2019.

[317] Kümmerle, Nagel, Jagdrecht in Baden-Württemberg, 10. Auflage 2006, Seite 173.

[318] Kümmerle, Nagel, Jagdrecht in Baden-Württemberg, 10. Auflage 2006, Seite 173.

[319] Vgl. hierzu auch Selter in Pirsch 23/08, Seite 26 f.

[320] Tröndle/Fischer, Strafgesetzbuch, 54. Auflage 2007, Seite 2019.

[321] Vgl. hierzu Selter in Pirsch 23/2008, Seite 27.

[322] Andere Ansicht: Stree/Heine, Eser/Heine in Schönke/Schröder, Strafgesetzbuch, 26. Auflage 2001, Seite 2320; AG Öhringen, Urteil vom 18.12.1975, Az.: DS 80/75.

Hinsichtlich der Regelbeispiele des § 292 Abs. 2 Strafgesetzbuch sei nur angemerkt, dass die dort erwähnte Nachtzeit wohl nicht derjenigen Definition des Bundesjagdgesetzes entsprechen muss. Nachtzeit im Sinne des § 292 Abs. 2 Strafgesetzbuch ist die Zeit vom Ende der Abend- bis zum Beginn der Morgendämmerung[323]. Gewohnheitsmäßig handelt nicht schon derjenige, der Wild mehrmals nachstellt um nur einmal erfolgreich zu sein[324]. Gemeinschaftliche Tatbegehung setzt zumindest das Zusammenwirken von zwei Personen voraus, die mit Schusswaffen ausgerüstet sind[325].

Der Täter muss vorsätzlich handeln. Vorsatz ist der Wille zur Tatbestandsverwirklichung in Kenntnis aller objektiven Tatumstände. Der Wilderer muss also die Verwirklichung des Tatbestandes des § 292 StGB zumindest für möglich halten.

Jagdgeräte (Waffen, Schlingen, Fallen, Nachsichtgeräte), Hunde und andere Tiere des Wilderers können nach § 295, § 74 a StGB eingezogen werden. Dies gilt auch für Kraftfahrzeuge, wenn sie zur Jagdausübung verwandt wurden. Weitere Nebenfolge ist die Entziehung des Jagdscheins als Maßregel der Besserung und Sicherung. Für die Wiedererteilung ist nach § 41 Abs. 2 BJG eine Sperrfrist zu bestimmen. Diese beträgt regelmäßig ein bis fünf Jahre. In Ausnahmefällen kann sie für immer erteilt werden. Die mildere Sanktion ist das Verbot der Jagdausübung von einem bis zu sechs Monaten (§ 39 BJG).

Immer dann, wenn eine grundsätzlich bestehende Jagderlaubnis überschritten wird, kann die Jagdwilderei nur auf Strafantrag verfolgt werden (§ 294 StGB).[326] Gleiches gilt, wenn ein Angehöriger des Jagdausübungsberechtigten wildert. Bei mehreren Jagdausübungsberechtigten muss es ein Angehöriger aller sein.

---

[323] Köln in GA 56, Seite 300; BGH in GA 71, Seite 336; Tröndle/Fischer, Strafgesetzbuch, 54. Auflage 2007, Seite 2022.

[324] BayObLG, Urteil vom 10.02.1956.

[325] Tröndle/Fischer, Strafgesetzbuch, 54. Auflage 2007, Seite 2022.

[326] Vgl. zur Wilderei beim Töten von verunfalltem Wild im fremden Revier, Jürgen Wolsfeld, unsere Jagd, 03/2011, S. 54 f.

1. Teil

Wie jeden Abend geht A nach der Arbeit in den nahe gelegenen Eifelwald spazieren. Nach ein paar Metern steht plötzlich ein tollwütiger Fuchs vor ihm. A reißt eine Zaunlatte von dem ein Waldstück des B umgrenzenden Zauns ab und erschlägt den Fuchs. Die Zaunlatte geht dabei zu Bruch.

1. Jagdwilderei

A könnte sich hier der Jagwilderei gem. § 292 I 1. Var. StGB strafbar gemacht haben. „Wild" sind die in § 2 BJagdG aufgezählten jagdbaren Tiere, also auch der Fuchs. Durch das Töten dieses Fuchses mit der Zaunlatte hat A ein Stück „Wild", welches fremdem Jagdrecht unterliegt, erlegt. Erlegen bedeutet nämlich jede Form der Einwirkung, durch die das Tier den Tod findet. Dies hat A auch vorsätzlich getan. Vor diesem Hintergrund hat sich A zunächst der Jagdwilderei strafbar gemacht.

Allerdings könnte A hier gerechtfertigt sein. § 26 BJagdG ist nicht einschlägig, da es nicht um die Verhinderung eines Flurschadens gegangen ist. Auch hat A nicht in Notwehr nach der Vorschrift des § 32 StGB gehandelt, da kein Angriff durch einen Menschen erfolgt ist. Allerdings hat A in Notstand gehandelt. Der abgewendete Schaden der Infektion mit Tollwut durch einen Biss ist nicht außer Verhältnis zum Töten des Fuchses.

Mithin bleibt A straflos bezüglich des Tatbestandes der Jagdwilderei.

2. Sachbeschädigung

Indem A die Zaunlatte des B zerstört hat, könnte er jedoch eine Sachbeschädigung nach § 303 Abs. 1 StGB begangen haben. Zerstören ist dabei eine so weitgehende Beschädigung einer Sache, dass ihre Gebrauchsfähigkeit völlig aufgehoben wird. Die Zaunlatte ist durch A zerstört worden. Dies hat er auch vorsätzlich begangen.

Allerdings ist die Handlung des A auch hier gerechtfertigt. Gemäß § 904 BGB bestand eine gegenwärtige Gefahr für sein Rechtsgut „Gesundheit". Hierzu war die Zerstörung der Zaunlatte erforderliches und mildestes Gefahrenabwehrmittel. Der dabei angerichtete Schaden war gegenüber dem abgewendeten Schaden verhältnismäßig. Auch hatte A Abwehrabsicht.

2. Teil

Auf dem Rückweg zu seinem Haus trifft A Person D, die soeben einen wunderschönen Eifelbildband im Wert von € 120,00 aus dem Haus seines Freundes F entwendete. A äußert den diesbezüglichen Verdacht gegenüber D. Die Identität des D ist für A nicht feststellbar. Die körperlich stark überlegene Person A packt D am „Kragen" und trägt ihn zur nächsten Polizeistation. Dort zeigt D Person A wegen Nötigung an.

Durch die Gewaltanwendung des A gegenüber D hat A physischen Zwang vermittelt. D wurde zu einem Verhalten, nämlich der Duldung zur Polizei gebracht zu werden, genötigt. Dies geschah auch vorsätzlich.

Allerdings könnte A zur Festnahme nach § 127 Abs. 1 StPO berechtigt gewesen sein. Tat im Sinne von § 127 Abs. 1 StPO ist zumindest eine Tat, die nach § 112 StPO zum Erlass eines Haftbefehls oder Unterbringungsbefehls berechtigen würde. Die rechtswidrige Tat des D könnte ein Diebstahl gemäß § 242 Abs. 1 StGB sein. Fraglich ist jedoch, wie es sich auswirkt, dass A nur den Verdacht der rechtswidrigen Straftat hat. Es ist umstritten, ob ein dringender Tatverdacht ausreicht oder ob tatsächlich eine rechtswidrige Straftat vorliegen muss. Allerdings könnte man bezweifeln, dass ein Tatverdacht ausreicht, da hier in die Freiheitsrechte eines Menschen eingegriffen wird und ein derartiger schwerwiegender Eingriff nur dann gerechtfertigt ist, wenn alle Merkmale einer Straftat verwirklicht sind.

Die vorgenannten Fallbeispiele zeigen auf, dass es zwar eine Vielzahl von rechtfertigenden Situationen gibt, diese jedoch sehr differenziert zu betrachten sind. Vor diesem Hintergrund sollte die Verhältnismäßigkeit immer bedacht werden. Die Rechtfertigung einer Nötigung ist leichter zu entscheiden, als die Rechtfertigung einer Körperverletzung.

Abschließend bleibt daher der Appell an Sie, die Ahndung von Rechtseingriffen möglichst der Polizei zu überlassen und in jeder Situation einen kühlen Kopf zu bewahren. Ein gewildertes Tier ist es nicht wert, einen Menschen zu erschießen oder sich der Gefahr einer Schießerei auszusetzen. Die Verhältnismäßigkeit muss immer gewahrt bleiben[327].

---

[327] Hierzu: VG Darmstadt, Urteil vom 01.09.2006, 5 E 543/06: Ein Jäger ist nicht berechtigt, bei Bestehen des Verdachts einer Straftat mit einem Schuss in die Luft Personen von einer Straftat abzuhalten. Selbst für Polizisten stellt der Schusswaffengebrauch das letzte Mittel dar.

Fragenkatalog zum 8. Teil

1. Darf der Jagdgast einen wildernden Hund schießen?

2. Welche Voraussetzungen müssen im Regelfall für die erstmalige Bestätigung von Jagdaufsehern vorliegen?

3. Wie muss sich der Jagdausübungsberechtigte bei der Ausübung des Jagdschutzes ausweisen?

4. Wer muss bei befugter Jagdausübung einen Jagderlaubnisschein mit sich führen?

5. Wie bezeichnet man diejenige Verteidigung, welche erforderlich ist, um einen gegenwärtigen rechtswidrigen Angriff von sich oder einem anderen abzuwenden?

6. Ein Autofahrer überfährt ein Reh und nimmt das Stück mit, um es zu verwerten. Welcher Tatbestand liegt vor?

7. Welche Maßnahmen beinhaltet der Jagdschutz?

8. Welche Futtermittel dürfen in Nordrhein-Westfalen zur Wildfütterung nicht verwendet werden?

9. Womit muss sich der zuständige Jagdaufseher ausweisen?

10. Was verstehen Sie unter schwerer Wilderei?

11. Bei einer Treibjagd erscheint plötzlich eine Gruppe von Jagdgegnern und stört den Ablauf. Wie verhalten Sie sich als Jagdleiter?

12. Ein Waldbesucher betritt ohne besondere Befugnis eine Forstkultur. Darf der Jagdschutzberechtigte die Person auffordern, sich auszuweisen?

13. Ein Spaziergänger lässt seinen Hund im Wald außerhalb der Wege frei laufen. Wie verhalten Sie sich als Jagdgast?

14. Wie kann eine Ordnungswidrigkeit geahndet werden?

1. Ja, aber nur mit schriftlicher Erlaubnis des Jagdausübungsberechtigten oder mündlicher Erlaubnis, wenn der Jagdausübungsberechtigte den Jagdgast begleitet (§ 25 Abs. 6 LJG-NW).

2. Persönliche Zuverlässigkeit und fachliche Eignung (§ 26 LJG-NW).

3. Durch den Jagdschutzausweis (§ 25 Abs. 5 LJG-NW).

4. Jeder Jagdgast, der nicht in Begleitung des Jagdausübungsberechtigten die Jagd ausübt (§ 12 Abs. 7 LJG-NW).

5. Notwehr (§ 32 Abs. 2 StGB).

6. Jagdwilderei (§ 292 StGB).

7. Schutz des Wildes, insbesondere vor Wilderern, Futternot, Wildseuchen, vor wildernden Hunden und Katzen sowie die Sorge für die Einhaltung der zum Schutz des Wildes und der Jagd erlassenen Vorschriften (§ 23 BJG).

8. Verbotene Futtermittel für alles Wild sind Küchenabfälle, Backwaren, Südfrüchte, Schlachtabfälle, Fische und Fischabfälle (§ 25 Abs. 2 Satz 4 LJG-NW); Verbotene Futtermittel für Schalenwild (außer Schwarzwild) sind alle Futtermittel außer Heu und Grassilage sowie Rüben (mit Genehmigung), § 27 DVO LJG-NW.

9. Der bestätigte Jagdaufseher muss auf Verlangen bei dienstlichem Einschreiten die Bescheinigung über die Bestätigung vorzeigen (§ 26 Abs. 3 Satz 4 LJG-NW); der nicht bestätigte Jagdaufseher ist nicht Jagdschutzberechtigter und damit als solcher nicht ausweispflichtig.

10. Wenn die Jagdwilderei

   - gewerbs- oder gewohnheitsmäßig,
   - zur Nachtzeit, in der Schonzeit, unter Anwendung von Schlingen oder in anderer nicht waidmännischer Weise
   - oder von mehreren mit Schusswaffen ausgerüsteten Beteiligten gemeinschaftlich

   begangen wird (§ 292 Abs. 2 StGB).

11. Ruhe bewahren, auf keinen Fall auf die Provokationen der Störer eingehen. Überblick über die Lage verschaffen und den Jagdleiter informieren. Dieser hat dafür Sorge zu tragen, dass die Jagd sofort unterbrochen und Waffen unverzüglich entladen werden. Die Jagdgegner zum Verlassen des Jagdreviers auffordern, bei Weigerung die Polizei informieren. Zudem Anzeigeerstattung und zu Beweiszwecken Ort, Datum, Uhrzeit und Ablauf der Störung sowie Anzahl und ggf. Identität der Störer dokumentieren. Störer und deren Kraftfahrzeuge fotografieren, zugerufene Namen und Verhaltensweisen notieren, Flugblätter und sonstiges Propagandamaterial sichern sowie Namen und Anschriften der Mitjagenden notieren.

12. Nein, hier liegt ein Verstoß gegen eine forstrechtliche Vorschrift vor und dies ist Aufgabe des Forstschutzes (§ 53 Abs. 1 LFoG).

13. Dem Jagdgast stehen insoweit keine Jagdschutzbefugnisse zu; der Spaziergänger sollte höflich auf sein Fehlverhalten – Anleinzwang für Hunde im Wald außerhalb von Wegen (§ 2 Abs. 3 LFoG) – aufmerksam gemacht und auf die Gefahr für den Hund und das Wild hingewiesen werden.

14. Mit Geldbuße, Jagdverbot, Entzug des Jagdscheins, Einziehung von Waffe und Wild (vgl. §§ 39 Abs. 3, 40, 41 a BJG, 56 LJG-NW).

9. Teil: Arten- und Naturschutz

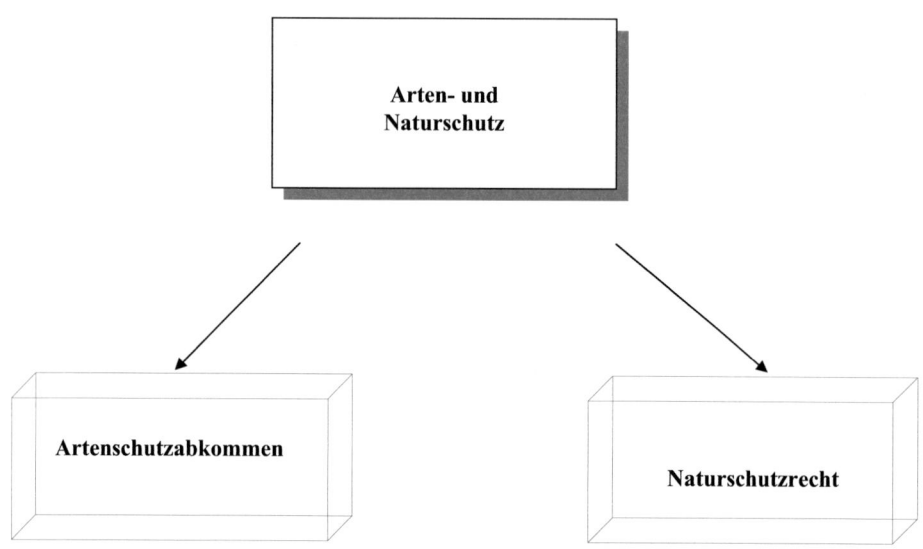

Die Gesetze zum Schutze der Arten und der Natur sind untrennbar mit den Gesetzen der Jagd verbunden. Naturschutz und Jagd arbeiten Hand in Hand. Artenschutz und Naturschutz sind wesentliche Elemente der „Hege" und daher auch den jagdlichen Interessen dienend. Allein das Ökosystem Wald bedeckt in Deutschland 30 Prozent der Gesamtfläche. Über zwei Millionen private und öffentliche Waldeigentümer bewirtschaften 10,7 Millionen Hektar Wald. Im Deutschen Wald stocken 3,4 Milliarden Kubikmeter Holz[328].

Besonders in Nordrhein-Westfalen wurde durch die „Düsseldorfer Vereinbarung" von 1989 eine frühzeitige Zusammenarbeit von Jagd und Naturschutz gefördert. So vereinbarte man, dass die nach der Roten Liste NRW gefährdeten Wildarten Dachs, Rebhuhn und Waldschnepfe vier Jahre lang mit der Jagd freiwillig verschont wurden. Zudem wurde der Arbeitskreis „Jagd und Naturschutz" gegründet. Dieser beeinflusste maßgeblich die Novelle des Landesjagdgesetzes von 1994. Nachdem die „Düsseldorfer Vereinbarung" 1993 ausgelaufen war, folgte für den Zeitraum von 1993 bis 1996 der sog. „Düsseldorfer Vertrag". Demnach blieb es bei der Schonung der Dachse, Rebhühner und Waldschnepfen. Hiervon gab es Ausnahmen für Gebiete, in den die Dachs- und Rebhuhnpopulation sich erholt hatte. 1997 erfolgte weiterhin die Fortführung der bisherigen Regelung für das Rebhuhn.

Viele biotopverbessernde Maßnahmen erfolgen durch die Jäger. Eine Studie in den Jahren 2000 und 2001 ergab, dass 270.706 obst- und masttragende Bäume und mehr als 3,5 Millionen Sträucher gepflanzt wurden. Die Neuanlagen hatten eine Fläche von 22.534 Hektar. Zudem wurden 71.373 Nisthilfen für Eulen, Sing- oder Greifvögel ausgebracht und 4.424-mal der Wald und das Feld von Müll befreit. Hierfür wurde von den Revierinhabern ca. 11,8 Millionen Euro aufgewandt[329]. Dieses Zahlenwerk zeigt die Wichtigkeit des Naturschutzes für

---

[328] Zahlen aus DJZ 3/08, Seite 7.
[329] Zahlen aus „Jagd und Jäger, 2007/2008, Hrsg. Landesjagdverband Nordrhein-Westfalen, Seite 11.

die Jäger auf. Jagd ist „aktiver Naturschutz". Allerdings hängt es natürlich von dem einzelnen Jäger ab, ob seine Art der Jagdausübung Naturschutz ist. Nimmt er das Jagdgesetz ernst, so muss er die Jagd mit der Hege verbinden. Der gesetzestreue Jäger übt die Jagd demnach naturschutzgerecht aus.

1. Grundzüge des Artenschutzes

Rechtliche Grundlage des Artenschutzes war zunächst das Washingtoner Artenschutzabkommen[330]. Seit dem 01.01.1984 regelt die Verordnung (EWG) Nr. 3626/82[331] zur Anwendung des Übereinkommens über den internationalen Handel mit gefährdeten Arten frei lebender Tiere und Pflanzen in der Gemeinschaft die Durchführung des Washingtoner Artenschutzabkommens in der europäischen Gemeinschaft.

Das Washingtoner Artenschutzabkommen ist aber das wichtigste weltweite Artenschutzinstrument und wurde mittlerweile von über 150 Staaten unterzeichnet. Es wird auf rund 28.000 verschiedene Tier[332]- und Pflanzenarten angewendet. Diese Arten unterliegen je nach Grad der Gefährdung unterschiedlich strengen Handelskontrollen (Anhänge I bis III).

Das Washingtoner Artenschutzübereinkommen formuliert seine Grundgedanken wie folgt:

IN DER ERKENNTNIS, dass die frei lebenden Tiere und Pflanzen in ihrer Schönheit und Vielfalt einen unersetzlichen Bestandteil der natürlichen Systeme der Erde bilden, den es für die heutigen und künftigen Generationen zu schützen gilt;

IM BEWUSSTSEIN, dass die Bedeutung der frei lebenden Tiere und Pflanzen in ästhetischer, wissenschaftlicher und kultureller Hinsicht sowie im Hinblick auf die Erholung und die Wirtschaft ständig zunimmt;

IN DER BEKENNTNIS, dass die internationale Zusammenarbeit zum Schutz bestimmter Arten frei lebender Tiere und Pflanzen vor einer übermäßigen Ausbeutung durch den internationalen Handel lebenswichtig ist;

IM BEWUSSTSEIN der Notwendigkeit, dazu geeignete Maßnahmen unverzüglich zu treffen.

Der Schutz wildwachsender Pflanzen und wildlebender Tiere ist klassischer Naturschutz. Hierfür hat sich die Bezeichnung Artenschutz eingebürgert. Artenschutz ist der Schutz seltener und in ihrem Bestand gefährdeter Tier- und Pflanzenarten. Für viele Arten geschieht dies am wirkungsvollsten durch den Schutz ihrer Lebensstätten und Lebensgewohnheiten (Biotopschutz).

Für den Bereich des Jagdrechts ist durch das 2. ÄndG-BJG eine Verstärkung des jagdrechtlichen Artenschutzes auch unter dem Gesichtspunkt des allgemeinen Naturschutzes erfolgt, u. a. dadurch, dass der Hege des Wildes eine zentrale Aufgabe innerhalb des Jagdrechts zugewiesen wurde.

---

[330] Übereinkommen über den internationalen Handel mit gefährdeten Arten frei lebender Tiere und Pflanzen vom 03.03.1973, mit Wirkung vom 20.06.1976 für das Gebiet der Bundesrepublik Deutschland in Kraft getreten (Gesetz vom 22.05.1975, BGBl. II S. 773).
[331] ABl. EG Nr. L 384,1.
[332] Artenschutz nach dem Washingtoner Artenschutzabkommen auch bei Tierfellen, AG Köln, Urteil vom 09.02.1995 . 585 OWi 437/94 – 118 Js 1606/94.

Für Tiere besonders geschützter Arten gilt kein Aneignungsrecht. Selbst wenn der Jagdausübungsberechtigte z.B. eine tot aufgefundene Waldohreule zu Zwecken der Präparation in Besitz nimmt, um sie zu Demonstrationszwecken für die Jagdausbildung zu verwenden, ist dies nach der Bundesartenschutzverordnung unzulässig[333]. Auch der Erwerb von Tierpräparatoren[334] ist erheblich eingeschränkt. Deshalb sollte bei einem Ankauf eines solchen Tieres stets die Besitz- und Verkaufsberechtigung überprüft werden.

Nach den Prognosen über den weltweiten Rückgang von Arten ist zu befürchten, dass durch die zunehmende Umgestaltung der Biosphäre in den nächsten Jahrzehnten Tausende von Arten ausgerottet werden. Das Aussterben einer Art ist aber ein nicht wieder rückgängig zu machender Vorgang, dessen Folgeerscheinungen im Ablauf des Naturhaushaltes häufig erst nach langer Zeit sichtbar werden.

§ 37 BNatSchG regelt die Aufgaben des Artenschutzes.

Die Gesetze des
Artenschutzes

Gefährdete Tiere und Pflanzen werden auch durch Handelsbeschränkungen geschützt, und zwar auf internationaler Ebene durch das Übereinkommen vom 03. März 1973 über den internationalen Handel mit gefährdeten Arten frei lebender Tiere und Pflanzen (Washingtoner Artenschutzabkommen). Das Übereinkommen ist durch Gesetz vom 22. Mai 1975[335] mit Wirkung ab dem 20. Juni 1976 für das Gebiet der Bundesrepublik Deutschland in Kraft gesetzt worden. Das Gesetz enthält auch ergänzende Bestimmungen. Zum Instrumentarium des Übereinkommens gehören Einfuhr- und Ausfuhrgenehmigungen, Ursprungszeugnisse und sonstige Bescheinigungen. Die wichtigsten geschützten Arten sind die meisten Großkatzen wie Leopard, Gepard, Jaguar und Tiger sowie Orang-Utan, Gorilla, Silberbär, Polarbär und mehrere Arten von Krokodilen, Schildkröten und Riesenschlangen. Ferner sind mehrere Wal- und Fischarten und unter den Pflanzen alle Orchideenarten geschützt.

Von den in Deutschland vorkommenden Arten sind u. a. der Wanderfalke (Liste 1), der Schwarzstorch, Löffler und Steinadler, alle Falkenarten, die Großtrappe, der Dünnschnabelbrachvogel, der baltische Stör, der Apollofalter sowie alle Orchideen (Liste 2) geschützt.

---

[333] VG Stuttgart, Urteil vom 10.11.2000 in NuR 2001, Seite 353.

[334] In seinem Urteil vom 03.11.1982, BVerfGE 61, Seite 291 hat das Bundesverfassungsgericht u.a. zwei Punkte deutlich gemacht: „1. Es ist grundsätzlich mit der Verfassung vereinbar, dass der Gesetzgeber für lebende oder tote Vögel der besonders geschützten Arten ein Besitz- Verarbeitungs- und Vertriebsverbot erlassen hat. 2. Soweit das Gesetz für Forschungs-, Unterrichts- oder Lehrzwecke Ausnahmen vorsieht, dürfen diese nicht so ausgestaltet werden, dass es den Tierpräparatoren in unverhältnismäßiger Weise erschwert wird, an der damit eröffneten Nutzungsmöglichkeit teilzuhaben (Art. 12 Abs. 1 GG).“

[335] BGBl. II S. 733.

Näheres hierzu:

Arten, die in der Verordnung (EG) Nr. 338/97 aufgelistet sind[336]:

▸ Arten des Anhanges A der VO (EG) Nr. 338/97 und des Anhanges I Washingtoner Artenschutzübereinkommen (WA)

▸ Arten des Anhanges A der VO (EG) Nr. 338/97 und des Anhanges II Washingtoner Artenschutzübereinkommen (WA)

▸ Arten des Anhanges B der VO (EG) Nr. 338/97

▸ Arten der Anhänge C und D der VO (EG) Nr. 338/97.

Seit 1982 gibt es die EU CITES. Die Verordnung (EWG) Nr. 3626/82 (ABl. EG Nr. L 384 vom 31.12.1982) zur Anwendung des Übereinkommens über den internationalen Handel mit gefährdeten Arten frei lebender Tiere und Pflanzen knüpft an das Washingtoner Artenschutzabkommen an. Nach den Erwägungsgründen soll mit der Verordnung dafür gesorgt werden, dass die nach dem Washingtoner Artenschutzabkommen anzuwendenden handelspolitischen Instrumente auf Gemeinschaftsebene einheitlich gehandhabt werden. Die Maßnahmen dürfen den freien Warenverkehr im Inneren der Gemeinschaft nicht beeinträchtigen und nur auf den Handel mit Drittländern Anwendung finden. Das Ergebnis der Verordnung ist ein einheitliches Recht für den Handel mit Drittländern an den Außengrenzen der Gemeinschaft mit der Funktion eines gemeinschaftlichen Außenhandelsrechts. Der Anhang A der Verordnung enthält das Washingtoner Artenschutzabkommen mit dessen Anlagen. Der Anhang B befasst sich mit Teilen von Tieren und Pflanzen oder Erzeugnissen daraus. Der Anhang C enthält die von der Gemeinschaft besonders behandelten Arten.

Die in allen Mitgliedstaaten unmittelbar geltende Verordnung bedarf ergänzender innerstaatlicher Regelungen. Diese sind in der Bundesrepublik Deutschland durch das Gesetz zur Durchführung der Verordnung (EWG) Nr. 3626/82 des Rates zur Anwendung des Übereinkommens über den internationalen Handel mit gefährdeten Arten frei lebender Tiere und Pflanzen in der Gemeinschaft vom 22.12.1983 (BGBl. I S. 1531) geschaffen worden. Durch Art. 12 dieses Gesetzes werden die Art. 2 bis 15 des Gesetzes zum Washingtoner Artenschutzübereinkommen vom 22.05.1975 (BGBl. II, S. 773) wieder aufgehoben. Die Geltung des Gesetzes war zunächst bis zum 31.12.1985 befristet. Diese Befristung ist durch Gesetz vom 20.12.1985 (BGBl. I, S. 2473) bis zum 31.12.1986 verlängert worden. Die EG-Verordnung ist bereits mehrfach geändert worden, wobei die Änderungen meistens die Anhänge betrafen. Als Folge des europäischen Binnenmarktes zu Anfang der 90er Jahre und des Wegfalls regelmäßiger Grenzkontrollen innerhalb der EU entstand jedoch die Notwendigkeit einer neuen, umfassenderen Verordnung. Um diesen Veränderungen gerecht zu werden und die Umsetzung von CITES in der EU zu gewährleisten, wurde eine neue EG-Verordnung zum Handel mit wildlebenden Tier- und Pflanzenarten (EG) Nr. 338/97, die im

---

[336] Quelle: Bundesamt für Naturschutz (BfN), März 2008.

Juni 1997 in Kraft trat, und darauf bezogene Verordnungen der Europäischen Kommission verabschiedet. Die neueste dieser Verordnungen der Kommission ist die Verordnung (EG) Nr. 865/2006 der Kommission vom 4. Mai 2006, welche die vorherige Verordnung (EG) Nr. 1808/2001 der Kommission ersetzte und im Juli 2006 in Kraft trat. Die EG-Verordnungen zum Handel mit wildlebenden Tier- und Pflanzenarten sind in allen EU-Mitgliedsstaaten unmittelbar anwendbar und bilden die gesetzliche Grundlage für die Umsetzung von CITES in der EU.

Erforderliches Dokument für den vorgenannten Handel ist die **C I T E S** - Bescheinigung[337]. Sie ist das Begleitdokument für den internationalen Handel mit geschützten Arten.

CITES, die Konvention über den Internationalen Handel mit gefährdeten wildlebenden Tier- und Pflanzenarten (= Washingtoner Artenschutzübereinkommen) ist über 30 Jahre alt. Sie ist 1975 in Kraft getreten und ist zu einem der wichtigsten internationalen Übereinkommen im Bereich des Artenschutzes geworden. Es sind mehr als 160 Staaten der Konvention beigetreten, einschließlich aller 25 EU-Mitgliedsstaaten, sowie der EU-Beitritt und Beitrittsländer. Das Ziel von CITES ist es, sicherzustellen, dass der internationale Handel mit wildlebenden Tier- und Pflanzenarten nicht zu einer Bedrohung für den Schutz der betreffenden Arten in freier Natur führt.

CITES reguliert gegenwärtig den Handel mit etwa 30.000 Arten aus Fauna und Flora. CITES arbeitet mit einem System von Genehmigungen und Bescheinigungen, die erforderlich sind, bevor der internationale Handel mit den Exemplaren von Arten stattfinden kann, die von CITES abgedeckt werden. Die Arten werden in drei verschiedenen Anhängen gelistet. Dies erfolgt in Abhängigkeit von ihrem Schutzstatus und dem Volumen des internationalen Handels.

---

2. Grundzüge des Naturschutzrechts

Gesetze zum Schutz der Natur sind das Bundesnaturschutzgesetz (BNatSchG) vom 12. März 1987, die Bundesartenschutzverordnung (BArtSchV) vom 18. September 1989, die Vogelberingungsverordnung vom 17. März 1937, das Landschaftsgesetz (LG) vom 15. August 1994 mit Verordnung zur Durchführung des Landschaftsgesetzes vom 22. Oktober 1986 und die Verordnung über die Zulassung von Ausnahmen von den Schutzvorschriften besonders geschützter Tierarten vom 25. Oktober 1994. Zudem gilt Art. 20 a des Grundgesetzes:

„Der Staat schützt auch in Verantwortung für die künftigen Generationen die natürlichen Lebensgrundlagen im Rahmen der verfassungsgemäßen Ordnung und nach Maßgabe von Gesetz und Recht durch die vollziehende Gewalt und die Rechtsprechung."

---

[337] Erteilung einer CITES-Bescheinigung bei rechtmäßiger Entnahme eines tot aufgefundenen Mäusebussards durch den Jagdberechtigten, VG Freiburg, Urteil vom 27.10.1994 – 9 K 1546/93.

Im Naturschutzrecht ist es ähnlich wie im Jagdrecht. Der Bund hat mit dem Bundesnaturschutzgesetz ein Rahmengesetz erlassen, und die Länder haben durch Landesnaturschutzgesetze und zahlreiche Verordnungen diesen Rahmen ausgefüllt. Wegen dieser Vielfalt können hier nur die wichtigsten Grundsätze kurz dargestellt werden.

Ab dem Jahr 2010 ändert sich die Rechtslage des Naturschutzrechts. Nach der Föderalismusreform im Jahr 2006 steht dem Bund im Naturschutzrecht die konkurrierende Gesetzgebungsbefugnis zu (Art. 74 Abs. 1 Nr. 29, 72 Abs. 2 GG). Hiervon hat der Bund im Juni/Juli Gebrauch gemacht und das BNatSchG in eine bundesrechtliche Vollregelung umgewandelt. Hiervon können die Länder gemäß Art. 125 b Abs. 1 GG jedoch abweichen. Zahlreiche Regelungen sind von dem bisherigen BNatSchG übernommen worden. Dies gilt auch für die vielfältigen landesrechtlichen Regelungsmöglichkeiten. Zu beachten sind immer auch die europarechtlichen Vorgaben, insbesondere die Vogelschutzrichtlinie und die Flora-Fauna-Habitat-Richtlinie. Wichtige Neuerungen im BNatSchG 2009/2010 sind:

- ✓ *„Biologische Vielfalt" als neuer Schlüsselbegriff,*
- ✓ *Wegfall der SUP-Pflicht für die LaPla*
- ✓ *Gleichrangigkeit von Ausgleich und Ersatz*
- ✓ *Besondere Naturschutzvorrangprüfung in der ER bei Betroffenheit streng geschützter Arten,*
- ✓ *Naturschutzrechtliches Ökokonto,*
- ✓ *eigenes Kapitel „Meeresnaturschutz" (§ 57 BNatSchG neu).*

Im Folgenden ist das BNatSchG 2010 berücksichtigt. Es gilt ab dem 01. März 2010.

Natur und Landschaft sind auf der Grundlage ihres eigenen Wertes und als Lebensgrundlage des Menschen auch in Verantwortung für die künftigen Generationen im besiedelten und unbesiedelten Bereich so zu schützen, zu pflegen und zu entwickeln und, soweit erforderlich, wiederherzustellen, dass

1. die Tier- und Pflanzenwelt einschließlich ihrer Lebensstätten und Lebensräume,
2. die Leistungs- und Funktionsfähigkeit des Naturhaushaltes (= Gesamtheit der belebten und unbelebten Natur),
3. die Regenerationsfähigkeit und nachhaltige Nutzungsfähigkeit der Naturgüter (=Boden, Wasser, Luft und Rohstoffe) sowie
4. die Vielfalt, Eigenart, Schönheit sowie der Erholungswert von Natur und Landschaft

auf Dauer gesichert ist (vgl. § 1 BNatSchG).

Das neue Bundesnaturschutzgesetz regelt die Ziele des Naturschutzes und der Landschaftspflege wie folgt:

Natur und Landschaft sind auf Grund ihres eigenen Wertes und als Grundlage für Leben und Gesundheit des Menschen auch in Verantwortung für die künftigen Generationen im besiedelten und unbesiedelten Bereich nach Maßgabe der nachfolgenden Absätze so zu schützen, dass

1. die biologische Vielfalt,

2. Leistungs- und Funktionsfähigkeit des Naturhaushalts einschließlich der Regenerationsfähigkeit und nachhaltigen Nutzungsfähigkeit der Naturgüter sowie

3. die Vielfalt, Eigenart und Schönheit sowie der Erholungswert von Natur und Landschaft

auf Dauer gesichert sind; der Schutz umfasst auch die Pflege, die Entwicklung und, soweit erforderlich, die Wiederherstellung von Natur und Landschaft (**allgemeiner Grundsatz**).

Zur Verwirklichung dieser Ziele sind z.B. (§ 2 BNatSchG)

1. wildlebende Tiere und wildwachsende Pflanzen zu schützen und zu pflegen, desgleichen ihre Lebensräume;
2. die Leistungsfähigkeit des Naturhaushaltes zu erhalten und zu verbessern;
3. die Vegetation zu sichern; dies gilt insbesondere für Wald, für sonstige geschlossene Pflanzendecken und für Ufervegetationen. Unbebaute Flächen, deren Pflanzendecke beseitigt worden ist, sind wider standortgerecht zu begrünen;
4. Wasserflächen zu erhalten und zu vermehren sowie Gewässer vor Verunreinigungen zu schützen;
5. Boden zu erhalten und einen Verlust seiner natürlichen Fruchtbarkeit zu vermeiden;
6. unbebaute Bereiche in genügender Größe zu erhalten;
7. die Naturgüter sparsam zu nutzen;
8. Luftverunreinigungen und Lärmeinwirkungen gering zu halten sowie Beeinträchtigungen des Klimas zu vermeiden;
9. Erholungsflächen zu gestalten und zu erhalten;
10. historische Kulturlandschaften und –landschaftsteile von besonders charakteristischer Eigenart zu erhalten.

Zu diesem Maßnahmen gehört z.B. auch, dass der Bestand bedrohter Tier- und Pflanzenarten durch Ausweisung einer genügenden Anzahl von Naturschutzgebieten gesichert wird; dass Feuchtgebiete (Sümpfe und Moore, Teiche und Tümpel, Gewässeraltarme und Verlandungszonen) sowie fließende Gewässer geschützt und erhalten werden; dass ausgebeutete Flächen Zwecken des Naturschutzes und der Landschaftspflege zugeführt werden.

Das heutige Naturschutzrecht bekennt sich zu einem aktiven Naturschutz. Aus den Worten „schützen, pflegen und entwickeln" geht hervor, dass sich der Naturschutz nicht auf die Erhaltung der vorhandenen Naturgüter beschränkt, sondern zusätzlich auch die Reaktivierung bedrohter und die Schaffung neuer Ökosysteme anstrebt.

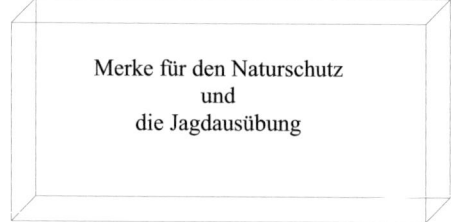

Merke für den Naturschutz
und
die Jagdausübung

Das Naturschutzrecht schützt drei verschiedene Bereiche, nämlich

1. die Tierarten,
2. die Pflanzenarten,
3. einzelne Teile der Natur und Landschaft (Flächenschutz).

In Naturschutzgebieten u. a. darf die Jagd grundsätzlich ausgeübt werden. Denn auch diese Gebiete gehören zum Jagdbezirk, auch in ihnen muss der Wildbestand reguliert (tragbare Wilddichte, Altersaufbau, Geschlechterverhältnis) und krankes und kümmerndes Wild erlegt werden, damit ein gesunder Bestand erhalten bleibt. Das Jagen in Naturschutzgebieten usw. ist nur dann (ganz oder teilweise) verboten, wenn dies in der jeweiligen Verordnung, die das betreffende Gebiet unter Naturschutz stellt, zur Erreichung des Schutzzweckes ausdrücklich festgelegt ist (z.B. Verbot von Treibjagden zur Vermeidung von Beunruhigungen, oder wenn das Gebiet einen befriedeten Bezirk darstellt (befriedeter Bezirk Kraft Anordnung).

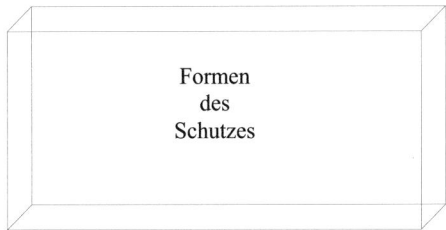

Formen
des
Schutzes

Schutz von Tieren und Pflanzen

Alle Tiere und Pflanzen sind geschützt. Einige wenige Arten unterliegen (nur) dem allgemeinen Schutz, alle übrigen zusätzlich dem weitergehenden besonderen Schutz.

§ 7 Abs. 2 Bundesnaturschutzgesetz:

Im Sinne dieses Gesetzes bedeutet

1. Tiere
   a) wild lebende, gefangene oder gezüchtete und nicht herrenlos gewordene sowie tote Tiere wild lebender Arten,
   b) Eier, auch im leeren Zustand, Larven, Puppen und sonstige Entwicklungsformen von Tieren wild lebender Arten,
   c) ohne weiteres erkennbare Teile von Tieren wild lebender Arten und
   d) ohne weiteres erkennbar aus Tieren wild lebender Arten gewonnene Erzeugnisse,

2. Pflanzen
   a) wild lebende, durch künstliche Vermehrung gewonnen sowie tote Pflanzen wild lebender Arten,
   b) Samen, Früchte oder sonstige Entwicklungsformen von Pflanzen wild lebender Arten,
   c) ohne weiteres erkennbare Teile von Pflanzen wild lebender Arten und
   d) ohne weiteres erkennbar aus Pflanzen wild lebender Arten gewonnene Erzeugnisse.

1. Allgemeiner Schutz (§ 39 BNatSchG, § 61 LG-NW)

Der Allgemeine Schutz (bisher geregelt in § 20 d Abs. 1-3 BNatSchG a. F.) umfasst als Mindestschutz aller wild lebenden Tiere und Pflanzen drei Verbote. Danach ist es,

   a. verboten, wildlebende Tiere ohne vernünftigen Grund[338] zu fangen, zu verletzen oder zu töten (allg. Nachstellungsverbot),
   b. verboten, wildlebende Tiere mutwillig zu beunruhigen (allg. Störverbot),
   c. Lebensstätten wildlebender Tiere und Pflanzen ohne vernünftigen Grund zu beinträchtigen oder zu zerstören.

Soweit kein anerkannter Rechtfertigungsgrund[339] besteht, sind die vorgenannten Verstöße strafbewährt. Der Gesetzgeber nennt jedoch im Gesetzestext bereits eine Art „Rechtfertigung". Wird das Handeln nämlich von einem vernünftigen Grund bestimmt, so ist das Handeln nicht strafbewährt. „Vernünftig" ist dabei der triftige Grund, der nach dem Urteil des durchschnittlich gebildeten, für den Gedanken des Naturschutzes aufgeschlossenen Betrachters noch nicht jene Grenzen überschreitet, die bei Würdigung aller Umstände (insbesondere örtliche Gegebenheiten und Bedürfnisse der Pflanzen- und Tierwelt) durch die Notwendigkeit eines Schutzes der lebendigen Natur gesetzt sind[340].

Gebietsfremde Tiere und Pflanzen dürfen nur mit Genehmigung der zuständigen Behörde angesiedelt werden. Ansiedeln ist das bewusste Ausbringen einer Art durch den Menschen in die freie Natur[341]. Gebietsfremd gelten Tierarten, die bei Inkrafttreten des BJagdG (das heißt am 1. April 1953) in Deutschland frei lebend nicht heimisch waren. Die Einbringung von nicht heimischen Arten gefährdet das gesamte Ökosystem[342]. Die Länder sind verpflichtet, dies zu verhindern. Die Vorschrift schützt heimische Arten und damit auch das jagdbare Wild. Jagdbare Tiere können nach § 31 LJG-NW ausgesetzt werden, wenn dies die obere Jagdbehörde genehmigt. Bei der Abwägung zwischen der naturschutzrechtlichen- und der jagdrechtlichen Bestimmung ist maßgeblich, ob das Tier jagdbar ist[343].

Gebietsfremde Art nach Naturschutzrecht, § 7 Abs. 2 Nr. 8:

Gebietsfremde Art ist eine wild lebende Tier- und Pflanzenart, wenn sie in dem betreffenden Gebiet in freier Natur nicht oder seit mehr als 100 Jahren nicht mehr vorkommt.

Die Feststellung, dass in vielen Gärten und Parks gebietsfremde Pflanzen ohne Genehmigung gepflanzt wurden ist einfach zu beantworten. § 39 BNatSchG umfasst nur die freie Natur. Nur dort ist eine Genehmigung erforderlich.

---

[338] Diese Wortwahl ist aus den §§ 1, 17 TierSchG bekannt. Schutzgut ist hier aber die Art und nicht das einzelne Tier, siehe dazu Lorz, Müller, Stöckel, Naturschutzrecht, 2. Auflage 2003, Seite 350.

[339] Anerkannte Rechtfertigungsgründe sind z.B. §§ 32, 34 StGB und §§ 228, 904 StGB (vgl. hierzu Kapitel „Jagdschutz").

[340] Lorz, Müller, Stöckel, Naturschutzrecht, 2. Auflage 2003, Seite 350; BVerwG in DVBl. 1956, Seite 689.

[341] Lorz, Müller, Stöckel, Naturschutzrecht, 2. Auflage 2003, Seite 356.

[342] Fisahn/Winter, Gebietsfremde Organismen als Rechtsproblem, ZUR 2000, Seite 8.

[343] Zur Aussetzung nicht jagdbarer Arten aus jagdlichen Gründen: BVerwG in NuR 1985, Seite 235.

Zu den allgemein geschützten Tieren gehören: Waschbär, Marderhund, Sumpfbiber, Bisam, Wanderratte, verwilderte Hauskatze sowie Haus-, Feld-, Scher-, Erd- und Rötelmaus, aber keine Vögel!!

§ 39 Abs. 5 beinhaltet umfangreiche Verbote betreffend das Schneiden von Hecken, lebenden Zäunen, Gebüsche und Röhrichte im Zeitraum vom 1. März bis 30. September.

2. Besonderer Schutz (§ 44 BNatSchG)

§ 44 BNatSchG setzt Art. 5 der Vogelschutz-Richtlinie und Art. 12, 13 der FFH-Richtlinie in nationales Recht um. Die Vorschriften sind daher immer nach Europarecht auszulegen.

Besonders geschützte Tierarten[344] werden zusätzlich zu dem allgemeinen Schutz durch fünf weitere Verbote geschützt:

    a. Verboten ist, wildlebende Tiere der besonders geschützten Arten nachzustellen[345], sie zu fangen, verletzen, zu töten oder ihre Entwicklungsformen (Eier, Larven u. a.), Nist-, Brut-, Wohn-[346] oder Zufluchtstätten[347] der Natur zu entnehmen, zu beschädigen oder zu zerstören (Nachstellverbot[348]).Wild lebende Pflanzen der besonders geschützten Arten oder ihre Teile oder Entwicklungsformen abzuschneiden, abzupflücken, aus- oder abzureißen, auszugraben, zu beschädigen oder zu vernichten. Wild lebende Tiere der streng geschützten Arten und der europäischen Vogelarten an ihren Nist-, Brut-, Wohn- oder Zufluchtstätten durch Aufsuchen, Fotografieren, Filmen oder ähnliche Handlungen zu stören (Störverbot[349]). Standorte wild lebender Pflanzen der streng geschützten Arten durch Aufsuchen, Fotografieren, Filmen oder ähnliche Handlungen zu beeinträchtigen oder zu zerstören[350].

    b. Verboten ist, wildlebende Tiere der besonders geschützten Arten oder ihre Entwicklungsformen in Besitz zu nehmen (Inbesitznahmeverbot) oder in Gewahrsam zu haben oder zu be- oder verarbeiten (Besitzverbote), an andere abzugeben (Verkehrsverbot), zu verkaufen o. ä. (Vermarktungsverbot[351]), zum Verkauf vorrätig zu halten oder zu befördern (Beförderungsverbot).

---

[344] Tier- und Pflanzenarten, die in Anhang A oder B der Verordnung (EG) Nr. 338/97 des Rates vom 9. Dezember 1996 über den Schutz von Exemplaren wild lebender Tier- und Pflanzenarten durch Überwachung des Handels (ABl. EG 1997 Nr. L 61 S. 1, Nr. L 100 S. 72, Nr. L 298, S. 70), die zuletzt durch die Verordnung (EG) Nr. 1579/2001 vom 1. August 2001 (ABl. EG Nr. L 209 S. 14) geändert worden ist, aufgeführt sind. Zudem nicht unter § 10 Abs. 2 Buchstabe a fallende Tier- und Pflanzenarten, die in Anhang IV der Richtlinie 92/43/EWG aufgeführt sind, „Europäische Vogelarten" und Tier- und Pflanzenarten, die in einer Rechtsverordnung nach § 52 Abs. 1 BNatSchG aufgeführt sind (vgl. § 10 Abs. 2 Nr. 10).

[345] Nachstellen wie in § 292 StGB: RGSt 11, Seite 249; RGSt 70, Seite 220; RGSt 14, Seite 419; RGSt 20, Seite 4.

[346] Geschützt ist auch die Lebensstätte, wenn sich die Bewohner im Winterquartier befinden, aber mit deren Rückkehr zu rechnen ist (vgl. etwa VG Potsdam in NuR 2002, Seite 567; Lorz, Müller, Stöckel, Naturschutzrecht, 2. Auflage 2003, Seite 363).

[347] Jagd- und Fressstätten sind als Zufluchtstätten nicht geschützt (BVerwG in NuR 2001, Seite 385; NVwZ 2001, Seite 1040).

[348] Auch aus Gründen des Jagdschutzes dürfen Eichelhäher ohne Ausnahmegenehmigung nicht getötet werden; Lorz, Müller, Stöckel, Naturschutzrecht, 2. Auflage 2003, Seite 362.

[349] Vgl. hierzu auch: VGH Baden Wü. RdL 1990, Seite 190.

[350] Diese Verbote gelten auch im besiedelten Bereich, nistende Schwalben in der Tiefgarage: Luis, NuR, 1990, Seite 185; a. A. OLG Düsseldorf in NuR 1990, Seite 185. Für Frösche in einem künstlich angelegten Gartenteich: BGH in NJW 1993, Seite 925; BayVGH in NJW 1999, Seite 2914; BVerwG in NJW 1999, Seite 2912.

[351] Zu Elfenbein: BVerwG NuR 1996, Seite 2001; BGH BayVBl. 1998, Seite 542.

Von diesen Verboten gibt es jedoch vier Ausnahmen:

a. Wild, dass sich der JAG/RInh. rechtmäßig angeeignet hat,
b. Aufnahme zwecks Ablieferung an die zuständige Stelle,
c. Aufnahme zwecks Verwendung für Forschung oder Lehre, sofern das Tier nicht vom Aussterben bedroht ist,
d. Aufnahme verletzter und kranker Tiere zwecks Heilung und anschließender Freilassung.

Die Landschaftsgesetze sehen teilweise weitere Verbote vor, z.B. das Verbot, brütende oder sich sammelnde Tiere unnötig zu stören oder Bäume und Horsten oder Bruthöhlen in der Zeit vom 1. März bis 30. September zu fällen oder zu besteigen.

Zu den besonders geschützten Tierarten gehören z.B. Fischotter, Wildkatze, Luchs sowie Steinadler, Seeadler, Fischadler, Schreiadler, Korn- und Wiesenweihe, Wanderfalke, Gerfalke, roter Milan, Großtrappe, Moorente, Knäkente, Greife und Falken sowie alle Vögel. Auch Rabenkrähe, Elster und Eichelhäher gehören hierzu. Sie dürfen zurzeit nur mit besonderer Abschussgenehmigung erlegt werden (siehe hierzu die Verordnung NW über die Zulassung von Ausnahmen von den Schutzvorschriften für besonders geschützte Tierarten: Abschuss von Rabenkrähen und Elstern außerhalb befriedeter Bezirke und außerhalb von Brutzeiten (1.4.-31.7.) NW).

Der Jagdausübungsberechtigte hat besondere Sorgfaltspflichten bezüglich artgeschützter Tiere. Wenn ein Jäger weiß, dass sich in der Nähe ein zum Abschuss nicht freigegebenes Tier befindet, darf er nur schießen, wenn eine Gefährdung dieses Tieres ausgeschlossen ist[352].

Auch der Pflanzenschutz ist in einen allgemeinen und einen besonderen Schutz untergliedert. Nach dem Allgemeinen Schutz (§ 39 BNatSchG) ist es verboten, ohne vernünftigen Grund wildwachsende Pflanzen zu entnehmen oder zu nutzen oder ihre Bestände niederzuschlagen oder auf sonstige Weise zu verwüsten.

Nach besonderen Schutz (§ 44 BNatSchG) ist es verboten, wildlebende Pflanzen der besonders geschützten Arten oder ihre Teile oder Entwicklungsformen abzuschneiden, abzupflücken, aus- oder abzureißen, auszugraben, zu beschädigen oder zu vernichten. Auch für besonders geschützte Pflanzen gelten die Inbesitznahme, Verkehrs- und Vermarktungsverbote. Weitere Verbote enthalten die Landesgesetze, z.B. die Verbote, Wiesen und Feldraine, Hänge und Böschungen, Hecken, Gebüsch und Röhrichtbestände abzubrennen, oder Hecken, Gebüsch und Röhrichtbestände in der Zeit vom 1. März bis 30. September zu roden oder auf andere Weise zu zerstören.

Beispiele besonders geschützter Pflanzen sind: Orchideen, Edelweiß, Enzian, Schneeglöckchen, Schwertlilie, Seerose, Sonnentau, Fingerhut u. a.

Wer lebende oder tote Tiere/Pflanzen der besonders geschützten Arten besitzt oder die tatsächliche Gewalt über sie ausübt, hat der zuständigen Behörde auf Verlangen die Berechtigung zum Besitz nachzuweisen[353], dass er oder ein Dritter die Tiere/Pflanzen schon

---

[352] OLG Köln, Beschluss vom 16.09.1986, Ss 425/86 zum Schuss auf einen Uhu.
[353] Zur Einziehung von Tierpräparaten und -kadavern besonders geschützter Arten gemäß BNatSchG § 22, AG Goslar, Urteil vom 29.11.1990, 6 OWi (6) 805 Js 49736/87.

vor dem 31. August 1980 in Besitz hatte. Ausgenommen hiervon sind Gegenstände des persönlichen Gebrauchs und Hausrats.

Artenschutzrechtliche Ausnahmegenehmigungen sind möglich (vgl. etwa § 43 BNatSchG). Eine Artenschutzrechtliche Ausnahmegenehmigung kann jedoch von Naturschutzverbänden nicht angefochten werden[354].

2. Schutz von einzelnen Teilen der Natur und Landschaft

Daneben können einzelne Teile der Natur und Landschaft unter besonderen Schutz gestellt werden, indem sie durch Rechtsverordnung zum

- Naturschutzgebiet,
- Nationalpark,
- Landschaftsschutzgebiet,
- Naturpark,
- Naturdenkmal,
- Geschützter Landschaftsbestandteil

erklärt werden.[355]

In der jeweiligen Rechtsverordnung werden zugleich Gegenstand und Zweck des Schutzes sowie die einzelnen Ge- und Verbote bestimmt, die zur Erreichung dieses Zweckes notwendig sind. Die zur Erreichung des jeweiligen Schutzzwecks festzusetzenden Gebote und Verbote

der Naturschutzausweisung müssen erforderlich sein (§ 19 LG). Sehr häufig wird darin das Betreten des Gebietes außerhalb der Wege zum Schutze der Tier- und Pflanzenwelt verboten (Einschränkung des allgemeinen Betretungsrechts).

- *Naturschutzgebiete* (§ 23 BNatSchG) sind rechtsverbindliche Gebiete, in denen ein besonderer Schutz von Natur und Landschaft in ihrer Ganzheit oder in einzelnen Teilen erforderlich ist

- zur Erhaltung von Lebensgemeinschaften oder Biotopen bestimmter wildlebender Tier- und Pflanzenarten, oder
- aus wissenschaftlichen, naturgeschichtlichen oder landeskulturellen Gründen, oder
- wegen ihrer Seltenheit, besonderen Eigenart oder hervorragenden Schönheit.

Der Schutz kann sich auf ein ganzes Gebiet oder Teile hiervon beziehen. Der Vollschutz ist der umfassendste Schutz eines Gebietes. Der Teilschutz betrifft hingegen die Bewahrung von

---

[354] VG München, Urteil vom 04.10.2005, M 1 K 05.2019.
[355] Foto Quelle: Eigenes Foto.

natürlichen Erscheinungen im Tierreich, Pflanzenreich oder bei Mineralien. Grundsätzlich sind Wildschutzgebiete nach § 20 Abs. 2 BJG keine Teilnaturschutzgebiete[356].

Die Norm beinhaltet einen Gebietsschutz. Vor diesem Hintergrund ist eine ganzheitliche Betrachtung erforderlich. Eine hiervon losgelöste isolierte Betrachtung einzelner Grundstücke kommt nicht in Betracht[357]. Auch Nutzflächen können unter Schutz gestellt werden, wenn diese Nutzung landwirtschaftlich erfolgt[358].

Die Klassifizierung als Naturschutzgebiet setzt voraus, dass ein Schutzgrund besteht. Dieser liegt im öffentlichen Interesse am Erhalt oder der Verbesserung[359] des bestehenden Zustandes. In Nordrhein-Westfalen auch in erdgeschichtlichen Gründen (vgl. § 20 LG-NW). Der Schutzzweck bestimmt dabei die Größe des Schutzgebietes[360].

Naturschutzgebiete werden durch Landschaftspläne der Kreise und kreisfreien Städte oder durch ordnungsbehördliche Verordnungen der Bezirksregierungen ausgewiesen, soweit dies im öffentlichen Interesse erforderlich ist. Sie werden durch entsprechende Beschilderung gekennzeichnet. Teilweise werden auch Ver- und Gebote aufgeführt.

[361]

Gemäß § 23 Abs. 2 BNatSchG sind alle Handlungen, die zu einer Zerstörung, Beschädigung oder Veränderung des Naturschutzgebietes oder seiner Bestandteile oder zu einer nachhaltigen Störung führen können, nach Maßgabe näherer Bestimmungen verboten. Soweit es der Schutzzweck erlaubt, können Naturschutzgebiete der Allgemeinheit zugänglich gemacht werden. Demnach ist jegliche Zerstörung, Beschädigung, Störung oder Veränderung verboten. In Naturschutzgebieten kann die Jagdausübung beschränkt oder völlig verboten[362] werden. Dies erfolgt durch die Landesgesetze. Aufgrund der Voraussetzung der Erforderlichkeit (§ 19 LG) sind Einschränkungen der Jagd nur dann und insoweit zulässig, als der Schutzzweck dies unter Beachtung des Grundsatzes der Verhältnismäßigkeit der Mittel

---

[356] Lorz, Müller, Stöckel, Naturschutzrecht, 2. Auflage 2003, Seite 224.
[357] VGH Mannheim in NuR 1980, Seite 70.
[358] OVG Münster in NuR 1989, Seite 188.
[359] OVG Lüneburg in NuR 1990, Seite 281.
[360] Zum Gestaltungsspielraum des Verordnungsgeber: OVG Bremen in NuR 1990, Seite 82.
[361] Quelle: Eigenes Foto, Nationalpark Edersee.
[362] Vgl. OVG Koblenz in NuR 1982, Seite 187, Im Einzelfall lt. Ausübung der Jagd in Naturschutzgebieten, RdErl. d. Ministeriums für Umwelt, Raumordnung und   Landwirtschaft – III B 6 77-20-00.00/III B 2 – 1.09.00 v. 1.3.1991.

erfordert. Die Einschränkungen müssen auch geeignet sein, den angestrebten Gemeinwohlzweck zu erreichen. Einschränkungen der Jagdausübung sind nicht nur dann möglich, wenn ein bestimmter schutzwürdiger Zustand erhalten werden soll; sie sind auch zulässig, um die Biotopqualität des betreffenden Gebietes zu optimieren[363]. Eine Beschränkung der Jagd kann z. B. derart erfolgen, dass Gesellschaftsjagden verboten werden[364]. Auch kann die Fallen- und Baujagd verboten werden[365]. Auch kann verboten werden Wild zu füttern und Wildäcker anzulegen, Hochsitze, Wildäsungsflächen, künstliche Brutstätten und offene Ansitzleitern zu errichten, Fallen zu stellen, Wild auszusetzen, die Jagd auf Enten, Gänse und andere Wat- und Wasservögel, das Betreten des Gebietes außerhalb der Wege zur Ausübung der Jagd und des Jagdschutzes[366]. Jagdbeschränkungen können sich auch beziehen auf einzelne Wildarten oder Wildartengruppen (z.B. Haarwild, Federwild, Wasserwild), die Örtlichkeit (z.B. Teilflächen eines Naturschutzgebietes), die Zeit (z.B. Verkürzung oder Beschränkung von Jagdzeiten für einzelne Wildarten oder Wildartengruppen oder Festlegung eines allgemein begrenzten Zeitraums für alle dem Jagdrecht unterliegenden Arten)[367]. Nochmals: Naturschutzrechtliche Anordnungen müssen jedoch verhältnismäßig sein. Das gilt auch für Bestimmungen über die Ausübung der Jagd in einem Naturschutzgebiet[368]. Zeitliche und/oder örtliche Jagdeinschränkungen sowie Beschränkungen der Jagdart oder das gänzliche Verbot der Jagdausübung können insbesondere in Gebieten erforderlich sein, in denen stark störungsempfindliche Tierarten leben oder große Wasservogelkonzentrationen vorkommen. Verstärkt wird die Notwendigkeit zur Einschränkung oder zum Verbot, wenn es sich bei dem Schutzgebiet um ein wertvolles Nahrungs-, Mauser- oder Rastgebiet durchziehender Vögel (insbesondere Enten, Gänse oder Limikolen) handelt. Hier sind die Größe des Schutzgebietes, das Zugverhalten der Tiere sowie internationale Schutzverpflichtungen in die Abwägung einzubeziehen[369].

Ansitzeinrichtungen und in Einzelfällen genehmigte Jagdkanzeln sollten zweckdienlich, klein, möglichst unauffällig und dem Landschaftsbild angepasst errichtet werden. Dies gilt sowohl für den jeweiligen Standort als auch für die Bauausführung[370].

Wegen der negativen Auswirkungen sollen Wildfütterungen mit und ohne Einrichtungen in Naturschutzgebieten regelmäßig nicht zugelassen werden. Allerdings ist zu berücksichtigen, dass der Jagdausübungsberechtigte nach § 25 LJG-NW verpflichtet ist, bei witterungs- oder katastrophenbedingtem Äsungsmangel, insbesondere bei vereister oder hoher Schneelage oder nach ausgedehnten Waldbränden (Notzeiten), für eine angemessene Wildfütterung zu sorgen. In Naturschutzgebieten ist auf eine Wildfütterung generell zu verzichten, wenn ein Ausweichen auf Flächen außerhalb des Schutzgebietes möglich ist[371]. Sofern die gesetzliche Verpflichtung nach § 25 Abs. 1 LJG-NW nicht auf Flächen außerhalb des Naturschutzgebietes erfüllt werden kann, ist die Fütterung in Notzeiten zuzulassen. Hierbei

---

[363] Ausübung der Jagd in Naturschutzgebieten, RdErl. d. Ministeriums für Umwelt, Raumordnung und Landwirtschaft – III B 6 77-20-00.00/III B 2 – 1.09.00 v. 1.3.1991.

[364] Zur Beschränkung auf Einzeljagd: VGH Kassel in NuR 1993, Seite 165.

[365] Ausübung der Jagd in Naturschutzgebieten, RdErl. d. Ministeriums für Umwelt, Raumordnung und Landwirtschaft – III B 6 77-20-00.00/III B 2 – 1.09.00 v. 1.3.1991.

[366] Vgl. hierzu: Verwaltungsgericht Arnsberg, Urteil vom 12.12.2001, 1 K 4785/00.

[367] Ausübung der Jagd in Naturschutzgebieten, RdErl. d. Ministeriums für Umwelt, Raumordnung und Landwirtschaft – III B 6 77-20-00.00/III B 2 – 1.09.00 v. 1.3.1991.

[368] Hessischer Verwaltungsgerichtshof, Urteil vom 18.3.2004 – 4 N 348/99.

[369] Ausübung der Jagd in Naturschutzgebieten, RdErl. d. Ministeriums für Umwelt, Raumordnung und Landwirtschaft – III B 6 77-20-00.00/III B 2 – 1.09.00 v. 1.3.1991.

[370] Ausübung der Jagd in Naturschutzgebieten, RdErl. d. Ministeriums für Umwelt, Raumordnung und Landwirtschaft – III B 6 77-20-00.00/III B 2 – 1.09.00 v. 1.3.1991.

[371] Näheres hierzu: Ausübung der Jagd in Naturschutzgebieten, RdErl. d. Ministeriums für Umwelt, Raumordnung und Landwirtschaft – III B 6 77-20-00.00/III B 2 – 1.09.00 v. 1.3.1991.

sind Ort, Art und Zahl der Fütterungseinrichtungen auf Vorschlag des Jagdausübungsberechtigten von der unteren Landschaftsbehörde mit der unteren Jagdbehörde zu bestimmen[372].

Das Aussetzen von Wild ist in Naturschutzgebieten regelmäßig verboten, da es zu nicht überschaubaren Auswirkungen kommen kann[373].

Ein Verbot, Hunde in Naturschutzgebieten frei laufend zu lassen, gilt nicht für Jagdhunde im jagdlichen Einsatz. In Naturschutzgebieten sind aber Hundearbeiten, die über den jagdlich erforderlichen Einsatz hinausgehen (z.B. Ausbildung oder Prüfung), zu verbieten. Dies gilt vor allem dann, wenn die Schutzgebietsfläche nur einen untergeordneten Teil des Jagdbezirks einnimmt und die Hundearbeiten auch außerhalb des Schutzgebietes erfolgen können[374].

Gemäß § 329 Abs. 2 Strafgesetzbuch kann derjenige, der entgegen einer zum Schutz eines Naturschutzgebietes, einer als Naturschutzgebiet einstweilig sichergestellten Fläche oder eines Nationalparks erlassenen Rechtsvorschrift oder vollziehbaren Untersagung Bodenschätze oder andere Bodenbestandteile abbaut oder gewinnt, Abgrabungen oder Aufschüttungen vornimmt, Gewässer schafft, verändert oder beseitigt, Moore, Sümpfe, Brüche oder sonstige Feuchtgebiete entwässert, Wald rodet, Tiere im Sinne des Bundesnaturschutzgesetzes besonders geschützter Art tötet, fängt, diesen nachstellt oder deren Gelege ganz oder teilweise zerstört oder entfernt, Pflanzen im Sinne des Bundesnaturschutzgesetzes besonders geschützter Art beschädigt oder entfernt der ein

Gebäude errichtet und dadurch den jeweiligen Schutzzweck nicht unerheblich beeinträchtigt, mit Freiheitsstrafe bis zu fünf Jahren oder mit Geldstrafe bestraft werden.

Weiterhin schützt § 330 Strafgesetzbuch (Besonders schwerer Fall einer Umweltstraftat) auch Naturschutzgebiete.

- *Nationalparke* (§ 24 BNatSchG) sind rechtsverbindlich festgesetzte einheitlich zu schützende Gebiete, die großräumig[375] sind.

Nationalparke haben zum Ziel, im überwiegenden Teil ihres Gebiets den möglichst ungestörten Ablauf der Naturvorgänge in ihrer natürlichen Dynamik zu gewährleisten. Soweit es der Schutzzweck erlaubt, sollen Nationalparke auch der wissenschaftlichen Umweltbeobachtung, der naturkundlichen Bildung und dem Naturerlebnis der Bevölkerung dienen.

Nationalparke sind rechtsverbindlich festgesetzte einheitlich zu schützende Gebiete, die großräumig und von besonderer Eigenart sind, in einem überwiegenden Teil ihres Gebiets die Voraussetzungen eines Naturschutzgebietes erfüllen und sich

---

[372] Ausübung der Jagd in Naturschutzgebieten, RdErl. d. Ministeriums für Umwelt, Raumordnung und Landwirtschaft – III B 6 77-20-00.00/III B 2 – 1.09.00 v. 1.3.1991.

[373] Ausübung der Jagd in Naturschutzgebieten, RdErl. d. Ministeriums für Umwelt, Raumordnung und Landwirtschaft – III B 6 77-20-00.00/III B 2 – 1.09.00 v. 1.3.1991.

[374] Ausübung der Jagd in Naturschutzgebieten, RdErl. d. Ministeriums für Umwelt, Raumordnung und Landwirtschaft – III B 6 77-20-00.00/III B 2 – 1.09.00 v. 1.3.1991.

[375] Mindestens 1000 Hektar gemäß internationaler Forderung, vgl. Lorz, Müller, Stöckel, Naturschutzrecht, 2. Auflage 2003, Seite 239.

in einem überwiegenden Teil ihres Gebiets in einem vom Menschen nicht oder wenig beeinflussten Zustand befinden[376] oder geeignet sind, sich in einen Zustand zu entwickeln oder in einen Zustand entwickelt zu werden, der einen möglichst ungestörten Ablauf der Naturvorgänge in ihrer natürlichen Dynamik gewährleistet.

Rechtsverbindliche Nationalparke sind z.B. das Hamburger Wattenmeer, der Bayerische Wald, Berchtesgaden, das Schleswig-Holsteinische Wattenmeer, das Niedersächsische Wattenmeer[377], der Niedersächsische Nationalpark Harz, Der Nationalpark Hochharz, die Vorpommersche Boddenlandschaft, Jasmund und Müritz-Nationalpark, der Nationalpark Sächsische Schweiz, der Nationalpark Unteres Odertal und der Nationalpark Hainich.

Die landesrechtliche Ergänzung findet sich in § 43 LG-NW.

Die Jagd kann in der Nationalparkverordnung gänzlich verboten werden (strittig)[378].

- *Landschaftsschutzgebiete* (§ 26 BNatSchG) sind rechtsverbindlich festgesetzte Gebiete, in denen ein besonderer Schutz der Natur und Landschaft erforderlich ist

- wegen der Schönheit, Eigenart oder Vielfalt des Landschaftsbildes, oder
- wegen ihrer besonderen Bedeutung für die Erholung, oder
- zur Erhaltung oder Wiederherstellung der Leistungsfähigkeit des Naturhaushalts oder der Nutzungsfähigkeit der Naturgüter.

Verboten sind alle Handlungen, die den Charakter des Gebietes verändern oder dem besonderen Schutzzweck zuwiderlaufen. Deshalb sind zwar in der Regel land- und forstwirtschaftliche Nutzung erlaubt. Verboten ist jedoch häufig die Bebauung[379]. Die Jagd kann aufgrund eines allgemeinen Befreiungstatbestandes erlaubt werden[380].

§ 21 LG-NW enthält eine Regelung des § 15 BNatSchG a. F.

- *Naturparke* (§ 27 BNatSchG) sind einheitlich zu entwickelnde und zu pflegende Gebiete, die

- großräumig[381] und von besonderer Eigenart sind,
- überwiegend Naturschutzgebiete oder Landschaftsschutzgebiete sind,
- sich besonders für Erholungszwecke eignen und
- nach den Zielen der Landesplanung für die Erholung oder den Fremdenverkehr vorgesehen sind.

Naturparke sollen entsprechend der vorgenannten beschriebenen Zwecke unter Beachtung der Ziele und Grundsätze des Naturschutzes und der Landschaftspflege geplant, gegliedert, erschlossen und weiterentwickelt werden.

---

[376] Der optimale Naturzustand muss demnach nicht erreicht sein (Lorz, Müller, Stöckel, Naturschutzrecht, 2. Auflage 2003, Seite 239; anders noch: OVG Lüneburg, ZUR 1999, Seite 156; BVerwG in NuR 2000, Seite 43.

[377] Vorstehende Fotos zeigen die entsprechende Beschilderung. Quelle: Eigene Fotos.

[378] Noch weitergehender: OVG Lüneburg in NuR 1990, Seite 34.

[379] Lorz, Müller, Stöckel, Naturschutzrecht, 2. Auflage 2003, Seite 259.

[380] Lorz, Müller, Stöckel, Naturschutzrecht, 2. Auflage 2003, Seite 259.

[381] Mindestens 1000 Hektar gemäß internationaler Forderung, vgl. Lorz, Müller, Stöckel, Naturschutzrecht, 2. Auflage 2003, Seite 239.

Der Naturpark kennzeichnet sich durch den vorrangigen Erholungszweck.

In Nordrhein-Westfalen ist der Naturpark in § 44 Abs. 1, 2 LG-NW geregelt.

- *Naturdenkmale*[382] (§ 28 BNatSchG) sind rechtsverbindlich festgesetzte Einzelschöpfungen der Natur, deren besonderer Schutz erforderlich ist   .

- wegen ihrer Schönheit, Seltenheit oder Eigenart, oder
- aus wissenschaftlichen, naturgeschichtlichen oder landeskulturellen Gründen.

Beispielhaft hierfür ist der Schutz eines besonders alten Baumes, Felsens etc., also Objektschutz.

Verboten sind alle Handlungen, die zu einer Beseitigung, Zerstörung, Beschädigung, Veränderung oder nachhaltigen Störung des Naturdenkmals führen können.

Naturdenkmale sind z. B. Wasserläufe, Quellen, Gletscherspuren, seltene Bäume, vulkanische Bildungen, Dünen, Reststücke von Urwald, Heiden oder Moore.

In Nordrhein-Westfalen dürfen Naturdenkmale auch aus erdgeschichtlichen Gründen festgesetzt werden (§ 22 LG-NW).

- *Geschützte Landschaftsbestandteile* (§ 29 BNatSchG) sind rechtsverbindlich festgesetzte Teile der Natur und Landschaft, deren besonderer Schutz erforderlich ist

- zur Sicherstellung der Leistungsfähigkeit des Naturhaushalts,
- zur Belebung oder Pflege des Orts- und Landschaftsbildes, oder
- zur Abwehr schädlicher Einwirkungen,
- Bedeutung als Lebensstätte bestimmter wild lebender Tier- und Pflanzenarten.

Beispielhaft hierfür ist der Schutz eines Vogelschutzgehölzes, einer einzeln stehenden Baumgruppe, eines einzelnen Gewässers und seiner Uferzonen, Bachläufe, bewaldeter Hang[383] u. ä. Die geschützten Landschaftsbestandteile können nicht als Denkmal geschützt werden, da diese Charaktereigenschaft fehlt. Ein Landschaftsbestandteil kann nämlich nur dann ein Denkmal sein, wenn ihm gegenüber den Landschaftsbestandteilen seiner Umgebung eine herausragende Bedeutung zukommt[384].

Verboten sind alle Handlungen, die zu einer Beseitigung, Zerstörung, Beschädigung oder Veränderung des geschützten Landschaftsbestandteils führen können.

Entsprechende Regelungen finden sich in § 23 und § 47 LG-NW für das Bundesland Nordrhein-Westfalen. Die Ausführungen zur Jagd im Naturschutzgebiet gelten entsprechend[385].

---

[382] Hierzu auch: Otto, Die Verkehrssicherungspflicht und Haftung für geschützte Bäume, NJW 1996, Seite 356.
[383] Nicht aber ein markanter Berghügel, OVG Rheinland-Pfalz in NuR 1988, Seite 91, Aber zu Hünengräber: OLG Celle RdL 1974, Seite 305.
[384] Lorz, Müller, Stöckel, Naturschutzrecht, 2. Auflage 2003, Seite 265; BayVGH in NuR 1983, Seite 70.
[385] Sieh hierzu: Ausübung der Jagd in Naturschutzgebieten, RdErl. d. Ministeriums für Umwelt, Raumordnung und Landwirtschaft – III B 6 77-20-00.00/III B 2 – 1.09.00 v. 1.3.1991.

- *Biosphärenreservat* (§ 25 BNatSchG) ist ein von der UNESCO anerkanntes Gebiet, das repräsentative, vom Menschen wenig beeinflusste Landschaften darstellt. Während das Biosphärenreservat zunächst im Bundesnaturschutzgesetz nicht geregelt war, wurde es mit dem Dritten Gesetz zur Änderung des BNatSchG vom 26.08.1998[386] eingeführt. Derzeit gibt es in der Bundesrepublik Deutschland 12 Biosphärenreservate und 120 Großschutzgebiete (Nationalparke, Naturparke, Biosphärenreservate).

Neben dem unmittelbaren Tier- und Pflanzenschutz, der aus dem allgemeinen und dem besonderen Schutz besteht, gewinnt der *Flächenschutz* immer größere Bedeutung. Denn der beste Schutz ist ein intakter Lebensraum.

Biosphärenreservate sind rechtsverbindlich festgesetzte einheitlich zu schützende und zu entwickelnde Gebiete, die

- großräumig und für bestimmte Landschaftstypen charakteristisch sind,
- in wesentlichen Teilen ihres Gebiets die Voraussetzungen eines Naturschutzgebiets, im Übrigen überwiegend eines Landschaftsschutzgebiets erfüllen,
- vornehmlich der Erhaltung, Entwicklung oder Wiederherstellung einer durch hergebrachte vielfältige Nutzung geprägten Landschaft und der darin historisch gewachsenen Arten- und Biotopvielfalt, einschließlich Wild- und früherer Kulturformen wirtschaftlich genutzter oder nutzbarer Tier- und Pflanzenarten, dienen und
- beispielhaft der Entwicklung und Erprobung von die Naturgüter besonders schonenden Wirtschaftsweisen dienen.

Die Länder stellen sicher, dass Biosphärenreservate unter Berücksichtigung der durch die Großräumigkeit und Besiedlung gebotenen Ausnahmen über Kernzonen, Pflegezonen und Entwicklungszonen entwickelt werden und wie Naturschutzgebiete oder Landschaftsschutzgebiete geschützt werden. Im LG-NW ist dieses Schutzgebiet noch nicht verankert.

3. Rote Liste Nordrhein-Westfalen

Rote Listen gibt es für Tieren und Pflanzen. Sie geben Auskunft über den Bestand und die Bestandsentwicklung und darauf aufbauend über das Ausmaß der Gefährdung bestimmter Arten im „Moment". Die „rote Liste" beinhaltet ausgestorbene, verschollene oder gefährdete Tier- und Pflanzenarten, Artengesellschaften, Biotypen oder Landschaften. Daneben gibt es noch die „blaue Liste". Diese beinhaltet die Rote-Listen-Arten, welche im Untersuchungsgebiet eine dauerhafte Bestandsstabilisierung oder –zunahme erfahren haben[387].

Rote Listen gibt es für das Gebiet der Bundesrepublik Deutschland, für einzelne Bundesländer und für bestimmte Regierungsbezirke.

Die in der roten Liste Nordrhein-Westfalen enthaltenen jagdbaren Tierarten i. S. d. § 2 BJG sind: Dachs, Feldhase, Iltis, Rebhuhn, Waldschnepfe, Fischotter, Luchs, Wildkatze, Greife, Auer-, Birk-, Rackel- und Haselwild, Kolkrabe und Falken.

---

[386] BGBl. I Seite 2481.
[387] Lorz, Müller, Stöckel, Naturschutzrecht, 2. Auflage, 2003, Seite 421.

Für die Darstellung der Gefährdungssituation einzelner Tiere und Pflanzen ist folgende Einteilung üblich[388]:

- O = Ausgestorben

Arten, die es nachweisbar noch vor etwa 100 Jahren in Deutschland gab, aber jetzt nicht mehr gefunden werden und daher in der Zwischenzeit mit Sicherheit oder großer Wahrscheinlichkeit erloschen sind.

- 1 = vom Aussterben bedroht

Arten, deren Überleben in Deutschland als unwahrscheinlich gilt, wenn die die Dezimierung verursachenden Faktoren weiterhin auf die Art einwirken oder bestandserhaltende Maßnahmen des Menschen nicht unternommen werden. Diese Arten treten nur noch einzeln oder in wenigen, isolierten und kleinen bis sehr kleinen Populationen auf oder die Bestände sind auf eine bedrohliche bis kritische Größe zusammengeschmolzen oder die Rückgangsgeschwindigkeit der Art ist im größten Teil des heimischen Areals sehr hoch.

- 2 = stark gefährdet

Arten, die im nahezu gesamten einheimischen Verbreitungsgebiet gefährdet sind. Dies sind Arten mit kleinen Beständen, die auf Grund gegebener oder konkreter, absehbarer Eingriffe aktuell bedroht sind und die weiteren Risikofaktoren unterliegen. Ferner werden Arten aufgeführt, deren Bestände im nahezu gesamten einheimischen Verbreitungsgebiet signifikant zurückgehen und die in vielen Landesteilen selten geworden oder verschwunden sind.

- 3 = gefährdet

Arten, bei denen in großen Teilen des einheimischen Verbreitungsgebietes eine Gefährdung besteht. Dies sind insbesondere Arten mit regional

---

[388] Definitionen entnommen nach E. Jedicke (Hrsg.), Die Roten Listen, 1997, Seite 21 ff. m.w.N: Lorz, Müller, Stöckel, Naturschutzrecht, 2. Auflage, 2003, Seite 419 ff.

	kleinen oder sehr kleinen Beständen, die auf Grund gegebener oder konkreter, absehbarer Eingriffe bedroht sind und die weiteren Risikofaktoren unterliegen. Ferner werden Arten erfasst, deren Bestände regional bzw. an vielen Orten lokal zurückgehen oder gar lokal bereits verschwunden sind.
- 4 oder R = potentiell gefährdet	Arten, die im Gebiet nur wenige oder kleine Vorkommen besitzen, sowie Arten, die in kleinen Beständen am Rande ihres Areals leben, sofern sie nicht bereits wegen ihrer aktuellen Gefährdung zu den Gruppen 1-3 gezählt werden.
- V = Vorwarnliste	Arten, die merklich zurückgegangen aber aktuell noch nicht gefährdet sind.
- G = Gefährdung anzunehmen	Eine exakte Einstufung ist mangels Information nicht möglich. Die Art ist jedoch wahrscheinlich gefährdet.
- D = Defizäre Datenlage	Arten, bei denen die Datenlage unterschiedlich ist, weil sie bisher übersehen bzw. nicht unterschieden wurden.

Die Einhaltung aller naturschutzrechtlichen Ge- und Verbote überwacht - außer der Polizei - die Landschaftswacht (Naturschutzwacht/-dienst). Hierbei handelt es sich je nach Landesrecht um ehrenamtlich tätige Personen, die von den jeweiligen Naturschutzbehörden mit dieser Aufgabe betraut werden. Sie sind bei Zuwiderhandlungen gegen naturschutzrechtliche Ge- und Verbote u. a. befugt, die Personalien festzustellen und Anzeige zu erstatten (z.B. bei unerlaubten Ablagern von Müll, bei verbotenem Roden von Hecken oder Abtrennen von Wiesen u. a.).

Die Naturschutzbehörden werden je nach Landesrecht von Beiräten und Naturschutzbeauftragten beraten. Die Beiräte sind ehrenamtlich tätige Sachverständige, die die Naturschutzbehörden wissenschaftlich und fachlich beraten. Die Naturschutzbeauftragten werden von den unteren Naturschutzbehörden für eine bestimmte Zeitdauer bestellt, sie beraten und unterstützen sie in allen Angelegenheiten des Naturschutzes und des Artenschutzes.

Bezüglich des Aufbaus der Naturschutzbehörden sei auf das erste Kapitel verwiesen.

4. Kormoranverordnung

Der Kormoran unterliegt wie alle europäischen Vogelarten dem allgemeinen Schutz der EU-Vogelschutzrichtlinie. Der Kormoran gehört nicht zu den Vogelarten, für die die EU-Vogelschutzrichtlinie (EU-VSchRL) eine Bejagung in Deutschland zugelassen hat. Laut Bundesnaturschutzgesetz (BNatschG) zählt der Kormoran zu den besonders geschützten Arten gem. § 10 Abs.1 Nr. 10 bba BNatschG; daher gelten die Schutzvorschriften des § 42 BNatschG. Abweichend von § 42 Abs. 1 Nr. 1 BNatSchG wird durch die Kormoranverordnung (Verordnung über die Zulassung von Ausnahmen von Schutzvorschriften für besonders geschützte Tierarten (KormoranVO) vom 02. Mai 2006, GV.NW.Nr. 15/2006, S. 273 f.) in Nordrhein-Westfalen war die Tötung von Kormoranen für zulässig erklärt (§ 1 Kormoran-VO). **Diese war aber bis zum 31.03.2010 befristet.** Bei Abschuss durfte kein Bleischrot verwendet werden. Zur Nachsuche sind brauchbare Jagdhunde zu verwenden. Rechtmäßig getötete Kormorane sind von den Besitzverboten, nicht aber von den Vermarktungsverboten des BNatSchG ausgenommen.

Die Zulassung des Abschusses war beschränkt auf die Zeit vom 16.09. bis 15.02. und auf bestimmte Tageszeiten (§ 3 Kormoran-VO). Zudem ist die Abschussbefugnis auf Kormorane beschränkt, die sich auf, über oder näher als 100 Meter an einem Gewässer befinden (§ 2 Kormoran-VO). Von der Zulassung ausgenommen sind Kormorane in befriedeten Bezirken, in einem Nationalpark, einem Naturschutzgebiet oder einem europäischen Vogelschutzgebiet. Verboten ist der Abschuss auch an oder auf einem Privatgewässer oder einem diesem gleichstellten Gewässer, sofern der Nutzungsberechtigte sein Einverständnis mit dem Abschuss nicht schriftlich erklärt hat.

Zum Abschuss berechtigt war nur der Inhaber eines gültigen Jagscheins und derjenige, der in dem jeweiligen Bereich jagdausübungsberechtigt ist oder von dem Jagdausübungsberechtigten hierzu ermächtigt wurde (§ 4 Kormoran-VO).

Die Jagdausübungsberechtigten haben der Unteren Jagdbehörde bis zum 15. April des Jahres die Zahl der im Vorjahr abgeschossenen Kormorane mitzuteilen (§ 7 Kormoran-VO).

Abschusszahlen in NRW:

2006/2007:	2.362 (davon Fallwild: 11)
2007/2008:	3.285 (davon Fallwild: 7)
2008/2009:	4.239.

Der NABU und der Landesbund für Vogelschutz in Bayern (LBV) haben den Kormoran zum „Vogel des Jahres 2010" gewählt.

---

[389] Quelle: Eigenes Foto: Durch Ausscheidungen von Kormoranen geschädigte Bäume.

5. Flora-Fauna-Habitat-Richtlinie

Die Entwicklung der FFH-Richtlinie wurde auf dem Europäischen Rat 1988 unter deutschem Vorsitz am 27./28. Juni 1988 in Hannover beschlossen. Sie trat nach vierjährigen Beratungen in den Mitgliedstaaten durch einstimmigen Beschluss im Europäischen Rat und im Europäischen Parlament 1992 in Kraft. „Die FFH-Richtlinie (Richtlinie 92/43/EWG des Rates zur Erhaltung der natürlichen Lebensräume sowie der wildlebenden Tiere und Pflanzen vom 21.05.1992 (ABl. EG Nr. L 206, S. 7)) verpflichtet die EU-Mitgliedstaaten, durch Ausweisung besonderer Schutzgebiete bzw. deren Erhaltung ein europaweites, zusammenhängendes Netz von Schutzgebieten zu errichten (Natura 2000). Innerhalb der FFH-Gebiete gilt ein generelles Stör- und Verschlechterungsverbot, um schädliche Einwirkungen durch eine nicht gebietsangepasste Nutzung zu verhindern"[390]. Erlaubt bleibt aber ein regulärer Fruchtfolgenumbruch. Verschlechterungsverbot heißt nämlich nicht Veränderungsverbot. Hauptziel der FFH-Richtlinie ist es demnach, die Erhaltung der biologischen Vielfalt zu fördern, wobei jedoch die wirtschaftlichen, sozialen, kulturellen und regionalen Begebenheiten Berücksichtigung finden sollen. „Erhaltung" bedeutet nach Art. 1 dieser Richtlinie, alle Maßnahmen, die erforderlich sind, um die natürlichen Lebensräume und die Populationen wildlebender Tier- und Pflanzenarten in einem günstigen Erhaltungszustand im Sinne eines natürlichen Lebensraumes oder einer Art zu erhalten oder diesen wiederherzustellen. Nach Art. 3 dieser Richtlinie wird ein kohärentes europäisches ökologisches Netz besonderer Schutzgebiete mit der Bezeichnung „Natura 2000" errichtet. Für die besonderen Schutzgebiete legen die Mitgliedstaaten die nötigen Erhaltungsmaßnahmen fest, die gegebenenfalls geeignete, eigens für die Gebiete aufgestellte oder in andere Entwicklungspläne integrierte Bewirtschaftungspläne und geeignete Maßnahmen rechtlicher, administrativer oder vertraglicher Art umfassen.

Der Artenschutz umfasst die Verbote nach Art. 12 der Richtlinie. Danach treffen die Mitgliedstaaten die notwendigen Maßnahmen, um ein strenges Schutzsystem für die in Anhang IV Buchstabe a) genannten Tierarten[391] in deren natürlichen Verbreitungsgebieten einzuführen; dieses verbietet alle absichtlichen Formen des Fangs oder der Tötung von aus der Natur entnommenen Exemplaren dieser Arten, jede absichtliche Störung dieser Arten, insbesondere während der Fortpflanzungs-, Aufzucht-, Überwinterungs- und Wanderungszeiten, jede absichtliche Zerstörung oder Entnahme von Eiern aus der Natur, jede Beschädigung oder Vernichtung der Fortpflanzungs- oder Ruhestätten. Für diese Arten verbieten die Mitgliedstaaten Besitz, Transport, Handel oder Austausch und Angebot zum Verkauf oder Austausch von aus der Natur entnommenen Exemplaren. Ausgenommen hiervon sind nur vor Beginn der Anwendbarkeit der Richtlinie entnommene Exemplare.

Fraglich ist, ob die Richtlinie unmittelbare Rechtskraft in Deutschland erlangt. Die Richtlinie wurde 1992 erlassen. Nach Ablauf der Umsetzungsfrist (Juni 1995) gelten nach europäischem Recht Richtlinienregelungen, die hinreichend konkret bestimmt sind, so dass sie unmittelbare Anwendung finden können, bei mangelnder Umsetzung durch einen Staat für den Staat unmittelbar, für den Bürger dann, wenn sie ihm Rechte einräumen.

---

[390] Müller-Schallenberg, Kneymeyer, Jagdrecht Nordrhein-Westfalen, 3. neu bearbeitet Auflage 2006, S. 154 f.
[391] Z. B. Fledermäuse, bestimmte Insektenfresser, Bilche, Korsischer Rothirsch, Wale, Delfine etc.

Jagdrelevante Arten, die nach der Flora-Fauna-Habitat-Richtlinie (FFH-Richtlinie) geschützt sind[392]:

Alle Arten, die in Anhang IV der FFH-Richtlinie der Europäischen Union aufgeführt sind, unterliegen einem nationalen Besitz- und Vermarktungsverbot. Diese Verbote schließen auch Jagdtrophäen mit ein.

Ausnahmen von den Besitzverboten für Jagdtrophäen, die aus Drittländern (Länder außerhalb der Europäischen Union) eingeführt werden sollen, können durch das Bundesamt für Naturschutz (BfN) erteilt werden. Die Entscheidung darüber wird im Einzelfallverfahren auf Grundlage eines Gutachtens der Wissenschaftlichen Behörde getroffen.

Folgende jagdrelevante Arten sind im Anhang IV der FFH-Richtlinie aufgeführt und unterliegen den genannten strengen Bestimmungen:

- **Biber - Europäischer** (Castor fiber, mit Ausnahme der schwedischen, finnischen, litauischen, lettischen, estnischen und polnischen Population)

- **Bezoarziege** (Capra aegagrus)

- **Gemse** (Rupicapra rupicapra balcanica, Unterart verbreitet in Jugoslawien, Griechenland, Albanien, Bulgarien)

- **Gemse** (Rupicapra ornata)

- **Iberiensteinbock** (Capra pyrenaica pyrenaica)

- **Mufflon** (Ovis orientalis musimon, natürliche Populationen auf Korsika und Sardinien)

- **Polarfuchs** (Alopex lagopus)

- **Rothirsch** - Tyrrhenischer, Zwerg-Edelhirsch (Cervus elaphus corsicanus)

- **Wisent** (Bison bonasus).

6. EG-Vogelschutzrichtlinie

Die Erhaltung der in der Gemeinschaft heimischen wildlebenden Vogelarten ist der Zweck der Richtlinie. FFH-Richtlinie und EG-Vogelschutzrichtlinie hängen über das Biotopverbundsystem „natura 2000" zusammen. Die Richtlinien bestehen selbstständig nebeneinander. Die besonderen Schutzbestimmungen der FFH-Richtlinie gelten auch für die Vogelschutzgebiete, da das Verbundsystem gemeinsam gebildet wird. Die EG-Vogelschutzrichtlinie will dem Rückgang der Bestände wildlebender Vogelarten entgegenwirken. So betrifft die Richtlinie gemäß Artikel 1 die Erhaltung sämtlicher wildlebender Vogelarten, die im europäischen Gebiet der Mitgliedstaaten, auf welches der Vertrag Anwendung findet, heimisch sind. Sie hat den Schutz, die Bewirtschaftung und die Regulierung dieser Arten zum Ziel und regelt die Nutzung dieser Arten. Sie gilt für Vögel, ihre Eier, Nester und Lebensräume. Insbesondere die Zugvögel sind stark rückläufig. Die Richtlinie wurde für das Gebiet der Bundesrepublik Deutschland durch Änderungen des BNatSchG, BJG, BWildSchV in nationales Recht umgewandelt.

---

[392] Quelle: Bundesamt für Naturschutz (BfN), März 2008.

Gemäß Art. 5 EG-VR wird angeordnet, dass ein Verbot des absichtlichen Tötens, Fangens und Haltens aller unter Art. 1 EG-VR fallenden Vogelarten anzuordnen ist. Ferner das Verbot der absichtlichen Zerstörung oder Beschädigung von Nestern und Eiern und der Entfernung von Nestern, des Sammelns der Eier in der Natur und des Besitzes dieser Eier, auch in leerem Zustand, ihres absichtlichen Störens, insbesondere während der Brut- und Aufzuchtzeit, sofern sich diese Störung auf die Zielsetzung dieser Richtlinie erheblich auswirkt und des Haltens von Vögeln der Arten die nicht bejagt oder gefangen werden dürfen. Gemäß Art. 7 EG-VR dürfen einzelne genannte Vogelarten bejagt werden. Zu den Vogelarten, deren Bejagung das deutsche Recht gemäß der EG-VR zulassen darf, gehören Eichelhäher, Elster und Aaskrähe, nicht jedoch z.B. Dohle und Saatkrähe[393]. Die Mitliedstaaten haben sich aber zu vergewissern, dass bei der Jagdausübung – gegebenenfalls unter Einschluss der Falknerei - wie sich aus der Anwendung der geltenden einzelstaatlichen Vorschriften ergibt, die Grundsätze für eine vernünftige Nutzung und eine ökologisch ausgewogene Regulierung der Bestände der betreffenden Vogelarten, insbesondere der Zugvogelarten, eingehalten werden und dass diese Jagdausübung hinsichtlich der Bestände dieser Arten mit dem Ziel (Artikel 2 der Richtlinie) vereinbar ist. Sie sorgen insbesondere dafür, dass die Arten, auf die die Jagdvorschriften Anwendung finden, nicht während der Nistzeit oder während der einzelnen Phasen der Brut- und Aufzuchtzeit bejagt werden. Wenn es sich um Zugvögel handelt, sorgen sie insbesondere dafür, dass die Arten, für die die einzelstaatlichen Jagdvorschriften gelten, nicht während der Brut- und Aufzuchtzeit oder während ihres Rückzugs zu den Nistplätzen bejagt werden. Die Mitgliedstaaten übermitteln der Kommission alle zweckdienlichen Angaben über die praktische Anwendung der Jagdgesetzgebung.

Was die Jagd, den Fang oder die Tötung von Vögeln im Rahmen der Richtlinie betrifft, so untersagen die Mitgliedstaaten sämtliche Mittel, Einrichtungen oder Methoden, mit denen Vögel in Mengen oder wahllos gefangen oder getötet werden oder die gebietsweise das Verschwinden einer Vogelart nach sich ziehen können (Artikel 8 der Richtlinie). Solche verbotenen Mittel sind u. a. Schlingen, Leimruten, Haken, als Lockvögel benutzte geblendete oder verstümmelte lebende Vögel, Tonbandgeräte, elektrische Schläge erteilende Geräte, künstliche Lichtquellen, Spiegel, Vorrichtungen zur Beleuchtung der Ziele, Visiervorrichtungen für das Schießen bei Nacht mit Bildumwandler oder elektronischem Bildverstärker, Sprengstoffe, Netze, Fangfallen, vergiftete oder betäubende Köder, halbautomatische oder automatische Waffen, deren Magazin mehr als zwei Patronen aufnehmen kann[394]. Diese Aufzählung dürfte dem Jäger nicht unbekannt sein, da sie die verbotenen Gegenstände im Sinne des Jagdrechts umfassen.

Zukünftig könnte der Umweltschutz Veränderungen mit sich bringen. Grund hierfür ist die anstehende Föderalismusreform[395].

EU-weit sind ca. 25.000 FFH- und Vogelschutzgebiete gemeldet. Zusammen bedecken sie ca. 20%(!) der Landfläche aller Mitgliedstaaten. In Deutschland bedecken die Schutzgebiete des Natura 2000 Netzwerks ca. 13,5% der terrestrischen und etwa 41% der marinen Fläche[396].

Künftige Jagdpächter sollten die erhebliche Einschränkung des Handlungsspielraums in FFH-Gebieten oder EU-Vogelschutzgebieten beachten. Die jüngst erfolgte Novellierung des Bundesnaturschutzgesetzes vom 12. Dezember 2007 sieht für Maßnahmen sowie Eingriffe in die Natur und Landschaft vor ihrer Zulassung und Durchführung eine behördliche

---

[393] Müller-Schallenberg, Kneymeyer, Jagdrecht Nordrhein-Westfalen, 3. neu bearbeitet Auflage 2006, S. 152 f.
[394] Anhang IV, Richtlinie Nr. 79/409 des Rates über die Erhaltung der wildlebenden Vogelarten.
[395] Scheidler, Auswirkungen der Föderalismusreform auf das Umweltrecht, UPR 2006, 423-429.
[396] Quelle: www.spacereport.eu.

Umweltverträglichkeitsprüfung (UVP) vor, wenn die Maßnahme oder der Eingriff geeignet ist, ein Schutzgebiet erheblich zu beeinträchtigen (§ 34 Abs. 1, 1 a BNatSchG). Dies kann für den Jagdausübungsberechtigten weit reichende Folgen haben.

Jagdrelevante Arten geschützt nach der Vogelschutzrichtlinie[397]:

Alle Arten, die in der Vogelschutzrichtlinie der Europäischen Union aufgeführt sind, unterliegen einem nationalen Besitz- und Vermarktungsverbot. Dazu zählen alle europäischen Vogelarten.

Ausnahmen von den Besitzverboten für Jagdtrophäen, die aus Drittländern (Länder außerhalb der Europäischen Union) eingeführt werden sollen, können durch das Bundesamt für Naturschutz (BfN) erteilt werden.

Die Entscheidung darüber wird im Einzelfallverfahren auf Grundlage eines Gutachtens der Wissenschaftlichen Behörde getroffen.

Abweichend von den genannten Bestimmungen dürfen tote Vögel der Arten, die in § 2 (1) Punkt 2 des Bundesjagdgesetzes stehen, zum persönlichen Gebrauch oder als Hausrat ohne Ausnahmegenehmigung oder Befreiung aus einem Drittland unmittelbar in das Inland verbracht werden.

Das betrifft folgende Arten[398]:

- **Alpenschneehuhn** (Lagopus mutus)

- **Auerwild** (Tetrao urogallus)

- **Bergente** (Aythya marila)

- **Birkwild** (Lyrurus tetrix)

- **Blässgans** (Anser albifrons)

- **Blässhuhn** (Fulica atra)

- **Brandente** (Tadorna tadorna)

- **Dreizehenmöwe** (Rissa tridactyla)

- **Eiderente** (Somateria mollissima)

- **Eisente** (Clangula hyemalis)

- **Fasan** (Phasianus colchicus)

- **Gänsesäger** (Mergus merganser)

- **Graugans** (Anser anser)

- **Graureiher** (Ardea cinerea)

- **Haselwild** (Tetrastes bonasia)

---

[397] Quelle: Bundesamt für Naturschutz (BfN), März 2008.
[398] Hier ist ständig auf eine Aktualisierung zu achten!!

- **Haubentaucher** (Podiceps cristatus)
- **Heringsmöwe** (Larus fuscus)
- **Höckerschwan** (Cygnus olor)
- **Hohltaube** (Columba oenas)
- **Kanadagans** (Branta canadensis)
- **Kolbenente** (Netta rufina)
- **Kolkrabe** (Corvus corax)
- **Krickente** (Anas crecca)
- **Kurzschnabelgans** (Anser brachyrhynchos)
- **Lachmöwe** (Larus ridibundus)
- **Löffelente** (Anas clypeata)
- **Mantelmöwe** (Larus marinus)
- **Mittelsäger** (Mergus serrator)
- **Pfeifente** (Anas penelope)
- **Rackelwild** (Lyrurus tetrix x Tetrao urogallus)
- **Rebhuhn** (Perdix perdix)
- **Reiherente** (Aythya fuligula)
- **Ringelgans** (Branta bernicla)
- **Ringeltaube** (Columba palumbus)
- **Saatgans** (Anser fabalis)
- **Samtente** (Melanitta fusca)
- **Schellente** (Bucephala clangula)
- **Schnatterente** (Anas strepera)
- **Schwarzkopfmöwe** (Larus melanocephalus)
- **Silbermöwe** (Larus argentatus)
- **Spießente** (Anas acuta)
- **Stockente** (Anas platyrhynchos)
- **Sturmmöwe** (Larus canus)
- **Tafelente** (Aythya ferina)
- **Trauerente** (Melanitta nigra)

- **Türkentaube** (Streptopelia decaocto)
- **Wachtel** (Coturnix coturnix)
- **Waldschnepfe** (Scolopax rusticola)
- **Weißwangengans** (Branta leucopsis)
- **Wildtruthahn** (Meleagris gallopavo)
- **Zwergmöwe** (Larus minutus)
- **Zwergsäger** (Mergus albellus).

Fragenkatalog zum 9. Teil

1. Welche Tierarten dürfen in Nordrhein-Westfalen nicht gefangen werden?

2. Darf ein Jagdhund auf eine wildernde Katze gehetzt werden?

3. In welcher Vorschrift ist das Halten von heimischen Greifen und Falken verbindlich geregelt?

4. An welchen Orten darf die Jagd nicht ausgeübt werden?

5. Wie groß muss der Zwinger für einen mittelgroßen Jagdhund sein?

6. Durch welche Vorschriften werden die nicht jagdbaren wildlebenden Tiere geschützt?

7. Was regelt das Washingtoner Artenschutzübereinkommen?

8. Was ist eine CITES-Bescheinigung?

9. In welcher Zeit ist ein Abbrennen der Bodendecke auf Feldrainen und Böschungen verboten?

10. Wo darf in der freien Landschaft und im Walde geritten werden?

11. Welche Waldbereiche unterliegen dem Betretungsrecht?

12. Welche Schutzkategorien kennt das Landschaftsrecht?

13. Welche jagdbaren Arten enthält die „Rote Liste Nordrhein-Westfalen"

14. Welche Aufgaben hat die Landschaftswacht?

1. Alle ganzjährig geschonten Arten wie Luchs, Wildkatze, Fischotter, Murmeltier, Schneehase, alles Federwild einschließlich Falken und Greife; darüber hinaus alle nicht dem Jagdrecht unterliegenden Arten wie Eichhörnchen, Biber, Wolf, Siebenschläfer, Igel, Fledermäuse und alle Vogelarten (besonders geschützt nach der Artenschutzverordnung).

2. Nein, soweit nicht ausnahmsweise die Grundsätze waidgerechter Jagdausübung dies doch erforderlich machen (§ 3 Nr. 8 TierSchG).

3. In § 3 BWildSchV.

4. Verboten ist die Jagd

   - grundsätzlich in befriedeten Bezirken (§ 6 BJG),
   - auf Schalenwild (außer Schwarzwild) an Kirrungen (§ 27 DVO LJG-NW),
   - auf Schalenwild in Notzeiten im Umkreis von 200 Metern von Fütterungen (§ 19 Abs. 1 Nr. 10 BJG),
   - auf Schalenwild (außer bei Drückjagden) in einem Umkreis von 200 Metern von Fütterungen oder Ablenkungsfütterungen (§ 27 DVO LJG-NW)
   - in Notzeiten auf Schwarzwild in einem Umkreis von 200 Metern von Kirrungen (§ 27 DVO LJG-NW),
   - an Orten, an denen die Jagd nach den Umständen des Einzelfalles die öffentliche Ruhe oder Sicherheit stören oder das Leben von Menschen gefährden würde (§ 20 Abs. 1 BJG).

5. Das Gesetz kennt keinen „mittelgroßen" Hund mehr. Die Größe des Zwingers ist an die Widerristhöhe geknüpft: Bis 50 cm Widerristhöhe mindestens 6 qm; über 50 bis 65 cm mindestens 8 qm und über 65 cm Widerristhöhe mindestens 10 qm (§ 6 Abs. 2 TierSchHVO).

6. Durch das BNatSchG und LG NRW.

7. Es regelt den Schutz besonders gefährdeter Tiere und Pflanzen auf internationaler Ebene durch die Kontrolle des grenzüberschreitenden Verkehrs mittels Ein- und Ausfuhrbeschränkungen sowie zur Ein- bzw. Ausfuhr erforderlicher Bescheinigungen.

8. Eine Bescheinigung zum Nachweis des berechtigten Besitzes geschützter Tier- und Pflanzenarten nach dem Washingtoner Artenschutzabkommen.

9. Ganzjähriges Verbot (§ 64 Abs. 1 Satz 1 LG NRW).

10. In der freien Landschaft auf öffentlichen Verkehrsflächen und privaten Straßen und Wegen (§ 50 Abs. 1 und 6 LG NRW), im Wald nur auf den als Reitwegen gekennzeichneten Straßen und Wegen (§ 50 Abs. 2 Satz 1 LG NRW).

11. Folgende Waldbereiche unterliegen nicht dem Betretungsrecht:

- Betretungsverbot für Forstkulturen, Forstdickungen, Saatkampen, Pflanzgärten, ordnungsgemäß als gesperrt gekennzeichnete Waldflächen, forstwirtschaftliche, jagdliche, imkerliche und teichwirtschaftliche Einrichtungen; Waldflächen, während auf ihnen Holz geschlagen oder aufbereitet wird,
- Fahrverbot – mit Ausnahme des Radfahrens und des Fahrens mit Krankenfahrstühlen auf Straßen und Wegen,
- Verbot des Zeltens und des Abstellens von Wohnwagen und Kraftfahrzeugen im Wald (§§ 14 BWaldG, 3 Abs. 1 LFoG).

12. Naturschutzgebiete, Landschaftsschutzgebiete, Naturdenkmale, geschützte Landschaftsbestandteile, Zweckbestimmung für Brachflächen, Forstliche Festsetzungen in Naturschutzgebieten und geschützten Landschaftsbestandteilen, bestimmte Biotope (§§ 20 bis 25, 62 LG NRW).

13. Es handelt sich bei dieser Frage wohl um die Rote Liste der gefährdeten Säugetiere und die Rote Liste der gefährdeten Vogelarten in Nordrhein-Westfalen. Die in ihnen enthaltenen jagdbaren Arten i. S. d. § 2 BJG sind:

- Fuchs, Luchs, Wildkatze, Waschbär, Steinmarder, Baummarder, Hermelin, Mauswiesel, Iltis, Dachs, Fischotter, Seehund, Wildschwein, Elch, Reh, Damhirsch, Rothirsch, Sikahirsch, Mufflon, Feldhase, Wildkaninchen.
- Höckerschwan, Wildenten, Greife, Falken, Auer-, Birk- und Haselwild, Wachtel, Rebhuhn, Fasan, Waldschnepfe, Möwen, Wildtauben, Kolkrabe, Wildtruthahn, Wildgänse, Graureiher, Großtrappen.

14. Beauftragte der Unteren Landschaftsbehörde für den Außendienst; die Landschaftswacht soll die zuständigen Behörden über nachteilige Veränderungen in der Landschaft benachrichtigen und darauf hinwirken, dass Schäden von Natur und Landschaft abgewendet werden (§ 13 Abs. 1 LG NRW).

10. Teil: Grundzüge des Tierschutzgesetzes

Tierschutz ist nicht eine Errungenschaft der Neuzeit. Bereits im römischen Recht galten die Tiere als Sachen. Dadurch wurde ihnen der Schutz durch Beeinträchtigung Dritter zuteil. Allerdings erfuhren die Tiere den gesetzlichen Schutz durch Misshandlungen erst durch den „Martin´s Act" aus England. Im Jahre 1822 wurde dort die Misshandlung von Tieren unter Strafe gestellt. Das Tierschutzgesetz der Bundesrepublik Deutschland wollte einen ethisch ausgerichteten Tierschutz im Sinne einer artübergreifenden Humanität. Der Bund hat auf dem Gebiet des Tierschutzes von seiner Gesetzgebungskompetenz nach Art. 72 Abs. 1 und Art. 74 Nr. 20 GG Gebrauch gemacht. Durch das Gesetz zur Änderung des Grundgesetzes vom 26. Juli 2002[399] wurde das Staatsziel des Tierschutzes durch Art. 20 a GG erweitert.

Art. 20 a GG (Umwelt- und Tierschutz)

Der Staat schützt auch in Verantwortung für die künftigen Generationen die natürlichen Lebensgrundlagen und die Tiere im Rahmen der verfassungsgemäßen Ordnung durch die Gesetzgebung und nach Maßgabe von Gesetz und Recht durch die vollziehende Gewalt und die Rechtsprechung.

Durch diese Staatszielbestimmung wurde der Tierschutz zur Verfassungsnorm erhoben. Damit ist die Möglichkeit zur Einschränkung anderer Grundrecht, die nicht vorbehaltlos gewährleistet sind, eröffnet. Es kann eine Abwägung zwischen Glaubens- und Religionsfreiheit, der Kunstfreiheit und der Freiheit von Wissenschaft und Forschung erfolgen. Zudem müssen Gerichte die Gesetze auch im Lichte eines effektiven Tierschutzes auslegen. Hierzu gehört auch das Jagdrecht. Ausfluss des Tierschutzes im Jagdrecht ist das Wildfolgerecht, die Schonzeitenregelungen und die Weidgerechtigkeit. Im Jagdgesetz finden sich zudem einige unbestimmte Rechtsbegriffe, welche im Lichte des Tierschutzes ausgelegt werden müssen. Beispielhaft seien hier innerhalb des § 21 BJG „Abschussregelung" genannt: „berechtigten Ansprüche der Land-, Forst- und Fischereiwirtschaft", „gesunden Wildbestand in angemessener Zahl" und „Schutz von Tierarten, deren Bestand bedroht erscheint"[400]. Verordnungen müssen ebenfalls im Sinne eines effektiven Tierschutzes ausgelegt werden (etwa: Hundeverordnung). Die amtliche Begründung zu dieser Aufwertung des Tierschutzes nennt ausdrücklich drei Schutzfunktionen, nämlich „den Schutz der Tiere vor nicht artgemäßer Haltung, vermeidbaren Leiden sowie der Zerstörung ihrer Lebensräume"[401]. Diese Ziele betreffen allesamt auch den Jäger, da sich die Hürden für die Tötung von Wildtieren durch den Verfassungsrang des Tierschutzes erhöht haben[402].

§ 1 Tierschutzgesetz[403] bestimmt als Zweck, aus der Verantwortung des Menschen für das Tier als Mitgeschöpf dessen Leben und Wohlbefinden zu schützen. Niemand darf einem Tier ohne vernünftigen Grund Schmerzen, Leiden oder Schäden zufügen.

Danach wird jedes lebende Tier geschützt. Der Entwicklungsgrad ist hierfür unerheblich. Demnach fallen unter § 1 Tierschutzgesetz auch wirbellose Tiere[404].

---

[399] BGBl. I 2002, Seite 2862.

[400] Hirt, Meisack und Moritz bezeichnen dies als „Einbruchstellen" für die verfassungskonforme Auslegung (Hirt, Maisack, Moritz, Tierschutzgesetz, 2. Auflage, 2007, Seite 445).

[401] BT-Drucksache 14/8860, Seite 3.

[402] Sailer in NVwZ 2006, Seite 174, 175.

[403] In der Fassung der Bekanntmachung vom 18. Mai 2006 (BGBl. I Seite 1206, ber. Seite 1313), geändert durch Gesetz vom 21. Dezember 2006 (BGBl. I Seite 3294).

Der Gesetzgeber vermutet aber, dass bei Wirbeltieren (Säugetiere, Vögel, Fische, Kriechtiere, Luche) eine Schmerzfähigkeit besteht. So war zwar lange Zeit die Schmerzfähigkeit von Fischen umstritten, gleichwohl geht die Rechtsprechung durch die gesetzliche Vermutung immer davon aus, dass die Schmerzfähigkeit besteht[405].

Der unbestimmte Rechtsbegriff „ohne vernünftigen Grund" gewährt Einschränkungen. Sie ist gleichsam Generalklausel. Diese Einschränkungen müssen vernünftig sein, da sie gleichsam die Schmerzen, Leiden oder Schäden rechtfertigen[406]. Die Beeinträchtigung der vorgenannten Rechtsgüter muss im Interesse eines höheren Rechtsgutes sein. Demnach hat eine Güter- und Interessenabwägung zu erfolgen.

Nach § 3 Nr. 8 Tierschutzgesetz ist es u. a. verboten, ein Tier auf ein anderes Tier zu hetzen, soweit dies nicht die Grundsätze weidgerechter Jagdausübung erfordern. Im jagdlichen Bereich ist das Frettieren, die Beizjagd (§ 15 Abs. 1 BJG) und die Nachsuche dennoch erlaubt.

Daneben gibt es Spezialgesetze, die das Töten von Tieren zulassen. Hierzu zählt auch das Jagdrecht.

Der Schutz des Tierschutzes ist strafbewährt. Nach § 17 Tierschutzgesetz wird mit Freiheitsstrafe bis zu drei Jahren oder mit Geldstrafe bestraft, wer

    1. ein Wirbeltier ohne vernünftigen Grund tötet oder
    2. einem Wirbeltier
        a) aus Rohheit[407] erhebliche Schmerzen oder Leiden oder
        b) länger anhaltende oder sich wiederholende erhebliche Schmerzen oder Leiden zufügt.

Ist das Töten eines Tieres gerechtfertigt, führt die Handlung natürlich nicht zu einer Bestrafung. Ein solcher Rechtfertigungsgrund findet sich z. B. in der Jagdausübung und der Seuchenbekämpfung. Die Tötung eines an Tollwut erkrankten Hundes erfolgt nicht ohne vernünftigen Grund. Allerdings gilt dies nicht, wenn lediglich Tollwutverdacht besteht[408]. Beachtenswert ist, dass ein Landwirt, der seine in der Nähe des Waldes gelegene Wiese mäht, Tötungen und Verletzungen von Wild zu vermeiden hat. Er muss vor dem Mähen rechtzeitig den Jagdausübungsberechtigten verständigen oder die Wiese selbst absuchen[409].

Im Bundesjagdgesetz ist die Tötung eines Wirbeltieres gerechtfertigt, wenn es sich zunächst um „Wild" handelt. Die Wildarten sind in § 2 Bundesjagdgesetz aufgeführt. Zudem darf nur derjenige töten, der zur Jagdausübung berechtigt ist. Ein großes Einfalltor für den Tierschutz in die jagdrechtlichen Regelungen ist § 21 Bundesjagdgesetz. Bei vielen Jägern herrscht noch die Meinung vor, dass der Wildschadenschutz Vorrang vor der Hege genießt. Dem ist nach der geänderten Verfassungslage in Art. 20 a GG zu widersprechen. Vielmehr ist nach Abwägung der beidseitigen Interessen nunmehr zu verlangen, dass Land- und Forstwirte eine gewisse Belastung von Wildschäden im Sinne ihres Beitrages zum Tierschutz hinnehmen

---

[404] Die §§ 3 ff. Tierschutzgesetz beschränken ihren Anwendungsbereich allerdings auf Wirbeltiere.

[405] Vgl. etwa OLG Düsseldorf in NuR 1994, Seite 517; OLG Zweibrücken in NStZ 1986, Seite 230.

[406] Zum Rechtfertigungsgrund vgl. BayObLG in NuR 1994, Seite 511, 512; NuR 1993, Seite 176 f.; Lorz in NuR 1992, Seite 401, 402.

[407] Roh ist eine Misshandlung, wenn sie einer gefühllosen Gesinnung entspringt, BGH, Urteil vom 17.02.1987.

[408] BayObLG, Beschluss vom 05.05.1993, Az.: 4 St RR 29/93.

[409] AG Pirmasens, Urteil vom 02.08.2001, AG Hadamar, Urteil vom 29.09.2004.

müssen[410]. Ansonsten würde ein allgemeiner Grundsatz „Wald vor Wild" aufgestellt, der aber die Gleichrangigkeit dieser Verfassungsgüter und das hieraus resultierende Abwägungsverbot verkennt[411]. Demnach ist auch ein Totalabschuss von Rotwild in Rotwildfreigebieten nicht mehr mit dem Tierschutzgesetz vereinbar[412]. Dies müssen die unteren Jagdbehörden beim Abschussplan berücksichtigen. Insbesondere gilt dies auch für die Jagdausübungsberechtigten, wenn nunmehr für Rehwild kein Abschussplan in bestimmten Gebieten mehr erforderlich ist[413]. Betroffen ist aber auch die Jagdausübung auf Wild, welches nicht einem Abschussplan unterliegt. Geht von derartigem Wild keine Wildschadengefahr aus und ist die Population in Gefahr, so muss der Erhalt dieser Population absoluten Vorrang haben. Beispielhaft seien hierfür die Hasen und die Rebhühner genannt. Auch die Jagd auf ausgesetztem Wild zum Zwecke der Jagdausübung ist n. m. E. nunmehr nicht mehr tierschutzgerecht[414]. Dies gilt auch im Hinblick auf die Weidgerechtigkeit. Diese beinhaltet u. a., dass dem Wild ein „Maximum an Chance" gegeben wird. Tiere, die von Menschenhand aufgezogen wurden und deren Auswilderung noch nicht sehr lange zurückliegt, haben keine natürlichen Fluchtinstinkte. Für die jagenden Jagdausübungsberechtigten sind diese Tiere eine wehrlose Beute[415]. Die Jagd hierauf ist mit den Grundsätzen der Weidgerechtigkeit nicht vereinbar.

Die jüngste Rechtsprechung hat nunmehr auch endlich den Muttertierschutz gestärkt. Im Rahmen einer Drückjagd erlegte ein Jäger u. a. zwei Alttiere. Diese führten jedoch zwei Kälber. Diese hatte der Jäger nicht gestreckt. Ein Alttier hatte noch ein volles Gesäuge. Ein Gutachter bestätigte dem Gericht, dass ein Rotkalb auch nach der Säugezeit der Führung durch das Alttier bedürfe, da es ansonsten im Rudel nicht richtig angenommen würde. Es könne daher verkümmern. Neben dem Jagd- und Schonzeitenvergehen dürfte hier auch der Tierschutzgedanke bei der Urteilsfindung eine Rollte gespielt haben. Nach Einräumung seines Fehlverhalten wurde der Jäger zu 55 Tagessätzen zu je 30 Euro verurteilt[416].

Nach der Grundvorschrift des § 4 Tierschutzgesetz darf ein Wirbeltier nur unter Betäubung oder sonst, soweit nach den gegebenen Umständen zumutbar, nur unter Vermeidung von Schmerzen getötet werden. Ist die Tötung eines Wirbeltieres ohne Betäubung im Rahmen weidgerechter Ausübung der Jagd oder auf Grund anderer Rechtsvorschriften zulässig oder erfolgt sie im Rahmen zulässiger Schädlingsbekämpfungsmaßnahmen, so darf die Tötung nur vorgenommen werden, wenn hierbei nicht mehr als unvermeidbare Schmerzen entstehen. Ein Wirbeltier töten darf nur, wer die dazu notwendigen Kenntnisse und Fähigkeiten hat. Dieses Gebot der größtmöglichen Schmerzvermeidung wird auch von § 17 Tierschutzgesetz unter Strafe gestellt und ist vom Jäger zu beachten. Jeder Verstoß gegen die Jagdzeitenregelung ist mangels Rechtfertigung vom Tatbestand des § 17 Tierschutzgesetz umfasst. Gleiches gilt auch bei einer Revierüberschreitung[417]. In der Vergangenheit war bei der Wasservogeljagd immer wieder das Verbot von Bleischrot in der Diskussion. Betrachtet man diese Jagd mit Bleischrot im Lichte des Tierschutzes mit Verfassungsrang, so ist ein Verbot unumgänglich. Nicht nur, dass bei der Jagd mit Schrot einige Tiere lediglich angeschossen werden[418]. Nein,

---

[410] Vgl. etwa Asche in NuR 2003, 407, 411.

[411] Hirt, Maisack, Moritz, Tierschutzgesetz, 2. Auflage, 2007, Seite 451.

[412] OVG Koblenz in NuR 2003, 435 ff. ist daher n. m. E. nicht mehr zeitgemäß; vgl. auch § 2 Abs. 4 LJagdG Sachsen-Anhalt.

[413] Vgl. NRW.

[414] Vgl. hierzu auch: Sailer in NuR 2006, Seite 271, 275.

[415] Vgl. hierzu auch: Sojka, Fasanen aus Massenerzeugung, RdL 1984, Seite 283 ff.

[416] AG Hammelburg, Az.: 3 Ns 12 Js 2394/08.

[417] Vgl. BayObLG in NuR 1994, Seite 512, 513.

[418] Vgl. hierzu: Homma/Geiter, Studie zur „Ökologie ausgewählter Wasservogelarten (Gänse/Schwäne) in Bayern", Seite 264.

das Schrot gelangt auch in die Nahrungskette und vergiftet die Tiere bis zum Tot. Dabei gibt es gleichwertige Alternativen. Innerhalb einer Interessenabwägung ist diesen der Vorrang einzuräumen. In Nordrhein-Westfalen wurde durch die Verordnung über die Beschränkung der Verwendung von Bleischrot bei der Jagdausübung, die Jagd auf Wasserfederwild an und über Gewässern unter Verwendung von Bleischrot auszuüben verboten[419]. Zu diesem Themenbereich gehört auch die Ansicht des Verfassers, dass nicht lediglich der Schrotschuss auf bewegliche Ziele erlaubt sein darf[420]. Von älteren Jägern wird dies allzu häufig dargestellt, weil ein Schrotschuss auf einen Hasen in der Sasse verpönt sei. Vor dem Hintergrund, dem Tier Schmerzen zu vermeiden ist ein ungeübter Schütze besser beraten, wenn er auf ein unbewegtes Ziel schießt. Er muss dieses Wild nicht vorher aufscheuchen und erst dann den Schuss brechen lassen. In diese Thematik fällt auch das Abfangen bzw. Abnicken mit dem Messer. Dieses ist zwar nicht verboten, aber dürfte es nach dem neueren Verfassungsrang nach Art. 20 a GG nicht mehr tierschutzgerecht sein, wenn es sich dabei nicht um die einzige Möglichkeit handelt, dem Tier Leiden oder Schmerzen zu ersparen. Das Argument, dass keine Schusswaffe mit sich geführt wurde, kann nicht als Rechtfertigung hierfür angesehen werden, da sich derjenige, der z. B. zu einem Wildunfall gerufen wird, sich entsprechend auszurüsten hat[421].

Abschließend ist im Rahmen des Tierschutzes auf den Jagdschutz gegenüber Hund und Katze einzugehen. Eine Tötung derselben ist nur zulässig, wenn diese eine gegenwärtige Gefahr für das Wild bedeuten[422]. Ist dies nicht der Fall, liegt ein Verstoß gegen § 17 Tierschutzgesetz vor. Kommt es zu einem Schadensersatzprozess gegen den Jäger, so trägt dieser die Beweislast dafür, dass der Hund konkret dem Wild nachgestellt hat[423]. Zudem gebietet es der Verhältnismäßigkeitsgrundsatz, dass das Einfangen des Hundes ausgeschlossen ist (z.B. das Rufen des Hundes). Gemäß § 25 LJG-NW gilt eine Katze als wildernd, wenn sie im Jagdbezirk in einer Entfernung von mehr als 200 m vom nächsten Haus angetroffen werden. In § 29 Abs. 1 Nr. 3 LJagdG BW wird vorausgesetzt, dass die Katze im Jagdbezirk streunt und dabei in einer Entfernung von mehr als 500 m zum nächsten bewohnten Gebäude angetroffen wird. Hinsichtlich der unterschiedlichen Entfernung sind einige der Ansicht, dass eine Entfernung von unter 500 m gegen das Staatsziel Tierschutz verstößt, da es nicht mehr verhältnismäßig ist[424]. Nach meiner Einschätzung kommen diese unterschiedlichen Entfernungen aus der Besiedlungsstruktur zustande. Allerdings bin ich der Ansicht, dass hier eine bundeseinheitliche Regelung getroffen werden sollte.

Zur Ausbildung von Jagdhunden an lebenden Tieren wurde bereits an anderer Stelle eingegangen. Die Jagdhundeausbildung an der lebenden Ente ist nicht tierschutzgerecht und verstößt gegen § 3 Nr. 6 Tierschutzgesetz[425].

Ein Wirbeltier darf nur töten, wer die dazu notwendigen Kenntnisse und Fähigkeiten hat. Diese Kenntnisse und Fähigkeiten werden dem Jäger bei der Jägerprüfungsvorbereitung

[419] Verordnung über die Beschränkung der Verwendung von Bleischrot bei der Jagdausübung v. 9. September 2002, GV.NRW.S.448; geändert durch Artikel 111 des Fünften Befristungsgesetzes vom 5.4.2005 (GV.NRW.S.351), in Kraft getreten am 30. April 2005.

[420] So auch für Wasservögel: Hirt, Maisack, Moritz, Tierschutzgesetz, 2. Auflage, 2007, Seite 455.

[421] Kümmerle, Nagel, Jagdrecht in Baden-Württemberg, 10. Auflage 2006, Seite 220.

[422] Lorz, Metzger, Stöckel, Jagdrecht, § 23 BJagdG, Rn. 16.

[423] Vgl. AG Gelnhausen, Urteil vom 09.01.2002, Az.: 51 C 160/01; Kluge/Ort/Reckewell, Tierschutzgesetz, § 17 Rn. 151.

[424] Hirt, Maisack, Moritz, Tierschutzgesetz, 2. Auflage, 2007, Seite 457.

[425] OVG Koblenz in NuR 2001, Seite 596 f.; OVG Schleswig AtD 1999, Seite 38 ff.; VGH Kassel in NuR 1997, Seite 296 ff.; VG Düsseldorf i NuR 1996, Seite 634; VG Braunschweig, Urteil vom 01.07.1993, Az.: 1 A 1007/93.

beigebracht. Wer Bisams fängt, hat allerdings einen gesonderten Sachkundenachweis zu erbringen, da der Bisam nicht dem Jagdrecht unterliegt[426].

---

[426] Kümmerle, Nagel, Jagdrecht in Baden-Württemberg, 10. Auflage 2006, Seite 221.

Grundzüge des Waffenrechts

```
┌─────────────────────────────┐
│   Waffenrecht ist           │
│   Bundesrecht               │
└─────────────────────────────┘
```

Waffenrecht ist Bundesrecht. Vor diesem Hintergrund gilt das Waffengesetz mit seinen Durchführungsverordnungen in allen Bundesländern in gleicher Weise. Anders als das Bundesjagdgesetz und das Bundesnaturschutzgesetz ist es kein Rahmengesetz, so dass es auch keine landesrechtlichen Ergänzungen gibt. Das Waffenrecht ist daher übersichtlicher und geschlossener als das Jagdrecht.

Nach dem Amoklauf von Erfurt ist am 01. April 2003 das neue, bundesweit geltende Waffenrecht in Kraft getreten. Dadurch ergaben sich einige Neuregelungen. Darüber hinaus wurde am 11. Juli 2003 die Allgemeine Waffengesetz-Verordnung (AWaffV) vom Bundesrat verabschiedet, die weitere Klarstellungen des neuen Waffengesetzes vorsieht.

Die letzte Änderung erfuhr das Waffengesetz nach dem Amoklauf von Winnenden mit dem Viertem Gesetz zur Änderung des Sprengstoffgesetzes, dass in Artikel 3 die Änderungen des Waffengesetzes enthält. Es ist am 24. Juli 2009 im Bundesgesetzblatt Nr. 44 veröffentlicht worden. Die waffenrechtlichen Änderungen sind ab dem 25. Juli 2009 in Kraft. Diese enthält u. a. folgende wichtige Änderungen:

✓ Änderung der Altersgrenze

- Ab dem 25. Juli 2009 gilt für das Schießen mit **großkalibrigen Waffen** die **neue Altersgrenze von 18 Jahren**, ausgenommen sind Einzellader-Langwaffen mit glatten Läufen. Für den KK-Bereich ist zu beachten, dass für Jugendliche (14-18 Jahre) die **Einverständniserklärung** der Eltern nun bis zum 18. Lebensjahr reichen muss.

- § 27 Abs. 5 WaffG wurde nicht geändert. Danach dürfen Personen in der Ausbildung zum Jäger ohne waffenrechtliche Erlaubnis schießen, wenn sie das 14. Lebensjahr vollendet haben und der Sorgeberechtigte **und** der Ausbildungsleiter ihr Einverständnis in einer von beiden unterzeichneten Berechtigungsbescheinigung erklärt haben. Diese Regelung gilt für Personen, die das 14. Lebensjahr vollendet haben und im Rahmen ihrer Ausbildung zum Jäger auf Schießstätten schießen. Für den Jugendjagdscheininhaber gilt § 13 Abs. 7 WaffG.

✓ Kontrolle der Aufbewahrung

- Die Behörden können nun mit den Kontrollen der Aufbewahrung zu Hause beginnen. Gemäß § 36 WaffG können verdachtsunabhängige Kontrollen durchgeführt werden. Der Waffenbesitzer muss die Nachschau der zuständigen Behörde gestatten. Allerdings kann die Behörde den Wohnungseigentümer nicht zwingen. Allerdings kann sie sodann ein waffenrechtliches Widerrufsverfahren einleiten. Bei dringender Gefahr kann eine Durchsuchung vorgenommen werden.

- Es wird zunächst die Klassifizierung überprüft. Natürlich werden die Vertreter der Behörde auch kontrollieren, ob alle Waffen, die im Schrank sein müssten, sich dort tatsächlich befinden. Sollte dies nicht der Fall sein, wird das zu Nachfragen führen. Allerdings dürfen die Behördenvertreter in der Wohnung nicht danach suchen.

- Grundsätzlich dürfen Kontrolleure nur den WBK-Inhaber um eine Kontrolle des Waffenschrankes bitten. Dies auch vor dem Hintergrund, dass Mitbewohner selbstverständlich keinen Zugang zum Waffenschrank haben dürfen.

✓ Verstoß gegen die Aufbewahrungspflicht ist eine Straftat

- Wer seine Waffen und Munition vorsätzlich entgegen den Aufbewahrungsvorschriften verwahrt und dadurch die Gefahr verursacht, dass Waffen und Munition abhanden kommen oder Unbefugte Zugriff erlangen, kann künftig mit Freiheitsstrafe bis zu drei Jahren oder Geldstrafe bestraft werden.

- Die Strafvorschrift gilt nur für die stationäre Aufbewahrung und nicht für Hotelübernachtungen, Schüsseltreiben u. a.

✓ Bedürfnisüberprüfung

Die Behörden können nun nach Ablauf von drei Jahren – jederzeit – das Fortbestehen des Bedürfnisses überprüfen[427], der bloße Hinweis auf die Mitgliedschaft in einem Verein eines anerkannten Schießsportverbandes reicht nicht mehr aus. Das Bedürfnis des Jägers ergibt sich aus dem gelösten Jagdschein. Soweit dieser drei Jahre nicht mehr gelöst wurde, könnte dies zu Nachfragen führen.

✓ Amnestieregelung

- Sollte jemand illegale Waffen besitzen, räumt das Gesetz die Möglichkeit ein, diese bis zum Ende des Jahres 2009 ohne Bestrafung abzugeben.

Aufgrund der Änderungen des Grundgesetzes durch die Föderalismusreform ist die Erstellung der Verwaltungsvorschriften nunmehr Sache der mit der Durchführung des Waffengesetzes beauftragten Bundesländer. Allerdings sind die Innenminister der Länder und der Bundesinnenminister überein gekommen, eine einheitliche Verwaltungsvorschrift zu erstellen. Die lange erwartete Allgemeine Verwaltungsvorschrift zum Waffengesetz (WaffVwV) wurde dann am 05. März 2012 im Bundesanzeiger vom 22. März 2012 veröffentlicht und trat folglich am 23. März 2012 in Kraft. Diese Verwaltungsvorschrift bietet vor allem Hilfestellungen zur Auslegung unbestimmter Rechtsbegriffe, Ermessensentscheidungen und technischen Sachverhalten aus dem Waffengesetz.

Vor dem Hintergrund der ständigen Neuerungen, die vielfach auch unlogisch erscheinen, sollten bei strittigen Fragen grundsätzlich die Fachkommissariate der jeweiligen Polizeibehörde (Waffen- und Sprengstoffkommissariat), die Ordnungsbehörde (Waffenbehörde) oder das Bundeskriminalamt (BKA) befragt werden.

1. Schusswaffen[428] und Munition

Schusswaffen im Sinne des Waffengesetzes sind Waffen, bei denen Geschosse durch einen Lauf getrieben werden und die zur Jagd, zur Verteidigung, zum Angriff, Sport oder Spiel

---

[427] Das Bundesverwaltungsgericht in Leipzig hat am 01.09.2009 entschieden, dass die Waffenbehörde berechtigt ist, von dem Inhaber einer waffenrechtlichen Erlaubnis für die alle drei Jahre stattfindende Regelüberprüfung seiner Zuverlässigkeit und persönlichen Eignung eine Gebühr zu verlangen (BVerwG, Urteil vom 01.09.2009, Az.: 6 C 30/08). Ob das Gleiche für die Bedürfnisüberprüfung gilt, bleibt abzuwarten.

[428] Zum Waffenbegriff außerhalb der Schusswaffe vgl. auch Metzner, Friedrich, StraFo 12/2009, S. 485 ff.

bestimmt sind (z.B. Jagdgewehre aller Art, Pistolen und Revolver). Keine Schusswaffen sind demnach Pfeil und Bogen, Armbrust und Handschleuder.

Luftdruck-, Federdruck- und CO2-Waffen mit F-Zeichen sowie Gas- und Signalwaffen mit dem PTB-Zeichen können ebenso wie Armbrüste weiterhin erlaubnisfrei ab 18 Jahren erworben und besessen werden. Dies gilt auch für die dazugehörige Munition. Gas- und Signalwaffen dürfen ab 01. April 2003 in der Öffentlichkeit nur noch geführt werden, wenn hierfür eine Erlaubnis der zuständigen Waffenbehörde vorliegt. Die Waffenbehörde erteilt die Erlaubnis, die auch „**Kleiner Waffenschein**[429]" genannt wird, nach Prüfung der Zuverlässigkeit und der persönlichen Eignung. Eine Bedürfnisprüfung erfolgt nicht. Die Gebühr für die Erteilung des Kleinen Waffenscheines liegt nach Anweisung des Bundesministeriums bundesweit einheitlich bei 50,00 Euro.

Die Schusswaffeneigenschaft geht verloren, wenn alle wesentlichen Teile so verändert werden, dass sie mit allgemein gebräuchlichen Werkzeugen nicht wieder gebrauchsfähig gemacht werden können (z.B. Dekorationswaffen[430]).

Es gibt vier Arten von Schusswaffen:

Handfeuerwaffen sind Schusswaffen, bei denen zum Antrieb der Geschosse heiße Gase verwendet werden.

Selbstladewaffen sind Schusswaffen, bei denen nach dem ersten Schuss lediglich durch Betätigung des Abzuges weitere Schüsse aus demselben Lauf getrieben werden können, z.B. Selbstladepistole, Double-Action-Revolver, Selbstladeflinte, HK-Selbstladebüchse.

Langwaffen sind Schusswaffen mit einer Gesamtlänge von mehr als 60 cm (z.B. Büchse, Flinte, kombinierte Waffen).

Kurzwaffen sind Schusswaffen mit einer Gesamtlänge bis zu 60 cm (Pistolen, Revolver).

Erlaubte Schusswaffen sind z.B. Jagdwaffen, Verteidigungswaffen und Sportwaffen aller Art.

§ 13 Abs. 1 WaffG privilegiert den Jäger dadurch, indem das Gesetz auf das Erfordernis der vorherigen Erteilung einer Waffenbesitzkarte hinsichtlich Langwaffen verzichtet. Der Gesetzgeber geht vielmehr davon aus, dass durch den Jahresjagdschein ein Bedürfnis vorliegt. Der Erwerb einer Langwaffe erfordert demnach nur die Vorlage eines gültigen Jahresjagdscheines. Ausgenommen hiervon sind jedoch Selbstladewaffen, deren Magazine mehr als zwei Patronen aufnehmen können (vgl. auch § 19 Abs. 1 Nr. 2 c) BJG). Munition für Langwaffen kann der Jagdscheininhaber unbegrenzt unter Vorlage des Jagdscheines (Tages- oder Jahresjagdschein) erwerben (§ 13 Abs. 5 WaffG).

---

[429] „Waffen- und Jagdscheininhaber sind vom Erfordernis der Erteilung einer Erlaubnis zum Führen einer Schreckschusswaffe (Kleiner Waffenschein) **nicht** ausgenommen", Niedersächsisches Oberverwaltungsgericht, Beschluss vom 12.11.2007, 11 ME 373/07.

[430] Von Dekorationswaffen sind Anscheinswaffen zu unterscheiden. Nach § 42a Abs. 1 Nr. 1 WaffG dürfen diese künftig nicht mehr geführt werden. Während bisher Imitate von Kriegswaffen gemeint waren, umfass der Begriff der Anscheinswaffe nunmehr sämtliche Schusswaffennachbildungen. Sind diese aber mindestens 50 % größer oder kleiner als die imitierte Feuerwaffe und bestehen sie aus neonfarbenen Materialien oder weisen sie keine Kennzeichnung von Feuerwaffen auf, unterstellt das Waffengesetz, dass sie als Imitate erkennbar sind. Offensichtliche Spielzeugwaffen sind demnach nicht vom Waffengesetz betroffen.

Die Privilegierung hinsichtlich der Kurzwaffen ist beim Inhaber eines gültigen Jahresjagdscheines mengenmäßig auf zwei Kurzwaffen begrenzt (§ 13 Abs. 2 WaffG). Für einen Mehrbedarf muss demnach ein konkretes Bedürfnis nachgewiesen werden[431]. Der Tagesjagdscheininhaber muss das Bedürfnis für eine Kurzwaffe glaubhaft machen. Ohne Munitionserwerbsschein können Jahresjagdscheininhaber die Munition für Kurzwaffen nur unter Vorlage einer Waffenbesitzkarte mit Berechtigungsvermerk der zuständigen Behörde erwerben. Der Munitionserwerb ist nur für die dort eingetragenen Kurzwaffen zulässig (§ 10 Abs. 3 WaffG).

Der Umgang mit bestimmten Schusswaffen ist verboten. Verbotene Schusswaffen sind in den § 42 a WaffG und Anlage 2 Abschnitt 1 des WaffG aufgeführt. Dies sind insbesondere:

- Waffen, die über den zu Jagd- und Sportzwecken allgemein üblichen Umfang hinaus zusammengeklappt, zusammengeschoben, verkürzt oder schnell zerlegt werden können.
- Waffen, die eine Länge von mehr als 60 cm haben und zerlegbar sind, deren längster Teil kürzer als 60 cm ist und die zum Verschießen von Randfeuerpatronen bestimmt sind.
- Waffen, die ihrer Form nach geeignet sind, einen anderen Gegenstand vorzutäuschen, oder die mit Gegenständen des täglichen Gebrauchs verkleidet sind (z.B. Stockgewehre, Schirmwaffen u. a.[432]).
  Grund der Verbote: Es handelt sich um Waffen, die bevorzugt zur Wilderei benutzt werden.
- Waffen, die vollautomatische Selbstlader sind.
- Waffen, die ihrer äußeren Form nach den Anschein von vollautomatischen Kriegswaffen hervorrufen.

Daneben gibt es verbotene Munitionsarten:

- Nadelgeschosse bis zu 3 mm Durchmesser, die für Schusswaffen bestimmt sind und bei denen die Geschosslänge das 10fache des Durchmessers des zylindrischen Teils übersteigt.
- Reizstoffmunition ohne amtliche Zulassung (PTB-Zeichen).
- Leuchtspurmunition, Brand und Sprengmunition.
- Patronenmunition für alle Schusswaffen mit gezogenen Läufen deren Geschosse im Durchmesser kleiner sind als die Felddurchmesser der dazugehörigen Schusswaffen und die mit einer Treib- oder Führungshülse umgeben sind, die sich nach dem Verlassen des Laufes vom Geschoss trennt (z.B. Accelerator-Geschoss von Remington Kal. .30-06/.222 Rm.).
- Revolver- und Pistolenmunition mit Hohlspitzgeschossen, Teilmantelgeschossen mit Sollbruchstellen.

Erlaubt sind aber Vollgeschosse, die einen flachen Kopf haben und in der Kopffläche nicht mehr als 2 mm eingewölbt sind, und zwar mit und ohne Abdeckhaube, sowie Geschosse mit Abdeckhaube, die eine durchgehende axiale Bohrung von höchstens 2 mm haben und in der Kopffläche nicht mehr als 2 mm eingewölbt sind.

---

[431] OVG Münster, Beschl. v. 05.04.2005, Az.: 20 A 348/04.
[432] Z.B. noch Kammmesser. Hier kann der Griff aus dem Kamm herausgezogen werden, daran ist eine Klinge montiert.

Verbotene Gegenstände sind u. a.:

- Vorrichtungen zum Anleuchten oder Anstrahlen des Zieles oder zur Beleuchtung der Zieleinrichtung die für Schusswaffen bestimmt sind[433].
- Nachzielgeräte, die einen Bildwandler haben oder eine elektronische Verstärkung besitzen und für Schusswaffen bestimmt sind (aber: Nachsichtgeräte, welche allein Beobachtungszwecken dienen, sind erlaubt).
- Spring- und Fallmesser, soweit sie nach Größe sowie Länge und Schärfe der Spitze nicht als Taschenmesser anzusehen sind (z.B. Klingenlänge über 8,5 cm), Faustmesser[434].
- Stahlruten[435], Totschläger, Schlagringe, Nunchakus[436], japanische Wurfsterne, Faust- oder Stoßdolch, Molotow-Cocktails und Geschosse mit Betäubungsstoffen für Angriffs- oder Verteidigungszwecke.

Der erste Prüfungspunkt im Waffengesetz umfasst daher immer die Frage, ob der Gegenstand überhaupt unter das Waffengesetz fällt (Waffeneigenschaft). Eindeutigen Waffencharakter haben Schlagstöcke wie z.B. Teleskopschlagstöcke. Das neue Waffengesetz sieht hierfür ein Führverbot gem. § 42a Abs. 1 Nr. 2 WaffG vor. Gleiches gilt z.B. für Messer mit einhändig feststellbarer Klinge (Einhandmesser) oder feststehende Messer über 12 cm Klingenlänge (§ 42a Abs. 1 Nr. 2 WaffG). Auf die Ausnahmen – insbesondere für Jäger - wird im weiteren Verlauf eingegangen. Keine Waffeneigenschaft hat z.B. der Tactical Glove, der im Knöchel-/ und Fingerbereich mit Protektoren oder Füllungen (Sand, Blei, etc.) gefüllt ist[437].

Wer eine verbotene Schusswaffe oder verbotene Munition oder einen verbotenen Gegenstand erwirbt oder besitzt, begeht eine Straftat. Wer wegen Verstoßes gegen das WaffG zu einer Straftat verurteilt wird, ist in der Regel als unzuverlässig anzusehen. Dies geht mit dem Verlust des Jagdscheins einher[438].

Der Jäger ist insofern privilegiert, als er als Inhaber einer jagdrechtlichen Erlaubnis Umgang mit Faustmessern haben darf, sofern diese Messer zur Ausübung seiner Tätigkeit benötigt wird (§ 40 Abs. 3 WaffG).

Hier noch einige Definitionen:

Schalldämpfer sind Vorrichtungen, die der Dämpfung des Mündungsknalls dienen und für Schusswaffen bestimmt sind. Sie sind nicht verboten, bedürfen jedoch einer Genehmigung.

Wesentliche Teile von Schusswaffen sowie Schalldämpfer stehen waffenrechtlich den Schusswaffen gleich, d.h. die Regelungen über Erwerb, Besitz, Führen, Überlassen, Verwahren usw. von Waffen gelten in gleichem Maße auch für diese Teile (daher: WBK erforderlich für den Erwerb und Besitz von Schalldämpfern und wesentlichen Teilen von Schusswaffen, gleich sichere Verwahrung).

---

[433] Nicht aber: Aimpoint-Zielgeräte und beleuchtete Absehen.

[434] Ausnahme: Jäger und Pelz/Lederhandwerk.

[435] Teleskopschlagstock ist erlaubt.

[436] Auch aus Schaumstoff! (BKA Bescheid AZ KT 21/ZV 25-5164.01-Z-23/2004).

[437] BKA-Entscheidung (AZ KT 21/SO 11-5164.01-Z-41): Die Verletzungsgefahr eines Gegners wird durch die Verstärkung der Füllung nicht signifikant erhöht. Vielmehr dient der Tactical Glove dem Schutz vor eigenen Verletzungen.

[438] VG München, Beschluss vom 27.07.2007, M 7 S 07.2010.

Wesentliche Teile von Schusswaffen sind Lauf, Verschluss und Patronenlager, sofern dieses nicht Bestandteil des Laufes ist; bei Pistolen und Revolvern auch das Griffstück, soweit es für die Aufnahme des Auslösemechanismus bestimmt ist.

Munition im Sinne des Waffengesetzes ist:

- Patronenmunition (Hülse mit Ladung und Geschoss, z.B. Jagdpatrone),
- Kartuschenmunition (Hülse mit Ladung ohne Geschoss, z.B. Platzpatrone),
- Pyrotechnische Munition (Patronenmunition, bei der das Geschoss einen pyrotechnischen Satz enthält, z.B. Leuchtpatronen).

Geschosse im Sinne des Waffengesetzes sind:

- feste Körper (Büchsen-, Flintenlaufgeschosse, Schrotkörper),
- gasförmige, flüssige oder feste Stoffe in Umhüllungen (z.B. Gaspatronen).

2. Tatsächliche Gewalt über Schusswaffen und Munition

Wer die tatsächliche Gewalt über Schusswaffen oder Munition dauerhaft erlangen (Erwerb) und ausüben (Besitz) will, bedarf hierzu grundsätzlich der vorherigen Erlaubnis der zuständigen Behörde (§ 2 Abs. 2 WaffG mit Anlage 1, 2. Abschnitt Nr. 1 und 2), die durch eine Waffenbesitzkarte bzw. einen Munitionserwerbsschein erteilt wird.

Die „tatsächliche Gewalt" über eine Waffe/Munition übt derjenige aus, der die Möglichkeit hat, nach eigenem Willen mit ihr umzugehen oder sie zu benutzen (erlaubt oder unerlaubt). So übt zwar derjenige tatsächliche Gewalt aus, der Waffen oder Munition entgegengenommen, geliehen, gefunden, gestohlen oder sonst an sich genommen hat, aber nicht derjenige, der diese verloren, verliehen oder einem anderen zur Aufbewahrung überlassen hat. Auch derjenige, welcher die Waffe oder Munition in Händen hält, aber infolge der Anwesenheit des Berechtigten nicht nach eigenem Willen benutzen kann, übt nicht tatsächliche Gewalt über die Waffen oder Munition aus.

Der Begriff der tatsächlichen Gewalt über Waffen und Munition spielt im Waffengesetz eine zentrale Rolle. Er ist z.B. maßgebend für das Erwerben, Besitzen, Überlassen und Führen von Waffen und Munition.

Daneben stehen die Begriffe des „Erwerbs", des „Besitzes" und der „Überlassung".

Jemand „erwirbt" eine Waffe, wenn er die tatsächliche Gewalt über sie erlangt; es kommt nicht auf den Grund an, auf dem der Erwerb beruht (z.B. Kauf, Leihe, Schenkung, Fund, Diebstahl)[439]. Von der Ordnungsbehörde muss jeder Erwerb einzeln genehmigt bzw. eingetragen werden.

Inhaber eines gültigen Jahresjagdscheins sind zum Erwerb von „Jagdwaffen" berechtigt. „Jagdwaffen" sind alle Waffen, die nicht nach dem zum Zeitpunkt des Waffenerwerbs gültigen Bundesjagdgesetz verboten sind.

---

[439] BGH, Beschluss vom 06.08.2007, 4 StR 431/06.

Langwaffenmunition, die nach dem Bundesjagdgesetz erlaubt ist, darf weiterhin auf den Jahresjagdschein erworben werden. Für Kurzwaffen-Munition benötigt der Jäger eine Erwerbsberechtigung, die durch Eintrag in die Waffenbesitzkarte erteilt wird.

Wer eine Waffe oder Munition einem anderen verkauft, muss sich davon überzeugen, dass der Käufer zum Erwerb der jeweiligen Waffe legitimiert ist. Soll eine erlaubnispflichtige Waffe über eine Anzeige (in Zeitschriften oder im Internet) angeboten werden, so müssen je nach Waffe folgende, vom Gesetz geforderte Angaben (Hinweispflicht) gemacht werden:

- erlaubnispflichtige Schusswaffen/Munition: „Abgabe nur an Inhaber einer Erwerbserlaubnis",
- nicht erlaubnispflichtige Waffen/Munition: „Abgabe nur an Personen mit vollendetem 18. Lebensjahr",
- verbotene Waffen: „Abgabe nur an Inhaber einer Ausnahmegenehmigung".

Zusätzlich muss der Anbieter seinen Namen und seine Anschrift angeben. Wer als Privatperson Waffen anbietet, kann der Veröffentlichung seiner Personalien widersprechen. Diese müssen jedoch demjenigen, der die Anzeige veröffentlicht, bekannt sein. Dort müssen die Personalien auch ein Jahr lang aufbewahrt werden, und auf Verlangen der Behörde ist dieser Einsicht in die Unterlagen zu gewähren.

Den Besitz über eine Waffe übt derjenige aus, der die tatsächliche Gewalt über diese ausübt. Im Erbfall besteht die Möglichkeit eine Besitzerlaubnis zu beantragen (§ 20 WaffG). Es werden jedoch die Zuverlässigkeit und die persönliche Eignung des Antragstellers geprüft. Das Bedürfnis ergibt sich aus dem Erbfall.[440]

Jemand „überlässt" eine Waffe einem anderen, wenn er ihm die tatsächliche Gewalt über sie einräumt. Gem. § 34 Abs. 1 WaffG dürfen Waffen oder Munition nur zeitweilig an Personen überlassen werden, die zum Erwerb solcher berechtigt sind.

Wer eine Schusswaffe erwerben und die tatsächliche Gewalt über sie ausüben will, benötigt eine Erlaubnis der zuständigen Behörde. Diese Erlaubnis wird durch Ausstellung der Waffenbesitzkarte erteilt. Die Waffenbesitzkarte erfüllt zwei Funktionen:

- sie legalisiert den Erwerb und Besitz von Waffen,
- sie dient als Legitimationspapier für den rechtmäßigen Besitz.

Vor dem Hintergrund der Legitimation muss der Jäger die erworbenen Langwaffen nach dem Erwerb in die Waffenbesitzkarte eintragen lassen. Erworbene (erlaubnispflichtige) Waffen sind innerhalb von **zwei Wochen** zur Eintragung bei der Behörde zu melden.

Voraussetzung für die Erteilung einer Waffenbesitzkarte ist nach § 4 WaffG, dass der Antragsteller:

- das 18. Lebensjahr vollendet hat,
- die erforderliche Zuverlässigkeit und persönliche Eignung besitzt,
- die erforderliche Sachkunde nachgewiesen hat,
- ein Bedürfnis nachgewiesen hat[441] und

---

[440] Busche, Waffensachkunde kompakt, Band 1, 1. Auflage 2007, S. 28.
[441] Zum Bedürfnis eines Bewachungsunternehmens: VG Berlin, Urteil vom 04.04.2007, 1 A 185.06.

- bei der Beantragung des Waffenscheins oder einer Schießerlaubnis eine Versicherung gegen Haftpflicht in Höhe von 1 Million Euro – pauschal für Personen- und Sachschäden – nachweist.

Es gibt verschiedene Waffenbesitzkarten. Die „grüne WBK" ist für den Erwerb mehrschüssiger Pistolen und Revolver, halbautomatischer Langwaffen und Repetierflinten erforderlich. Die „gelbe WBK" erlaubt es Sportschützen unbefristet bestimmte Waffen und Munition zu erwerben und zu besitzen. Die „rote WBK" ist für Sachverständige und Sammler.

Die Altersgrenze für den Erwerb von Schusswaffen wurde auf 18 Jahre erhöht. Inhaber eines Jugendjagdscheines dürfen keine eigenen Waffen (auf Dauer) erwerben. Sie dürfen Jagdwaffen nur für die Dauer der Ausübung der Jagd oder während des Trainings im jagdlichen Schießen erwerben, besitzen und ohne besondere Erlaubnis führen. Auch im Zusammenhang mit diesen Tätigkeiten (Weg zum und vom nahe gelegenen Revier) dürfen sie die Jagdwaffen in nicht schussbereitem Zustand führen (§ 13 Abs. 7 WaffG).

Für Sportschützen wird für den Erwerb und Besitz von Schusswaffen und Munition grundsätzlich das Alter von 18 auf 21 angehoben. Für den Erwerb und Besitz von Schusswaffen bis zu einem Kaliber von 5,6 mm lfB (22l.r) für Munition mit Randfeuerzündung, wenn die Mündungsenergie der Geschosse höchstens 200 Joule beträgt, und Einzellader-Langwaffen mit glatten Läufen mit Kaliber 12 oder kleiner, sofern das sportliche Schießen mit solchen Waffen durch die genehmigte Sportordnung des Schießsportverbandes zugelassen ist, bleib es bei der Altersgrenze von 18 Jahren. Bis zur Vollendung des 25-sten Lebensjahres ist ein amts- oder fachärztliches oder fachpsychologisches Zeugnis über die geistige Eignung vorzulegen. Dies gilt ebenfalls nicht für o. g. Schusswaffen.

Die erforderliche Zuverlässigkeit[442] besitzt nicht, wer z.B. rechtskräftig wegen eines Verbrechens oder wegen sonstiger vorsätzlicher Straftaten zu einer Freiheitsstrafe von mindestens einem Jahr, wenn seit dem Eintritt der Rechtskraft der letzten Verurteilung zehn Jahre noch nicht verstrichen sind.

In der Regel besitzt die erforderliche Zuverlässigkeit nicht, wer z.B. wegen einer vorsätzlichen Straftat, wegen einer fahrlässigen Straftat im Zusammenhang mit dem Umgang mit Waffen, Munition oder Sprengstoff oder wegen einer fahrlässigen gemeingefährlichen Straftat, wegen einer Straftat nach dem Waffengesetz, dem Gesetz über die Kontrolle von Kriegswaffen, dem Sprengstoffgesetz oder dem Bundesjagdgesetz zu einer Freiheitsstrafe, Jugendstrafe, Geldstrafe von mindestens 60 Tagessätzen[443] oder mindestens zweimal zu einer geringeren Geldstrafe rechtskräftig verurteilt worden ist oder bei dem die Verhängung von Jugendstrafe ausgesetzt worden ist, wenn seit dem Eintritt der Rechtskraft der letzten Verurteilung fünf Jahre noch nicht verstrichen sind (vgl. § 5 WaffG). Beachte auch § 17 BJagdG!!

---

[442] Die erforderliche Zuverlässigkeit besitze auch nicht, wer alkoholabhängig ist: VG Würzburg, Beschluss vom 10.08.2007, W 5 S 07.925.

[443] Zur Regelunzuverlässigkeit bei 180 Tagessätzen: VG Augsburg, Beschluss vom 08.10.2007, Au 4 S 07.1205; Regelunzuverlässigkeit bei 90 Tagessätzen wegen Steuerhinterziehung: VG Augsburg, Beschluss vom 10.07.2007, Au 4 S 07.715; 60 Tagessätze wegen fahrlässiger Trunkenheit im Verkehr, Strafbefehl, Bayerischer Verwaltungsgerichtshof, Beschluss vom 06.10.2006, 19 CS 06.2377; 80 Tagessätze aus Umweltstrafrecht, Oberverwaltungsgericht Berlin-Brandenburg, Beschluss vom 15.03.2006, 11 N 17.06; 90 Tagessätze wegen vorsätzlichem Bankrott, VG Ansbach, Urteil vom 21.09.2005, AN 15 K 05.01960.

Auch Verfehlungen ohne unmittelbaren Bezug zur beabsichtigten Jagdausübung können demnach im Einzelfall die Unzuverlässigkeit begründen, so etwa Trunkenheit im Straßenverkehr[444] oder Steuerhinterziehung[445]. Ob aber eine frühere Tätigkeit für das MfS eine Unzuverlässigkeit begründet ist umstritten[446].

Von Inhabern von Jahresjagdscheinen muss kein Bedürfnis für den Erwerb und Besitz von Langwaffen generell und für den Erwerb der ersten beiden Kurzwaffen nachgewiesen werden. Das Bedürfnis wird durch das Gesetz „impliziert". Dies gilt selbstverständlich nur, soweit die zu erwerbenden Waffen Jagdwaffen sind. Diese Waffen können gegen Vorlage eines gültigen Jahresjagdscheines erworben werden und sind dann innerhalb von zwei Wochen in die WBK einzutragen. Zum Erwerb von Kurzwaffen ist auch weiterhin ein behördlicher Voreintrag in die WBK erforderlich[447].

3. Entleihen, Führen und Transportieren von Schusswaffen

Waffen können auch weiterhin ver- und entliehen werden, allerdings nur an „Berechtigte". Erlaubnisfreie Waffen dürfen also nur an volljährige Personen verliehen werden, erlaubnispflichtige Schusswaffen nur an Jagdschein- oder WBK-Inhaber und verbotene Waffen nur an Inhaber einer entsprechenden Ausnahmegenehmigung.

Erlaubnispflichtige Schusswaffen dürfen vom Berechtigten an einen WBK-Inhaber zu einem vom Bedürfnis umfassten Zweck „vorübergehend" verliehen werden, Jagdwaffen also an Jäger zur Jagd, Sportwaffen an Sportschützen zum Training oder Wettkampf. „Vorübergehend" ist für diesen Fall des Verleihens gesetzlich auf höchstens einen Monat begrenzt. Nach dieser Zeit muss die Waffe entweder zurückgegeben, erneut eine Leihvereinbarung geschlossen (mit erneuter Übergabe der Waffe) oder in die WBK eingetragen werden.

Weiterhin ist es auch möglich, zum Zweck der sicheren Verwahrung oder Beförderung Waffen „vorübergehend" zu verleihen. Hier schreibt das Gesetz keine Maximaldauer für „vorübergehend" vor. Es gibt Urteile, in denen eine Dauer von mehr als einem Jahr noch als „vorübergehend" bezeichnet wurde. Dies ist allerdings mit Vorsicht anzuwenden. Insofern bleibt die neuere Rechtsprechung abzuwarten.

Die Waffenbesitzkarte berechtigt nicht zum Führen der Waffe!! Hierfür ist grundsätzlich ein Waffenschein nötig. Ausnahme: auf der Jagd!!

Jemand „führt" eine Waffe, wenn er die tatsächliche Gewalt über sie außerhalb seiner Wohnung, seiner Geschäftsräume oder seines befristeten Besitztums ausübt. Es ist nicht Voraussetzung, dass die Waffe geladen oder zugriffsbereit ist!

Auch von dem Erfordernis eines Waffenscheines zum Führen von Waffen gibt es einige Ausnahmen. Demnach ist das Führen also innerhalb des eigenen Besitztums ohne Erlaubnis gestattet. Ebenso bedarf keiner Erlaubnis, wer die Waffe innerhalb einer Wohnung, eines befriedeten Besitztums oder einer Schießstätte eines anderen mit dessen Zustimmung führt.

---

[444] Kluth, DVbl. 1990, Seite 241 ff.
[445] OVG Rheinland-Pfalz, Urteil vom 25.06.1986 in JE V Nr. 114.
[446] Vgl. hierzu: OVG MV, Urteil vom 19.10.1994 RdL 1995, Seite 93; SächsOVG, Urteil vom 25.11.1993 in Neue Justiz 1994, Seite 279.
[447] Zum vergessenen Voreintrag eines Revolvers vgl. auch VG Köln, Hinweisbeschluss v. 25.09.2008, Az.: 20 K 727/07.

Letzteres ist allerdings nur möglich zu einem vom Bedürfnis umfassten Zweck oder im Zusammenhang damit.

Jäger dürfen die Jagdwaffen – wie schon lange durch die Unfallverhütungsvorschriften gefordert – nun auch nach dem Waffengesetz auf dem Weg vom und zum nahe gelegenen[448] Revier zwar zugriffsbereit, aber nicht mehr geladen führen, sondern nur noch in nicht schussbereitem, also entladenem Zustand. In der Anlage 1 Unterabschnitt 2 „Waffenrechtliche Begriffe im Sinne des Gesetzes" unter Nr. 11 wurde durch das Waffenrechtsänderungsgesetz, welches am 1. April 2008 in Kraft getreten ist, der Begriff „schussbereit" definiert. Danach ist eine Waffe schussbereit, wenn sie geladen ist, das heißt, dass Munition oder Geschosse in der Trommel, im in die Waffe eingefügten Magazin oder im Patronen- oder Geschosslager sind, auch wenn sie nicht gespannt ist. Dies bedeutet, dass auf der Fahrt in das Revier keine Patrone im Lauf, im Magazin und in der Trommel sein darf. Das Magazin darf allerdings separat mitgeführt werden. Dies gilt für Kurz- und Langwaffen. Im Rahmen der eigentlichen Jagdausübung – also ab der Reviergrenze – dürfen die Waffen waffenrechtlich geladen sein[449]. Der Rahmen der eigentlichen Jagdausübung umfasst Ein-/Anschießen, Jagdhundeausbildung und Jagdschutz[450]. Auf sonstigen Fahrten, also z. B. zum Büchsenmacher, ist das „Führen" der Waffe verboten. Hierhin darf lediglich „transportiert" werden. Dies bedeutet, dass die Waffe vollständig entladen und nicht zugriffsbereit sein darf. Nach Anlage 1 Unterabschnitt 2 „Waffenrechtliche Begriffe im Sinne des Gesetzes" wurde unter Nr. 12 auch dieser Begriff nunmehr definiert: „Zugriffsbereit ist eine Waffe, wenn sie unmittelbar in Anschlag gebracht werden kann; sie ist nicht zugriffsbereit, wenn sie in einem verschlossenen Behältnis mitgeführt wird". Die Diskussion, ob eine Waffe im Futteral ausreichend ist, hat damit ihr Ende gefunden. Ein einfaches Futteral ohne Verschließmöglichkeit reicht nicht aus[451]. Vielmehr ist ein abschließbarer Waffenkoffer erforderlich. Gänzlich verboten ist es, die Waffen zu Gelegenheiten mitzuführen, die nicht vom „Bedürfnis der Jagd" gedeckt sind. Die Waffe darf demnach nicht bei Einkaufs- oder Familienfahrten mitgeführt werden.

Wer sich in der Ausbildung zum Jäger befindet, darf nicht schussbereite Jagdwaffen ohne Erlaubnis unter Aufsicht eines Ausbilders erwerben, besitzen und führen, wenn er das 14. Lebensjahr vollendet hat und der Sorgeberechtigte sowie der Ausbildungsleiter ihr Einverständnis in einer von beiden unterzeichneten Berechtigungsbescheinigung, die mitgeführt werden muss, erklärt haben (§ 13 Abs. 8 WaffG). **Dies gilt aber nicht für Munition.** Darüber hinaus ist kein Waffenerwerb möglich. In NRW wird jedoch auf Antrag eine bis zum Abschluss der Prüfung befristete Waffenbesitzkarte zum Erwerb einer Flinte erteilt, wenn der Ausbildungsleiter bescheinigt, dass der Jagdscheinanwärter mindestens drei Monate am Unterricht im Fach Waffenkunde teilgenommen hat und dass keine passende, geeignete Waffe für den Jagdscheinanwärter zur Verfügung steht. Die drei Monate Unterricht im Fach Waffenkunde dienen als Sachkundenachweis. Natürlich muss der Jagdscheinanwärter zuverlässig, persönlich geeignet und volljährig sein.

---

[448] Eine km-Begrenzung gibt es bisher nicht, wenn ein klarer Zusammenhang mit der Jagd besteht. Dies gilt jedenfalls dann, wenn das Revier ohne größere Unterbrechung (Übernachtung) angesteuert wird (vgl. Jagen, führen, transportieren, RWJ 5-2008, Seite 4).

[449] Aber: „Die Jagdausübung im Sinne von § 13 Abs. 6 1. HS WaffG erfasst nicht die Fahrt und das Mitsichführen einer geladenen Jagdwaffe mit dem Kraftfahrzeug auf einer öffentlichen Straße, und zwar auch dann nicht, wenn diese durch das Revier führt.", OLG Stuttgart, 4. Strafsenat, Urteil vom 24.07.2007, 4 Ss 185/07.

[450] Jagen, führen, transportieren, RWJ 5-2008, Seite 4.

[451] Doerenkamp, unsere Jagd, 4/2008, Seite 5.

Auf einer Schießstätte bedarf es einer Erlaubnis zur Erlangung und Ausübung der tatsächlichen Gewalt über eine Waffe nicht, soweit diese lediglich vorübergehend zum Schießen auf der Schießstätte erworben wird (§ 12 Abs. 1 Nr. 5 WaffG). Unter denselben Voraussetzungen kann Munition ausschließlich zum sofortigen Verbrauch auf dieser Schießstätte erlaubnisfrei erworben und besessen werden (§ 12 Abs. 2 Nr. 2 WaffG).

Für öffentliche Veranstaltungen wie etwa Messen, Märkte und Volksfeste gilt ein allgemeines Verbot Waffen zu führen.

Der **Transport** von Waffen ist weiterhin ohne Erlaubnis (Waffenschein) für Berechtigte, also Jagdschein- oder WBK-Inhaber, zulässig. Transport liegt nur vor, wenn die Waffe sowohl **nicht zugriffsbereit** als auch **nicht schussbereit** befördert wird und der Transport zu einem vom Bedürfnis umfassten Zweck oder im Zusammenhang damit erfolgt, also zum Beispiel auf dem Weg zum Training oder Wettkampf, zum weiter entfernt liegendem Jagdrevier oder zum Büchsenmacher.

- Schussbereit ist eine Waffe, wenn sie geladen ist, d.h. wenn sich eine Patrone im Patronenlager, Magazin oder in der Trommel befindet, auch wenn die Waffe ungespannt oder gesichert ist.

- Zugriffsbereit[452] ist eine Waffe, wenn sie mit wenigen schnellen Griffen in Anschlag gebracht werden kann (z.B. wenn sie im Holster oder im nicht abgeschlossenen Handschuhfach mitgeführt wird, oder wenn sie sich unzerlegt auf dem Rücksitz des Fahrzeuges befindet), Nr. 12.3.3.2 WaffVwV. Als Faustformel wird gesagt, dass eine Waffe zugriffsbereit ist, wenn sie mit weniger als drei Handgriffen in unter drei Sekunden in Anschlag gebracht werden kann.[453] Die Waffe ist nicht zugriffsbereit, wenn sie in einem verschlossenen Behältnis mitgeführt wird.

Im Alltag ist damit ein Transport im verschlossenen Waffenkoffer erforderlich. Bei Langwaffen ist ein Futteral nicht ausreichend[454]. Vielmehr ist ein verschlossenes Behältnis erforderlich. Als solches dürfte auch der verschlossene Kofferraum eines Fahrzeuges gelten, wenn nicht vom Fahrzeuginneren her in den Kofferraum gegriffen werden kann[455]. Schließlich geht es bei der Zugriffsbereitschaft nicht um eine Diebstahlsicherung, sondern vielmehr darum, den erforderlichen Zeitaufwand (mehrere Handgriffe) für den Anschlag der Waffe zu erhöhen. Es versteht sich daher von selbst, dass Waffe und Munition getrennt aufzubewahren sind. Allerdings ist man gut beraten, die Grenzen des Gesetzes nicht offensiv auszuloten, bis sich die Rechtsprechung entsprechend positioniert hat.

Eine Hilfestellung bietet die Allgemeine Verwaltungsvorschrift zum Waffengesetz (WaffVwV).

Der Transport hat auf direktem Weg von der eigenen Wohnung zum Schießstand, Büchsenmacher oder dem Revier zu erfolgen. Es ist daher nicht erlaubt, die Waffe und Munition morgens in das Auto einzupacken und nach Büroschluss in das Revier zu fahren. Lediglich eine kurze Unterbrechung könnte noch erlaubt sein.

---

[452] Zum „nicht sicheren Transport": AG Köln, Urteil vom 02.11.2005, 533 Ds 235/05.
[453] Heller, Soschinka, Die Allgemeine Verwaltungsvorschrift zum Waffengesetz (WaffVwV), NVwZ 2012, 209 (2011).
[454] So noch Busche, Waffensachkunde kompakt, Band 1, 1. Auflage 2007, S. 32.
[455] Jagen, führen, transportieren, RWJ 5-2008, Seite 4.

Im Bereich des Transports von erlaubnispflichtigen Schusswaffen hat sich mit dem neuen Waffengesetz jedoch eine wichtige Änderung ergeben. Die Ausnahme des „nichtgewerblichen" Transports ohne waffenrechtliche Erlaubnis existiert nicht mehr. Es ist also nicht mehr möglich, einem Bekannten oder Familienangehörigen, der keine waffenrechtliche Erlaubnis hat, eine Schusswaffe mitzugeben, damit dieser sie zur Reparatur beim Büchsenmacher vorbeibringt.

Der gewerbliche Transport ist dagegen weiterhin ohne waffenrechtliche Erlaubnis möglich. Post, Spedition und andere Transportunternehmen sind von dieser Änderung also nicht betroffen. Was unter den Punkten Leihe und Transport für Waffen gesagt wurde, gilt ebenso für die dazugehörige Munition.

Nach der Gefahrengutverordnung Straße und Eisenbahn ist es Jägern und Sportschützen erlaubt, eine Menge von bis zu 50 kg Munition und bis zu 3 Kg Pulver zu transportieren. Der Transport darf in allen Verpackungsformen erfolgen, die auch im Einzelhandel verwendet werden. Hierzu gehören auch Patronengurte und –etuis sowie Schlaufen an oder in der Jagdbekleidung. Bei Mitnahme von Munition muss diese getrennt von der Schusswaffe, aus der diese verschossen werden kann, transportiert werden. Demnach könnten etwa zwei Koffer verwandt werden, einem für die Waffe und einem für die Munition.

Der Entwurf zum neueren Waffenrechtsänderungsgesetz sah für die Waffenmitnahme auf Jagdreisen noch eine doppelte Ausfuhrbewilligung vor. Demnach sollte der in ein Drittland reisende Jäger zunächst die Zustimmung des Ziellandes und der Durchfuhrstaaten einholen. Anschließend sollte noch eine deutsche Genehmigung erforderlich sein. Wir hatten in unseren Lehrgängen darauf hingewiesen, dass diese Regelung das Ende kurzfristiger Jagdreisen sei. Ein derartiger Verwaltungsaufwand ist nur über mehrere Tage bzw. Wochen zu bewältigen. Neben weiteren Gebührenbelastungen für den Jäger war der Sinn nicht erkennbar. Erfreulicherweise hat sich diese Regelung im Waffenrechtsänderungsgesetz nicht durchgesetzt. In § 32 a Abs. 3 wurde eine entsprechende Ausnahmeregelung für Jäger, Sport- und Brauchtumsschützen eingeführt.

4. Führen und Transportieren von Messern

Nach § 42a WaffG ist es verboten, Messer mit eigenhändig feststellbarer Klinge (Einhandmesser) oder feststehende Messer mit einer Klingenlänge über 12 cm zu führen. Allerdings wird auch hier der Jäger privilegiert. Nach § 42 Abs. 3 WaffG liegt ein berechtigtes Interesse zum Führen eines solchen Messers insbesondere dann vor, wenn das Führen im Zusammenhang mit der Berufsausübung erfolgt, der Brauchtumspflege, dem Sport oder einem allgemein anerkannten Zweck dient. Ein solcher allgemein anerkannter Zweck ist die Jagdausübung. Der Transport eines solchen Gegenstandes muss nach § 42a Abs. 2 Nr. 2 WaffG in einem verschlossenen Behältnis erfolgen. Deshalb ist ein solches Messer zumindest im verschlossenen Handschuhfach aufzubewahren[456].

5. Schießen, Anschießen, Einschießen

Grundsätzlich benötigt jemand, der außerhalb einer Schießstätte mit einer Schusswaffe schießen will, hierfür eine Erlaubnis der zuständigen Behörde (§ 10 Abs. 5 WaffG).

---

[456] Vgl. Pückler, v., WuH 11/2008, Seite 98.

Ein Jäger darf Jagdwaffen zur befugten Jagdausübung einschließlich des Ein- und Anschießens im Revier, zur Ausbildung von Jagdhunden im Revier, zum Jagdschutz oder zum Forstschutz ohne Erlaubnis führen und mit ihnen schießen; er darf auch im Zusammenhang mit diesen Tätigkeiten die Jagdwaffe nicht schussbereit ohne Erlaubnis führen.

Die befugte Jagdausübung ist nur die Jagdausübung auf Wild, Raubzeug sowie wildernde Hunden und Katzen.

Das Anschießen der Jagdwaffe im Revier umfasst den Kontrollschuss zur Überprüfung der Zieleinrichtung oder der Treffpunktlage – mehr nicht!! Ca. drei bis fünf Kontrollschüsse zur Überprüfung dürften möglich sein[457]. Unter Anschießen fällt nicht das Wiedervertrautmachen mit der Waffe bzw. sportliches Vergnügen[458].

Ohne Schießerlaubnis ist das Schießen innerhalb von befriedetem Besitztum erlaubt, wenn der Inhaber des Hausrechts dem zustimmt und mit Waffen geschossen wird, deren Geschossenergie nicht über 7,5 Joule („F im Fünfeck") beträgt oder mit Waffen, aus denen nur Kartuschenmunition verschossen werden kann. Die Geschosse dürfen das Besitztum nicht verlassen können.

Es „schießt", wer mit einer Schusswaffe Geschosse durch einen Lauf verschießt, Kartuschenmunition abschießt oder mit Patronen- oder Kartuschenmunition Reiz- oder Signalstoffe verschießt. Der Gebrauch einer Armbrust fällt daher nicht unter die Vorschriften zum Schießen.

6. Meldepflichten

Unverzüglich muss bei der zuständigen Behörde gemeldet werden:

- wenn man erlaubnispflichtige Waffen oder Munition beim Tod eines Waffenbesitzers selbst in Besitz nimmt,
- wenn man erlaubnispflichtige Waffen oder Munition als Finder in Besitz nimmt,
- wenn erlaubnispflichtige Waffen oder Munition abhanden kommen,
- wenn Erlaubnisurkunden (WBK, Munitionserwerbsschein, Europäischer Feuerwaffenpass o. Ä.) abhanden kommen.

Innerhalb von zwei Wochen muss bei der zuständigen Behörde u. a. gemeldet werden:

- der Erwerb von erlaubnispflichtigen Schusswaffen zur Eintragung in die Waffenbesitzkarte,
- das Überlassen von erlaubnispflichtigen Schusswaffen an einen anderen,
- das Unbrauchbarmachen einer verbotenen oder erlaubnispflichtigen Schusswaffe.

Außerdem sind mittlerweile Waffenhändler verpflichtet, den Verkauf von erlaubnispflichtigen Waffen mit Angabe der Waffennummer und des Verkaufsdatums an die jeweils zuständige Behörde zu melden.

---

[457] Pückler, v., Der Jäger und sein Recht, Lehrbuch Jägerprüfung, Band 5, 2002, Seite 258.
[458] OLG Oldenburg, Beschl. v. 28.12.1988, Az.: Ss 419/88.

Wer eine Waffe verkauft oder auf andere Weise einem anderen Berechtigten überlässt, muss seine Waffenbesitzkarte und gegebenenfalls den Europäischen Feuerwaffenpass ebenfalls innerhalb von zwei Wochen bei der zuständigen Waffenbehörde zur Berichtigung vorlegen.

7. Waffen-Aufbewahrung

Gemäß § 36 Abs. 1 WaffG hat derjenige, der Waffen oder Munition besitzt, die erforderlichen Vorkehrungen zu treffen, um zu verhindern, dass diese Gegenstände abhanden kommen oder Dritte sie unbefugt an sich nehmen[459]. Dies bedeutet auch, dass der Schlüssel oder Zugangscode zum Waffenschrank sich allein in der ausschließlichen Gewalt des Berechtigten befinden darf. Auch Familienmitglieder dürfen keine alleinige Zugriffsmöglichkeit auf die Waffen oder Munition haben, es sei denn, sie sind selbst Berechtigte. Erlangt ein Nichtberechtigter den Schlüssel zum Waffenschrank, so liegt verbotenes Überlassen an einen Nichtberechtigten vor. Dies gilt selbst dann, wenn dieser die Waffen nicht angerührt hat.

An der Aufbewahrung von erlaubnisfreien Schusswaffen ändert sich erst einmal nichts. Sie sind – wie jetzt auch die sonstigen Waffen (Hieb- und Stoßwaffen) – weiterhin so aufzubewahren, dass sie gegen Abhandenkommen – also die Wegnahme durch Unbefugte – gesichert sind. Unbefugt oder nichtberechtigt für den Umgang mit Waffen, die ab 18 Jahren jeder frei erwerben kann, sind alle Personen, die noch nicht volljährig sind. Somit sind an die Waffenaufbewahrung höhere Anforderungen zu stellen (wohl zumindest ein abgeschlossener Schrank), soweit Kinder im Haus sind.

Für erlaubnispflichtige Waffen wird ein höherer Sicherheitsstandard verlangt. Die Verwendung einer jeweils höheren Sicherheitsstufe ist selbstverständlich möglich.

Jeweils 10 Langwaffen dürfen in einem Schrank der Klasse A nach der Norm VDMA 24992 (Stand Mai 1995) aufbewahrt werden. Die Munition darf in diesem A-Schrank nur verwahrt werden, wenn im Schrank ein verschließbares Fach vorhanden ist. Anderenfalls ist die Munition in einem Stahlblechbehältnis ohne Klassifizierung mit Schwenkriegelschloss oder einer gleichwertigen Verschlussvorrichtung oder in einem gleichwertigen Behältnis aufzubewahren.

Jeweils bis zu 10 Kurzwaffen dürfen in einem Schrank der Stufe B (VDMA 14992) verwahrt werden, wenn dieser mindestens ein Gewicht von 200 kg hat oder in entsprechender Weise verankert ist. Liegen Gewicht oder Verankerung unter 200 kg, dürfen in dem B-Schrank maximal 5 Kurzwaffen verwahrt werden. Langwaffen dürfen in einem B-Schrank ohne zahlenmäßige Begrenzung aufgewahrt werden.

Verbotene Schusswaffen sind mindestens in einem Behältnis der Stufe B aufzubewahren, hier gilt eine Grenze von zehn Stück pro Behältnis, wiederum mit der Vorgabe, dass das Behältnis mindestens 200 kg wiegen muss.

Grundsätzlich gilt, dass ein B-Schrank einem Schrank der Klasse O nach der Norm DIN/EN 1143-1 gleichgestellt ist. Der einzige Unterschied ist, dass in einem B-Schrank die Munition getrennt von den Waffen aufzubewahren ist. Für diese Trennung genügt nach der

---

[459] „Schon unter der Geltung des Waffengesetzes 1976 war der in der Aufbewahrung einer geladenen Schusswaffe in der Wohnung zum Ausdruck kommende besonders sorglose Umgang mit Waffen und Munition als Tatsache anerkannt, die die Annahme der Unzuverlässigkeit des Waffenbesitzers rechtfertigen kann.", Oberverwaltungsgericht des Saarlandes, Beschluss vom 21.11.2007, 1 B 405/07.

Allgemeinen Verordnung zum Waffengesetz, wenn die Munition in einem abschließbaren Innenfach des Schrankes aufbewahrt wird.

Besondere Regelungen gelten für A-Schränke mit B-Innenfächern. Hier ist es erlaubt, im Innenfach bis zu fünf Kurzwaffen und Munition aufzubewahren.

Für die Waffenaufbewahrung **auf Reisen**, die zu einem von Bedürfnis umfassten Zweck unternommen werden, also Jagdreisen und Reisen zu Wettkämpfen oder Reisen mit Waffen zu Sammlertreffen, gelten erleichterte Bedingungen für die Waffenaufbewahrung. Die Verordnung formuliert hier, dass Waffen, soweit die „normalen" gesetzlichen Anforderungen nicht erfüllt werden können, unter „angemessener Aufsicht" zu verwahren oder durch sonstige erforderliche Vorkehrungen gegen Abhandenkommen oder unbefugte Ansichnahme zu sichern sind.

Mit Hilfe der Nr. 12.3.3.2 der WaffVwV könnte das Begriffspaar „sonstige Vorkehrungen" ggf. ausgelegt werden. Dort heißt es:

„Wer Schusswaffen im Fahrzeug auf Reisen beispielsweise zu einer weiter entfernten Jagdveranstaltung transportiert, muss stets gemäß § 36 Abs. 1 Satz 1 die erforderlichen Vorkehrungen treffen, um zu verhindern, dass Waffen und Munition abhanden kommen oder Dritte sie ungefugt an sich nehmen. Darüber hinaus sind Schusswaffen grundsätzlich getrennt von der Munition aufzubewahren, sofern sie nicht in einem entsprechenden Sicherheitsbehältnis aufgewahrt werden (vgl. § 36 Absatz 1 Satz 2). Welche Vorkehrungen konkret zu treffen sind, ist **abhängig vom Einzelfall** und vom verantwortungsbewussten Waffenbesitzer in der jeweiligen Situation abzuwägen. **Dies bedeutet, dass ein Fahrzeug mit Schusswaffen nicht über einen längeren Zeitraum unbeaufsichtigt abgestellt werden darf und die Waffen nicht von außen erkennbar sein sollten. Bei Hotelübernachtungen ist die Waffe ggf. im Hotelzimmer oder Hotelsafe einzuschließen, damit sie nicht aus einem abgestellten Fahrzeug entwendet werden kann.** Zusätzliche Sicherungen an der Schusswaffe in Form von Abzugs- oder Waffenschlössern sind eine sinnvolle Ergänzung. Sinnvoll sind jedenfalls auch die von der PTB zugelassenen elektronischen Sicherungssysteme. Ebenso kann die Entfernung wesentlicher Waffenteile (z.B. Schloss, Kammerstängel, Vorderschaft) sinnvoll sein."

Was hierunter jedoch im Einzelfall zu verstehen ist, wird sich wohl erst durch entsprechende Rechtsprechung klären. Allerdings ist ein sicheres Verwahren von Schusswaffen oder Munition im abgestellten Kraftfahrzeug nicht gegeben, wenn dieses nur verschlossen ist[460]. Diese ist erst dann sicher, wenn sich das verschlossene Fahrzeug in einer ebenfalls verschlossenen Garage oder einem verschlossenen Hofraum befindet[461]. Als sicher gilt die Verwahrung auch dann, wenn das verschlossene Fahrzeug ständig beobachtet wird und ein Diebstahl aufgrund der Nähe des Fahrzeuges jederzeit verhindert werden kann oder es unter Zurücklassen des mannscharfen Hundes in ungefährlicher Umgebung nur kurz verlassen wird oder die Waffen bzw. Munition in einem im verschlossenen Fahrzeug befindlichen Waffensafe eingeschlossen ist[462].

Vor Verabschiedung des WaffVwV waren einige der Ansicht, dass beim sog. „Schüsseltreiben" oder sonstigen Aufenthalt im Gasthaus müssen Waffe und Munition mitgenommen und am Tisch entladen abgestellt werden. Dem Wirt kann die Waffe auch zur

---

[460] VG Minden, Urt. V. 12.10.2000 – 7 K 2096/00; WuH 2/2002, S. 84 f.
[461] „doppelter Verschluss", OLG Koblenz, Urt. V. 28.02.1979, JE Band II (ab 1980), XVII Nr. 29
[462] Streiberger, DJZ 12/92, S. 10.

vorübergehenden sicheren Verwahrung übergeben werden, wenn dieser selbst über eine waffenrechtliche Erlaubnis verfügt. Mit der neuen Auslegung ist nach meiner Ansicht klargestellt, dass die Waffe durchaus über einen **kürzeren Zeitraum** im Fahrzeug mit entsprechender Aufgewahrung und getrennt von der Munition verbleiben darf. So führt Nr. 36.2.15 der Verordnung aus, dass bei vorübergehenden Aufbewahrung von Waffen und Munition nach § 13 Abs. 11 AWaffV sich die erforderlichen Sicherheitsvorkehrungen nach der Dauer der Aufbewahrung und der Art und Menge der zu schützenden Gegenstände richten. Bei einem Transport von Waffen und Munition in einem Fahrzeug reicht es bei kurzfristigem Verlassen des Fahrzeuges (Einnahmen des Mittagessens, Tanken, Schüsseltreiben, Einkäufe etc.) aus, wenn die Waffen und die Munition in dem verschlossenen Fahrzeug so aufbewahrt werden, dass keine unmittelbaren Rückschlüsse auf die Art des Inhalts erkennbar sind. Allerdings würde ich auch hier dennoch den Kammerstenge, Schloss oder Vorderschaft entfernen und mitnehmen.

Merke:
Grundsätzlich gilt aber: Die Waffe gehört in den unmittelbaren Schutz- und Sichtbereich der Frau/Mann.

Bei notwendigen Hotelaufenthalten, z.B. am Ort der Jagd, ist die Aufbewahrung im Hotelzimmer – auch bei kurzfristigem Verlassen des Hotelzimmers – dann möglich, wenn die Waffen und die Munition in einem Transportbehältnis oder in einem verschlossenen Schrank oder einem sonstigen verschlossenen Behältnis aufbewahrt werden. Auch das Entfernen eines wesentlichen Teils oder die Anbringung einer Abzugssperrvorrichtung ist möglich (vgl. Nr. 36.2.15 WaffVwV.).

Bei mehreren Waffenbesitzern unter einem Dach bringt die Allgemeine Verordnung zum Waffengesetz eine Erleichterung für Personen, die Waffen besitzen und in häuslicher Gemeinschaft leben. Diese dürfen die Waffen in einem oder mehreren gemeinsamen Behältnissen aufbewahren, auch wenn sie keine gemeinsame Waffenbesitzkarte haben (§ 13 Abs. 10 AWaffV).

Die Aufbewahrung in der Jagdhütte bzw. im Jagd- oder Wochenendhaus richtet sich grundsätzlich nach denselben Vorschriften wie beim Jäger zu Hause. Da es sich aber um eine zeitweise nicht bewohnte Räumlichkeit handelt, gilt die Verschärfung des § 13 Abs. 6 AWaffV: Es dürfen ohne gesonderte Erlaubnis maximal drei Langwaffen, aber keine Kurzwaffen aufbewahrt werden, und zwar in einem Sicherheitsbehältnis mit mindestens Widerstandsgrad 1. In anderen Fällen ist die kriminalpolizeiliche Beratungsstelle zu beteiligen.

Wer Waffen nicht ordnungsgemäß aufbewahrt, riskiert den Widerruf der Waffenbesitzkarte. Ein derartiges Urteil fällte das Verwaltungsgericht Braunschweig. Der Waffenbesitzer hatte nachts einen geladenen Revolver unter seinem Kopfkissen aufbewahrt. Er verteidigte sich damit, dass in der Vergangenheit fremde Personen auf seinem Grundstück herumgeschlichen seien. Deshalb bewahre er die Waffe nachts, wenn er schlafe, zur Selbstverteidigung unter seinem Kopfkissen auf. Die 5. Kammer des Verwaltungsgerichts Braunschweig[463] urteilte, dass der Waffenbesitzer nicht die erforderliche Zuverlässigkeit besitzt. Er sei mit dem Revolver nicht sachgemäß umgegangen und habe ihn nicht sorgfältig aufbewahrt. Während er schläft, habe der Waffenbesitzer keine Kontrolle über die Schusswaffe. Ein Zugriff anderer Personen könne nicht sicher verhindert werden. Insbesondere sei die Schusswaffe seiner Frau

---

[463] VG Braunschweig, Urteil vom 23.10.2008, Az.: 5 A 46/08.

nachts zugänglich gewesen. Zudem bestehe die Gefahr, dass er den Revolver missbräuchlich verwendet. Dass in der Vergangenheit unbekannte Personen auf seinem Grundstück gewesen seien, begründe keine gegenwärtige Notwehrsituation. In dieser Situation könne der Waffenbesitzer zunächst die Polizei rufen.

Durch das Vierte Gesetz zur Änderung des Sprengstoffgesetzes, welches seit dem 25. Juli 2009 in Kraft ist, wurden die Folgen für einen vorsätzlichen Verstoß gegen Aufbewahrungsvorschriften verschärft. Wer seine Waffen und Munition vorsätzlich entgegen den Aufbewahrungsvorschriften verwahrt und dadurch die Gefahr verursacht, dass Waffen und Munition abhandenkommen oder Unbefugte Zugriff erlangen, kann künftig mit Freiheitsstrafe bis zu drei Jahren oder Geldstrafe bestraft werden.

Das vorgenannte Gesetz hat in § 36 WaffG das „Wie" der Aufbewahrung nicht verändert. Allerdings wurde eine Kontrollmöglichkeit für die Waffenbehörde und eine Ermächtigung für das Bundesministerium abweichende Regelungen für die Aufbewahrung vorzugeben eingefügt. § 36 Abs. 3 und 5 lauten:

„(3) Wer **erlaubnispflichtige** Schusswaffen, Munition oder verbotene Waffen besitzt **oder die Erteilung einer Erlaubnis zum Besitz beantragt hat,** hat der zuständigen Behörde die zur sicheren Aufbewahrung getroffenen **oder vorgesehenen Maßnahmen nachzuweisen. Besitzer von erlaubnispflichtigen Schusswaffen, Munition oder verbotenen Waffen haben außerdem der Behörde zur Überprüfung der Pflichten aus Absatz 1 und Absatz 2 Zutritt zu den Räumen zu gestatten, in denen die Waffen und Munition aufbewahrt werden.** Wohnräume dürfen gegen den Willen des Inhabers nur zur Verhütung dringender Gefahren für die öffentliche Sicherheit betreten werden; das Grundrecht der Unverletzlichkeit der Wohnung (Artikel 13 des Grundgesetzes) wird insoweit eingeschränkt.

(5) Das Bundesministerium des Innern wird ermächtigt, nach Anhörung der beteiligten Kreise durch Rechtsverordnung mit Zustimmung des Bundesrates unter Berücksichtigung des Standes der Technik, der Art und Zahl der Waffen, der Munition **oder** der Örtlichkeit von den Anforderungen an die Aufbewahrung abzusehen oder zusätzliche Anforderungen **an die Aufbewahrung oder die Sicherung der Waffe festzulegen.** Dabei können
1. Anforderungen an technische Sicherungssysteme zur Verhinderung einer unberechtigten **Wegnahme oder** Nutzung von Schusswaffen;
2. die Nachrüstung oder der Austausch vorhandener Sicherungssysteme,
3. die Ausstattung der Schusswaffe mit mechanischen, elektronischen oder biometrischen Sicherungssystemen festgelegt werden."

Die Behörden haben auch vor der vorgenannten Änderung des Waffengesetzes teilweise schriftliche Auskünfte über die Waffenaufbewahrung verlangt. Dabei war häufig der Kaufbeleg und ein Foto vom verschlossenen und geöffneten Waffentresor ausreichend. Nunmehr hat der Gesetzgeber eine Überprüfung vor Ort geregelt. Diese Kontrollmöglichkeit ist aber immer im Lichte der verfassungsmäßig garantierten Unverletzlichkeit der Wohnung (Art. 13 GG) zu sehen. Danach wäre für die Durchsuchung immer ein richterlicher Durchsuchungsbeschluss notwendig. Nur bei Gefahr im Verzuge oder zur Verhütung dringender Gefahren für die öffentliche Sicherheit kann die Durchsuchungsanordnung durch die zuständigen Beamten vor Ort ergehen. Eine dringende Gefahr im Sinne des Art. 13 GG liegt vor, wenn eine Sachlage oder ein Verhalten ohne Einschreiten der Behörde mit hinreichender Wahrscheinlichkeit ein wichtiges Rechtsgut gefährden würde[464]. Hieraus folgt, dass die verdachtsunabhängige Kontrolle keine Durchsuchung ist und daher nur eingeschränkt

---

[464] Vgl. BayVGH, Beschl. v. 25.02.2009, Az.: 9 C 08.2244.

möglich ist. Es handelt sich bei dieser verdachtsunabhängigen Kontrolle vielmehr um ein Betretungsrecht. Diese zweckgebundene Kontrolle darf sich daher nur auf den Raum der Waffen- und/oder Munitionsaufbewahrung beschränken. Die Behördenvertreter werden kontrollieren, ob alle Waffen, die im Schrank sein müssten, sich dort tatsächlich befinden und die dortige Aufbewahrung den gesetzlichen Anforderungen entspricht. Sollten die Waffen nicht sämtlich im Waffenschrank sein, wird eine entsprechende Nachfrage erfolgen. Ggf. kann die Nachschau - wegen Gefahr in Verzug - in eine Durchsuchung umschlagen. Eine Durchsuchung der übrigen Wohnräume dürfte jedoch nur unter den vorgenannten Voraussetzungen erfolgen. Selbstverständlich darf nur der Inhaber der Waffenbesitzkarte den Kontrolleuren zutritt gewähren. Mitbewohner dürfen bereits nach dem geltenden Gesetz keinen Zugang zu den Waffen oder der Munition haben. Diese dürfen auch nicht wissen, wo der Schlüssel ist bzw. wie die Kombination lautet. Ist daher nur ein Familienangehöriger zu Hause, muss dieser den Zutritt nicht gestatten. Grundsätzlich können die Kontrolleure bei der Nachschau auch zu anderen Zeiten weggeschickt werden. Es ist allerdings noch nicht abzusehen, wann die Behörde in diesen Fällen die Zuverlässigkeit in Zweifel zieht. Die Kontrolleure haben zudem zu berücksichtigen, dass die Nachschau nicht zur „Unzeit" erfolgen darf. Eine Nachschau an Sonn- und Feiertagen sowie zur Nachtzeit von 21.00 Uhr bis 6.00 Uhr ist daher kaum möglich[465]. Der Inhaber der Waffenbesitzkarte sollte es nicht versäumen, Zeugen bei der Nachschau oder Durchsuchung beizuziehen und sich von den Kontrolleuren den Dienstausweis zeigen zu lassen.

8. Erbwaffenregelung

In der Vergangenheit wurde über den Bereich der Erbwaffenregelung heftigst diskutiert. Hier wurde sich darauf geeinigt, dass der nicht berechtigte Waffenbesitzer (also derjenige, der z. B. kein Jäger, Sportschütze oder Sammler ist) als Erbnehmer für die geerbten erlaubnispflichtigen Schusswaffen eine WBK erhalten kann. Dies setzt allerdings voraus, dass derjenige auch zuverlässig und persönlich geeignet ist. Zudem muss er eine sichere Aufbewahrungsmöglichkeit **und die Erbwaffen zusätzlich mit einem Blockiersystem sichern**. Die technische Beschaffenheit eines solchen Blockiersystems ist noch nicht geklärt. Mit der Zulassung soll die Physikalisch-Technische Bundesanstalt in Braunschweig beauftragt werden. Der Einbau und die Entsperrung darf nur durch eingewiesene Inhaber einer Waffenherstellungs- oder Waffenhandelserlaubnis oder deren bevollmächtigte Mitarbeiter erfolgen (§ 20 Abs. 5 WaffG). Ist kein Blockiersystem für die Waffe vorhanden, ist ein Ausnahmeantrag bei der zuständigen Behörde zu stellen. Munition muss unbrauchbar gemacht oder einem Berechtigten überlassen werden.

Jäger müssen bei ererbten Langwaffen kein Blockiersystem einbauen. Der Jäger darf diese Waffen führen. Allerdings gibt es bei Kurzwaffen eine Einschränkung. Besitzt der Jäger bereits zwei Kurzwaffen, darf er die weitere ererbte Kurzwaffe nicht benutzen.

Die Besitznahme einer Waffe muss der Waffenbehörde unverzüglich angezeigt werden (§ 37 Abs. 1 Nr. 1 WaffG). Der vom Todesfall begünstigte hat binnen eines Monats nach Annahme der Erbschaft oder dem Ablauf der Ausschlagungsfrist die Ausstellung einer Waffenbesitzkarte zu beantragen (§ 20 Abs. 1 WaffG). Nach der Vorschrift des § 20 Satz 2 WaffG hat die zuständige Behörde die beantragte Erlaubnis zu erteilen, wenn der Erblasser Berechtigter war und der Erbe zuverlässig und persönlich geeignet ist. Der Erbe muss nicht Inhaber eines Jagdscheines sein. Eine Prüfung der weiteren Voraussetzungen des § 4 Abs. 1 WaffG erfolgt nicht.

---

[465] Vgl. zum Begriff der „Unzeit" auch § 758a Abs. 4 ZPO.

9. Altbesitz und Amnestieregelung

Für Personen, die vor Inkrafttreten des neuen Waffengesetzes am 01.04.2003 Waffen oder Munition berechtigt erworben haben, galt die Altbesitzregelung des § 58 Abs. 1 WaffG. Danach gelten grundsätzlich die nach dem alten WaffG erteilten Erlaubnisse weiter.

Hat eine Person aber vor dem 01.04.2003 berechtigt Munition erworben, für die aufgrund des neuen WaffG eine Erlaubnis erforderlich ist, und übte er über diese am 01.04.2003 noch den Besitz aus, so hatte er diese Munition bis zum 31.08.2003 der zuständigen Behörde schriftlich anzumelden. Dabei gilt die nachgewiesene fristgerechte Anmeldung als Erlaubnis zum Besitz.

Gemäß § 58 Abs. 7 WaffG gilt: Hat jemand am 01.04.2003 eine bislang nicht verbotene Waffe besessen, die nach dem neuen WaffG verboten ist, so wird das neue Verbot nicht wirksam, wenn er die Waffe bis zum 31.08.2003 unbrauchbar gemacht, einem Berechtigten überlassen oder beim Bundeskriminalamt einen Ausnahmeantrag gestellt hat.

Mit § 58 Abs. 8 WaffG wurde versucht, den Bestand an illegalen Waffen durch eine eingeschränkte Amnestie zu vermindern. Wer eine bei Inkrafttreten des neuen WaffG unerlaubt besessene Waffe bis zum 30.09.2003 unbrauchbar gemacht, einem Berechtigten überlassen, oder der zuständigen Behörde oder einer Polizeidienststelle übergeben hat, wird grundsätzlich nicht wegen unerlaubten Waffenbesitzes u. a. bestraft (§ 58 Abs. 8 WaffG).

Soweit eine Person unter 25 Jahren am 01.04.2003 eine Schusswaffe mit einer Erlaubnis nach dem alten WaffG besaß, so hatte er bis zum 01.04.2004 auf eigene Kosten der zuständigen Behörde ein amts- oder fachärztliches oder fachpsychologisches Zeugnis über seine Eignung vorzulegen (§ 58 Abs. 9 WaffG). Hiervon waren Inhaber eines Jahresjagdscheines befreit[466].

Das am 1. April in Kraft getretene Waffenrechtsänderungsgesetz sieht für Blockiersysteme Ausnahmeregelungen vor. Diese gelten solange bis diese Frage endgültig geregelt ist.

Das Vierte Gesetz zur Änderung des Sprengstoffgesetzes, dass in Artikel 3 die Änderungen des Waffengesetzes enthält, enthält eine erneute Amnestieregelung:

- Sollte jemand illegale Waffen besitzen, räumt das Gesetz die Möglichkeit ein, diese bis zum Ende des Jahres 2009 ohne Bestrafung abzugeben.

Wer also eine unerlaubt besessene Waffe bis zum 31. Dezember 2009 unbrauchbar gemacht, einem Berechtigten überlassen oder einer Polizeidienststelle oder der Waffenbehörde übergeben hat, wurde nicht wegen unerlaubten Erwerbs, unerlaubten Besitzes oder unerlaubten Verbringens bestraft.

Von der Weitergabe an einen Dritten berechtigten Waffenbesitzer zur Eintragung in dessen Waffenbesitzkarte wird abgeraten, da sich dieser Dritte selbst strafbar machen kann[467]. Zudem muss der Dritte bei der Eintragung der Waffe den Namen und die Anschrift des Vorbesitzers mitteilen (§ 10 Abs. 1a WaffG). Eine Anonymität ist daher nicht gegeben.

---

[466] Apel/Bushart, Waffenrecht, 3. Auflage, 2004, § 58, Rn. 17; Müller-Schallenberg, Kneymeyer, Jagdrecht Nordrhein-Westfalen, 3. neu bearbeitete Auflage 2006, S. 172 f.
[467] Doerenkamp, Mit Augenmaß, Pirsch 23/2009, Seite 19.

Nochmals zum Schluss:

Bei einer Bestrafung ab 60 Tagessätzen wegen einer Vorsatztat oder bei jeder Freiheitsstrafe erfolgt der Entzug des Jagdschein, wenn durch die Tat ein Hinweis auf Waffenunzuverlässigkeit vorliegt (§ 17 Abs. 4 Nr. 1 b Bundesjagdgesetz).

Bei einer Bestrafung ab 60 Tagessätzen oder bei jeder Freiheitsstrafe erfolgt der Entzug der Waffenbesitzkarte unter der Maßgabe, dass bei Vorsatztaten keine Feststellung der Waffenunzuverlässigkeit notwendig ist (§ 5 WaffG).

Hierzu folgender Sachverhalt aus der neueren Rechtsprechung:

Der Kläger ist Inhaber von insgesamt drei Waffenbesitzkarten, in die 10 Waffen eingetragen sind. Er ist auch Inhaber eines Jagdscheins.

Am 11.11.2005 befand sich der Kläger abends gegen 22.00 Uhr auf einem Hochsitz im Wald westlich von M., südwestlich von E. Von seinem Hochsitz bemerkte er drei ihm unbekannte Personen, die Zeugen H., J. und G., die mit Taschenlampen ausgerüstet auf einer stillgelegten Bahnlinie in Richtung des abgesperrten Muna-Geländes gingen. Das Muna-Gelände wurde bis zu dessen Sprengung im Jahre 1945 als Munitionslager der Wehrmacht genutzt. Anschließend wurde es den amerikanischen Streitkräften zur militärischen Nutzung überlassen, die es 1995 aufgaben. Wegen der nach wie vor vorhandenen Munitionsreste ist das Gelände aus Verkehrssicherungsgründen gesperrt.

Es kam im weiteren Verlauf zu einem Wortwechsel, über dessen Inhalt und zeitliche Abfolge unterschiedliche Darstellungen abgegeben wurden. Da der Kl. die Personen für verdächtig hielt, forderte er sie auf, aus dem Wald herauszukommen. Da diese der Aufforderung nicht Folge leisteten, gab er einen Warnschuss in die Luft ab. Daraufhin erschienen die drei Zeugen und trafen mit dem Kl. zusammen.

Den Vorfall vom 11.11.2005 nahm die Behörde zum Anlass, die drei Waffenbesitzkarten des Kl. zu widerrufen. Zugleich verpflichtete sie den Kl., seine Waffen binnen 10 Tagen an einen Berechtigten zu überlassen oder unbrauchbar zu machen. Für den Weigerungsfall drohte sie die Sicherstellung der Waffen an. Zugleich ordnete sie die sofortige Vollziehung der Verfügung an. Zur Begründung wurde ausgeführt, in der Schussabgabe, um seiner Forderung zum Näherkommen Nachdruck zu verleihen, habe eine missbräuchliche Verwendung der Waffe gelegen. Es habe keine Notwehr- und Notstandssituation vorgelegen. Der Kl. hätte auf dem Hochsitz verbleiben können. Die Mitnahme der Schusswaffe zu einer Auseinandersetzung hätte eine Eskalation von Gewalt befürchten lassen müssen. Das Verhalten des Kl. sei zudem ein gröblicher Verstoß gegen Vorschriften des Waffen- und Jagdrechts. Gemäß § 13 Abs. 6 WaffG dürfte ein Jäger nur zu Jagdzwecken schießen. Zudem liege ein Verstoß gegen den Grundsatz der Weidgerechtigkeit (§ 1 Abs. 3 BJagdG) vor; der Jäger habe sich während der Jagdausübung Dritten gegenüber angemessen zu verhalten und Gefahren zu vermeiden.

Das Verwaltungsgericht Darmstadt urteilte in seiner Entscheidung vom 09. September 2006 (Aktenzeichen: 5 E 543/06 (3)), dass die Behörde zu Recht die Waffenbesitzkarten widerrufen hatte. Wer als Jäger im nächtlichen Wald Personen, die mit Taschenlampen ausgerüstet sind, auffordert, aus dem Wald hervorzutreten, um sie einer Überprüfung zu unterziehen, und seiner Forderung dadurch Nachdruck verleiht, dass er einen Warnschuss in die Luft abgibt, verwendet eine Waffe missbräuchlich i. S. v. § 5 Abs. 1 Nr. 2 a WaffG. Für die Annahme der waffenrechtlichen Unzuverlässigkeit nach § 5 Nr. 2 a WaffG sei auch grundsätzlich ein einzelner missbräuchlicher Schusswaffengebrauch ausreichend.

Nach m. E. erfüllt das Verhalten des Kl. tatsächlich den Tatbestand eines gröblichen Verstoßes gegen das Waffengesetz (§ 5 Abs. 2 Nr. 5 WaffG). Gemäß § 13 Abs. 6 WaffG darf ein Jäger Jagdwaffen nur zur befugten Jagdausübung einschließlich des Ein- und Anschießens im Revier, zur Ausbildung von Jagdhunden im Revier, zum Jagdschutz oder zum Forstschutz ohne Erlaubnis führen und mit ihnen schießen. Spätestens mit der Schussabgabe in die Luft zur Unterstützung seiner Forderung, die Zeugen mögen aus dem Wald hervortreten, hat der Kl. den erlaubnisfreien Bereich der befugten Jagdausübung verlassen. Jagdschutzberechtigt ist er nicht gewesen. Auch die anderen Tatbestände lagen nicht vor. Da er die Waffe somit zu einem anderen Zweck führte, bedurfte er hierfür die Erlaubnis in Form eines Waffenscheins (§ 10 Abs. 4 WaffG). Einen Waffenschein hat der Kl. jedoch nicht besessen.

10. Beschusszeichen anderer Staaten

Hersteller von Feuerwaffen müssen diese grundsätzlich von einer zuständigen Behörde amtlich beschießen lassen. Dieser so genannten Beschusspflicht unterliegen alle höchstbeanspruchten Teile der Waffe. Das amtliche Beschusszeichen besteht aus dem Bundesadler, Buchstaben sowie der Datumsangabe. Zudem kommt das Ortszeichen des Beschussamtes hinzu. Dabei handelt es sich für Hannover um ein Pferd, für Kiel um ein Nesselblatt, für Köln um drei Kronen, für München um ein Rautenschild, für Suhl um eine Sohle mit Hacke und für Ulm um eine Geweihstange. Diese vollständigen Angaben müssen sich an der Waffe und allen höchstbeanspruchten Teilen der Waffe finden (§ 2 Abs. 2 BeschG). Bei Langwaffen sind das der Lauf, das Patronenlager und der Verschluss. Bei Kurzwaffen sind dies das Griffstück oder sonstige Waffenteile, soweit sie für die Aufnahme des Auslösemechanismus bestimmt sind. Zudem werden am Lauf und seinen wesentlichen Teilen folgende Angabe eingestempelt: Kaliber, Waffennummer, Warenzeichen bzw. Hersteller-/Importeurbezeichnung. Für unbeschossene Waffen besteht ein Verwendungs- und Überlassungsverbot. Gemäß § 4 BeschG gilt das Beschusszeichen folgender Staaten (CIP-Staaten) auch in Deutschland: Belgien, Chile, Finnland, Frankreich, Großbritannien, Italien, Österreich, Russland, Slowakische Republik, Spanien, Tschechische Republik und Ungarn. Trägt die Waffe das Beschusszeichen eines anderen Staates, z.B. USA, benötigen diese ein deutsches Beschusszeichen.

Fragenkatalog zum 10. Teil

1. Innerhalb welcher Zeit muss man den Kauf einer Langwaffe bei der zuständigen Kreispolizeibehörde anmelden?

2. Wie viele Kurzwaffen darf ein Jagdscheininhaber erwerben, ohne ein besonderes Bedürfnis nachweisen zu müssen?

3. An welche Personen darf der Jäger seinen Drilling ohne weiteres veräußern?

4. Wie viele Langwaffen darf ein Jagdscheininhaber erwerben?

5. Gehören Schalldämpfer zu den verbotenen Gegenständen im Sinne des Waffengesetzes?

6. Was ist zu tun, wenn Schusswaffen oder Munition gestohlen worden sind?

7. Sie besitzen noch keine Faustfeuerwaffe und beabsichtigen eine Pistole zu erwerben. Benötigen Sie hierfür eine vorherige Erlaubnis?

8. Wann „führt" man eine Jagdwaffe im waffenrechtlichen Sinne?

9. Wie viel Munition für Langwaffen kann ein Jagdscheininhaber erwerben?

10. Darf ein Jagdscheininhaber nach der Jagd seine Kurzwaffe mit zum Schützenfest nehmen?

11. Sie wollen sich für Ihre Jagdwaffe (länger als 60 cm) Munition kaufen. Was benötigen Sie als Jagdscheininhaber dafür?

12. Über welche Deckungssumme muss die Jagdhaftpflichtversicherung mindestens verfügen.

13. Wozu berechtigt eine Waffenbesitzkarte?

14. Wann darf der Jäger Schusswaffen führen?

15. Welche Dokumente sind beim Führen von Schusswaffen mitzuführen?

16. Wie sind Schusswaffen aufzubewahren?

Antworten zum Fragenkatalog 10. Teil

1. Innerhalb von zwei Wochen (§13 Abs. 2 Satz 3 WaffG).

2. Zwei, sofern er Inhaber eines Jahresjagdscheines ist (§ 13 Abs. 2 WaffG).

3. An eine berechtigte Person, also Inhaber eines gültigen Jahresjagdscheines, Büchsenmacher oder Waffenhändler (§ 13 WaffG).

4. Eine unbegrenzte Anzahl (§ 13 Abs. 1 WaffG).

5. Nein, da nicht in Anlage 2 Abschnitt 1 zum WaffG aufgeführt. Die Eintragung in die Waffenbesitzkarte ist aber erforderlich.

6. Es ist Anzeige an die zuständige Behörde unverzüglich nach Kenntnis zu erstatten (§ 37 Abs. 2 WaffG).

7. Ja; sie muss innerhalb von zwei Wochen in die Waffenbesitzkarte eingetragen werden (§§ 2 Abs. 2, 10 Abs. 1 WaffG).

8. Wenn man die tatsächliche Gewalt über sie außerhalb seiner Wohnung, seiner Geschäftsräume oder seines befriedeten Besitztums ausübt (Anlage 1 Abschnitt 2 Nr. 4 zum WaffG).

9. In unbegrenzter Menge (§ 13 Abs. 5 WaffG).

10. Nein, das Schützenfest steht nicht im Zusammenhang mit der befugten Jagdausübung (§ 13 Abs. 6 WaffG).

11. Ausschließlich den gültigen Jahres- bzw. Tagesjagdschein (§ 13 Abs. 5 WaffG).

12. 500.000 EUR für Personenschäden und 50.000 EUR für Sachschäden (§ 17 Abs. 1 Nr. 4 BJG).

13. Zum Erwerb oder Besitz bestimmter Waffen und Munition.

14. - auf dem Weg von und zur Jagd, dabei aber nicht schussbereit, d.h. entladen,
    - während der befugten Jagd im Jagdrevier,
    - auf dem Schießstand,
    - zum An- und Einschießen im Revier,
    - zur Hundeausbildung im Revier,
    - zum Jagdschutz.

15. Ausweis, WBK. Bei der Jagd: Jagdschein, evtl. Jagderlaubnisschein.

16. Gegen Diebstahl und Missbrauch geschützt, d.h.
    - in einem Waffenschrank der Klasse „A" bis 10 Langwaffen,
    - in einem Waffenschrank der Klasse „B" auch bis 10 Kurzwaffen,
    - im „B"-Fach eines „A"-Schrankes bis 5 Kurzwaffen,
    - Nichtberichtigte dürfen keinen Zugriff haben.

12. Teil : Gesetzliche Grundzüge zur Hundehaltung

Zwei Jäger treffen sich. Erzählt der eine dem anderen:
„Du, ich habe einen merkwürdigen Hund. Immer wenn ich daneben schieße, wirft er sich auf den Rücken, streckt die Füße in die Höhe und lacht."
„Und was macht er wenn du triffst?"
„Das weiß ich nicht, ich habe ihn erst seit 3 Jahren ..."

Sie heißen Erko von der Vogelweide, Laila von der Hubertushöhe oder Drago vom Schinkenberg, gehen durch dick und dünn und sind voller Passion: die Jagdhunde. Jagd und Hund gehören einfach zusammen. Dies mag der Hintergrund für ein verändertes Prüferverhalten innerhalb der mündlichen Jägerprüfung sein. Anders lässt es sich kaum erklären, dass immer mehr Prüflingen Kenntnisse über das Hundesgesetz und die Durchführungsverordnungen abverlangt werden. Allerdings genügt hier – wie so oft – der Blick in das Gesetz. Die maßgeblichen Vorschriften befinden sich im Hundesgesetz für das Land Nordrhein-Westfalen (LHundG NRW) und der ordnungsbehördlichen Verordnung zur Durchführung des Landeshundegesetzes NRW (DVO LHundG NRW).

1. Gesetzliche Grundlagen

Inhaltsverzeichnis

§ 1
Zweck des Gesetzes

Zweck dieses Gesetzes ist es, die durch Hunde und den unsachgemäßen Umgang des Menschen mit Hunden entstehenden Gefahren abzuwehren und möglichen Gefahren vorsorglich entgegenzuwirken.

§ 2
Allgemeine Pflichtcn

(1) Hunde sind so zu halten, zu führen und zu beaufsichtigen, dass von ihnen keine Gefahr für Leben oder Gesundheit von Menschen oder Tieren ausgeht.

(2) Hunde sind an einer zur Vermeidung von Gefahren geeigneten Leine zu führen

3. in Fußgängerzonen, Haupteinkaufsbereichen und anderen innerörtlichen Bereichen, Straßen und Plätzen mit vergleichbarem Publikumsverkehr,

4. in der Allgemeinheit zugänglichen, umfriedeten Park-, Garten- und Grünanlagen einschließlich Kinderspielplätzen mit Ausnahme besonders ausgewiesener Hundeauslaufbereiche,

5. bei öffentlichen Versammlungen, Aufzügen, Volksfesten und sonstigen Veranstaltungen mit Menschenansammlungen,

6. in öffentlichen Gebäuden, Schulen und Kindergärten.

(3) Es ist verboten, Hunde mit dem Ziel einer gesteigerten Aggressivität zu züchten, zu kreuzen oder auszubilden. Dies gilt nicht für Inhaber einer Erlaubnis nach § 34a der Gewerbeordnung im Rahmen eines zugelassenen Bewachungsgewerbes.

> § 34 a Gewerbeordnung (GewO)
> Wer gewerbsmäßig Leben oder Eigentum fremder Personen bewachen will (Bewachungsgewerbe), bedarf der Erlaubnis der zuständigen Behörde. Die Erlaubnis kann mit Auflagen verbunden werden, soweit dies zum Schutz der Allgemeinheit oder der Auftraggeber erforderlich ist; unter denselben Voraussetzungen ist auch die nachträgliche Aufnahme, Änderung und Ergänzung von Auflagen zulässig. Die Erlaubnis ist zu versagen wenn
>
> ....

§ 3
Gefährliche Hunde

(1) Gefährliche Hunde im Sinne dieses Gesetzes sind Hunde, deren Gefährlichkeit nach Absatz 2 vermutet wird oder nach Absatz 3 im Einzelfall festgestellt worden ist.

(2) Gefährliche Hunde sind Hunde der Rassen Pitbull Terrier, American Staffordshire Terrier, Staffordshire Bullterrier und Bullterrier und deren Kreuzungen untereinander sowie deren Kreuzungen mit anderen Hunden. Kreuzungen nach Satz 1 sind Hunde, bei denen der Phänotyp einer der dort genannten Rassen deutlich hervortritt. In Zweifelsfällen hat die Halterin oder der Halter nachzuweisen, dass eine Kreuzung nach Satz 1 nicht vorliegt.

(3) Im Einzelfall gefährliche Hunde sind

1. Hunde, die entgegen § 2 Abs. 3 mit dem Ziel einer gesteigerten Aggressivität ausgebildet, gezüchtet oder gekreuzt worden sind,

2. Hunde, mit denen eine Ausbildung zum Nachteil des Menschen, zum Schutzhund oder auf Zivilschärfe begonnen oder abgeschlossen worden ist,

3. Hunde, die einen Menschen gebissen haben, sofern dies nicht zur Verteidigung anlässlich einer strafbaren

Handlung geschah,

4. Hunde, die einen Menschen in Gefahr drohender Weise angesprungen haben,

5. Hunde, die einen anderen Hund durch Biss verletzt haben, ohne selbst angegriffen worden zu sein, oder die einen anderen Hund trotz dessen erkennbarer artüblicher Unterwerfungsgestik gebissen haben,

6. Hunde, die gezeigt haben, dass sie unkontrolliert Wild, Vieh, Katzen oder andere Tiere hetzen, beißen oder reißen.

Die Feststellung der Gefährlichkeit nach Satz 1 erfolgt durch die zuständige Behörde nach Begutachtung durch den amtlichen Tierarzt.

§ 4
Erlaubnis

(1) Wer einen gefährlichen Hund hält oder halten will, bedarf der Erlaubnis der zuständigen Behörde. Die Erlaubnis wird nur erteilt, wenn die den Antrag stellende Person

1. das achtzehnte Lebensjahr vollendet hat,
2. die erforderliche Sachkunde (§ 6) und Zuverlässigkeit (§ 7) besitzt,
3. in der Lage ist, den Hund sicher an der Leine zu halten und zu führen (§ 5 Abs. 4 Satz 1),
4. sicherstellt, dass die der Ausbildung, dem Abrichten oder dem Halten dienenden Räumlichkeiten, Einrichtungen und Freianlagen eine ausbruchsichere und verhaltensgerechte Unterbringung ermöglichen,
5. den Abschluss einer besonderen Haftpflichtversicherung (§ 5 Abs. 5) und
6. die fälschungssichere Kennzeichnung des Hundes (Absatz 7) nachweist.

(2) Die Erlaubnis zum Halten eines gefährlichen Hundes im Sinne des § 3 Abs. 2 oder des § 3 Abs. 3 Nr. 1 und 2 wird nur erteilt, wenn ein besonderes privates Interesse nachgewiesen wird oder ein öffentliches Interesse an der weiten Haltung besteht. Ein besonderes privates Interesse kann vorliegen, wenn die Haltung des gefährlichen Hundes zur Bewachung eines gefährdeten Besitztums der Halterin oder des Halters unerlässlich ist.

(3) Soweit es zur Prüfung der Voraussetzungen nach Absatz 1 Nr. 4 erforderlich ist, hat die den Antrag stellende Person den Bediensteten der zuständigen Behörde oder dem amtlichen Tierarzt den Zutritt zu dem befriedeten Besitztum, in dem der gefährliche Hund gehalten wird oder gehalten werden soll, zu ermöglichen und die erforderlichen Feststellungen zu dulden.

(4) Die Erlaubnis kann befristet erteilt und mit Bedingungen und Auflagen verbunden werden; sie soll unter dem Vorbehalt des Widerrufs erteilt werden. Auflagen können auch nachträglich aufgenommen, geändert oder ergänzt werden.

(5) Die Erlaubnis gilt im gesamten Landesgebiet. Im Falle des Wechsels des Haltungsortes (Hauptwohnsitz der Halterin oder des Halters) ist die für den neuen Haltungsort zuständige Behörde zur Rücknahme oder zum Widerruf der Erlaubnis und zu Maßnahmen nach Absatz 4 Satz 2 befugt.

(6) Beim Führen von gefährlichen Hunden außerhalb des befriedeten Besitztums hat die den Hund führende Person die Erlaubnis oder eine Kopie mit sich zu führen und den zur Kontrolle befugten Dienstkräften auf Verlangen auszuhändigen.

(7) Die fälschungssichere Kennzeichnung des Hundes nach Absatz 1 Nummer 6 erfolgt mit einer elektronisch lesbaren Marke (Mikrochip), auf der eine nichtsprechende Nummer gespeichert ist. Die zuständige Behörde darf die gespeicherte Nummer im Rahmen der Erfüllung ihrer Aufgaben nach diesem Gesetz zur Feststellung der Person des Halters oder der Halterin des Hundes nutzen. Die zuständige Behörde hat die gespeicherte Nummer der für die zentrale Erfassung nach diesem Gesetz registrierter Hunde zuständigen Behörde zu übermitteln.

§ 5
Pflichten

(1) Innerhalb eines befriedeten Besitztums sind gefährliche Hunde so zu halten, dass sie dieses gegen den Willen der Halterin oder des Halters nicht verlassen können.

(2) Außerhalb eines befriedeten Besitztums sowie in Fluren, Aufzügen, Treppenhäusern und auf Zuwegen von Mehrfamilienhäusern sind gefährliche Hunde an einer zur Vermeidung von Gefahren geeigneten Leine zu führen. Dies gilt nicht innerhalb besonders ausgewiesener Hundeauslaufbereiche. Gefährlichen Hunden ist ein das Beißen verhindernder Maulkorb oder eine in der Wirkung gleichstehende Vorrichtung anzulegen. Satz 3 gilt nicht für Hunde bis zur Vollendung des sechsten Lebensmonats.

(3) Die zuständige Behörde kann für gefährliche Hunde im Sinne des § 3 Abs. 2 auf Antrag eine Befreiung von der Verpflichtung nach Absatz 2 Satz 1 und Satz 3 erteilen, wenn die Halterin oder der Halter nachweist, dass eine Gefahr für die öffentliche Sicherheit nicht zu befürchten ist. Für die in § 11 Abs. 6 und § 2 Abs. 2 genannten Bereiche kann eine Befreiung von der Anleinpflicht nicht erteilt werden. Der Nachweis ist durch eine Verhaltensprüfung bei einer für den Vollzug des Tierschutzgesetzes zuständigen Behörde zu erbringen. § 4 Abs. 4, 5 und 6 gelten entsprechend.

(4) Die Halterin oder der Halter muss in der Lage sein, den gefährlichen Hund sicher an der Leine zu halten und zu führen. Eine andere Aufsichtsperson darf außerhalb des befriedeten Besitztums einen gefährlichen Hund nur führen, wenn sie die Voraussetzungen nach § 4 Abs. 1 Satz 2 Nr. 2 erfüllt, das achtzehnte Lebensjahr vollendet hat und in der Lage ist, den gefährlichen Hund sicher zu halten und zu führen. Die Halterin, der Halter oder eine Aufsichtsperson darf einen gefährlichen Hund außerhalb des befriedeten Besitztums keiner Person überlassen, die die Voraussetzungen des Satzes 2 nicht erfüllt. Das gleichzeitige Führen von mehreren gefährlichen Hunden durch eine Person ist unzulässig.

(5) Die Halterin oder der Halter eines gefährlichen Hundes ist verpflichtet, eine Haftpflichtversicherung zur Deckung der durch den Hund verursachten Personen- und Sachschäden mit einer Mindestversicherungssumme in Höhe von fünfhunderttausend Euro für Personenschäden und in Höhe von zweihundertfünfzigtausend Euro für sonstige Schäden abzuschließen und aufrechtzuerhalten.

(6) Die Abgabe oder Veräußerung eines gefährlichen Hundes darf nur an Personen erfolgen, die im Besitz der Erlaubnis nach § 4 sind. Satz 1 gilt nicht für die Abgabe durch ein Tierheim im Rahmen eines befristeten Pflegevertrages zur Anbahnung der Vermittlung eines gefährlichen Hundes, wenn dies der zuständigen Behörde zuvor angezeigt wird und das Pflegeverhältnis einen Zeitraum von sechs Monaten nicht überschreitet. § 12 Abs. 1 gilt entsprechend.

§ 6
Sachkunde

(1) Die erforderliche Sachkunde (§ 4 Abs. 1 Satz 2 Nr. 2) besitzt, wer über die Kenntnisse und Fähigkeiten verfügt, einen gefährlichen Hund so zu halten und zu führen, dass von diesem keine Gefahr für Leben oder Gesundheit von Menschen oder Tieren ausgeht.

(2) Der Nachweis der Sachkunde ist durch eine Sachkundebescheinigung des amtlichen Tierarztes zu erbringen.

(3) Als **sachkundig** nach Absatz 1 gelten

a. Tierärztinnen und Tierärzte sowie Inhaber einer Berufserlaubnis nach § 11 Bundes-Tierärzteordnung,
b. **Inhaber eines Jagdscheines oder Personen, die die Jägerprüfung mit Erfolg abgelegt haben,**
c. Personen, die eine Erlaubnis nach § 11 Abs. 1 Nr. 3 Buchstabe a oder b des Tierschutzgesetzes zur Zucht oder Haltung von Hunden oder zum Handel mit Hunden besitzen,
d. Polizeihundeführerinnen und Polizeihundeführer,
e. Personen, die aufgrund einer Anerkennung nach § 10 Abs. 3 berechtigt sind, Sachkundebescheinigungen zu erteilen.

§ 7
Zuverlässigkeit

(1) Die erforderliche Zuverlässigkeit (§ 4 Abs. 1 Satz 2 Nr. 2) besitzen in der Regel Personen nicht, die insbesondere wegen

1. vorsätzlichen Angriffs auf das Leben oder die Gesundheit, Vergewaltigung, Zuhälterei, Land- oder Hausfriedensbruchs, Widerstandes gegen die Staatsgewalt, einer gemeingefährlichen Straftat oder einer Straftat gegen das Eigentum oder das Vermögen,
2. einer Straftat des unerlaubten Umgangs mit gefährlichen Hunden (§ 143 StGB),
3. einer im Zustand der Trunkenheit begangenen Straftat,
4. einer Straftat gegen das Tierschutzgesetz, das Waffengesetz, das Gesetz über die Kontrolle von Kriegswaffen, das Sprengstoffgesetz oder das **Bundesjagdgesetz** rechtskräftig verurteilt worden sind, wenn seit dem Eintritt der Rechtskraft der letzten Verurteilung fünf Jahre noch nicht verstrichen sind. In die Frist wird die Zeit nicht eingerechnet, in welcher die Person auf behördliche Anordnungen in einer Anstalt verwahrt worden ist.

(2) Die erforderliche Zuverlässigkeit besitzen ferner in der Regel Personen nicht, die insbesondere,

1. gegen Vorschriften des Tierschutzgesetzes, des Hundeverbringungs- und -einfuhrbeschränkungsgesetzes, des Waffengesetzes, des Gesetzes über die Kontrolle von Kriegswaffen, des Sprengstoffgesetzes oder des **Bundesjagdgesetzes** verstoßen haben,
2. wiederholt oder schwerwiegend gegen Vorschriften dieses Gesetzes verstoßen haben,
3. auf Grund einer psychischen Krankheit oder einer geistigen oder seelischen Behinderung Betreute nach § 1896 des Bürgerlichen Gesetzbuches sind oder
4. trunksüchtig oder rauschmittelsüchtig sind.

(3) Zum Nachweis der Zuverlässigkeit hat die Halterin oder der Halter eines gefährlichen Hundes ein Führungszeugnis zur Vorlage bei einer Behörde nach § 30 Abs. 5 des Bundeszentralregistergesetzes zu beantragen. Unberührt bleibt die Befugnis der zuständigen Behörde, die nach dem Bundeszentralregistergesetz zuständige Registerbehörde um Erteilung eines Führungszeugnisses auch der Belegart R zu ersuchen. In den Fällen des Absatzes 2 Nr. 3 und 4 kann von der Halterin oder dem Halter die Vorlage eines amts- oder fachärztlichen Gutachtens verlangt werden.

§ 8
Anzeige- und Mitteilungspflichten

(1) Haltung, Erwerb, Abgabe eines gefährlichen Hundes und die Eigentumsaufgabe hat die Halterin oder der Halter der zuständigen Behörde anzuzeigen, ebenso den Umzug innerhalb des Haltungsortes und den Wegzug an einen anderen Haltungsort sowie das Abhandenkommen und den Tod des Hundes. Im Falle des Wechsels des Haltungsortes besteht die Anzeigepflicht auch gegenüber der für den neuen Haltungsort zuständigen Behörde. Bei einem Wechsel in der Person der Halterin oder des Haltes sind Name und Anschrift der neuen Halterin oder des neuen Halters anzuzeigen.

(2) Wer einen gefährlichen Hund veräußert oder abgibt, hat der Erwerberin oder dem Erwerber mitzuteilen, dass es sich um einen solchen Hund handelt.

(3) Bei einem Wechsel des Haltungsortes unterrichtet die bisher zuständige Behörde die nunmehr zuständige Behörde über Feststellungen nach § 3 Abs. 3 sowie die Erteilung von Erlaubnissen und Befreiungen.

(4) Die für die Erhebung der Hundesteuer zuständige Stelle der Gemeinde kann der zuständigen Behörde gemäß § 13 die für den Vollzug dieses Gesetzes erforderlichen Namen und Anschriften der Halterinnen und Halter von Hunden übermitteln.

§ 9
Zucht-, Kreuzungs- und Handelsverbot, Unfruchtbarmachung

Zucht, Kreuzung und Handel mit gefährlichen Hunden im Sinne des § 3 Abs. 3 sind verboten. Die Halterin oder der Halter eines gefährlichen Hundes im Sinne des § 3 hat sicherzustellen, dass eine Verpaarung des Hundes mit anderen Hunden nicht erfolgt. Die zuständige Behörde kann die Unfruchtbarmachung eines gefährlichen Hundes im Sinne des § 3 anordnen, wenn gegen Satz 1 oder Satz 2 verstoßen wird.

§ 10
Hunde bestimmter Rassen

(1) Für den Umgang mit Hunden der Rassen Alano, American Bulldog, Bullmastiff, Mastiff, Mastino Espanol, Mastino Napoletano, Fila Brasileiro, Dogo Argentino, Rottweiler und Tosa Inu sowie deren Kreuzungen

untereinander sowie mit anderen Hunden gelten § 4 mit Ausnahme von Absatz 2 und die §§ 5 bis 8 entsprechend, soweit in Absatz 2 und 3 nichts Abweichendes bestimmt ist.

(2) Abweichend von § 5 Abs. 3 Satz 3 kann die Verhaltensprüfung auch von einer oder einem anerkannten Sachverständigen oder einer anerkannten sachverständigen Stelle erteilt werden.

(3) Abweichend von § 6 Abs. 2 kann die Sachkundebescheinigung auch von einer oder einem anerkannten Sachverständigen oder einer anerkannten sachverständigen Stelle erteilt werden.

§ 11
Große Hunde

(1) Die Halterin eines Hundes, der ausgewachsen eine Widerristhöhe von mindestens 40 cm oder ein Gewicht von mindestens 20 kg erreicht (großer Hund), ist der zuständigen Behörde von Halterin oder vom Halter anzuzeigen.

(2) Große Hunde dürfen nur gehalten werden, wenn die Halterin oder Halter die erforderliche Sachkunde und Zuverlässigkeit besitzt, den Hund fälschungssicher mit einem Mikrochip gekennzeichnet und für den Hund eine Haftpflichtversicherung abgeschlossen hat und dies gegenüber der zuständigen Behörde nachweist. Die Art und Weise der Überprüfung der Zuverlässigkeit obliegt der zuständigen Behörde. § 4 Abs. 7, § 5 Abs. 5 und § 6 Abs. 3 gelten entsprechend.

(3) Der Nachweis der Sachkunde kann auch durch die Sachkundebescheinigung einer oder eines anerkannten Sachverständigen, einer anerkannten sachverständigen Stelle oder von durch die Tierärztekammern benannten Tierärztinnen und Tierärzten erteilt werden.

(4) Als sachkundig zum Halten von Hunden gelten auch Personen, die vor Inkrafttreten dieses Gesetzes mehr als drei Jahre große Hunde gehalten haben, sofern es dabei zu keinen tierschutz- oder ordnungsbehördlich erfassten Vorkommnissen gekommen ist, und die dies der zuständigen Behörde schriftlich versichert haben.

(5) Die zuständige Behörde kann die Beantragung eines Führungszeugnisses zum Nachweis der Zuverlässigkeit anordnen, wenn Anhaltspunkte vorliegen, die Zweifel an der Zuverlässigkeit der Halterin oder des Halters begründen.

(6) Große Hunde sind außerhalb eines befriedeten Besitztums innerhalb im Zusammenhang bebauter Ortsteile auf öffentlichen Straßen, Wegen und Plätzen angeleint zu führen. § 5 Abs. 2 Satz 2 gilt entsprechend.

§ 12
Anordnungsbefugnis

(1) Die zuständige Behörde kann die notwendigen Anordnungen treffen, um eine im Einzelfall bestehende Gefahr für die öffentliche Sicherheit, insbesondere Verstöße gegen Vorschriften dieses Gesetzes, abzuwehren.

(2) Das Halten eines gefährlichen Hundes oder eines Hundes im Sinne des § 10 Abs. 1 soll untersagt werden, wenn ein schwerwiegender Verstoß oder wiederholte Verstöße gegen Vorschriften dieses Gesetzes oder auf Grund dieses Gesetzes getroffener Anordnungen vorliegen, die Erlaubnisvoraussetzungen nicht erfüllt sind, eine erforderliche Erlaubnis nicht innerhalb einer behördlich bestimmten Frist beantragt oder eine Erlaubnis versagt wurde. Das Halten eines großen Hundes im Sinne des § 11 Abs. 1 kann untersagt werden, wenn ein schwerwiegender Verstoß oder wiederholte Verstöße gegen Vorschriften dieses Gesetzes oder auf Grund dieses Gesetzes getroffener Anordnungen vorliegen, die Haltungsvoraussetzungen nach § 11 Abs. 2 nicht erfüllt sind oder die Haltungsvoraussetzungen nicht innerhalb einer behördlich bestimmten Frist der zuständigen Behörde nachgewiesen wurden. Mit der Untersagung kann die Untersagung einer künftigen Haltung gefährlicher Hunde, von Hunden im Sinne des § 10 Abs. 1 und § 11 Abs. 1 verbunden werden. Im Falle der Untersagung kann angeordnet werden, dass der Hund der Halterin oder dem Halter entzogen wird und an eine geeignete Person oder Stelle abzugeben ist.

(3) Mit Zustimmung des amtlichen Tierarztes kann die Einschläferung eines zur Abwehr gegenwärtiger Gefahren für Leben oder Gesundheit sichergestellten Hundes angeordnet werden, wenn im Falle seiner Verwertung im Sinne des § 45 Abs. 1 des Polizeigesetzes die Gründe, die zu seiner Sicherstellung berechtigen, fortbestehen oder erneut entstünden, oder wenn die Verwertung aus anderen Gründen nicht möglich ist.

§ 13
Zuständige Behörden

Zuständige Behörden im Sinne dieses Gesetzes sind die örtlichen Ordnungsbehörden, in deren Bezirk der Hund gehalten wird (Haltungsort). Die ihnen nach diesem Gesetz zugewiesenen Aufgaben nehmen die Gemeinden als Pflichtaufgaben zur Erfüllung nach Weisung wahr.

§ 14
Anerkennung von Entscheidungen und Bescheinigungen anderer Länder

Erlaubnisse, Befreiungen und Sachkundebescheinigungen, die von zuständigen Stellen anderer Länder erteilt wurden, sollen von der zuständigen Behörde anerkannt werden, wenn sie den in diesem Gesetz und auf Grund dieses Gesetzes gestellten Anforderungen im Wesentlichen entsprechen.

§ 15
Geltung des Ordnungsbehördengesetzes und kommunaler Vorschriften

(1) Soweit dieses Gesetz oder nach diesem Gesetz erlassene ordnungsbehördliche Verordnungen nicht abweichend bestimmen, gelten die Vorschriften des Ordnungsbehördengesetzes.

(2) Regelungen in ordnungsbehördlichen Verordnungen der örtlichen Ordnungsbehörden mit Bezug auf Hunde bleiben unberührt oder können darin neu aufgenommen werden, soweit diese Vorschriften zu diesem Gesetz oder zu den aufgrund dieses Gesetzes erlassenen Verordnungen nicht in Widerspruch stehen.

§ 16
Ordnungsbehördliche Verordnungen

(1) Die erforderlichen ordnungsbehördlichen Verordnungen zur Ausführung dieses Gesetzes erlässt das für das Veterinärwesen zuständige Ministerium. Durch ordnungsbehördliche Verordnung können Bestimmungen getroffen werden über

1.   die Inhalte und das Verfahren der Verhaltensprüfung nach § 5 Abs. 3 Satz 3,
2.   die Anforderungen an die Sachkunde der Personen, die einen gefährlichen Hund, einen Hund im Sinne des § 10 Abs. 1 oder im Sinne des § 11 Abs. 1 halten wollen sowie über das Verfahren der Sachkundeprüfung.
3.   die Voraussetzungen, das Verfahren und die Zuständigkeit für die Anerkennung der Sachverständigen und sachverständigen Stellen, die zur Erteilung einer Sachkundebescheinigung nach § 10 Abs. 3 und § 11 Abs. 3 und die Durchführung einer Verhaltensprüfung nach § 10 Abs. 2 berechtigt,
4.   die Anforderungen an Inhalte und Verfahren einer Sachkundeprüfung durch Sachverständige stellen im Sinne von § 10 Abs. 3 und § 11 Abs. 3 und einer Verhaltensprüfung nach § 10 Abs. 2,
5.   die für die zentrale Erfassung nach diesem Gesetz registrierten Hunde zuständigen Behörden sowie das Verfahren der Datenübermittlung.

§ 26 Abs. 3 des Ordnungsbehördengesetzes gilt entsprechend.

> **§ 26 OBG NRW Verordnungsrecht der Ministerien**
> ....
> (3) Die von den Ministerien erlassenen Verordnungen sind unverzüglich dem Landtag vorzulegen. Sie sind auf Verlangen des Landtags aufzuheben. Die Aufhebung wird mit ihrer Veröffentlichung gemäß § 33 rechtwirksam.

(2) Das für das Veterinärwesen zuständige Ministerium wird ermächtigt, durch ordnungsbehördliche Verordnung über die in § 3 Abs. 2 und § 10 Abs. 1 genannten Rassen hinaus weitere Rassen zu bestimmen, deren Haltung, Erziehung und Beaufsichtigung besondere Anforderungen zur Vermeidung von Gefahren für Menschen und Tiere erfordert. Absatz 1 Satz 3 gilt entsprechend.

§ 17
Ausnahmen vom Anwendungsbereich

Dieses Gesetz gilt mit Ausnahme von § 2 Abs. 1 nicht für Diensthunde von Behörden, Hundes des Rettungsdienstes oder des Katastrophenschutzes und Blindenführhunde. Für Behindertenbegleithunde, Herdengebrauchshunde und **brauchbare Jagdhunde** gelten die nach dem Gesetz bestimmten Anleinpflichten im Rahmen ihres bestimmungsgemäßen Einsatzes nicht.

§ 18
Einschränkung von Grundrechten

Durch dieses Gesetz oder aufgrund dieses Gesetzes können eingeschränkt werden

1.   das Grundrecht der freien Berufsausübung (Artikel 12 Abs. 1 Satz 2 des Grundgesetzes)
2.   das Grundrecht auf Unverletzlichkeit der Wohnung (Artikel 13 Abs. 1 des Grundgesetzes)
3.   das Grundrecht auf Eigentum (Artikel 14 Abs. 1 Satz 1 des Grundgesetzes).

§ 19
Strafvorschrift

(1) Mit Freiheitsstrafe bis zu zwei Jahren oder mit Geldstrafe wird bestraft wer

1.   Hunde auf Menschen oder Tiere hetzt,
2.   Entgegen § 2 Abs. 3 einen Hund mit dem Ziel einer gesteigerten Aggressivität ausbildet.

(2) In der Entscheidung kann angeordnet werden, dass der Hund, auf den sich die Straftat bezieht, eingezogen wird. § 74 a des Strafgesetzbuches ist anzuwenden.

> § 74a StGB Erweitere Voraussetzungen der Einziehung
> Verweist das Gesetz auf diese Vorschrift, so dürfen die Gegenstände abweichend von § 74 Abs. 2 Nr. 1 auch dann eingezogen werden, wenn derjenige, dem sie zur Zeit der Entscheidung gehören oder zustehen,
> 1. wenigstens leichtfertig dazu beigetragen hat, dass die Sache oder das Recht Mittel oder Gegenstand der Tat oder ihrer Vorbereitung gewesen ist oder
> 2. die Gegenstände in Kenntnis der Umstände, welche die Einziehung zugelassen hätten, in verwerflicher Weise erworben hat.

§ 20
Ordnungswidrigkeiten

(1) Ordnungswidrig handelt, wer vorsätzlich oder fahrlässig entgegen

1. § 2 Abs. 1 einen Hund nicht so hält, führt oder beaufsichtigt, dass von diesem keine Gefahr für Menschen und Tiere ausgeht,
2. § 2 Abs. 2 Hunde nicht an der Leine führt,
3. § 4 Abs. 3 den Zutritt zu dem befriedeten Besitztum nicht gestattet oder Feststellungen nicht duldet,
4. § 5 Abs. 1 gefährliche Hunde oder Hunde im Sinne des § 10 Abs. 1 nicht so hält, dass diese ein befriedetes Besitztum nicht gegen den Willen der Halterin oder des Halters verlassen können,
5. § 5 Abs. 2 gefährliche Hunde oder Hunde im Sinne des § 10 Abs. 1 nicht angeleint oder nicht an einer geeigneten Leine führt,
6. § 5 Abs. 2 Satz 3 gefährlichen Hunden oder Hunden im Sinne des § 10 Abs. 1 keinen Maulkorb oder eine in der Wirkung vergleichbare Vorrichtung anlegt,
7. § 5 Abs. 4 Satz 1 als Halterin oder Halter nicht in der Lage ist, einen gefährlichen Hund sicher an der Leine zu halten oder zu führen,
8. § 5 Absatz 4 Satz 2 als Aufsichtsperson einen gefährlichen Hund oder Hund im Sinne des § 10 Abs. 1 führt, ohne die Vorraussetzungen hierfür zu erfüllen,
9. § 5 Absatz 4 Satz 3 einen gefährlichen Hund einer Person überlässt, die die Voraussetzungen des § 5 Abs. 4 Satz 2 nicht erfüllt,
10. § 5 Abs. 4 Satz 4 gleichzeitig mehrere gefährliche Hunde führt,

11. § 5 Abs. 5 einen gefährlichen Hund oder einen Hund im Sinne des § 10 Abs. 1 hält, obwohl der für die Haltung des gefährlichen Hundes erforderlichen Haftpflichtversicherungsvertrag nicht oder nicht mehr besteht,
12. § 5 Abs. 6 einen gefährlichen Hund oder einen Hund nach § 10 Abs. 1 an Personen abgibt, die nicht über die erforderliche Erlaubnis verfügen,
13. § 8 Abs. 1 oder 2 Anzeige- oder Mitteilungspflichten nicht erfüllt,
14. entgegen § 9 Satz 2 nicht sicherstellt, dass eine Verpaarung seines gefährlichen Hundes nicht erfolgt,
15. § 10 Abs. 1 die danach maßgeblichen Anforderungen des § 5 Abs. 4 nicht beachtet,
16. § 11 Abs. 1 die Haltung von Hunden im Sinne dieser Vorschrift nicht anzeigt,
17. § 11 Abs. 2 Satz 1 einen Hund hält, ohne der zuständigen Behörde die dort genannten Haltungsvoraussetzungen nachgewiesen zu haben,
18. § 11 Abs. 6 einen großen Hund unangeleint führt.

(2) Ordnungswidrig handelt auch, wer vorsätzlich oder fahrlässig einer vollziehbaren Anordnung zur Unfruchtbarmachung nach § 9 Satz 3 oder einer Anordnung nach § 12 zuwider handelt oder diese nicht befolgt

(3) Ordnungswidrigkeiten nach Absatz 1 und 2 können mit einer Geldbuße bis zu 100.000 Euro geahndet werden.

(4) Hunde, auf die sich eine Ordnungswidrigkeit nach Absatz 1 oder Absatz 2 bezieht, können unter den Voraussetzungen des § 27 Abs. 2 Nr. 2 des Gesetzes über Ordnungswidrigkeiten eingezogen werden.

(5) Verwaltungsbehörde im Sinne des § 36 Abs. 1 Nr. 1 des Gesetzes über Ordnungswidrigkeiten ist die zuständige Behörde im Sinne des § 13 dieses Gesetzes.

§ 21 Übergangsvorschriften

§ 22 Überprüfung der Auswirkungen des Gesetzes

§ 23 In-Kraft-Treten, Außer-Kraft-Treten

Ordnungsbehördliche Verordnung zur Durchführung des Landeshundegesetzes NRW (DVO LHundG NRW) Vom 19. Dezember 2003

Auf Grund des § 16 Abs. 1 des Landeshundegesetzes NRW (LHundG NRW) vom 18. Dezember 2002 (GV. NRW. S. 656) wird verordnet:

§ 1
Sachkundenachweis

(1) Der Nachweis der Sachkunde nach § 6 Abs. 2 LHundG NRW ist von der Halterin oder dem Halter eines Hundes gegenüber der für den Vollzug des Tierschutzgesetzes zuständigen Behörde zu erbringen. Die erforderliche Sachkunde ist im Rahmen eines Fachgesprächs unter Beteiligung der beamteten Tierärztin oder des beamteten Tierarztes und erforderlichenfalls sachverständiger Dritter oder in einem vergleichbaren schriftlichen Verfahren (Sachkundeprüfung) zu ermitteln. Dazu hat die Halterin oder der Halter des Hundes ausreichende theoretische Kenntnisse nachzuweisen über

1. Sozialverhalten und Ausdrucksformen des Hundes, rassespezifische Eigenschaften (insbesondere Abstammung, Körperbau, Körpersprache),
2. Haltung, Ernährung und allgemeine Pflege/Hygiene von Hunden,
3. Erkennung und Beurteilung typischer Gefahrensituationen mit Hunden,
4. Erziehung und Ausbildung des Hundes sowie
5. Rechtsvorschriften über den Umgang mit Hunden.

(2) Die Teilnahme an der Sachkundeprüfung ist bei der für den Vollzug des Tierschutzgesetzes zuständigen Behörde zu beantragen. Die zuständige Behörde teilt der Antragstellerin oder dem Antragsteller den Termin für die Sachkundeprüfung unter Benennung des Prüfungsortes mit.

(3) Ergibt die Sachkundeprüfung, dass die Antragstellerin oder der Antragsteller die erforderliche Sachkunde besitzt, erhält sie oder er von der für den Vollzug des Tierschutzgesetzes zuständigen Behörde eine Bescheinigung (Sachkundebescheinigung). Ergibt die Prüfung, dass die Antragstellerin oder der Antragsteller die erforderliche Sachkunde nicht besitzt, kann die Sachkundeprüfung einmal wiederholt werden. Der Zeitraum bis zur Wiederholungsprüfung soll zwei Monate nicht überschreiten. Ergibt auch die Wiederholungsprüfung, dass die Antragstellerin oder der Antragsteller die erforderliche Sachkunde nicht besitzt, teilt die nach Absatz 1 Satz 1 zuständige Behörde dies der nach § 13 Satz 1 LHundG NRW zuständigen Ordnungsbehörde mit.

(4) Der Nachweis der Sachkunde kann in den Fällen des § 10 Abs. 3 und § 11 Abs. 3 LHundG NRW auch gegenüber anerkannten Sachverständigen oder einer anerkannten sachverständigen Stelle erbracht werden. Die Absätze 1 Satz 3, 2 und 3 gelten entsprechend.

227

§ 2
Anerkennung zur Erteilung von Sachkundebescheinigungen

(1) Sachverständige und sachverständige Stellen im Sinne des § 10 Abs. 3 und § 11 Abs. 3 LHundG NRW bedürfen der Anerkennung durch das Landesamt für Ernährungswirtschaft und Jagd (LEJ).

(2) Die Anerkennung erfolgt auf Antrag, wenn

1. umfassende Kenntnisse nach § 1 Abs. 1 Satz 3 nachgewiesen werden und
2. Die eine Sachkundeprüfung durchführenden Personen über die erforderliche Sachkunde auch zur Abnahme von Prüfungen verfügen.

Das Vorliegen der Voraussetzungen der Nummern 1 und 2 ist im Rahmen einer Prüfung nachzuweisen. Dem Antrag ist ein Konzept für die Sachkundeprüfung beizufügen.

(3) Bei zertifizierten Ausbilderinnen und Ausbildern für Hunde im Dienst- oder Rettungswesen oder anerkannten Leistungsrichtern, die diese Tätigkeit ausüben, wird das Vorliegen der Voraussetzungen nach Absatz 2 Satz 1 vermutet.

(4) Der Bescheid über die Anerkennung ist auf fünf Jahre zu befristen und hat die Personen namentlich zu bezeichnen, die berechtigt sind, die Sachkundeprüfung durchzuführen. Der Anerkennung sind Auflagen beizufügen, die sicherstellen, dass jede Änderung der für die Anerkennung wesentlichen Voraussetzungen und die Termine zur Sachkundeprüfung der in Absatz 1 genannten Behörde unverzüglich mitgeteilt werden.

§ 3
Verhaltensprüfung

(1) Die Verhaltensprüfung nach § 5 Abs. 3 Satz 3 LHundG NRW wird durch die beamtete Tierärztin oder den beamteten Tierarzt – erforderlichenfalls unter Hinzuziehung sachverständiger Dritter – auf einem für den zu prüfenden Hund neutralen Gelände durchgeführt. Eine Verhaltensprüfung soll nur mit solchen Hunden durchgeführt werden, deren Halterin, Halter oder Aufsichtsperson in Besitz einer Sachkundebescheinigung ist. § 1 Abs. 2 und 3 gilt entsprechend.

(2) Ziel der Verhaltensprüfung ist das Erkennen übersteigerter aggressiver Reaktionen des Hundes, die sich in gefährlicher Weise auf Mensch und Tier auswirken können. Die Verhaltsprüfung soll folgende Elemente (Prüfelemente) umfassen:
1. Überprüfung des Gehorsams des Hundes;
2. Verhalten bei Kontakt mit Personen in Bewegung (Jogger, Skater, Radler), die auch in engen räumlichen Kontakt zum Hund treten;
3. Verhalten bei Konfrontation mit unerwarteten Begebenheiten (z.B. Aufspannen eines Schirmes; Fallenlassen eines Schlüsselbundes; Kontakt mit nicht normal reagierenden Personen);
4. Verhalten des Hundes bei Konfrontation mit Geräuschen (z.B.: Fahrradklingel; Geschrei, Trillerpfeife);
5. Verhalten im Straßenverkehr oder in einer vergleichbaren Gegebenheit;
6. Verhalten beim Kontakt mit anderen, auch gleichgeschlechtlichen Hunden;
7. Verhalten des angebundenen Hundes ohne die Halterin oder den Halter in normalen Kontaktsituationen mit fremden Personen und Hunden.

Der Hund darf während des Prüfungsvorganges keinen über das normale Maß hinausgehenden Reizen ausgesetzt werden, die nachvollziehbare und natürliche Abwehrreaktionen provozieren. Die Reize müssen dem Hund in angemessener Dosierung vermittelt werden, so dass überprüft werden kann, ob der Hund, gemessen an der Reizstärke, ein der Situation nicht angemessenes Aggressionsverhalten aufweist.

(3) Die Verhaltensäußerung des Hundes zu den verschiedenen Prüfelementen ist jeweils zu dokumentieren und zu bewerten. Bei einer negativen Bewertung zu einem Prüfelement nach Absatz 2 Satz 2 Nr. 2 bis 7 ist davon auszugehen, dass eine Gefahr für die öffentliche Sicherheit zu befürchten ist. Die Prüfung ist abzubrechen und gilt als nicht bestanden. Bei einer negativen Bewertung des Prüfelements nach Absatz 2 Satz 2 Nr. 1 ist im Einzelfall zu prüfen, ob eine Befreiung von der Maulkorbpflicht möglich ist, ohne dass eine Gefahr für die öffentliche Sicherheit zu befürchten ist.

(4) Die abschließende positive Beurteilung der Verhaltensprüfung muss die Person benennen, die den Hund bei der Verhaltensprüfung geführt hat. Erforderlichenfalls ist eine Empfehlung zum Umfang der Befreiung von der Maulkorb- und/oder Anleinpflicht und zu möglichen Auflagen auszusprechen.

(5) Der zu prüfende Hund muss mindestens 15 Monate alt sein. Bei Hunden, die vor Erreichen des zweiten Lebensjahres geprüft werden, muss nach Ablauf von zwei Jahren eine Wiederholung der Verhaltensprüfung stattfinden.

(6) Für Hunde, die das Mindestalter noch nicht erreicht haben, soll eine befristete Ausnahme von der Anlein- und Maulkorbpflicht erteilt werden, wenn die regelmäßige, mindestens alle zwei Wochen erfolgende Teilnahme an einer Junghundeausbildung (z.B. Vorbereitung zur Begleithundeausbildung) der zuständigen Behörde gegenüber durch eine Bescheinigung der für den Vollzug des Tierschutzgesetzes zuständigen Behörde nachgewiesen wird.

(7) Die Verhaltensprüfung kann in den Fällen des § 10 Abs. 2 LHundG NRW auch gegenüber anerkannten Sachverständigen oder einer anerkannten sachverständigen Stelle abgelegt werden. Die Absätze 1 bis 5 gelten dafür entsprechend.

(8) Behördlich anerkannte Verhaltensprüfungen oder vergleichbare Prüfungen anderer Bundesländer, die die Feststellung rechtfertigen, dass beim ordnungsgemäßen Führen des Hundes ohne Leine und ohne Maulkorb eine Gefahr für die öffentliche Sicherheit nicht zu befürchten ist, sind als gleichwertig anzuerkennen und einer Entscheidung über die Befreiung von der Anlein- und Maulkorbpflicht gemäß § 5 Abs. 3 LHundG NRW zugrunde zu legen.

§ 4
Anerkennung zur Durchführung von Verhaltensprüfungen

(1) Sachverständige und zuständige Stelle im Sinne von § 10 Abs. 2 LHundG NRW bedürfen der Anerkennung durch das LEJ. § 2 Abs. 2 bis 4 gilt entsprechend. Es ist außerdem nachzuweisen, dass die räumlichen Voraussetzungen zur ordnungsgemäßen Durchführung einer Verhaltensprüfung vorliegen und das Prüfungsgelände gegen das Entweichen von Hunden ausreichend gesichert ist.

(2) Eine wirksame Anerkennung von Verhaltensprüfungen privater Zuchtvereine für Hunde der Anlage 2 zur Landeshundeverordnung (LHV NRW) vom 30. Juni 2000 (GV.NRW.S. 518 b) nach § 6 Abs. 4 LHV NRW gilt als Anerkennung nach Absatz 1 Satz 1 fort.

§ 5
Zentrale Erfassung registrierter Hunde

(1) Zuständige Behörde im Sinne des § 4 Abs. 7 Satz 3 LHundG NRW für die zentrale Erfassung registrierter Hunde ist das LEJ.

(2) Die gemäß § 13 Satz 1 LHundG NRW zuständige Ordnungsbehörde hat die auf dem Mikrochip gespeicherte Nummer unter Angabe des Anlasses der Meldung (Neuzugang, Abgang, Wechsel der Behördenzuständigkeit innerhalb des Geltungsbereichs des LHundG NRW) unverzüglich der nach Absatz 1 zuständigen Behörde zu übermitteln. Die Übermittlung hat auf elektronischem Wege zu erfolgen. Die Bearbeitung wird über ein voll automatisiertes Verfahren abgewickelt. Die nach Absatz 1 zuständige Behörde hat die übermittelte Nummer zusammen mit der Bezeichnung der zuständigen Ordnungsbehörde in einem Datensatz zu speichern.

(3) Die für den Vollzug des LHundG NRW zuständigen Ordnungsbehörden dürfen im Rahmen der Erfüllung ihrer Aufgaben auf die nach Absatz 2 zentral erfassten Daten zugreifen. Der Zugriff hat auf elektronischem Wege zu erfolgen. Die Bearbeitung wird über ein voll automatisiertes Verfahren abgewickelt.

§ 6
In-Kraft-Treten; Überprüfung der Auswirkungen der Rechtsverordnung

(1) Diese Verordnung tritt am Tage nach ihrer Verkündung in Kraft.

(2) Das Ministerium für Umwelt, Naturschutz, Landwirtschaft und Verbraucherschutz überprüft die Auswirkungen dieser Rechtsverordnung und berichtet dem Kabinett spätestens bis zum Ablauf des 31.12.2008 über das Ergebnis der Überprüfung.

Düsseldorf, den 19. Dezember 2003

Die Ministerin für Umwelt und Naturschutz, Landwirtschaft und Verbraucherschutz des Landes Nordrhein-Westfalen

Bärbel Höhn

2. Jagdhunde

Bei jeder Nachsuche auf Schalenwild sind brauchbare Jagdhunde zu verwenden (§ 30 LJG-NW). Brauchbar im Sinne dieser Vorschrift ist ein Jagdhund dann, wenn er objektiv für die von ihm erwartete Aufgabe geeignet ist. Der Nachwies der Brauchbarkeit wird zwar regelmäßig durch das Absolvieren einer Brauchbarkeitsprüfung erbracht, ersetzt aber nicht zwingend eine solche oder gar deren Bestehen voraus. Aber die meisten Jagdhaftpflichtversicherer verlangen eine solche oder einen gleichwertigen Nachweis. Die einzelnen Bundesländer haben eigene Brauchbarkeits- bzw. Jagdeignungsprüfungen erlassen. Der Hund wird in folgenden Fächern geprüft:

- Gehorsam (allgemeiner Gehorsam, Verhalten auf dem Stand, Leinenführigkeit),
- Schussfestigkeit im Feld oder Wald,
- Bringen von Haarwild auf der Schleppe,
- Bringen von Federwild auf der Schleppe,
- Freiverlorensuche und Bringen von Federwild,
- Schussfestigkeit bei der Wasserarbeit,
- Verlorensuche im deckungsreichen Gewässer,
- wenn erlaubt: Stöbern mit Ente im deckungsreichen Gewässer,
- Schweißarbeit auf der künstlichen Wundfährte.

Diese Brauchbarkeitsprüfung kann durch Zuchtprüfungen ergänzt werden. Im Hinblick auf die zukünftige Jagdeignung erfolgen die Verbandsjugendprüfung (VJP) und die Herbstzuchtprüfung (HZP). Im Frühjahr erfolgt zunächst die Verbandsjugendprüfung in den Fächern:

- Spurarbeit,
- Nase,
- Suche,
- Vorstehen,
- Führigkeit.

Lediglich festgestellt werden neben Gebiss, Augen und bei Rüden die Hoden:

1. Art des Jagens,
2. Gehorsam,
3. Schussfestigkeit,
4. Scheue oder Ängstlichkeit.

Ergänzend zu diesen Fächern erfolgt bei der Herbstzuchtprüfung

1. Wasserarbeit,
2. Verlorenbringen von Federwild (150 m Schleppe),
3. Haarwildschleppe (300 m).

Die Meisterprüfung des Jagdhundes legt er in der Verbandsgebrauchsprüfung (VGP) ab. Hier werden die Leistungen des Hundes bei Wald- und Wasserarbeit, Feldarbeit und Gehorsam bewertet. Hat der Hund diese Meisterprüfung im I., II. oder III. Preis bestanden, wird er in das Deutsche Gebrauchshundstammbuch eingetragen.

Neben den vorgenannten Prüfungen gibt es noch Leistungsabzeichen. Zu nennen wären hier das Armbruster-Haltabzeichen (AH), der Härtennachweis, Lautjägernachweis, Verlorenbringernachweis und die Bringtreue.

Die Hundeprüfung und –haltung hat in der letzten Zeit häufiger die Gerichte beschäftigt.

Die Prüfung hinter der lebenden Ente ist u. a. durch das OVG Münster entschieden[468]. Demnach liegt bei der Ausbildung und Prüfung mit der lebenden Ente zwar ein „Hetzen" i. S. d. TierSchG vor, dieses sei aber durch die „Jagdklausel" des Gesetzes gedeckt. Demnach liegt kein Verstoß gegen tierschutzrechtliche Bestimmungen vor. Näheres ergibt sich aus der Ordnung für Brauchbarkeitsprüfungen[469].

Hingegen ist die Verwendung von Teletakt- bzw. Telereizgeräten zur Erziehung oder beim Einsatz von Jagdhunden unzulässig[470]. § 3 Ziff. 11 TierSchG verbietet nämlich die Verwendung von Geräten, die durch direkte Stromeinwirkung das artgemäße Verhalten eines Tieres erheblich einschränken oder es zur Bewegung zwingen und dem Tier dadurch nicht unerhebliche Schmerzen, Leiden oder Schäden zufügen, soweit dies nicht nach bundes- oder landesrechtlichen Vorschriften zulässig ist[471].

Obwohl das neue Waffenänderungsgesetz in 2008 im Entwurf vorsah, dass Elektro-Impulsgeräte zukünftig als „Waffe" umfasst werden, ist dies auch zukünftig nicht der Fall. Hiervon hat der Gesetzgeber Abstand genommen[472].

Im Rahmen der Jagdhaftpflichtversicherung besteht Versicherungsschutz für Schäden, die von einem anerkannten Jagdhund bei der Jagd oder auch sonst angerichtet werden[473].

In der Vergangenheit wurde häufig die Frage aufgeworfen, ob die Hundesteuer auch für einen beruflich gehaltenen Hund zu zahlen ist. Der Hessische Verwaltungsgerichtshof hat dies bejaht und argumentiert, dass es sich bei der Hundesteuer um eine Aufwandsteuer handelt[474]. Für die Besteuerung eines besonderen Aufwands sei es aber unerheblich, welchem Zweck der Aufwand des Näheren dient. Allerdings ist der Oberverwaltungsgerichtshof Nordrhein-Westfalen und der Verwaltungsgerichtshof Baden-Württemberg anderer Ansicht[475].

Jagdhunde fallen unter das zum 01.01.2003 in Kraft getretene LHundG-NRW, soweit sie ausgewachsen eine Widerristhöhe von mindestens 40 cm oder aber ein Gewicht von mindestens 20 Kilogramm erreichen können (§ 11 LHundG-NRW) oder gefährlich i. S. d. § 3 LHundG-NRW sind.

---

[468] OVG Münster, RdL 98, S. 331 ff.

[469] Müller-Schallenberg, Kneymeyer, Jagdrecht Nordrhein-Westfalen, 3. neu bearbeitet Auflage 2006, S. 114 f., Aber: OVG Koblenz, Urteil vom 30.03.2001 – 12 A 11997/00. OVG-LBS; Verwaltungsgericht Braunschweig, Urteil vom 01.12.1993 – 1 A 1007/93- LBS.

[470] BVerwG, Urt. V. 23.02.2006 – 3 C 14.05. in NJW, 2006, S. 2134 ff., BayVerwG, Urteil vom 23.02.2006 – 3 C 14.05 ES 64 zu § 3 Nr. 11 TierSchG.

[471] Müller-Schallenberg, Kneymeyer, Jagdrecht Nordrhein-Westfalen, 3. neu bearbeitet Auflage 2006, S. 152 f.

[472] Rheinisch Westfälischer Jäger, 4/2008, Seite 53.

[473] Vgl. etwa OLG Karlsruhe, 12 U 133/06, Vorinstanz: LG Leipzig, LG Münster, Urt. v. 01.04.2004 – 15 S 75/03; LG Mannheim, NJW-RR 2006, 534

[474] Hessischer Verwaltungsgerichtshof, Urteil vom 25.6.2003 – 5 UE 1174/01.

[475] Unsere Jagd 5/2005, Seite 1.

Inhaber eines Jagdscheins oder Personen, die die Jägerprüfung erfolgreich abgelegt haben, gelten gemäß § 6 Abs. 3 b LHundG-NRW ohne weiteren Nachweis als sachkundig für große Hunde (§ 11 Abs. 2 LHundG-NRW).

Die erforderliche Zuverlässigkeit besitzt aber derjenige niemals, der wegen einer Straftat gegen das TierSchG, WaffG oder das BJG rechtskräftig verurteilt worden ist, wenn seit Eintritt der Rechtskraft der letzten Verurteilung fünf Jahre noch nicht verstrichen sind (§ 7 Abs. 1 Ziff. 4 LHundG-NRW).

Der dem LHundG-NRW unterfallende Hund ist fälschungssicher auf Kosten des Halters mit einem Mikrochip zu kennzeichnen[476].

Auf öffentlichen Straßen und Plätzen, in öffentlichen Gebäuden und Verkehrsmitteln sowie innerörtlichen Bereichen mit vergleichbarem Publikumsverkehr herrscht Anleinzwang für alle Hunde (§ 2 Abs. 2 LHundG-NRW). Für große Hunde gilt dies auch in Fluren, Aufzügen und Treppenhäusern sowie auf Zuwegen von Mehrfamilienhäusern (§§ 11 Abs. 6, 5 Abs. 2 LHundG-NRW). Die vorgenannten Anleinpflichten gelten aber nicht für brauchbare Jagdhunde, wenn sie sich im bestimmungsgemäßen Einsatz befinden (§ 17Satz 2 LHundG-NRW).

§ 6 stellt Anforderungen an die Zwingerhaltung[477] und § 7 TierSchHVO an die Anbindevorrichtungen von Hunden auf:

Anforderungen an die Zwingerhaltung

(1) Ein Hund darf in einem Zwinger nur gehalten werden, der den Anforderungen nach den Absätzen 2 bis 4 entspricht.

(2) In einem Zwinger muss

1. dem Hund entsprechend seiner Widerristhöhe folgende uneingeschränkt benutzbare Bodenfläche zur Verfügung stehen, wobei die Länge jeder Seite mindestens der doppelten Körperlänge des Hundes entsprechen muss und keine Seite kürzer als zwei Meter sein darf:

Widerristhöhe cm	Bodenfläche Mindestens qm
Bis 50	6
Über 50 bis 65	8
Über 65	10

2. für jeden weiteren in demselben Zwinger gehaltenen Hund sowie für jede Hündin mit Welpen zusätzlich die Hälfte der für einen Hund nach Nummer 1 vorgeschriebenen Bodenfläche zur Verfügung stehen,

3. die Höhe der Einfriedung so bemessen sein, dass der aufgerichtete Hund mit den Vorderpfoten die obere Begrenzung nicht erreicht.

---

[476] OVG Münster, Urt. V. 05.03.2004 – 5 B 2640/03.

[477] Ein Jäger hielt in einem lichtlosen Stall 37 Hunde auf engstem Raum. Wegen Vernachlässigung waren viele schwer erkrankt. Wegen Tierquälerei muss der Jäger 60 Tagessätze zu 15,00 Euro zahlen. Schon vor dem Hintergrund der Tagessatzanzahl ist der Jäger nunmehr den Waffenschein los (Jäger, 04/2008, Seite 10).

Abweichend von Satz 1 Nr. 1 muss für einen Hund, der regelmäßig an mindestens fünf Tagen in der Woche den überwiegenden Teil des Tages außerhalb des Zwingers verbringt, die uneingeschränkt benutzbare Zwingerfläche mindestens sechs Quadratmeter betragen.

(3) Die Einfriedung des Zwingers muss aus gesundheitsunschädlichem Material bestehen und so beschaffen sein, dass der Hund sie nicht überwinden und sich nicht daran verletzen kann. Der Boden muss trittsicher und so beschaffen sein, dass er keine Verletzungen oder Schmerzen verursacht und leicht sauber und trocken zu halten ist. Trennvorrichtungen müssen so beschaffen sein, dass sich die Hunde nicht gegenseitig beißen können. Mindestens eine Seite des Zwingers muss dem Hund freie Sicht nach außen ermöglichen. Befindet sich der Zwinger in einem Gebäude, muss für den Hund der freie Blick aus dem Gebäude heraus gewährleistet sein.

(4) In einem Zwinger dürfen bis zu einer Höhe, die der aufgerichtete Hund mit den Vorderpfoten erreichen kann, keine Strom führenden Vorrichtungen, mit denen der Hund in Berührung kommen kann, oder Vorrichtungen, die elektrische Impulse aussenden, vorhanden sein.

(5) Werden mehrere Hunde auf einem Grundstück einzeln in Zwingern gehalten, so sollen die Zwinger so angeordnet sein, dass die Hunde Sichtkontakt zu anderen Hunden haben.

(6) Hunde dürfen in einem Zwinger nicht angebunden gehalten werden.

§ 7 Anforderungen an die Anbindehaltung

(1) Ein Hund darf in Anbindehaltung nur gehalten werden, wenn die Anforderungen der Absätze 2 bis 5 erfüllt sind.

(2) Die Anbindung muss

1. an einer Laufvorrichtung, die mindestens sechs Meter lang ist, frei gleiten können,

2. so bemessen sein, dass sie dem Hund einen seitlichen Bewegungsspielraum von mindestens fünf Metern bietet,

3. so angebracht sein, dass der Hund ungehindert seine Schutzhütte aufsuchen, liegen und sich umdrehen kann.

(3) Im Laufbereich dürfen keine Gegenstände vorhanden sein, die die Bewegungen des Hundes behindern oder zu Verletzungen führen können. Der Boden muss trittsicher und so beschaffen sein, dass er keine Verletzungen oder Schmerzen verursacht und leicht sauber und trocken zu halten ist.

(4) Es dürfen nur breite, nicht einschneidende Brustgeschirre oder Halsbänder verwendet werden, die so beschaffen sind, dass sie sich nicht zuziehen oder zu Verletzungen führen können.

(5) Es darf nur eine Anbindung verwendet werden, die gegen ein Aufdrehen gesichert ist. Das Anbindematerial muss von geringem Eigengewicht und so beschaffen sein, dass sich der Hund nicht verletzen kann.

(6) Bei Begleitung einer Betreuungsperson während der Tätigkeiten, für die der Hund ausgebildet wurde oder wird, kann er abweichend von Absatz 1 nach Maßgabe der Absätze 4 und 5 an einer mindestens drei Meter langen Anbindung angebunden werden.

(7) Die Anbindung ist verboten bei

1. einem Hund bis zu einem Alter von zwölf Monaten,

2. einer tragenden Hündin im letzten Drittel der Trächtigkeit,

3. einer säugenden Hündin,

4. einem kranken Hund, wenn ihm dadurch Schmerzen, Leiden oder Schäden zugefügt würden.

Was dürfen Hundeführer
Merke!!

Unsere Natur ist durch vielfältige Veränderungen der Landschaft, der Landwirtschaft und der allgemeinen gesellschaftlichen Ausrichtungen (Freizeitverhalten, Straßenverkehr u. v. m.) in Anspruch genommen. Als Naturnutzer müssen in der uns einzig zur Verfügung stehenden Landschaft alle Teilnehmer möglichst einvernehmlich miteinander auskommen. Vor diesem Hintergrund gilt es, die landesweit gültigen rechtlichen Bestimmungen der Hundehaltung und Hundeführung einzuhalten. Nur so wird Ärger im Falle von Interessenkollisionen vermieden.

1. Die Betretungsbefugnis in der Freien Landschaft ist in § 49 Abs. 1 des Landschaftsgesetzes NRW geregelt:

„ In der freien Landschaft ist das Betreten der privaten Wege und Pfade, der Wirtschaftswege sowie der Feldraine, Böschungen, Öd- und Brachflächen und anderer landwirtschaftlich nicht genutzter Flächen zum Zwecke der Erholung auf eigene Gefahr gestattet."

§ 53 Abs. 1 und 2 regeln die Grenzen der Betretungsbefugnis so, dass die Rechte gemäß § 49 nur so ausgeübt werden dürfen, dass die Belange der anderen Erholungssuchenden und die Rechte der Eigentümer oder Besitzer nicht unzumutbar beeinträchtigt werden; außerdem gilt die Betretungsbefugnis nicht für Gärten, Hofräume und sonstige zum privaten Wohnbereich gehörende oder einem gewerblichen oder öffentlichen Betrieb dienenden Flächen. Ausbildung und Training von Hunden dient nicht unmittelbar der Erholung und bedarf daher einer Genehmigung.

Anmerkung:

Wildäcker und Stilllegungsflächen sind landwirtschaftlich genutzte Flächen. Auch Wildäcker sind jagdliche Einrichtungen und dürfen nicht betreten werden. Dabei sind durch § 19 a Bundesjagdgesetz alle Handlungen verboten, die geeignet sind, Wildtiere zu beunruhigen. Dazu gehört sicher auch das Freilaufenlassen von Hunden. Dagegen können Jagdausübungsberechtigte gemäß § 25 Abs. 4 Nr. 1 LJG-NW einschreiten. Wer den Jagdausübungsberechtigten in seinem Besitz stört, begeht gem. § 858 Abs. 1 BGB „verbotene Eigenmacht", deren sich der Berechtigte notfalls mit Gewalt erwehren kann, so § 859 Abs. 1 BGB; aber keine Sorge, soweit muss es ja nicht kommen.

2. Die Bestimmungen für den allgemeinen Schutz wildlebender Tiere gemäß § 61 Landschaftsgesetz NW verbieten, „wildlebende Tiere mutwillig zu beunruhigen oder ohne vernünftigen Grund zu fangen, zu verletzen oder zu töten ...." Zusätzliche Vorschriften gemäß § 62 verbieten „Maßnahmen und Handlungen, die zu einer erheblichen Beeinträchtigung oder Zerstörung" von „natürlichen oder naturnahen unverbauten Bereichen

fließender oder stehender Binnengewässer einschließlich ihrer Ufer und der dazugehörigen .... Vegetation ...." führen können.

3. Das Betreten des Waldes (gilt auch für Wallhecken etc.) zum Zwecke der Erholung ist auf eigene Gefahr und ausschließlich zum Zwecke der Erholung gestattet (§ 2 Abs. 1 Landesforstgesetz NW). Werden dabei Hunde mitgeführt, müssen diese im Wald außerhalb der Wege angeleint sein (§ 2 Abs. 3), dies gilt nicht für Jagdhunde im Rahmen jagdlicher Tätigkeiten sowie für Polizeihunde im Dienst.

4. Jagdschutzmaßnahmen dürfen nur von dazu befugten Personen ausgeübt werden, dies sind neben der Polizei der Jagdausübungsberechtigte, der von der Unteren Jagdbehörde bestätigte Jagdaufseher und die mit dem Jagdschutz beauftragten Forstbeamten. Sie haben gemäß § 25 Abs. 4 Landesjagdgesetz NW die Befugnis, Personen anzuhalten, die gegen jagdrechtliche Vorschriften verstoßen oder außerhalb der zum allgemeinen Gebrauch bestimmten Wege zur Jagd ausgerüstet angetroffen werden, deren Personalien festzustellen, gefangenes und erlegtes Wild, Schuss- und sonstige Waffen, Jagd- und Fanggeräte, Hunde und Frettchen abzunehmen sowie wildernde Hunde und Katzen abzuschießen, die im Jagdbezirk außerhalb ihres Führers Wild aufsuchen, verfolgen oder reißen ...

13. Teil : Wildbrethygienevorschriften

Nach dem Lebensmittelkodez umfasst die Lebensmittelhygiene „alle Bedingungen und Maßnahmen, die für die Gewinnung, Verarbeitung, Lagerung und Distribution von Lebensmitteln erforderlich sind, um ein gesundheitlich unbedenkliches (sicheres), gesundes und bekömmliches Produkt zu erhalten, da zum menschlichen Verzehr geeignet ist.“[478] Für den Bereich des Wildbrethygienerechts gelten spezielle EU-Hygienevorschriften. Diese gelten unmittelbar in unserem nationalen Recht.

EU-Verordnung (EG) 178/2002   EU-Verordnung (EG) 852/2004   EU-Verordnung (EG) 853/2004   EU-Verordnung (EG) 854/2004

Lebensmittelrecht und   Lebensmittelhygiene   Spezifische Hygiene   Besondere Verfahrensvorschrift.
Lebensmittelsicherheit

Zudem sind in Deutschland das Lebensmittel- und Futtermittelgesetzbuch (BGBl. I Seite 2618 ff; Meyer, NJW 2005, S. 3320 ff.) sowie die nationale Lebensmittelhygieneverordnung – Tierische Lebensmittel zu beachten.

Anmerkung:

Sollten auf Grund der in den entsprechenden Gesetzen enthaltenen Ermächtigungsnormen entsprechende Durchführungsregelungen noch nicht getroffen sein, gelten das bisherige Fleischhygienegesetz nebst Verordnungen und das bisherige Geflügelfleischhygienegesetz nebst Verordnungen fort. Erst mit Erlass der Durchführungsverordnungen treten die letztgenannten Vorschriften dann automatisch außer Kraft.

---

1. Lebensmittel-Hygieneverordnung, Lebens- und Futtermittelgesetzbuch, Tierrische Lebensmittel-Hygieneverordnung, Lebensmittelüberwachungsverordnung

Das Wildbretaufkommen im Jagdjahr 2006/2007 in der Bundesrepublik betrug bei Rotwild 56.100 Stück, bei Damwild 47.000 Stück, bei Sikawild 900 Stück, bei Gamswild 2.900 Stück, bei Muffelwild 5.400 Stück, bei Schwarzwild 275.600 Stück und bei Rehwild 872.700 Stück. Nicht berücksichtigt wurde dabei das Fallwild[479]. Dieses enorme Aufkommen zeigt, dass erhebliche Stückzahlen in den Nahrungskreislauf gelangen. Im Zeitalter gestiegener Ansprüche von Konsumenten und der Qualitäts- und Imagesteigerung ist die besonders hygienische Behandlung des Wildbrets als Nahrungsmittel unverlässlich. Die Fleischhygiene ist auf den Schutz des Konsumenten vor Krankheiten und Gesundheitsschäden durch den Genuss von Fleischwaren gerichtet[480]. Unter Wildbrethygiene kann man jene Maßnahmen verstehen, die vom Jäger getroffen werden müssen, damit sich das Wildbret, welches dem Verbraucher zugeführt wird, in einem einwandfreien und für den menschlichen Genuss tauglichen Zustand befindet[481]. Hierzu wurden im Laufe der Zeit umfangreiche Vorschriften erlassen und verschärft.

---

[478] Schneider, Wildbrethygiene in der jagdlichen Praxis, S. 4.
[479] Quelle: www.jagd-online.de
[480] „Die 10 Gebote für die Wildbrethygiene", Deutz, Tagung für die Jägerschaft, 15. und 16. Februar 2000.
[481] „Die 10 Gebote für die Wildbrethygiene", Deutz, Tagung für die Jägerschaft, 15. und 16. Februar 2000.

Auf der nationalen Ebene wurde das „EU-Lebensmittelhygienepaket" mit der Verordnung zur Durchführung von Vorschriften des gemeinschaftlichen Lebensmittelhygienerechts am 08. August 2007 durch den Bund umgesetzt. Für den Jäger finden sich die entscheidenden Vorschriften zunächst in Artikel 1 der Verordnung über Anforderungen an die Hygiene beim Herstellen, Behandeln und Inverkehrbringen von Lebensmitteln (Lebensmittelhygiene-Verordnung, LMHV) und in Artikel 2 der Verordnung über Anforderungen an die Hygiene beim Herstellen, Behandeln und Inverkehrbringen von bestimmten Lebensmitteln tierischen Ursprungs (Tierische Lebensmittelhygieneverordnung, Tier-LMHV). Letztere führt in der Anlage 4 die bedenklichen Merkmale auf:

1. Abnorme Verhaltensweisen oder Störung des Allgemeinbefindens,

2. Fehlen von Anzeichen äußerer Gewalteinwirkung (Fallwild),

3. Geschwülste oder Abzesse, wenn sie zahlreich oder verteilt in inneren Organen oder in der Muskulatur vorkommen,

4. Schwellung der Gelenke oder Hoden, Hodenvereiterung, Leber oder Milzschwellung, Darm- und Nabelentzündung, bei Federwild Entzündung des Herzens, des Drüsen- oder Muskelmagens,

5. Fremder Inhalt an den Körperhöhlen, insbesondere Magen- und Darminhalt oder Harn, wenn Brust und Bauchfell verfärbt sind,

6. Erhebliche Gasbildung im Magen und Darmkanal mit Verfärbung der inneren Organe,

7. Erhebliche Abweichung der Muskulatur oder der Organe in Farbe, Konsistenz oder Geruch,

8. Offene Knochenbrüche, soweit sie nicht unmittelbar mit dem Erlegen in Zusammenhang stehen,

9. Erhebliche Abmagerung,

10. Frische Verklebungen oder Verwachsungen von Organen mit Brust- und Bauchfell,

11. Geschwülste und Wucherungen im Kopfbereich oder an den Ständern bei Federwild,

12. Verklebte Augenlieder, Anzeichen von Durchfall, insbesondere im Bereich der Kloake sowie Verklebungen und sonstige Veränderungen der Befiederung, Haut- und Kopfanhänge sowie Ständer bei Federwild,

13. Sonstige erhebliche sinnfällige Veränderungen außer Schutzverletzungen.

Artikel 3 regelt schließlich „bestimmte Fragen zur amtlichen Überwachung des Herstellens, Behandels und Inverkehrbringens von Lebensmitteln tierischen Ursprungs" (Tier-LMÜV). Die Tierische Lebensmittelüberwachungsverordnung (Tier-LMÜV) stellt teilweise auf die Bestimmungen der EG-VO 2075/2005 ab. Danach sind Schlachtkörper unter anderem von Wildschweinen und frei lebenden Wild, die Träger von Trichinen sein können, systematisch zu beproben. Es unterliegen also u.a. Bären, Wildschweine, Füchse, Sumpfbiber, Dachse und andere Fleisch fressende Tiere, die Träger von Trichinen sein können, nach der Tötung einer zwingenden Untersuchung auf Trichinen durch den Amtsveterinär, soweit das Fleisch zum Genuss für Menschen verwendet werden soll. Schlachtkörper oder Teile davon dürfen das Gelände vom Schlachthof oder Wildverarbeitungsbetrieb nur verlassen, wenn kein Trichinenbefall festgestellt wurde. Erfolgt dies dennoch an einen Verbraucher, erfüllt dies den Straftatbestand des § 5 Abs. 3 Tier-LMHV.

Die Neuerungen im Lebensmittelhygienerecht ermöglichen eine Übertragung der Trichinenprobenentnahme durch die zuständige Behörde auf den Jagdausübungsberechtigten.

Verstöße gegen einzelne Vorschriften können als Straftaten oder Ordnungswidrigkeiten geahndet werden[482]. Mit Freiheitsstrafe bis zu 3 Jahren oder Geldstrafe wird bestraft, wer vorsätzlich oder fahrlässig kleine Mengen von erlegtem Wild unausgeweidet an Verbraucher abgibt. Mit Freiheitsstrafe bis zum einem Jahr oder Geldstrafe wird bestraft, wer vorsätzlich kleine Mengen von erlegtem Wild vor der erforderlichen amtlichen Untersuchung an Verbraucher abgibt. Wer fahrlässig gegen die oben genannten Pflichten verstößt handelt ordnungswidrig nach § 10 Lebensmittelhygiene-Verordnung (LMHV) und § 24 Tierische Lebensmittelhygiene- Verordnung (Tier-LMHV) und muss mit einer Geldbuße von bis zu 20.000 € rechnen.

2. Behandlung und Abgabe von erlegtem Wild

Ab dem 01. Januar 2006 ist das neue EU-Lebensmittelhygienerecht in Kraft. Jäger sind hiervon betroffen, nicht nur wenn das Wild an den Großhandel (Wildverarbeitungsbetriebe) abgegeben wird. Nach den Vorschriften der EU-Verordnung (EG) 853/2004 ist alles Großwild (Schalenwild) unverzüglich und alles Kleinwild spätestens bei der Abgabe aufzubrechen und auszuweiden. Nur, wenn der Transport nicht möglich ist, darf das Enthäuten und die Zerlegung von Großwild am Erlegungsort vorgenommen werden. Es ist auch nach dem Aufbrechen und Ausweiden so aufzubewahren, dass es gründlich auskühlen und in den Körperhöhlen abtrocknen kann. Alsbald nach dem Erlegen muss es auf eine Innentemperatur von höchstens + 7 Grad Celsius abgekühlt sein. Soweit dies erforderlich ist, ist das Wild in eine geeignete Kühleinrichtung zu verbringen. Kleinwild ist unmittelbar nach dem Erlegen so aufzubewahren, dass es gründlich auskühlen kann. Es muss auf eine Innentemperatur von höchstens + 4 Grad Celsius abgekühlt werden[483]. Dadurch werden physikalische, mikrobiologische und chemische Vorgänge sowie Stoffwechselvorgänge deutlich reduziert. Die gewöhnlichen Fleisch vergiftenden Mikroorganismen sind bei Temperaturen unterhalb von 4 Grad Celsius regelmäßig nicht mehr in der Lage, sich zu vermehren oder Giftstoffe zu bilden. Der Verderb ist demnach wesentlich eingeschränkt. Es besteht jedoch ein generelles Einfrierverbot für Haarwild in der Decke und für ungerupftes und nicht ausgenommenes Federwild. Dort, wo Wild gekühlt wird, muss ein Thermometer vorhanden sein. Für die Kühllagerungsdauer kann man sich folgende Richtwerte merken, die allerdings nur eine grobe Orientierung sein können, da sie sehr abhängig sind vom Ausgangskeimgehalt des Wildbrets und der Behandlungssorgfalt:

Lagerfristen für Fleisch bei einer Lagertemperatur zwischen -1 Grad Celsius und O Grad Celsius und einer relativen Luftfeuchtigkeit von ca. 85 %:

Schalenwild	3 Wochen
Kaninchen	1 Woche
Geflügel	4 Tage

---

[482] Entziehung des Jagdscheins nach Verstoß gegen das Fleischhygienegesetz, VG Koblenz, Beschluss vom 28.11.2005 – 8 K 427/05 ES 227.
[483] Vgl. § 15 Abs. 3 Tier-LMHV.

| Rindfleisch | 1 Woche |
| Schweinefleisch | 1 Woche |

Das enthäutete Wildbret darf nicht mit dem Haarkleid oder dem Federkleid anderer Wildkörper in Berührung kommen. Beim Erlegen, Aufbrechen, Zerwirken und weiteren Behandeln ist auf Merkmale zu achten, die das Fleisch als gesundheitlich bedenklich erscheinen lassen. Derartige Merkmale sind z.B. abnorme Verhaltensweisen und Störungen des Allgemeinbefindens; Fehlen von Anzeichen äußerer Gewalteinwirkung als Todesursache, Räude, Kotverschmutzungen (Durchfall), Abszesse bzw. Geschwülste, Schwellungen der Gelenke oder Hoden, Hodenvereiterungen, Leber- oder Milzschwellungen, Darm- oder Nabelentzündung, offene Knochenbrüche.

Bei der Abgabe von Großwild an Wildbearbeitungsbetriebe (Großhandel) sind die zum jeweiligen Stück gehörenden Eingeweide (Herz, Lunge, Leber, Milz und Nieren dem Wildkörper beizufügen, damit der amtliche Tierarzt diese untersuchen kann. Allerdings kann dies auch durch eine als sachkundig anerkannte Person erfolgen. Die kundige Person muss den Wildkörper und alle ausgenommenen Eingeweide auf Merkmale hin untersuchen, die darauf schließen lassen, dass das Fleisch gesundheitlich bedenklich sein könnte. Kundige Personen zeichnen sich dadurch aus, dass sie nach dem Erlegen eine Untersuchung auf bedenkliche Merkmale (Wildtierkörper, alle ausgenommenen Eingeweide) durchführen und sich beim Erleger erkundigen, dass auch vor dem Erlegen keine bedenklichen Merkmale festgestellt wurden. Die Untersuchung muss so bald wie möglich nach dem Erlegen stattfinden. Die Aufgaben der „kundigen Person" sind:

- Bewertung der Verhaltensweisen des Wildes
- Untersuchung des erlegten Wildes
- Informationen über mögliche Umweltkontaminationen.

Die sachkundige Person muss jedoch eine unterzeichnete Dokumentation über die Unbedenklichkeit für jedes einzelne Stück gesondert beifügen. Diese Wildursprungsscheine sind vorgefertigte Formulare, die der „kundige" Jäger nach dem Ansprechen und Erlegen des Wildes sowie nach erfolgter Untersuchung des Wildkörpers auszufüllen hat. Es werden Datum, Zeitpunkt und Ort des Erlegens sowie die Nummer der Wildursprungsmarke erfasst. Werden keine Auffälligkeiten beobachtet, wird dies durch das Dokument bestätigt. In diesem Fall brauchen Kopf und Eingeweide nicht mitgegeben werden. Um die Rückverfolgbarkeit von Lebensmitteln sicherstellen zu können, muss jeder Tierkörper an Bauch oder Brustkorb mit einer amtlichen Wildmarke gekennzeichnet werden. Es handelt sich dabei um Marken, die ohne Werkzeug geschlossen werden und dann nur noch gewaltsam geöffnet werden können. Diese sind mit einer individuellen Nummer versehen, welche dann auf den Wildursprungsschein einzutragen ist. Das für das Revier zuständige Veterinär- und Lebensmittelüberwachungsamt gibt diese Marken und Wildursprungsscheine an die Jagdausübungsberechtigten gegen Kostenersatz ab.

Die Schulungsinhalte zur kundigen Person sind durch Verordnung EG Nr. 853/2004[484] vorgegeben. Sie beinhalten Kenntnisse auf dem Gebiet der Anatomie, Physiologie und Verhaltensweisen von Wild nebst abnormen Verhaltensweisen und pathologischen Veränderungen. Zudem Hygiene- und Verfahrensvorschriften für den Umgang mit Wild und dem Wildbret. Daneben die einschlägigen Vorschriften des nationalen und internationalen Rechts. Zwar ist der Begriff der „sachkundigen Person" nach dem EU.Recht nicht vollumfänglich identisch mit dem Begriff des „ausreichend geschuldten Jägers, wie ihn

---

[484] Anh. III Abschn. IV Kap. I Nr. 4 EG-VO.

§ 4 Abs. 1 Tier-LMHV vorsieht, jedoch erfolgt eine gemeinsame Begrifflichkeit der „kundigen Person". Demnach dürfte wohl jede Person, die die Jägerprüfung bestanden hat, ausreichend sachkundig sein, soweit diese nach dem 01.02.1987 abgelegt worden ist.[485] Ab diesem Zeitpunkt waren auch die Fleischhygienevorschriften in Kraft getreten und auch Inhalt der Ausbildung. Gleichwohl ist bei allen eine zusätzliche Schulung erforderlich, die den Inhalt der aktuellen rechtlichen und tatsächlichen Voraussetzungen hat. Erst dann ist der Jäger eine „kundige Person".[486] Die Schulung beinhaltet Kenntnisse auf folgenden Teilgebieten:

Anatomie, Physiologie, Verhaltensweisen von Wild sowie abnorme Verhaltensweisen und krankhafte Veränderungen von Wild. Hygiene- und Verfahrensvorschriften zum Umgang mit Wildtierkörpern nach dem Erlegen, für das Aufbrechen, Befördern, Zerwirken und Vermarkten von Wildbret. Zudem Vorschriften des EU- und nationalen Rechts, die für Wildbrethygiene von Bedeutung sind.

Im Rahmen der Schulung wird auch die Entnahme der Proben und das Verfahren zur Kennzeichnung und Dokumentation durch Wildmarken und Wildursprungsscheine erläutert. Bei Gesellschaftsjagden genügt es, wenn mindestens eine „sachkundige Person" zur Verfügung steht, die die verantwortungsvolle Aufgabe übernehmen kann. Diejenigen, welche vor dem 01.02.1987 die Jägerprüfung bestanden haben, müssen sich wohl einer entsprechenden Schulung unterziehen[487]. Zwar führt das Bestehen der Jägerprüfung am 01.02.1987 oder früher nicht zwangsläufig zur Nachschulung. Da diese Jagdscheininhaber aber beweisen müssen, dass sie ausreichend geschult sind, wird seitens des Bundesministeriums und des DJV eine freiwillige Nachschulung empfohlen. Die Landesjagdverbände bieten entsprechende Schulungen für alle Jäger an.

Nach der EU-Verordnung (EG) 853/2004 unterfällt nur die Vermarktung eines Primärerzeugnisses den vorgenannten Vorschriften. Wird demnach ein Stück Wild als ganzes Stück aus der Decke geschlagen unmittelbar an den Endverbraucher oder den örtlichen Einzelhandel (Gaststätten, Metzgereien und Wildhändler) abgegeben, gilt die nach der EU Verordnung (EG) 178/2002 geforderte Lebensmittelsicherheit hinsichtlich der gesundheitlichen Unbedenklichkeit und der hygienisch einwandfreien Gewinnung. Darüber hinaus gelten die einschlägigen Vorschriften der Lebensmittel-Hygieneverordnung (LMHV). Dies führt zu Erleichterungen für den Jäger. Für diesen gelten die Anlage 2 zur LMHV, § 4 Tier-LMHV und die Anlage 4 zur Tier-LMHV. Daneben hat er § 5 Tier-LMHV zu beachten. Diese Vorschriften beinhalten u.a. die Hygiene der Gegenstände (Behältnisse, Container, Fahrzeuge, Ausrüstungsgegenstände etc.), der hygienische Umgang mit dem Tierkörper, die Lagerung des Tierkörpers, das Erfordernis der geschulten Person, die amtliche Fleischuntersuchung und das Verbot, auch kleine Mengen von erlegtem Wild unausgeweidet an Verbraucher abzugeben. Immer ist jedoch zu berücksichtigen, dass die Abgabe an den Einzelhandel oder Endverbraucher auf kleine Mengen beschränkt ist. Eine kleine Menge ist die Strecke eines Jagdtages[488]. Örtliche Betriebe sind nur dann als solche anzusehen, wenn sie nicht mehr als 100 km vom Wohnort des Jägers oder dem Erlegungsort des Wildes liegen (§ 5 Abs. 1 Satz 2 LMHV). Selbstverständlich gilt dies auch nur für „erlegtes" Wild. „Erlegt" ist das Wild dann, wenn es nach jagdrechtlichen Vorschriften getötet wurde (vgl. § 2 Ziffer 3 LMHV; § 2 Ziffer 2 Tier-LMHV). Sowohl der lokale Einzelhandel, als auch der Jäger müssen eine Dokumentation erstellen.

---

[485] Vgl. § 4 Abs. 1 Satz 2 Tier-LMHV.
[486] VO (EG) Nr. 853/2004 Anhang III, Abschnitt IV, Kapitel I bzw. § 4, Abs. 1 Tier-LMHV.
[487] Müller-Schallenberg, Jagdrecht Nordrhein-Westfalen, 3. Auflage, 2006, Seite 206.
[488] Vgl. zur Fleischhygiene auch Schandau, Drees, Das Jagdrecht in Nordrhein-Westfalen, 4. Aufl., Anh. A 1
  Müller-Schallenberg, Knemeyer, Jagdrecht in Nordrhein-Westfalen, 2006, S. 204 ff.(207).

Die Hilfstätigkeit eines Metzgers beim Zerwirken in den Räumen des Metzgers darf der Jäger nach Meinung des Bundesverbraucherschutzministeriums nicht in Anspruch nehmen, weil die Direktabgabe vom Jäger an den Endverbraucher nicht erfolgen könne. Eine Rückverfolgbarkeit des Wildfleisches in der Lebensmittelkette sei nicht mehr sichergestellt. Ein Ausweg könnte sein, dass die Räumlichkeiten gemeinsam genutzt werden[489].

Hygienedefizite werden u. U. mit Bußgeldern geahndet, wenn sie fahrlässig oder vorsätzlich verursacht werden. Hierunter können Temperaturverstöße, Einfrieren in der Decke, Nichtenthäuten vor dem Inverkehrbringen, Nichtausweiden von Kleinwild, Lagern oder Befördern von Wild mit unverpacktem Fleisch, Mängel beim Aufbrechen, Versorgen, Untersuchen, Kühlen und Kennzeichnen fallen. Wer z.B. die Trichinenuntersuchung auch bei Selbstverwertung unterlässt, macht sich auch künftig strafbar.

Merke[490]:

Es werden vier Arten der Abgabe unterschieden:

1. Verwertung im eigenen Haushalt

2. Abgabe kleiner Mengen Wild (= in der Decke)

3. Abgabe kleiner Mengen Wild aus der Decke geschlagen

4. Abgabe an Wildbearbeitungsbetriebe

Art der Abgabe	Registrierung	Schulung erforderlich?	Wildursprungsbescheinigung
1.	Nein	Nein	Nein
2.	empfohlen	Ja	zukünftig geplant
3.	Ja	Ja	Ja
4.	Ja	Ja	Ja

---

[489] So: Wildbrethygiene neu geregelt! Das muss jeder Jäger beachten! Dr. med. vet. Friedrich Bert, Rüsselsheim
[490] http://www.rhein-erft-kreis.de/Internet/Themen/Verbraucher-
_und_Umweltschutz/Mensch_und_Tier/datednews/die-neue-wildbrethygiene-in-nrw.html

Die Neuerungen im Lebensmittelhygienerecht ermöglichen eine Übertragung der Trichinenprobeentnahme durch die zuständige Behörde auf den Jagdausübungsberechtigten. Voraussetzung ist der erfolgte Besuch der Schulung zur „kundigen" Person. Mit dem Nachweis der Schulung kann der Jäger bei seinem zuständigen Veterinär- und Lebensmittelüberwachungsamt die Erlaubnis zur Trichinenprobeentnahme schriftlich beantragen. Die Landesjagdverbände haben Schulungen für Jäger organisiert. Die Schulung zur kundigen Person soll zukünftig in die Jungjägerausbildung aufgenommen werden. Es gibt allerdings weiterhin noch Kreise, die eine Übertragung nicht ermöglichen. Insbesondere bei einigen Kreisen mit Schweinepest, sind die Wildschweine in die Wildsammelstellen zu verbringen, wo eine Kennzeichnung mit den dort hinterlegten Ohrmarken erfolgt und wo die Probeentnahme für die Trichinenuntersuchung generell durchgeführt wird.

Deutz hat auf der Tagung der Jägerschaft vom 15. und 16. Februar 2000 in Graz, Schweiz 10 Gebote für die Wildbrethygiene aufgestellt[491] wobei die gesetzlichen Vorschriften der Bundesrepublik Deutschland bzw. der EU zusätzlich zu beachten sind:

1. Ansprechen (Verhalten, Konstitution, Durchfall?)
2. Jagdmethode (Hetzen, Treiben als Qualitätsverlust)
3. Schuss (Kaliber, Entfernung, Licht, Sitz des Schusses)
4. Äußerlich feststellbare Veränderungen (z.B. Räude, Verletzungen, Abszesse)
5. Aufbrechen (unverzüglich, sorgsam, sauber)
6. Innerlich feststellbare Veränderungen (Organe, Körperhöhlen, Muskulatur)
7. Ausschweißen, Reinigen (Wasser von Trinkqualität)
8. Auskühlen (vor Insekten schützen)
9. Transport (Gefahr der stickigen Reifung!)
10. Lagerung, Kühlung, Verarbeitung (Wildkammer, Kühlraum, Arbeitshygiene).

Bereits beim Ansprechen muss der Jäger auf das Verhalten des Tieres achten. Auffälligkeiten wie z.B. Durchfall müssen beim späteren Aufbrechen beachtet werden. Auf den ersten Blick mag man sich fragen, weshalb die Jagdmethode Einfluss auf die Wildbrethygiene hat. Krug hat festgestellt, dass bei Rehen die in der Schweiz auf Treibjagden erlegt worden sind 10 Millionen Keime/cm² vorhanden sind. Bei auf Einzeljagden erlegtem Rehwild dagegen nur 100.000 Keime/cm²[492]. Ein Grund für diesen Unterschied ist sicherlich, dass bei Treibjagden der Schuss häufig schlechter sitzt. Auch das verzögerte Aufbrechen mag ein Grund hierfür sein. Hetzen verbraucht Glykogen in der Muskulatur. Dadurch kann eine vollständige Fleischreifung nicht erfolgen. Diese ist aber für den typischen Wild-Geschmack erforderlich. Äußerlich feststellbare Veränderungen sind z.B. Räude, Kotverschmutzungen (Durchfall), Abszesse bzw. Geschwülste, Schwellungen der Gelenke. Beim Aufbrechen ist sorgsam vorzugehen. Das Arbeitsmittel sollte hygienisch einwandfrei sein. Soweit Wasser genutzt wird, ist auf Trinkwasserqualität zu achten. Auch sollte das Aufbrechen unverzüglich nach dem Erlegen des Wildes erfolgen. Die Darmbarriere für Bakterien bricht bereits nach ca. 30 bis 45 Minuten zusammen. Dadurch gelangen Keime und Gase in die umliegende Muskulatur. Verzögerungen führen zur Keimvermehrung und mindern damit die Qualität des Wildbrets bis zur Genussuntauglichkeit. Bei den innerlich feststellbaren Veränderungen ist auf die Organe, die Körperhöhlen und die Muskulatur zu achten. Zum Auskühlen und der Lagerung wurde bereits ausführlich Stellung bezogen. Beim Transport muss beachtet werden,

---

[491] „Die 10 Gebote für die Wildbrethygiene", Deutz, Tagung für die Jägerschaft, 15. und 16. Februar 2000.
[492] Krug, „Das Töten von Wild.", Amtstierärztlicher Dienst und Lebensmittelkontrolle 5, Seite 238-241.

dass mit dem Verenden des Wildes eine stickige Reifung (sog. „Verhitzen") einsetzt. Ein Transport des körperwarmen Wildkörpers im Kofferraum, gestapelt oder in der Schweißeinlage des Rucksacks sollte verhindert werden. Ein derartiger Transport verhindert das rasche Abkühlen des Tierkörpers und beschleunigt daher das Verhitzen. Das Wildbret ist dann an seinem säuerlichen Geruch, z. T. nach Schwefelwasserstoff und Ammoniak riechend, erkennbar. Das Fleisch weist eine starke Farbabweichung (ins kupferrote) auf. Derartiges Fleisch gilt als verdorben.

Ernstgenommene Wildbrethygiene bedeutet, dass zukünftig eine unmittelbare Versorgung erfolgt und danach nur noch ein symbolisches Streckenlegen möglich ist. Hieran muss sich die Jagdgesellschaft erst gewöhnen.

Beispiel für bedenkliche Merkmale an einer Schwarzwildleber (weiße Punkte[493]):

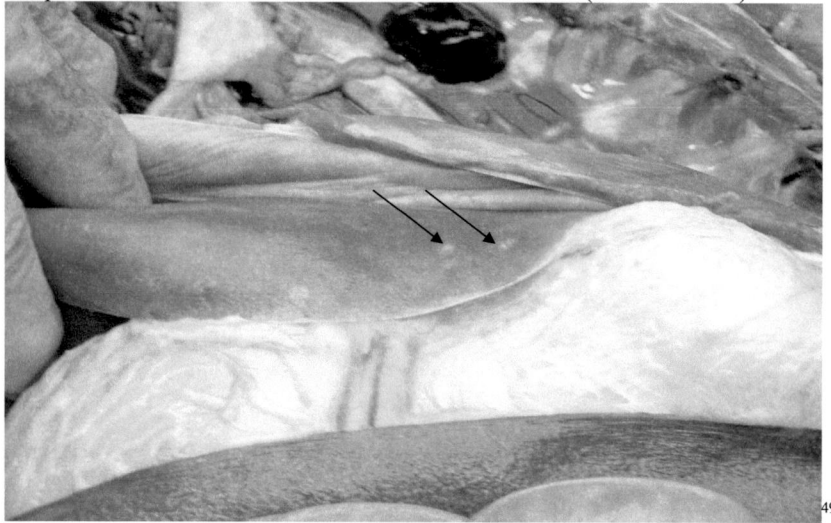

494

---

[493] Hierbei könnte es sich um einen schweren Parasitenbefall handeln oder um Geflügeltuberkulose.
[494] Quelle: Eigenes Foto.

Nach Feststellung der bedenklichen Merkmale an der Schwarzwildleber ist zudem der Lymphknoten auf krankhafte Veränderungen zu untersuchen. Die Lymphknoten befinden sich an der jeweiligen Aufhängung der Organe. An der Anwachsstelle der oben dargestellten krankhaften Leber fand sich folgendes Bild eines krankhaft veränderten Lymphknotens:

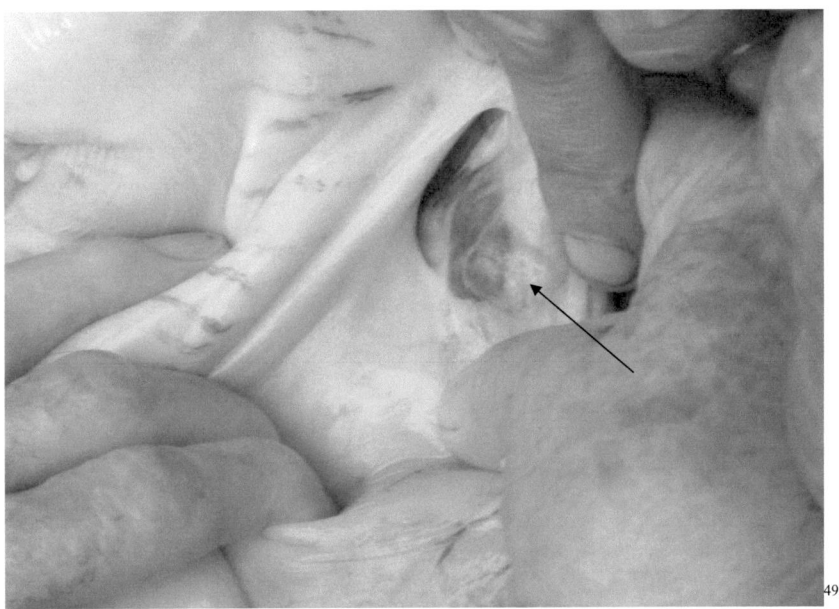
495

Die Kenntnis bedenklicher Merkmale ist unabdingbar. Der Gesetzgeber verlangt nämlich, dass besonders auch der Jäger auf bedenkliche Merkmale bei seiner Fleischuntersuchung zu achten hat. Bedenkliche Merkmale sind z.B. abnormes Verhalten, Störung des Allgemeinbefindens, Fallwild, zahlreiche Geschwülste oder Abszesse, Schwellungen der Gelenke oder Hoden, Hodenvereiterungen, Leber- oder Milzschwellung, Darm- oder Nabelentzündung, fremder Inhalt in den Körperhöhlen, wenn Brust- oder Bauchfell verfärbt, erhebliche Gasbildung im Magen-Darmkanal mit Verfärbung der inneren Organe, erhebliche Abweichungen der Muskulatur oder der Organe in Farbe, Konsistenz oder Geruch, ältere offene Knochenbrüche, erhebliche Abmagerung oder Muskelschwund, frische Verklebungen oder Verwachsungen von Organen mit Brust- oder Bauchfell, stickige Reifung.[496] Wird ein bedenkliches Merkmal gefunden, ist das Wildbret immer einer amtlichen Fleischuntersuchung zu unterziehen. Alternativ kann der Jäger selbst es als für den menschlichen Verzehr ungeeignet beurteilen und das Wildbret fachgerecht entsorgen lassen. Vor diesem Hintergrund muss der Jäger die Lage der Organe im Wildbret kennen und auch deren normale Größe, Farbe und Konsistenz. Die folgenden Bilder sollen nur einige Beispiele für normale oder veränderte Organe sein. Ausführliche Ausführungen zu dieser Thematik finden sich in diversen einschlägigen Fachbüchern.

---

[495] Quelle: Eigenes Foto.
[496] Von Braunschweig, Wildkrankheiten und Fleischbeschau, Landbuch Verlag Hannover, 6. überarbeitete Auflage 2000, Seite 109 f.

Zu heller Lungenflügel eines Stück Schwarzwildes:

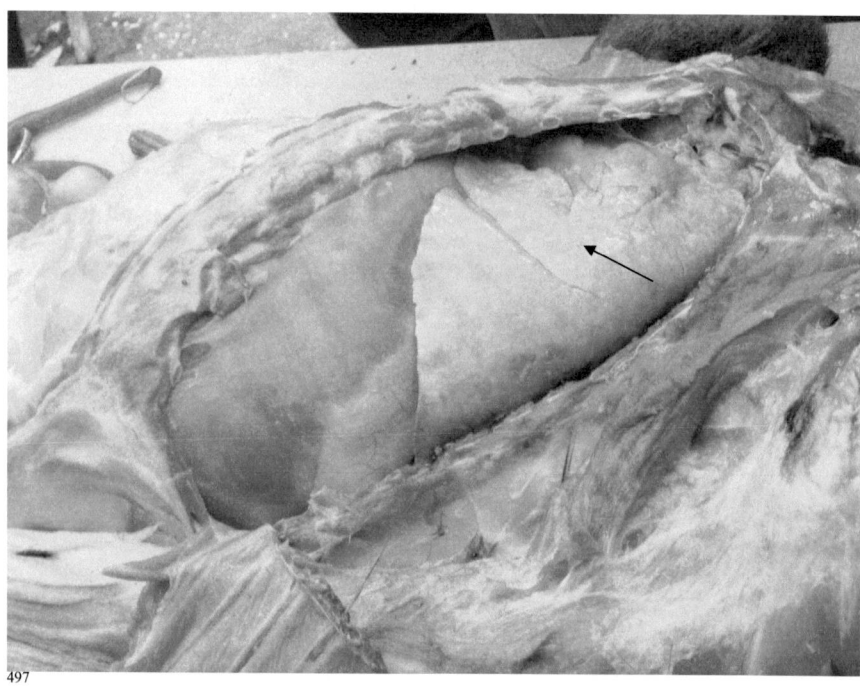

497

Die zuvor dargestellte Lunge ist viel zu hell. Allerdings stellte sich hier heraus, dass das Stück einen Lungenschuss hatte und diese daher entblutete. Allerdings sind hier deutlich kleine Vernarbungen zu sehen. Diese können von Lungenwürmern oder einer Lungenentzündung resultieren. Die Lunge von erlegtem Wild, das Lungenwurmbefall zeigt, ist als genussuntauglich anzusehen. Lungenwurmweibchen legen etwa 200.000 Eier.

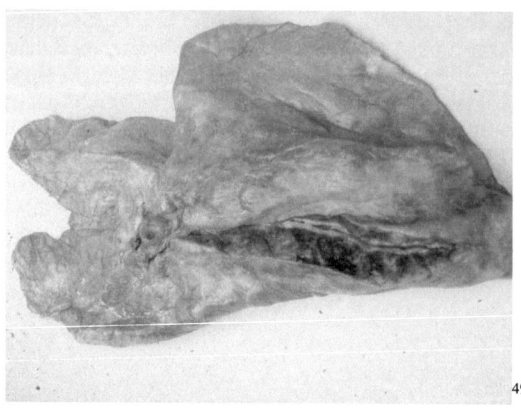

498

---

[497] Quelle: Eigenes Foto.
[498] Quelle: Eigenes Foto einer Schwarzwildlunge.

Ein weiteres wichtiges Organ ist das Herz. Ein gesundes Herz ist blutleer, da sich ein gesunder Herzmuskel beim Eintritt des Todes zusammenzieht.

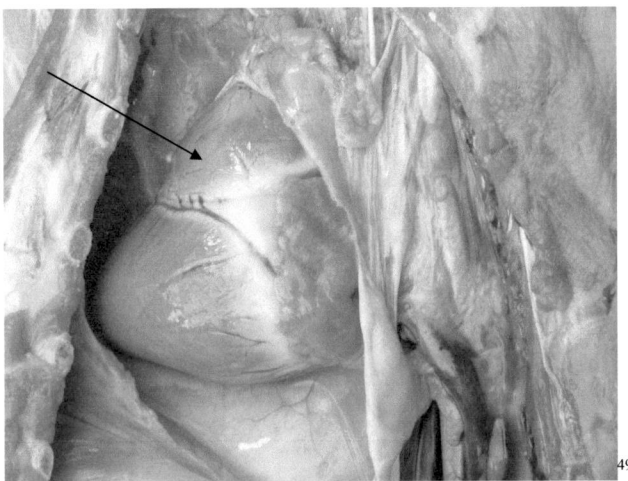

Das bedeutsamste Lymphorgan ist die Milz. Diese ist daher für die Fleischbeschau besonders wichtig. Die Milz liegt immer links am Magen.

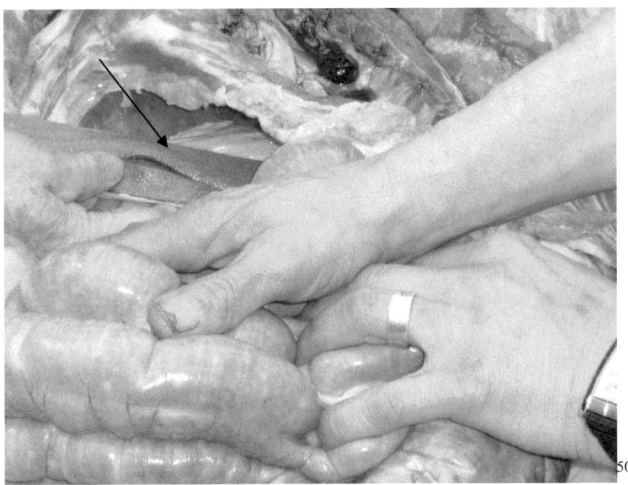

---

[499] Quelle: Eigenes Foto, gesundes Herz im Schwarzwild.
[500] Quelle: Eigenes Foto.

Foto einer Gallenblase am erlegten Schwarzwild mit krankhaft veränderter Leber:

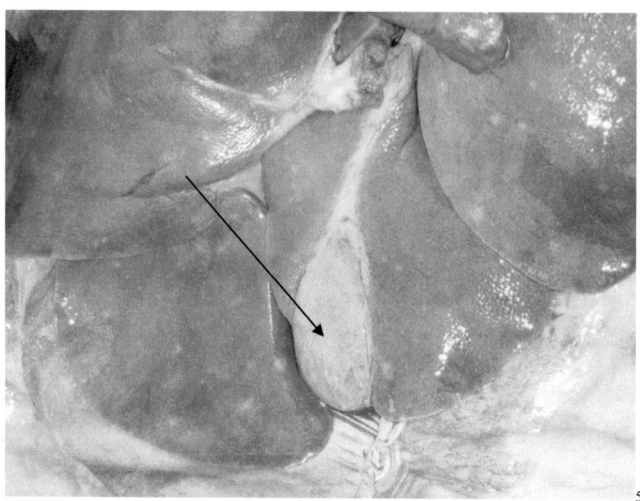

501

Abschließend noch ein kurzer Hinweis: Für Wildhackfleisch gibt es weitere starke gesetzliche Einschränkungen. Das gewerbsmäßige Herstellen, Behandeln und Inverkehrbringen von rohem zerkleinertem Wildfleisch wird durch die Lebensmittelhygieneverordnung (vormals in der Hackfleischverordnung) geregelt.

Beispiel für Unbedenklichkeitsbescheinigung:

Bescheinigung[502]

Nummer:

....../Jahr
Nach Verordnung (EG) Nr. 853/2004 Anhang III Abschnitt IV

Untersuchende kundige Person (Name, Anschrift)

....

....

....

Feststellungen der kundigen Person:

Wildart: Nr.   Erlegungsdatum: Jagdrevier:

Feststellungen (zutreffend ankreuzen):

☐	Für die Tiere mit Nr.:..
	- wurden vor dem Erlegen vom Erleger keine Verhaltensstörungen des Tieres beobachtet
	- wurden bei der Untersuchung des Wildkörpers und aller Eingeweide von mir keine auffälligen Merkmale beobachtet, die darauf schließen lassen, dass das Fleisch gesundheitlich bedenklich sein könnte
	- besteht kein Verdacht auf Umweltkontamination

j	Folgende auffällige Merkmale / Verhaltensstörung / Verdacht auf Umweltkontamination wurden von mir festgestellt (jeweils Nr. des Tieres und genaue Beschreibung): .... Folgende Teile sind beigefügt: Kopf, außer Hauer, Geweih und Hörner, sowie alle Eingeweide außer Magen und Gedärme

Unterschrift kundige Person

---

[502] In NRW wird der Wildursprungsschein zusammen mit Wildmarken für Schalenwild in 2008 mit geringen Abweichungen eingeführt. Sie werden durch die für das Revier zuständigen Veterinär- und Lebensmittelämter ausgegeben.

3. Produkthaftung – Wildbret und Justitia

Die Bundesbürger verbrauchen pro Kopf und Jahr etwa 600 g Wildfleisch. Der heimische Jäger trägt dabei die Verantwortung für sein Produkt. Nach der Vorschrift des § 1 Abs. 1 Produkthaftungsgesetz[503] ist der Hersteller eines Produktes schadensersatzpflichtig, wenn durch einen Produktfehler jemand getötet, in seiner Gesundheit verletzt oder eine Sache beschädigt wird. Da es sich um eine sog. Gefährdungshaftung handelt, kommt es auf ein Verschulden des Herstellers nicht an. Diese Vorschrift hat für den Jäger bei der Weitergabe von Wildbret Bedeutung. Dies bedeutet nämlich, dass Jäger von Verbrauchern im Fall der Weitergabe von gesundheitlich bedenklichem Wildbret auf Schadensersatz in Anspruch genommen werden können. Allerdings muss der entstandene Schaden durch den Produktfehler verursacht worden sein[504]. Dies wird Zurechnungszusammenhang genannt. In aller Regel muss der Verletzte die anspruchsbegründenden Voraussetzungen und die Herstellereigenschaft darlegen und beweisen. Nach Numßen dürften die Personenschäden, die auf Grund der Weitergabe genussuntauglichen Wildbrets an den Verbraucher erfolgt sind, allerdings grundsätzlich von der Jagdhaftpflichtversicherung gedeckt sein[505].

Merke

Wildbretthygiene beginnt **vor** dem Schuss!! Schon die Jagdart muss den Begebenheiten entsprechen. Sauber ansprechen und Sauber schießen!!

---

[503] „Bei der Zubereitung von Fleisch wildlebender Tiere, die erfahrungsgemäß durch Schüsse mit Schrot erlegt werden, trifft den Gastwirt bzw. dessen Koch eine besondere Sorgfaltspflicht. Er muss überprüfen, ob sich Schrotkugelreste in dem zubereiteten Wildgericht befinden", AG Waldkirch, Urteil vom 27.01.2000, 1 C 397/99.

[504] Siehe hierzu: Palandt, Sprau, 66. Auflage, 2007, § 1 ProdHaftG, Rn. 17.

[505] Vgl. dazu Numßen, WuH 1/2001, Seite 52 f.

14. Teil : Reiten im Revier

In der Praxis beschweren sich die Jagdausübungsberechtigten häufig über Störungen der Jagd durch Reiter. Diese gingen abseits der Wege ihrem Sport nach und störten so vielfach den ansitzenden Jäger. Diese Fragen haben uns bewogen, hier ein kleines Kapitel über die Rechte des Jägers gegenüber Reitern einzufügen.

Zunächst ist zwischen Reiten im Wald und im Feld zu unterscheiden. Zwar hat jeder Bürger das Recht, den Wald zu betreten, jedoch erfährt das Reiten im Wald gesetzliche Einschränkungen. Das Reiten im Wald ist nach § 14 Abs. 1 Bundeswaldgesetz nämlich nur auf Straßen und Wegen gestattet. § 50 Abs. 2 Landschaftsgesetz NRW bestimmt, dass das Reiten im Walde auf den nach den Vorschriften der Straßenverkehrsordnung als Reitwege gekennzeichneten privaten Straßen und Wegen (Reitwege) gestattet ist. Die nach den Vorschriften dieses Gesetzes gekennzeichneten Wanderwege und Wanderpfade sowie Sport- und Lehrpfade dürfen nicht als Reitwege gekennzeichnet werden. Die Kreise und die kreisfreien Städte können im Einvernehmen mit der unteren Forstbehörde und nach Anhörung der betroffenen Gemeinden Ausnahmen von Satz 1 zulassen und insoweit bestimmen, dass in Gebieten mit regelmäßig nur geringem Reitaufkommen auf die Kennzeichnung von Reitwegen verzichtet wird. In diesen Gebieten ist das Reiten auf allen privaten Straßen und Wegen zulässig, mit Ausnahme der Wege und Pfade im Sinne des Satzes 2, die nicht zugleich als für Reiter mitnutzbare Wanderwege gekennzeichnet sind. Die Zulassung ist im amtlichen Verkündungsorgan des Kreises oder der kreisfreien Stadt bekannt zu geben.

Die Reitbefugnisse dürfen nur so ausgeübt werden, dass die Belange der anderen Erholungssuchenden und die Rechte der Eigentümer oder Besitzer nicht unzumutbar beeinträchtigt werden. Sie gelten nicht für Gärten, Hofräume und sonstige zum privaten Wohnbereich gehörende oder einem gewerblichen oder öffentlichen Betrieb dienende Flächen.

Der Reiter unterliegt damit diesen gesetzlichen Einschränkungen und den Weisungen der zuständigen Forstbeamten. Der Jäger kann den Reiter auf die landesgesetzlichen Vorschriften verweisen und ggf. anzeigen. Dieser muss sodann mit einem Bußgeld rechnen. Zudem hat der jagdausübungsberechtigte Pächter die Möglichkeit, sich die Besitzschutzrechte der Waldeigentümer abtreten zu lassen. Damit hat er einen Anspruch auf Unterlassung und Schadensersatz. Meist dürfte es aber ausreichen, die Abtretung gegenüber den örtlichen Reitvereinen bekannt zu geben.

Eine weitere Möglichkeit ist in § 19 a Bundesjagdgesetz zu sehen. Dieser verbietet das Beunruhigen von Wild insbesondere an seinen Brut-, Nist- und Wohnstätten. Hierauf kann der Reiter ebenfalls hingewiesen werden.

Das Reiten in der freien Landschaft ist über den Gemeingebrauch an öffentlichen Verkehrsflächen hinaus auf privaten Straßen und Wegen gestattet. Dies gilt sinngemäß für das Kutschfahren auf privaten Wegen und Straßen, die nach der Straßenverkehrsordnung nur für den landwirtschaftlichen Verkehr freigegeben sind. Für Bereiche in der freien Landschaft, in denen durch das Reiten erhebliche Beeinträchtigungen anderer Erholungssuchender oder erhebliche Schäden entstehen würden, kann das Reiten auf bestimmten Straßen und Wegen beschränkt werden. Private Straßen und Wege, auf denen nicht geritten werden darf, sind nach den Vorschriften der Straßenverkehrsordnung zu kennzeichnen.

Wer in der freien Landschaft oder im Wald reitet, muss gemäß der Vorschrift des § 51 Landschaftsgesetz NRW ein gut sichtbares, am Pferd beidseitig angebrachtes gültiges Kennzeichen führen.

Ergänzend ein Auszug aus dem Landesforstgesetz NRW:

§ 2 Betreten des Waldes (Zu § 14 Bundeswaldgesetz)

(1) Das Betreten des Waldes zum Zwecke der Erholung ist auf eigene Gefahr gestattet, soweit sich nicht aus den Bestimmungen dieses Gesetzes oder aus anderen Rechtsvorschriften Abweichungen ergeben.

(3) Wer den Wald betritt, hat sich so zu verhalten, dass die Lebensgemeinschaft Wald und die Bewirtschaftung des Waldes nicht gestört, der Wald nicht gefährdet, beschädigt oder verunreinigt sowie andere schutzwürdige Interessen der Waldbesitzer und die Erholung anderer nicht unzumutbar beeinträchtigt werden. Im Wald dürfen Hunde außerhalb von Wegen nur angeleint mitgeführt werden; dies gilt nicht für Jagdhunde im Rahmen jagdlicher Tätigkeiten sowie für Polizeihunde.

(4) Organisierte Veranstaltungen im Wald sind der Forstbehörde vor Beginn der beabsichtigten Maßnahme rechtzeitig anzuzeigen, sofern sie nicht mit geringer Teilnehmerzahl zum Zwecke der Umweltbildung durchgeführt werden. Die Forstbehörde kann die Veranstaltung von bestimmten Auflagen abhängig machen oder verbieten, wenn zu erwarten ist, dass durch die Veranstaltung eine Gefahr für den Wald, seine Funktionen oder die dem Wald und seinen Funktionen dienenden Einrichtungen besteht.

§ 3 Betretungsverbote (Zu § 14 Bundeswaldgesetz)

(1) Verboten ist das

a) Betreten von Forstkulturen, Forstdickungen, Saatkämpen und Pflanzgärten,

b) Betreten ordnungsgemäß als gesperrt gekennzeichneter Waldflächen,

c) Betreten von Waldflächen, während auf ihnen Holz eingeschlagen oder aufbereitet wird,

d) Betreten von forstwirtschaftlichen, jagdlichen, imkerlichen und teichwirtschaftlichen Einrichtungen im Walde und

e) Fahren im Wald mit Ausnahme des Radfahrens und des Fahrens mit Krankenfahrstühlen auf Straßen und festen Wegen sowie das Zelten und das Abstellen von Wohnwagen und Kraftfahrzeugen im Wald, soweit hierfür nicht eine besondere Befugnis vorliegt. Verboten ist ferner das Reiten im Wald, soweit es nicht nach den Bestimmungen des Landschaftsgesetzes gestattet ist oder hierfür nicht eine besondere Befugnis vorliegt, der Verbote nach anderen Rechtsvorschriften nicht entgegenstehen.

Anlage

Unfallverhütungsvorschriften Jagd vom 01. Januar 2000

§ 1 Grundsätze

Diese Unfallverhütungsvorschrift gilt für den Umgang mit Waffen und Munition sowie für die Ausübung der Jagd.

§ 2 Waffen und Munition

(1) Es dürfen nur Schusswaffen verwendet werden, die den Bestimmungen des Waffengesetzes entsprechen und nach dem Bundesjagdgesetz für jagdliche Zwecke zugelassen sind. Die Waffen müssen funktionssicher sein und dürfen nur bestimmungsgemäß verwendet werden.
(2) Es darf nur die für die jeweilige Schusswaffe bestimmte Munition in einwandfreiem Zustand verwendet werden.
(3) Auch nicht gewerbsmäßig hergestellte Munition muss den gesetzlichen Bestimmungen entsprechen.
(4) Flintenlaufgeschosspatronen müssen so mitgeführt werden, dass Verwechslungen mit Schrotpatronen ausgeschlossen sind.

§ 3 Ausübung der Jagd

(1) Schusswaffen dürfen nur während der tatsächlichen Jagdausübung geladen sein. Die Laufmündung ist stets – unabhängig vom Ladezustand – in eine Richtung zu halten, in der niemand gefährdet wird. Nach dem Laden ist die Waffe zu sichern.
(2) Eine gestochene Waffe ist sofort zu sichern und zu entstechen, falls der Schuss nicht abgegeben wurde.
(3) Beim Besteigen von Fahrzeugen und während der Fahrt muss die Schusswaffe entladen sein. Beim Besteigen oder Verlassen eines Hochsitzes, beim Überwinden von Hindernissen oder in ähnlichen Gefahrlagen müssen die Läufe (Patronenlager) entladen sein.
(4) Ein Schuss darf erst abgegeben werden, wenn sich der Schütze vergewissert hat, dass niemand gefährdet wird.
(5) Von Wasserfahrzeugen aus darf im Stehen nur geschossen werden, wenn das Fahrzeug gegen Umschlagen und der Schütze gegen Stürzen gesichert sind.
(6) Bei einer mit besonderen Gefahren verbundenen Jagdausübung ist ein Begleiter zur Hilfeleistung mitzunehmen.
(7) Fangeisen dürfen nur mit einer entsprechenden Vorrichtung gespannt und nur mit einem geeigneten Gegenstand ge- bzw. entsichert werden.
(8) Fangeisen dürfen fängisch nur so aufgestellt werden, dass keine Personen gefährdet werden.

§ 4 Besondere Bestimmungen für Gesellschaftsjagden

(1) Bei Gesellschaftsjagden muss der Unternehmer einen Jagdleiter bestimmen, wenn er nicht selbst diese Aufgabe wahrnimmt. Die Anordnungen des Jagdleiters sind zu befolgen.
(2) Der Jagdleiter hat den Schützen und Treibern die erforderlichen Anordnungen für den gefahrlosen Ablauf der Jagd zu geben. Er hat insbesondere die Schützen und Treiber vor Beginn der Jagd zu belehren und ihnen die Signale bekannt zu geben.

(3) Sofern der Jagdleiter nichts anderes anordnet, ist die Waffe erst auf dem Stand zu laden und nach Beendigung des Treibens sofort zu entladen.

(4) Der Jagdleiter hat Personen, die infolge mangelnder geistiger und körperlicher Eignung besonders unfallgefährdet sind, die Teilnahme an der Jagd zu untersagen.

(5) Der Jagdleiter kann für einzelne Aufgaben Beauftragte einsetzen.

(6) Bei Standtreiben haben der Jagdleiter oder die von ihm zum Anstellen bestimmten Beauftragten den Schützen ihre jeweiligen Stände anzuweisen und den jeweils einzuhaltenden Schussbereich genau zu bezeichnen. Nach Einnehmen der Stände haben sich die Schützen mit den jeweiligen Nachbarn zu verständigen; bei fehlender Sichtverbindung hat der Jagdleiter diese Verständigung sicherzustellen. Sofern der Jagdleiter nichts anderes bestimmt, darf der Stand vor Beendigung des Treibens weder verändert noch verlassen werden. Verändert oder verlässt ein Schütze mit Zustimmung des Jagdleiters seinen Stand, so hat er sich vorher mit seinen Nachbarn zu verständigen.

(7) Wenn sich Personen in gefahrbringender Nähe befinden, darf in diese Richtung weder angeschlagen noch geschossen werden. Ein Durchziehen mit der Schusswaffe durch die Schützen- oder Treiberlinie ist unzulässig.

(8) Mit Büchsen- oder Flintenlaufgeschossen darf nicht in das Treiben hineingeschossen werden. Ausnahmen kann der Jagdleiter nur unter besonderen Verhältnissen zulassen, sofern hierdurch eine Gefährdung ausgeschlossen ist.

(9) Bei Kesseltreiben bestimmt der Jagdleiter, ab wann nicht mehr in den Kessel geschossen werden darf; spätestens darf jedoch nach dem Signal "Treiber rein" nicht mehr in den Kessel geschossen werden.

(10) Die Waffe ist außerhalb des Treibens stets ungeladen, mit geöffnetem Verschluss und mit der Mündung nach oben oder abgeknickt, zu tragen. Bei besonderen Witterungsverhältnissen kann der Jagdleiter zulassen, dass Waffen geschlossen und mit der Mündung nach unten getragen werden, wenn sie entladen sind.

(11) Durchgeh- oder Treiberschützen dürfen während des Treibens nur entladene Schusswaffen mitführen. Dies gilt nicht für Feldstreifen und Kesseltreiben.

(12) Bei Gesellschaftsjagden müssen sich alle an der Jagd unmittelbar Beteiligten deutlich farblich von der Umgebung abheben.

(13) Bei schlechten Sichtverhältnissen hat der Jagdleiter die Jagd einzustellen.

§ 5 Nachsuche

(1) Der Hundeführer wird durch den Unternehmer oder seinen Beauftragten als Jagdleiter bestimmt; er hat damit Weisungsrecht bei der Nachsuche, falls weitere Personen beteiligt sind.

(2) Der Hundeführer muss die notwendige persönliche Schutzausrüstung benutzen.

(3) Der Lauf der Waffe ist vor eindringenden Fremdkörpern zu schützen.

(4) Kinder und Jugendliche dürfen nicht an der Nachsuche teilnehmen.

(5) Der Unternehmer hat bei der Nachsuche für die Bereitstellung von Erste-Hilfe-Material zu sorgen.

(6) Es gelten im Übrigen die Vorschriften von §4 Absätze 2, 3, 5, 6, 7, 10 und 12 entsprechend.

§ 6 Übungsschießen

(1) Das Übungsschießen ist nur auf behördlich zugelassenen Schießständen erlaubt.

(2) Beim Schießen ist geeigneter Gehörschutz zu tragen.

§ 7 Hochsitze

(1) Der Unternehmer muss sicherstellen, dass Hochsitze, ihre Zugänge sowie Stege fachgerecht errichtet und mit Einrichtungen gegen das Abstürzen von Personen gesichert sind, bei ortsveränderlichen Hochsitzen die Standsicherheit gewährleistet ist, Hochsitze vor jeder Benutzung, mindestens jedoch einmal jährlich, geprüft werden, nicht mehr benötigte Einrichtungen abgebaut werden.

(2) Aufgenagelte Sprossen sind nur an geneigt stehenden Leitern zulässig. Sie sind mit den Leiterholmen fest zu verbinden und auf diesen nach unten hin abzustützen.

§ 8 Ordnungswidrigkeiten

Ordnungswidrig im Sinne des § 209 Absatz 1 Nr. 1 Siebtes Buch Sozialgesetzbuch (SGB VII) handelt, wer vorsätzlich oder fahrlässig den Bestimmungen des
§ 2 Abs. 1,
§ 3 Abs. 1 Satz 1,
§ 4 Abs. 1 Satz 1, Abs. 2, 3, 6, 7, Abs. 8 Satz 1, Abs. 10 Satz 1 oder Abs. 11 atz 1,
§ 5 Abs. 4,
§ 6 Abs. 1 oder
§ 7 Abs. 1 Ziffern 3 oder 4
zuwiderhandelt.

§ 9 Inkrafttreten

Diese Unfallverhütungsvorschrift tritt am 1. Januar 2000 in Kraft. Gleichzeitig tritt die Unfallverhütungsvorschrift "Jagd" (UVV 4.4) vom 1. Januar 1981 außer Kraft.

Anmerkungen zur Unfallverhütungsvorschrift

Gemäß der Vorschrift des § 123 Abs. 1 Nr. 5 SGB VII ist die landwirtschaftliche Berufsgenossenschaft für die Jagden zuständig. Der Jagdausübungsberechtigte ist Zwangsmitglied dieser Genossenschaft, die die gesetzliche Unfallversicherung (Schäden, die der Jagdausübungsberechtigte anlässlich der Jagdausübung selbst erleidet) abdeckt. Aufgabe der Unfallversicherung ist es u. a. Arbeitsunfälle zu verhüten und nach Eintritt von Arbeitsunfällen die Gesundheit und Leistungsfähigkeit der Versicherten mit allen geeigneten Mitteln wieder herzustellen und sie oder ihre Hinterbliebenen durch Geldleistungen zu entschädigen. Nach § 8 SGB VII sind auch Wegeunfälle abgedeckt. Hierunter ist das Zurücklegen des mit der versicherten Tätigkeit zusammenhängenden unmittelbaren Weges nach und von dem Ort der Tätigkeit zu verstehen[506].

Es sind nur Personen versichert, die Unternehmer eines landwirtschaftlichen Unternehmens sind, hier der Eigenjagdbesitzer und der Jagdpächter. U. a. der Jagdgast[507] ist von dieser Versicherung frei (§ 4 Abs. 2 Nr. 1 SGB VII). Hier kommt es u. U. aber auch auf den Einzelfall an. Allerdings sind mitarbeitende Ehegatten und Beschäftigte bzw. diejenigen die wie Beschäftige tätig werden, umfasst. Letzteres ist für den Jagdgehilfen bedeutsam, der zur Mithilfe im Revier verpflichtet wird. So sind auch Treiber und Hundeführer Jagdgehilfen, wenn Sie nicht zugleich Schützen sind[508]. Auch der Schweißhundehalter bei der Nachsuche ist hiervon umfasst[509].

Die Berufsgenossenschaft erlässt die Unfallverhütungsvorschrift zum Schutz der versicherten Personen, von Dritten und der Öffentlichkeit. Aus diesem Schutzzweck folgt auch, dass die Verletzung der Unfallverhütungsvorschriften regelmäßig eine schuldhafte Verletzung der allgemeinen Verkehrssicherungspflicht ist[510]. So hat der Jagdleiter die Gesellschaftsjagd nach den Vorschriften der UVV zu planen und durchzuführen (z. B. Warnkleidung). Allgemeine Hinweise, dass jeder für seinen Schuss verantwortlich ist, entbinden den Jagdleiter hiervon nicht[511]. Das Betreten jagdlicher Einrichtungen ist gemäß der Vorschrift des § 3 Abs. 1 d LFoG verboten. Demnach muss der Jagdausübungsberechtigte hierfür keine besonderen Schussvorrichtungen treffen[512], wenn nicht Spielplätze, Parkplätze oder Ortsränder in der Nähe sind[513]. Die UVV Jagd wurden von der Landwirtschaftlichen Berufsgenossenschaft als autonome Satzungen i. S. v. § 15 SGB IV erlassen.

Hier nochmals einige wichtige Bestimmungen:

➢ *Besondere Bestimmungen für Gesellschaftsjagden*

Bei Gesellschaftsjagden muss der Unternehmer einen Jagdleiter bestimmen, wenn er nicht selbst diese Aufgabe wahrnimmt. Die Anordnungen des Jagdleiters sind zu befolgen.

---

[506] Kümmerle, Nagel, Jagdrecht in Baden-Württemberg, 10. Auflage 2006, Seite 520.
[507] Vgl. hierzu auch: LsozG NW, Urteil vom 28. August 1996, Az.: L 17 U 72/95.
[508] BayLSozG, urteil vom 20. Oktober 1996, Az.: L 17 U 383/95.
[509] HessLSG, Urteil vom 17.03.1982.
[510] OLG Koblenz, Urteil vom 25. Oktober 1990, Az.: 5 U 1753/89.
[511] LG Düsseldorf, Urteil vom 25.01.2001, Az.: 3 O 442/98.
[512] OLG Köln, Urteil vom 20.07.1982, Az.: 14 U 67/81.
[513] Von Pückler in WuH 17/2001, Seite 97; Müller-Schallenberg, Knemeyer, Jagdrecht Nordrhein-Westfalen, 3. neu bearbeitete Auflage 2006, Seite 112.

Durchführungsanweisung zu Absatz 1
Zur Gesellschaftsjagd gehören z. B. Treibjagden und Drückjagden.

Der Jagdleiter hat den Schützen und Treibern die erforderlichen Anordnungen für den gefahrlosen Ablauf der Jagd zu geben. Er hat insbesondere die Schützen und Treiber vor Beginn der Jagd zu belehren und ihnen die Signale bekannt zu geben.

Durchführungsanweisung zu Absatz 2
Zur Belehrung gehört insbesondere der Hinweis auf die Vorschriften in Absatz 3 sowie in den Absätzen 6 bis 11.

Sofern der Jagdleiter nichts anderes anordnet, ist die Waffe erst auf dem Stand zu laden und nach Beendigung des Treibens sofort zu entladen.

Der Jagdleiter hat Personen, die infolge mangelnder geistiger und körperlicher Eignung besonders unfallgefährdet sind, die Teilnahme an der Jagd zu untersagen.

Der Jagdleiter kann für einzelne Aufgaben Beauftragte einsetzen.

Durchführungsanweisung zu Absatz 5
Zu den Aufgaben des Beauftragten können z. B. das Einweisen der Schützen in die Schützenstände und das Führen der Treiberwehr gehören.

Bei Standtreiben haben der Jagdleiter oder die von ihm zum Anstellen bestimmten Beauftragten den Schützen ihre jeweiligen Stände anzuweisen und den jeweils einzuhaltenden Schussbereich genau zu bezeichnen. Nach Einnehmen der Stände haben sich die Schützen mit den jeweiligen Nachbarn zu verständigen; bei fehlender Sichtverbindung hat der Jagdleiter diese Verständigung sicherzustellen. Sofern der Jagdleiter nichts anderes bestimmt, darf der Stand vor Beendigung des Treibens weder verändert noch verlassen werden. Verändert oder verlässt ein Schütze mit Zustimmung des Jagdleiters seinen Stand, so hat er sich vorher mit seinen Nachbarn zu verständigen.

Wenn sich Personen in gefahrbringender Nähe befinden, darf in diese Richtung weder angeschlagen noch geschossen werden. Ein Durchziehen mit der Schusswaffe durch die Schützen- oder Treiberlinie ist unzulässig.

Mit Büchsen- oder Flintenlaufgeschossen darf nicht in das Treiben hineingeschossen werden. Ausnahmen kann der Jagdleiter nur unter besonderen Verhältnissen zulassen, sofern hierdurch eine Gefährdung ausgeschlossen ist.

Durchführungsanweisung zu Absatz 8
Besondere Verhältnisse können z. B. gegeben sein durch die Geländeform oder bei Ansitzdrückjagden.

Bei Kesseltreiben bestimmt der Jagdleiter, ab wann nicht mehr in den Kessel geschossen werden darf; spätestens darf jedoch nach dem Signal "Treiber rein" nicht mehr in den Kessel geschossen werden.

Die Waffe ist außerhalb des Treibens stets ungeladen, mit geöffnetem Verschluss und mit der Mündung nach oben oder abgeknickt, zu tragen. Bei besonderen Witterungsverhältnissen kann der Jagdleiter zulassen, dass Waffen geschlossen und mit der Mündung nach unten getragen werden, wenn sie entladen sind.

Durchgeh- oder Treiberschützen dürfen während des Treibens nur entladene Schusswaffen mitführen. Dies gilt nicht für Feldstreifen und Kesseltreiben.

Durchführungsanweisung zu Absatz 11*

    1. *Als Feldstreife kann nach Entscheidung des Jagdleiters auch eine Streife mit flankierenden und vorgestellten Schützen in sonstigem übersichtlichen Gelände gelten.*

    2. *Das Mitführen der Schusswaffe mit entladenen Läufen (Patronenlager) ist ausnahmsweise für den Durchgeh- und Treiberschützen zulässig*

- *für den Eigenschutz*
- *für den Fangschutz*
- *für den Schuss auf vom Hund gestelltes Wild.*

Bei Gesellschaftsjagden müssen sich alle an der Jagd unmittelbar Beteiligten deutlich farblich von der Umgebung abheben.

Durchführungsanweisung zu Absatz 12
Als deutlich farbliche Abhebung eignen sich bei Treibern, Treiber- und Durchgehschützen z. B. gelbe Regenbekleidung oder Brustumhänge in orange-roter Signalfarbe, bei Schützen z.B. ein orangerotes Signalband am Hut.

Bei schlechten Sichtverhältnissen hat der Jagdleiter die Jagd einzustellen.

Durchführungsanweisung zu Absatz 13
Schlechte Sichtverhältnisse liegen z. B. vor bei dichtem Nebel, einsetzender Dunkelheit oder Schneetreiben.

   ➤   <u>Nachsuche</u>

Der Hundeführer wird durch den Unternehmer oder seinen Beauftragten als Jagdleiter bestimmt; er hat damit Weisungsrecht bei der Nachsuche, falls weitere Personen beteiligt sind.

Der Hundeführer muss die notwendige persönliche Schutzausrüstung benutzen.

Durchführungsanweisung zu Absatz 2
Hierzu kann z. B. das Tragen von Schutzbrille und Schutzhandschuhen gehören.

Der Lauf der Waffe ist vor eindringenden Fremdkörpern zu schützen.

Durchführungsanweisung zu Absatz 3
Hierzu eignen sich z. B. Klebestreifen aus durchschießbarem Material.

Kinder und Jugendliche dürfen nicht an der Nachsuche teilnehmen.

Der Unternehmer hat bei der Nachsuche für die Bereitstellung von Erste-Hilfe-Material zu sorgen.

Durchführungsanweisung zu Absatz 5
Auf die Unfallverhütungsvorschrift "Erste Hilfe" (VSG 1.3) wird verwiesen.

Es gelten im Übrigen die Vorschriften von § 4 Absätze 2, 3, 5, 6, 7, 10 und 12 entsprechend.

➤   *Ausübung der Jagd*

Schusswaffen dürfen nur während der tatsächlichen Jagdausübung geladen sein. Die Laufmündung ist stets - unabhängig vom Ladezustand - in eine Richtung zu halten, in der niemand gefährdet wird. Nach dem Laden ist die Waffe zu sichern.

Eine gestochene Waffe ist sofort zu sichern und zu entstechen, falls der Schuss nicht abgegeben wurde.

Beim Besteigen von Fahrzeugen und während der Fahrt muss die Schusswaffe entladen sein. Beim Besteigen oder Verlassen eines Hochsitzes, beim Überwinden von Hindernissen oder in ähnlichen Gefahrlagen müssen die Läufe (Patronenlager) entladen sein.

Ein Schuss darf erst abgegeben werden, wenn sich der Schütze vergewissert hat, dass niemand gefährdet wird.

Durchführungsanweisung zu Absatz 4
Eine Gefährdung ist z. B. dann gegeben, wenn
-   Personen durch Geschosse oder Geschossteile verletzt werden können, die an Steinen, gefrorenem Boden, Ästen, Wasserflächen oder am Wildkörper abprallen oder beim Durchschlagen des Wildkörpers abgelenkt werden,
-   beim Schießen mit Einzelgeschossen kein ausreichender Kugelfang vorhanden ist.

Von Wasserfahrzeugen aus darf im Stehen nur geschossen werden, wenn das Fahrzeug gegen Umschlagen und der Schütze gegen Stürze gesichert sind.

Bei einer mit besonderen Gefahren verbundenen Jagdausübung ist ein Begleiter zur Hilfeleistung mitzunehmen.

Durchführungsanweisung zu Absatz 6
Besondere Gefahren können sich ergeben z. B. durch Witterungs-, Gelände- und Bodenverhältnisse, vor allem im Hochgebirge, auf Gewässern und in Mooren oder bei der Nachsuche auf wehrhaftes Wild.

Fangeisen dürfen nur mit einer entsprechenden Vorrichtung gespannt und nur mit einem geeigneten Gegenstand ge- bzw. entsichert werden.

Fangeisen dürfen fängisch nur so aufgestellt werden, dass keine Personen gefährdet werden.

Durchführungsanweisung zu Absatz 8
Eine Gefährdung kann z. B. vermieden werden, wenn Fangeisen in verblendeten
Fangbunkern, Fallenkästen oder Fangburgen aufgestellt werden.

Die weiteren Bestimmungen ergeben sich aus der UVV.

Anlage

In NRW als gleichwertig anerkannte ausländische Jägerprüfungen (§ 17 Abs. 3 LJG-NRW)[514]

Belgien	
Bulgarien	Soweit zusätzlich die Berechtigung zum Selektionsabschuss von Hochwild erworben wurde
Dänemark	Mit Büchsenprüfung
Italien	Autonome Provinz Bozen-Südtirol
Jagdkomitee der Belgischen Streit-Kräfte in Deutschland	
Jagdverband der Britischen Streitkräfte in Deutschland	
Kroatien	Soweit zusätzlich die Schießprüfung erfolgreich abgelegt wurde
Luxemburg	
Niederlande	
Norwegen	Soweit zusätzlich die Schießprüfung für die Jagd auf Elche, Hirsche und Rentiere abgeschlossen wurde
Österreich	
Polen	Soweit zusätzlich die Berechtigung zur Selektion des Edelwildes erworben wurde
Schweden	
Schweiz Kantone:	Aargau, Basel-Land, Bern, Freiburg, Genf, Glarus, Graubünden, Luzern, Neuchatel, Obwalden, Schaffhausen, Solothurn, St. Gallen, Thurgau, Valais, Vaud, Zürich, Zug
Ehemalige Tschechoslowakei	Jägerprüfung bzw. Höhere Jägerprüfung
Ungarn	

---

[514] Vgl. Verwaltungsvorschrift zum Landesjagdgesetz Nordrhein-Westfalen (VV-LJG-NRW), RdErl. d. Ministeriums für Umwelt, Raumordnung und Landwirtschaft – III B 6 – 70 – 10 – 00.01 v. 24.1.2000.

Anlage

Verordnung zur Durchführung des Landesjagdgesetzes
(Landesjagdgesetzdurchführungsverordnung
– DVO LJG-NRW)

Vom 31. März 2010

Auf Grund der §§ 17 Absatz 2 und 4, 19 Absatz 2 und 5, 22 Absatz 12 Nummer 1, 25 Absatz 3, 33 Absatz 2, 40 Absatz 2 und 55 Absatz 2 des Landesjagdgesetzes Nordrhein-Westfalen in der Fassung der Bekanntmachung vom 7. Dezember 1994(GV. NRW. 1995 S.2, ber. 1997 S. 56), zuletzt geändert durch Gesetz vom 17. Dezember 2009(GV. NRW. S.871), wird nach Anhörung des zuständigen Ausschusses des Landtags verordnet:

Auf Grund der §§ 17 Absatz 2 und 4, 19 Absatz 2 und 5, 22 Absatz 12 Nummer 1 und 2 (Fn 2), 25 Absatz 3, 33 Absatz 2, 40 Absatz 2 und 55 Absatz 2 des Landesjagdgesetzes Nordrhein-Westfalen in der Fassung der Bekanntmachung vom 7. Dezember 1994(GV. NRW. 1995 S. 2, ber. 1997 S. 56), zuletzt geändert durch Gesetz vom 17. Dezember 2009 (GV. NRW. S. 871), wird nach Anhörung des zuständigen Ausschusses des Landtags verordnet:

Teil 1
Jäger- und Falknerprüfung

Kapitel 1
Jägerprüfung

§ 1
Zuständigkeit

Die Jägerprüfung ist bei der unteren Jagdbehörde abzulegen. Örtlich zuständig ist die untere Jagdbehörde, in deren Bezirk der Bewerber seinen gewöhnlichen Aufenthalt hat.

§ 2
Prüfungsausschuss

(1) Jede untere Jagdbehörde hat mindestens einen Prüfungsausschuss zu bilden.

(2) Der Prüfungsausschuss besteht aus:

1. einem Vertreter der unteren Jagdbehörde,

2. dem Jagdberater oder dessen Vertreter und

3. drei jagdpachtfähigen (§ 11 Absatz 5 Satz 1 Bundesjagdgesetz) Jägern, von denen unter Berücksichtigung des Mitglieds nach Nummer 2 mindestens einer die Befähigung für den mittleren, gehobenen oder höheren Forstdienst haben muss. An diese Stelle kann ein Berufsjäger treten.

(3) Für jedes Mitglied des Prüfungsausschusses ist ein Vertreter zu bestellen.

(4) Die Mitglieder des Prüfungsausschusses nach Absatz 2 Nummer 1 und 3 und deren Stellvertreter werden von der unteren Jagdbehörde auf die Dauer von fünf Jahren bestellt. Bestellungen nach Absatz 2 Nummer 3 erfolgen auf Vorschlag der Landesvereinigung der Jäger. Die Landesvereinigung der Jäger stellt durch geeignete Maßnahmen, z.B. durch die Durchführung von Fortbildungen und die Ausstellung entsprechender Teilnahmebescheinigungen, sicher, dass die vorgeschlagenen Mitglieder über die erforderliche Sachkenntnis verfügen. Eine auch mehrmalige Wiederbestellung ist möglich.

(5) Die untere Jagdbehörde kann die Bestellung eines Mitgliedes oder stellvertretenden Mitgliedes nach Absatz 2 Nummer 3 aus wichtigem Grund nach Anhörung der Landesvereinigung der Jäger widerrufen.

(6) Der Prüfungsausschuss wählt aus seiner Mitte mit Stimmenmehrheit den Vorsitzenden und dessen Vertreter. Ergibt sich auch bei einer Wiederholung der Wahl Stimmengleichheit, so bestimmt die untere Jagdbehörde den Vorsitzenden und dessen Vertreter.

(7) Der Prüfungsausschuss ist beschlussfähig, wenn der Vorsitzende oder dessen Vertreter, der Vertreter der unteren Jagdbehörde und mindestens zwei weitere Mitglieder oder deren Vertreter anwesend sind.

§ 3
Prüfungsgebiete, Prüfungsverfahren

(1) Die Prüfung besteht aus einem schriftlichen Teil, einer Schießprüfung und einem mündlich-praktischen Teil. Der schriftliche Teil muss den anderen Prüfungsteilen vorausgehen.

(2) Die Prüfung umfasst im schriftlichen und im mündlich-praktischen Teil folgende Sachgebiete:

1. Kenntnis der Tierarten, Wildbiologie, Wildhege, Naturschutz;

2. Jagdbetrieb, waidgerechte Jagdausübung, Sicherheitsbestimmungen, Jagdhundewesen, Behandlung des erlegten Wildes, Wildkrankheiten, Grundzüge des Land- und Waldbaues, Wildschadenverhütung;

3. Waffentechnik, Führung von Jagd- und Faustfeuerwaffen (insbesondere sichere Handhabung, Gebrauch und Pflege der Jagd- und Faustfeuerwaffen);

4. Jagdrecht, Grundsätze und wichtige Einzelbestimmungen des Waffenrechts, des Tierschutzrechts, des Naturschutz- und Landschaftspflegerechts.

(3) Der Prüfungstermin für den schriftlichen Teil der Prüfung wird von der oberen Jagdbehörde landeseinheitlich nach Tag und Uhrzeit bestimmt und den unteren Jagdbehörden bis zum 31. Oktober eines jeden Jahres bekanntgegeben. Die unteren Jagdbehörden setzen die Prüfungstermine für die Schießprüfung und den mündlich-praktischen Teil der Prüfung fest und machen diese Termine zusammen mit dem Termin für die schriftliche Prüfung mindestens drei Monate vorher unter Angabe des Ortes der Prüfung im amtlichen Verkündungsorgan bekannt.

(4) Die Prüfung ist grundsätzlich nicht öffentlich. Vertreter der obersten und der oberen Jagdbehörde sowie bevollmächtigte Vertreter der Landesvereinigung der Jäger können bei der Prüfung anwesend sein. Der Vorsitzende kann beim mündlich-praktischen Teil der Prüfung in begründeten Fällen Zuhörer zulassen.

(5) Über den wesentlichen Hergang der Prüfung ist von dem Vertreter der unteren Jagdbehörde eine Niederschrift zu fertigen, die von den Mitgliedern des Prüfungsausschusses zu unterzeichnen ist. Die Niederschrift ist von der unteren Jagdbehörde aufzubewahren.

(6) Die untere Jagdbehörde hat die Prüfungsteilnehmer für die Dauer der Prüfung gegen Haftpflicht und Unfall ausreichend zu versichern.

§ 4
Zulassung

(1) Ein Antrag auf Zulassung zur Prüfung ist spätestens zwei Monate vor dem Termin für den schriftlichen Teil der Prüfung bei der unteren Jagdbehörde einzureichen. Dem Antrag sind beizufügen:

1. ein Nachweis über die Einzahlung der Prüfungsgebühr;

2. ein Nachweis der Landesvereinigung der Jäger oder einer ihrer satzungsgemäßen Untergliederungen über die sichere Handhabung und das Schießen mit einer Kurzwaffe mit einem Mindestkaliber von 9 Millimetern, es sei denn, die Prüfung wird lediglich zur Erlangung eines Falknerjagdscheins abgelegt. Der Nachweis darf nicht älter als ein Jahr sein;

3. ein Nachweis über die Teilnahme an einer vom zuständigen Veterinäramt anerkannten Schulung zur Kundigen Person nach Anhang III Abschnitt IV Kapitel I Nummer 4 der Verordnung (EG) Nummer 853/2004;

4. ein amtliches Führungszeugnis, das nicht älter als sechs Monate sein darf.

Die untere Jagdbehörde kann im Einzelfall verlangen, dass ein amtsärztliches Gesundheitszeugnis beigebracht wird.

(2) Zur Prüfung dürfen von der unteren Jagdbehörde nicht zugelassen werden:

1. Bewerber, die bei Beginn der Prüfung das 15. Lebensjahr nicht vollendet haben;

2. Bewerber, denen nach § 17 Absatz 1 Nummer 2 und Satz 2 des Bundesjagdgesetzes der Jagdschein versagt werden muss. Dies gilt nicht für Bewerber, die eine eingeschränkte Jägerprüfung zur Erlangung eines Falknerjagdscheins ablegen wollen.

(3) Die Entscheidung über den Antrag auf Zulassung zur Prüfung ist dem Bewerber rechtzeitig vor dem Termin für den schriftlichen Teil der Prüfung bekanntzugeben. Bewerber, die zur Prüfung nicht zugelassen werden, erhalten einen Bescheid.

§ 5
Schriftliche Prüfung

(1) Beim schriftlichen Teil der Prüfung sind aus den Sachgebieten des § 3 Absatz 2 Nummer 1 bis 4 je 25 Fragen anhand eines Fragebogens den Bewerbern zur schriftlichen Beantwortung vorzulegen. Der Fragebogen ist so zu gestalten, dass die Beantwortung der Fragen durch Ankreuzen vorgegebener Antworten möglich ist.

(2) Der Fragebogen wird für jeden Prüfungstermin von der oberen Jagdbehörde landeseinheitlich erstellt. Die Fragen sind dem unter www.jaegerpruefungsfragen.nrw.de veröffentlichten Fragenkatalog von insgesamt fünfhundert Fragen zu entnehmen.

(3) Die obere Jagdbehörde übersendet den Fragebogen in ausreichender Zahl mit einer Musterlösung den unteren Jagdbehörden in einem verschlossenen Umschlag. Der Umschlag darf erst bei Beginn des schriftlichen Teils der Prüfung von der Aufsicht in Gegenwart der Bewerber geöffnet werden.

(4) Der schriftliche Teil der Prüfung, der längstens zwei Stunden dauern soll, findet unter Aufsicht von mindestens zwei von dem Vorsitzenden bestimmten Mitgliedern des Ausschusses statt.

(5) Die vom Prüfungsausschuss bewerteten Fragebögen sind der Niederschrift über die Prüfung beizufügen.

§ 6
Schießprüfung

(1) Die Schießprüfung, bei der mindestens zwei von dem Vorsitzenden bestimmte Mitglieder des Prüfungsausschusses anwesend sein müssen, besteht aus:

1. Büchsenschießen,

2. Flintenschießen.

(2) Beim Büchsenschießen sind fünf Schüsse sitzend aufgelegt aus einer Entfernung zwischen 90 und 110 m auf die Rehbockscheibe Nummer 1 des Deutschen Jagdschutz-Verbandes abzugeben. Des Weiteren sind fünf Schüsse stehend freihändig aus einer Entfernung zwischen 48 und 62 m auf die flüchtige Überläuferscheibe Nummer 5 oder Nummer 6 des Deutschen Jagdschutz-Verbandes abzugeben.

(3) Beim Flintenschießen sind nach Festlegung durch den Prüfungsausschuss zehn bewegliche Ziele (Wurftauben-Skeet oder Wurftauben-Trap oder Kipphase) aus jagdlicher Gewehrhaltung zu beschießen. Doppelschüsse sind zugelassen. Die obere Jagdbehörde kann nach Anhörung der Landesvereinigung der Jäger zulassen, dass das Flintenschießen abweichend von Satz 1 in einer anderen Form mit vergleichbarer Schwierigkeit (z.B. auf elektronisch simulierte bewegliche Ziele) durchgeführt wird, und die Mindestleistung entsprechend den Anforderungen nach § 8 Absatz 4 Nummer 2 festlegen. Es sind

a) beim Skeetschießen je zwei Tauben von den Ständen 1, 3, 4, 5 und 7 aus zu beschießen, wobei jeweils die erste Taube vom hohen Turm und die zweite Taube vom niedrigen Turm geworfen wird;

b) beim Trapschießen die Tauben in wechselnder Höhe und Seitenrichtung zu werfen;

c) Kipphasen aus einer Entfernung von 25 bis 35 m zu beschießen.

(4) Bei der Schießprüfung dürfen eigene Jagdwaffen mit beliebiger Visierung und Optik benutzt werden. Für das Büchsenschießen sind alle für Schalenwild zugelassenen Patronen, für das Flintenschießen die Kaliber 20, 16 und 12 zugelassen.

(5) Die Schießprüfung kann von den anwesenden Mitgliedern des Prüfungsausschusses beendet werden, sobald die Mindestleistungen nach § 8 Absatz 4 erbracht sind oder feststeht, dass die Mindestleistung nicht mehr erreicht werden kann.

(6) Die Ergebnisse der Schießprüfung sind in eine Schießliste einzutragen, die von den anwesenden Mitgliedern des Prüfungsausschusses zu unterzeichnen ist. Die Schießliste ist der Niederschrift über die Prüfung beizufügen.

§ 7
Mündlich-praktische Prüfung

(1) Beim mündlich-praktischen Teil der Prüfung sind Fragen aus den Sachgebieten des § 3 Absatz 2 Nummer 1 bis 4 zu stellen.

(2) Die Bewerber sollen in Gruppen von höchstens 3 Personen geprüft werden. Der mündlich-praktische Teil der Prüfung soll in der Regel je oder Bewerber nicht länger als 30 Minuten dauern.

§ 8
Bewertung der Leistungen

(1) Die Leistungen der Bewerber sind in jedem Sachgebiet mit „bestanden" oder „nicht bestanden" zu bewerten.

(2) Der schriftliche Teil der Prüfung ist bestanden, wenn entweder in jedem Sachgebiet mindestens 14 Fragen oder insgesamt mindestens 70 Fragen, darunter 14 Fragen aus dem Sachgebiet des § 3 Absatz 2 Nummer 1, richtig und vollständig beantwortet sind.

(3) Die Schießprüfung ist bestanden, wenn

1. beim Büchsenschießen auf die Rehbockscheibe mindestens vierzig Ringe,

2. beim Büchsenschießen auf die flüchtige Überläuferscheibe mindestens zwei Treffer in den Ringen erzielt und

3. beim Flintenschießen mindestens drei Wurftauben oder fünf Kipphasen getroffen worden sind.

Hat der Bewerber die geforderten Schießleistungen insgesamt oder in Teilen nicht erbracht, ist ihm die einmalige Wiederholung der gesamten Schießprüfung oder der nicht erfüllten Teile am gleichen Tage zu ermöglichen. Die beim ersten Durchgang erzielten Treffer bleiben unberücksichtigt.

(4) Der mündlich-praktische Teil der Prüfung ist bestanden, wenn die Leistungen in drei Sachgebieten, darunter in den Sachgebieten des § 3 Absatz 2 Nummer 1 und 3, mit „bestanden" bewertet worden sind. Der Prüfungsausschuss entscheidet in geheimer Beratung über das Prüfungsergebnis in den einzelnen Sachgebieten. Bei Stimmengleichheit ist die Leistung in dem jeweiligen Sachgebiet mit „bestanden" zu bewerten.

§ 9
Prüfungsergebnis

(1) Ist der schriftliche Teil der Prüfung nicht bestanden, so hat die untere Jagdbehörde den Bewerber von der weiteren Teilnahme an der Prüfung auszuschließen.

(2) Ein Bewerber kann durch die untere Jagdbehörde nach Anhörung des Prüfungsausschusses von der weiteren Teilnahme ausgeschlossen werden, wenn er einen Täuschungsversuch begeht oder bei der Schießprüfung die Waffe unvorsichtig handhabt.

(3) Wird ein Bewerber von der weiteren Teilnahme an der Prüfung nach den Absätzen 1 und 2 ausgeschlossen, gilt die Prüfung als nicht bestanden.

(4) Die Prüfung ist insgesamt bestanden, wenn der Bewerber den schriftlichen Teil, die Schießprüfung und den mündlich-praktischen Teil bestanden hat.

§ 10
Nachprüfung

(1) Bewerbern, die die Schießprüfung (auch nach Wiederholung gemäß § 8 Absatz 4 Satz 2) und den mündlich-praktischen Teil der Prüfung oder einen der beiden Teile nicht bestanden haben, ist auf Antrag Gelegenheit zu geben, an einer von der unteren Jagdbehörde festzulegenden einmaligen Nachprüfung teilzunehmen. Der Bewerber wird nur in dem Prüfungsteil geprüft, den er nicht bestanden hat. Die Nachprüfung kann frühestens drei Monate nach Feststellung des Nichtbestehens der Jägerprüfung durchgeführt werden.

(2) Für das Verfahren und die Durchführung der Nachprüfung gelten die Vorschriften für die Jägerprüfung sinngemäß.

<h2 style="text-align:center">§ 11</h2>

Sondervorschriften für die Jägerprüfung
zur Erlangung eines Falknerjagdscheins

(1) Wird die Jägerprüfung lediglich zur Erlangung eines Falknerjagdscheins abgelegt, entfällt abweichend von § 3 Absatz 1 die Schießprüfung.

(2) Im schriftlichen und im mündlich-praktischen Teil der Prüfung werden keine Fragen aus dem Sachgebiet des § 3 Absatz 2 Nummer 3 gestellt. Im Sachgebiet des § 3 Absatz 2 Nummer 2 entfallen Fragen zu Sicherheitsbestimmungen in Bezug auf Jagdwaffen, im Sachgebiet des § 3 Absatz 2 Nummer 4 entfallen Fragen zum Waffenrecht.

(3) Der schriftliche Teil der Prüfung ist abweichend von § 8 Absatz 3 bestanden, wenn in jedem zu prüfenden Sachgebiet 14 oder insgesamt 55 Fragen, darunter 14 Fragen aus dem Sachgebiet des § 3 Absatz 2 Nummer 1, richtig und vollständig beantwortet sind.

(4) Der mündlich-praktische Teil der Prüfung ist abweichend von § 8 Absatz 4 bestanden, wenn die Leistungen in zwei Sachgebieten mit bestanden bewertet worden sind.

(5) Auf dem nach bestandener Prüfung zu erteilenden Prüfungszeugnis ist zu vermerken, dass die Prüfung nur zum Nachweis der Voraussetzungen für den Erwerb eines Falknerjagdscheins dient.

Kapitel 2
Falknerprüfung

<h2 style="text-align:center">§ 12
Zuständigkeit</h2>

Die Falknerprüfung ist bei der oberen Jagdbehörde abzulegen.

<h2 style="text-align:center">§ 13
Prüfungsausschuss</h2>

(1) Die obere Jagdbehörde bildet mindestens einen Prüfungsausschuss.

(2) Der Prüfungsausschuss besteht aus

1. drei Vertretern der Falknerei,

2. einem Vertreter der Jägerschaft und

3. einem Vertreter der Vogelkunde.

(3) Für jedes Mitglied des Prüfungsausschusses ist ein Stellvertreter zu bestellen.

(4) Die Mitglieder des Prüfungsausschusses und deren Stellvertreter werden von der oberen Jagdbehörde auf die Dauer von fünf Jahren bestellt. Die Bestellung der Mitglieder und stellvertretenden Mitglieder nach Absatz 2 Nummer 1 erfolgt nach Anhörung der im Land Nordrhein-Westfalen wirkenden Verbände der Falknerei, des Mitglieds und stellvertretenden Mitglieds nach Absatz 2 Nummer 2 nach Anhörung der Landesvereinigung der Jäger, des Mitglieds und stellvertretenden Mitglieds nach Absatz 2 Nummer 3 nach Anhörung der im Land Nordrhein-Westfalen wirkenden Verbände für Vogelkunde. Die im Absatz 2 Nummer 1 genannten Mitglieder des Prüfungsausschusses müssen auf dem Gebiet der Falknerei erfahren sein und mindestens fünf Jahre die Falknerei ausgeübt haben.

(5) Der Prüfungsausschuss wählt aus seiner Mitte mit Stimmenmehrheit den Vorsitzenden und dessen Vertreter. Die Vorsitzende soll dem Personenkreis nach Absatz 2 Nummer 1 angehören.

(6) Der Prüfungsausschuss ist beschlussfähig, wenn der Vorsitzende oder sein Vertreter und mindestens drei weitere Mitglieder oder deren Vertreter anwesend sind.

(7) Die obere Jagdbehörde kann die Bestellung eines Mitglieds oder stellvertretenden Mitglieds des Prüfungsausschusses aus wichtigem Grund widerrufen. Absatz 4 Satz 2 findet entsprechende Anwendung.

§ 14
Prüfungsgebiete, Prüfungsverfahren

(1) Die Prüfung besteht aus einem mündlichen und einem praktischen Teil. Der mündliche Teil muss dem praktischen Teil vorausgehen. Die Prüfung umfasst im mündlichen Teil folgende Sachgebiete:

1. Kenntnis der Greifvögel, insbesondere ihrer Lebensverhältnisse und -bedingungen einschließlich ihrer Gefährdung und der Gefährdungsursachen;

2. Haltung, Pflege und Abtragen von Beizvögeln;

3. Ausübung der Beizjagd einschließlich der Haltung und Führung von Hunden für die Beizjagd;

4. Rechtsgrundlagen der Falknerei, Greifvogelschutz einschließlich der Beschaffung und des Inverkehrbringens von Greifvögeln.

(2) Die Prüfung im praktischen Teil umfasst Fragen der Haltung von Greifvögeln und der Ausübung der Beizjagd (insbesondere Handhabung von Falknereigerät, Anfertigung von Geschüh und Anlegen der Lederfesselung).

(3) Die obere Jagdbehörde setzt die Prüfungstermine im Einvernehmen mit dem Vorsitzenden des Prüfungsausschusses nach Bedarf fest und gibt sie mindestens drei Monate vorher unter der Angabe der Prüfungsorte in den Amtsblättern der Bezirksregierungen bekannt.

(4) Die Prüfung ist grundsätzlich nicht öffentlich. Vertreter der obersten und der oberen Jagdbehörde können bei der Prüfung anwesend sein. Der Vorsitzende des Prüfungsausschusses kann in begründeten Fällen Zuhörer zulassen.

(5) Über den wesentlichen Hergang der Prüfung ist eine Niederschrift zu fertigen, die von allen Mitgliedern des Prüfungsausschusses zu unterzeichnen ist. Die Niederschrift ist bei der oberen Jagdbehörde aufzubewahren.

(6) Die Bewerber sollen in Gruppen von höchstens fünf Personen geprüft werden. Der mündliche Teil der Prüfung soll in der Regel je Bewerber nicht länger als 20 Minuten dauern.

(7) Die obere Jagdbehörde hat die Prüfungsteilnehmer für die Dauer der Prüfung gegen Haftpflicht und Unfall ausreichend zu versichern.

§ 15
Zulassung

(1) Ein Antrag auf Zulassung zur Prüfung ist spätestens einen Monat vor dem Termin bei der oberen Jagdbehörde einzureichen.

(2) Dem Antrag sind beizufügen:

1. ein amtliches Führungszeugnis, das nicht älter als sechs Monate sein darf,

2. ein Nachweis über die Einzahlung der Prüfungsgebühr und

3. der Nachweis über die nach § 11 Absatz 5 oder § 19 Absatz 2 bestandene Jägerprüfung.

Die obere Jagdbehörde kann im Einzelfall verlangen, dass ein amtsärztliches Gesundheitszeugnis beigebracht wird.

(3) Zu der Prüfung dürfen von der oberen Jagdbehörde nicht zugelassen werden:

1. Bewerber, die bei Beginn der Prüfung das 15. Lebensjahr nicht vollendet haben,

2. Bewerber, denen nach § 17 Absatz 1 Nummer 2 des Bundesjagdgesetzes der Jagdschein versagt werden muss.

(4) Die Entscheidung über den Antrag auf Zulassung zu der Prüfung ist dem Bewerber rechtzeitig vor dem Termin für die mündliche Prüfung bekanntzugeben. Bewerber, die zur Prüfung nicht zugelassen werden, erhalten einen schriftlichen Bescheid.

§ 16
Bewertung der Leistung

(1) Die Leistungen der Bewerber sind in jedem Prüfungsteil mit „bestanden" oder „nicht bestanden" zu bewerten. Im mündlichen Teil der Prüfung sind die Leistungen in jedem Sachgebiet (§ 14 Absatz 1) gesondert zu bewerten.

(2) Der mündliche Teil der Prüfung ist bestanden, wenn die Leistungen in drei Sachgebieten, darunter im Sachgebiet des § 14 Absatz 1 Nummer 1, mit „bestanden" bewertet worden sind.

(3) Der Prüfungsausschuss entscheidet in geheimer Beratung über das Prüfungsergebnis. Bei Stimmengleichheit ist die Leistung mit „bestanden" zu bewerten.

§ 17
Prüfungsergebnis

(1) Ein Bewerber kann durch die obere Jagdbehörde nach Anhörung des Prüfungsausschusses von der weiteren Teilnahme an der Prüfung ausgeschlossen werden, wenn er einen Täuschungsversuch begeht.

(2) Wird ein Bewerber von der weiteren Teilnahme an der Prüfung ausgeschlossen, gilt die Prüfung als nicht bestanden.

(3) Die Prüfung ist bestanden, wenn der Bewerber den mündlichen und den praktischen Teil der Prüfung bestanden hat.

§ 18
Nachprüfung

(1) Bewerbern, die einen der beiden Teile der Prüfung nicht bestanden haben, ist auf Antrag Gelegenheit zu geben, an einer von der oberen Jagdbehörde festzulegenden einmaligen Nachprüfung teilzunehmen. Der Bewerber wird nur in dem Prüfungsteil geprüft, den er nicht bestanden hat. Die Nachprüfung kann frühestens drei Monate nach Feststellung des Nichtbestehens der Falknerprüfung durchgeführt werden.

(2) Für das Verfahren und die Durchführung der Nachprüfung gelten die Vorschriften für die Falknerprüfung sinngemäß.

Kapitel 3

Gemeinsame Prüfungsbestimmungen

§ 19

Prüfungsentscheidung

(1) Die zuständige Jagdbehörde entscheidet aufgrund der Prüfungsergebnisse, ob die Prüfung insgesamt (§ 9 Absatz 4 oder § 17 Absatz 3) bestanden ist.

(2) Wer die Prüfung bestanden hat, erhält ein Prüfungszeugnis.

(3) Wer die Prüfung nicht bestanden hat oder für wen die Prüfung als nicht bestanden gilt (§ 9 Absatz 3 oder § 17 Absatz 2), erhält einen Bescheid.

§ 20

Entschädigung der Mitglieder der Prüfungsausschüsse

Die Mitglieder der Prüfungsausschüsse nach § 2 Absatz 2 Nummer 2 und 3 und § 13 Absatz 2 und 3 sind ehrenamtlich tätig.

Teil 2

Regelung der Jagdausübung

Kapitel 1

Klasseneinteilung und Abschuss von männlichem Schalenwild
(außer Schwarzwild)

§ 21

Klasseneinteilung, Abschussgrundsätze

(1) Männliches Rotwild und Damwild wird unter Berücksichtigung des Alters, der Geweihausbildung und von Gütemerkmalen nach Maßgabe der §§ 22 und 24, männliches Sikawild, Rehwild und Muffelwild unter Berücksichtigung des Alters nach Maßgabe der §§ 23, 25 und 26 in Klassen eingeteilt.

(2) Die bei normalem Altersaufbau geltenden Abschussanteile und die Kriterien für den Abschuss ergeben sich aus der Anlage. Wird der normale Altersaufbau durch Fallwild oder Fehlabschüsse beeinträchtigt, so ist diese Beeinträchtigung in den Folgejahren bei der Abschussplanung auszugleichen.

§ 22

Rotwild

Männliches Rotwild wird in folgende Klassen eingeteilt:

1. Klasse 0 (Hirschkälber)

2. Klasse III (Junge Hirsche)
IIIa Fehlerfreie Hirsche bis zum 3. Kopf
IIIb Fehlerhafte Hirsche bis zum 3. Kopf

3. Klasse II (Mittlere Hirsche)
IIa Fehlerfreie Hirsche vom 4. bis 11. Kopf
IIb Fehlerhafte Hirsche vom 4. bis 11. Kopf

4. Klasse I (Alte Hirsche) Hirsche ab 12. Kopf.

Als fehlerhaft sind Hirsche der Klassen III b und II b anzusehen, deren Geweihausbildung den Kriterien für den Abschuss nach der Anlage entspricht; die übrigen Hirsche gelten als fehlerfrei.

§ 23
Sikawild

Männliches Sikawild wird in folgende Klassen eingeteilt:

1. Klasse 0 (Hirschkälber)

2. Klasse III (Junge Hirsche) Hirsche bis zum 2. Kopf

3. Klasse II (Mittlere Hirsche) Hirsche vom 3. bis 7. Kopf

4. Klasse I (Alte Hirsche) Hirsche ab 8. Kopf.

§ 24
Damwild

Männliches Damwild wird in folgende Klassen eingeteilt:

1. Klasse 0 (Hirschkälber)

2. Klasse III (Junge Hirsche)
IIIa Fehlerfreie Hirsche bis zum 2. Kopf
IIIb Fehlerhafte Hirsche bis zum 2. Kopf, weiße Stücke

3. Klasse II (Mittlere Hirsche)
IIa Fehlerfreie Hirsche vom 3. bis 9. Kopf
IIb Fehlerhafte Hirsche vom 3. bis 9. Kopf

4. Klasse I (Alte Hirsche) Hirsche ab 10. Kopf.

Als fehlerhaft sind Hirsche der Klassen IIIb und IIb anzusehen, deren Geweihausbildung den Kriterien für den Abschuss nach der Anlage entspricht; die übrigen Hirsche gelten als fehlerfrei.

§ 25
Rehwild

Männliches Rehwild wird in folgende Klassen eingeteilt:

1. Klasse II Einjährige Böcke

2. Klasse I Mehrjährige Böcke.

§ 26
Muffelwild

Männliches Muffelwild wird in folgende Klassen eingeteilt:

1. Klasse 0 (Widderlämmer)

2. Klasse III (Junge Widder) Einjährige Widder

3. Klasse II (Mittlere Widder) Zwei- bis vierjährige Widder

4. Klasse I (Alte Widder) Fünfjährige und ältere Widder.

Kapitel 2
Bejagung, Fütterung und Kirrung von Wild
§ 27
Verbote

(1) Über die Verbote des § 19 Absatz 1 des Bundesjagdgesetzes hinaus ist verboten, die Jagd auf Wasserfederwild an und über Gewässern unter Verwendung von Bleischrot auszuüben.

(2) Verboten ist,

1. Schalenwild außer Schwarzwild an Lockfütterungen (Kirrungen) zu erlegen,

2. Schalenwild ausgenommen bei Drückjagden in einem Umkreis von 200 Metern von Fütterungen oder Ablenkungsfütterungen zu erlegen,

3. in Notzeiten Schwarzwild in einem Umkreis von 200 Metern von Kirrungen zu erlegen.

(3) Über die Beschränkungen des § 25 Absatz 2 Sätze 1 und 4 LJG-NRW hinaus ist verboten,

1. Schalenwild außer Schwarzwild durch Ausbringen von Futter- oder Kirrmitteln anzulocken (kirren),

2. Schwarzwild außerhalb einer von der zuständigen Veterinärbehörde festgestellten Notzeit zu füttern,

3. Schwarzwild in anderer Weise als in § 28 dieser Verordnung festgelegt zu kirren oder zu füttern,

4. Rehwild außerhalb von Notzeiten zu füttern; hiervon ausgenommen ist die Gewöhnungsfütterung mit kräuterreichem Grasheu,

5. Futter- oder Kirrmittel in Gewässer einzubringen oder in Uferbereichen auszubringen,

6. zur Fütterung von Schalenwild außer Schwarzwild andere Futtermittel als Heu oder Grassilage zu verwenden,

7. Stoffe mit pharmakologischer Wirkung oder Futtermittelzusatzstoffe an Wild zu verabreichen, soweit dies nicht behördlich angeordnet, veranlasst oder genehmigt worden ist; hiervon ausgenommen sind Stoffe, die ausschließlich als Silierhilfe eingesetzt werden,

8. tierische Fette und tierisches Eiweiß sowie Futtermittel, die diese Stoffe enthalten, an Wild zu verfüttern oder als Kirrmittel einzusetzen.

§ 28
Kirrung und Fütterung von Schwarzwild

(1) Die Kirrung von Schwarzwild ist nur zulässig, wenn

1. im Jagdbezirk oder -revier nicht mehr als eine Kirrstelle je angefangene 100 Hektar bejagbarer Fläche angelegt wird,

2. keine Fütterungs- oder Kirreinrichtungen verwendet werden,

3. als Kirrmittel ausschließlich Getreide einschließlich Mais ausgebracht wird,

4. die Menge des Kirrmittels zu jedem Zeitpunkt nicht mehr als einen Liter je Kirrstelle beträgt,

5. das Ausbringen des Kirrmittels von Hand erfolgt,

6. das Kirrmittel in den Boden eingebracht oder mit bodenständigem Material so abgedeckt wird, dass die Aufnahme durch anderes Schalenwild ausgeschlossen ist, und

7. die Kirrstellen der unteren Jagdbehörde unter Beifügung eines Lageplanes im Maßstab von 1:10 000 oder 1:25 000 vorher angezeigt worden sind.

(2) Die Fütterung von Schwarzwild in Notzeiten nach § 27 Absatz 3 Nummer 2 dieser Verordnung und nach § 25 Absatz 2 Satz 3 LJG-NRW ist nur zulässig, wenn die Futteraufnahme durch anderes Schalenwild ausgeschlossen ist. § 25 Absatz 2 Satz 4 LJG-NRW bleibt unberührt.

§ 29
Beseitigung verbotswidriger Fütterungen und Kirrungen

(1) Die oder der Jagdausübungsberechtigte ist verpflichtet, verbotswidrige Fütterungen oder Kirrungen unverzüglich zu beseitigen.

(2) Kommt die oder der Jagdausübungsberechtigte der Verpflichtung nach Absatz 1 nicht nach, so kann die untere Jagdbehörde die erforderlichen Maßnahmen nach dem Ordnungsbehördengesetz anordnen.

Kapitel 3
Verwendung von Fanggeräten und Voraussetzungen und Methoden
der Fallenjagd

§ 30
Verbotene Fanggeräte

Über das Verbot des § 19 Absatz 1 Nummer 9 des Bundesjagdgesetzes hinaus sind verboten:

1. Knüppelfallen (einschließlich Prügel- und Rasenfallen),

2. Marderschlagbäume,

3. Scherenfallen,

4. Drahtbügelschlagfallen (einschließlich Fallen nach Conibear-Bauart),

5. Totschlagfallen aller Art, die durch Tritt, Druck oder Berührung ausgelöst werden,

6. Wippbrettkastenfallen, die nicht die in § 11 Absatz 2 genannten Mindestmaße aufweisen.

§ 31
Fallen für den Lebendfang

(1) Fallen für den Lebendfang müssen so beschaffen sein, dass sie

1. für den Einzelfang bestimmt sind,

2. vermeidbare Verletzungen des gefangenen Tieres ausschließen und

3. dem gefangenen Tier einen ausreichend großen Freiraum bieten.

(2) Wippbrettkastenfallen müssen eine Mindestlänge von 80 cm, eine Mindestbreite von 10 cm und eine Mindesthöhe von 15 cm (Innenmaße) aufweisen. Wippbrettkastenfallen für das Hermelin müssen an einer Seite des Fangraums ein kreisförmiges Loch mit einem Durchmesser von 24 mm aufweisen oder mit einer Gewichtstarierung versehen sein, durch die der Fang von Mauswieseln und Mäusen verhindert wird.

§ 32
Fallen für den Totfang

(1) Fallen für den Totfang müssen so beschaffen sein, dass

1. sie über eine für die jeweilige Tierart ausreichende Bügelweite verfügen,

2. die Klemmkraft für das sofortige Töten des Tieres ausreicht und

3. sie über einen Köderabzug ausgelöst werden.

(2) Abzugeisen für Fuchs, Dachs, Waschbär und Marderhund müssen zwei Spannfedern und Bügelweiten von mindestens 56 cm bis höchstens 70 cm aufweisen; Abweichungen bis zu 10 vom Hundert sind zulässig.

(3) Abzugeisen für Marder müssen eine Bügelweite von 37 cm aufweisen; Abweichungen bis zu 10 vom Hundert sind zulässig.

(4) Wer die Fangjagd mit Totfangfallen ausübt, muss sich vor dem Einsatz davon überzeugen, dass die Fanggeräte die technischen Voraussetzungen nach Absatz 1, insbesondere hinsichtlich der Klemmkraft, erfüllen.

(5) Bei Abzugeisen sind folgende Mindestklemmkräfte einzuhalten:

Bügelweite 70 cm 300 Newton

Bügelweite 60 und 56 cm 200 Newton

Bügelweite 37 cm 150 Newton.

§ 33
Fangmethoden

(1) Fallen für den Lebendfang müssen so gebaut sein oder verblendet werden, dass dem gefangenen Tier die Sicht nach außen verwehrt wird.

(2) Bei Abzugeisen mit Bügelweiten von 37 cm bis 60 cm soll über den losen Bügel gefangen werden.

(3) Beim Einsatz von Fallen für den Totfang und beköderten Fallen für den Lebendfang sind die Köder so abzudecken, dass der Fang von auf Sicht jagenden Beutegreifern ausgeschlossen ist. Fallen für den Totfang dürfen nur in Fangbunkern, geschlossenen Räumen oder Fanggärten, die den Zugang von Menschen ausschließen, aufgestellt werden. Sie sind im unmittelbaren Gefahrenbereich mit dem Hinweis auf einem wetterfestem Schild „Vorsicht Falle - Verletzungsgefahr" verbunden mit einem zur Warnung dienenden Piktogramm zu versehen. Die Öffnung der Fangbunker oder der Zugang zu den Fanggärten darf bei der Bügelweite von 37 cm nicht größer als 8 cm, bei den übrigen Bügelweiten nicht größer als 25 cm sein.

(4) Fallen für den Lebendfang sind täglich morgens und abends zu kontrollieren; Fallen für den Totfang sind täglich morgens zu kontrollieren.

Kapitel 4
Aussetzen von aufgezogenem Wild
§ 34
Aussetzen von Federwild

Abweichend von § 19 Absatz 1 Nummer 18 des Bundesjagdgesetzes ist es verboten, Fasanen und Wildenten in der Zeit vom 1. Juni bis 15. Januar auszusetzen. Das Verbot gilt nicht für Fasanen, die aus verlassenen Gelegen des jeweiligen Jagdbezirks stammen und aufgezogen worden sind.

Kapitel 5
Ausnahmegenehmigungen, Bußgeldvorschriften
§ 35
Ausnahmen

Die untere Jagdbehörde kann

1. abweichend von den §§ 22 und 24 auch männliches Wild der Klassen IIIa und IIa zum Abschuss freigeben, wenn dies mit Rücksicht auf das allgemeine Wohl, insbesondere auf die Interessen der Land-, Forst- und Fischereiwirtschaft und die Belange des Naturschutzes und der Landschaftspflege, notwendig ist,

2. Ausnahmen von den Verboten des § 27 Absatz 2 und 3 zulassen, soweit dies aus Gründen der Wildhege, zur Vermeidung von übermäßigen Wildschäden oder zu wissenschaftlichen Zwecken, Lehr- und Forschungszwecken erforderlich ist. Sie bedarf hierzu des Einvernehmens mit der Forschungsstelle für Jagdkunde und Wildschadenverhütung;

3. im Einzelfall Ausnahmen von den Verboten und Geboten der §§ 30 bis 33 zulassen, soweit dies aus Gründen der Wildhege, zum Schutz vor Wildseuchen oder zu wissenschaftlichen Zwecken, Lehr- und Forschungszwecken erforderlich ist und Gefährdungen Dritter auszuschließen sind.

§ 36
Ordnungswidrigkeiten

Ordnungswidrig im Sinne des § 55 Absatz 2 Nummer 9 LJG-NRW handelt, wer vorsätzlich oder fahrlässig

1. einem Verbot des § 27 zuwiderhandelt,

2. entgegen § 28 Absatz 1 Nummer 7 die Kirrstellen der unteren Jagdbehörde nicht anzeigt,

3. entgegen § 29 Absatz 1 verbotswidrige Fütterungen oder Kirrungen nicht beseitigt,

4. entgegen § 30 verbotene Fanggeräte verwendet,

5. entgegen § 31 Absatz 1 Fallen für den Lebendfang verwendet, die die dort genannten Voraussetzungen nicht erfüllen,

6. entgegen § 32 Absatz 2 oder 3 andere als die dort genannten Abzugeisen verwendet,

7. entgegen § 32 Absatz 5 Abzugeisen verwendet, die nicht die dort genannten Mindestklemmkräfte erfüllen,

8. entgegen § 33 Absatz 3 Köder nicht oder nicht ordnungsgemäß abdeckt, Fallen für den Totfang außerhalb von Fangbunkern, geschlossenen Räumen oder Fanggärten, die den Zugang von Menschen ausschließen, aufstellt, nicht mit dem vorgeschriebenen Hinweis versieht oder die für Öffnungen und Zugänge vorgeschriebenen Maße überschreitet,

9. entgegen § 33 Absatz 4 Fallen nicht kontrolliert,

10. entgegen § 34 Fasanen oder Wildenten in der Zeit vom 1. Juni bis 15. Januar aussetzt.

Teil 3

Wild- und Jagdschaden

§ 37

Schutzvorrichtungen

Als übliche Schutzvorrichtungen, die unter gewöhnlichen Umständen zur Abwendung von Wildschäden ausreichen (§ 32 Absatz 2 Bundesjagdgesetz), sind außer anderen üblichen geeigneten Mitteln wilddichte Zäune gegen

1. Rot-, Dam-, Sika- und Muffelwild in Höhe von 1,80 m,

2. Rehwild in Höhe von 1,50 m,

3. Schwarzwild und Kaninchen in Höhe von 1,20 m über der Erde und 0,30 m in der Erde anzusehen.

§ 38

Vergütung der Wildschadenschätzer

Die Schätzer erhalten für ihre Tätigkeit und den damit verbundenen Zeitaufwand eine Vergütung in Höhe von 20 Euro für jede angefangene Stunde, höchstens 100 Euro für einen Tag und Ersatz ihrer Reisekosten nach den für Beamte der Reisekostenstufe B geltenden Vorschriften des Reisekostenrechts des Landes.

Teil 4

Bewirtschaftungsbezirke für Rotwild, Sikawild, Damwild und Muffelwild

§ 39

Hege von Rotwild, Sikawild, Damwild und Muffelwild

Aus Gründen der Wildhege und zur Vermeidung übermäßiger Wildschäden darf Rotwild, Sikawild, Damwild und Muffelwild außerhalb von Jagdgattern (§ 21 LJG-NRW) nur in den in § 41 Absatz 1 bis 4 festgelegten Bewirtschaftungsbezirken gehegt werden.

§ 40

Begriffsbestimmungen

(1) Kerngebiete sind Gebiete, in denen sich Rotwild oder Damwild auf Grund der vorhandenen Lebensbedingungen dauernd aufhält.

(2) Randgebiete sind Gebiete, in denen sich Rotwild oder Damwild auf Grund der vorhandenen Lebensbedingungen nur zeitweise oder in geringer Zahl aufhält.

(3) Freigebiete sind Grundflächen, die zu keinem Bewirtschaftungsbezirk gehören.

§ 41
Bewirtschaftungsbezirke

(1) Als Bewirtschaftungsbezirke für Rotwild (Rotwildgebiete) werden festgelegt:

1. Nordeifel

2. Königsforst - Wahner Heide

3. Nutscheid

4. Ebbegebirge

5. Siegerland - Wittgenstein - Hochsauerland

6. Arnsberger Wald - Brilon - Büren

7. Eggegebirge - Teutoburger Wald - Senne

8. Minden

9. Dämmerwald - Herrlichkeit Lembeck

10. Reichswald Kleve.

(2) Als Bewirtschaftungsbezirke für Sikawild (Sikawildgebiete) werden festgelegt:

1. Arnsberger Wald

2. Beverungen.

(3) Als Bewirtschaftungsbezirke für Damwild (Damwildgebiete) werden festgelegt:

1. Knechtsteder Wald

2. Königsdorfer Wald

3. Kottenforst

4. Wahner Heide

5. Engelskirchen

6. Gummersbach

7. Herscheid

8. Olpe - Freudenberg

9. Büren - Brenken

10. Senne - Teutoburger Wald

11. Brakel

12. Blomberg - Schieder

13. Mindener Wald

14. Minden - Schaumburger Wald

15. Harsewinkel - Versmold

16. Borgholzhausen

17. Teutoburger Wald

18. Ladbergen - Ostbevern

19. Emsdetten

20. Ochtrup

21. Hohe Mark - Davert

22. Haltern - Haard.

(4) Als Bewirtschaftungsbezirke für Muffelwild (Muffelwildgebiete) werden festgelegt:

1. Hürtgenwald

2. Lammersdorf

3. Kermeter - Vogelsang

4. Engelskirchen

5. Freudenberg - Büschergrund

6. Trupbach - Siegen

7. Afholderbach

8. Großenbach

9. Herbertshausen

10. Elsoff

11. Paulsgrund - Bad Berleburg

12. Hallenberg

13. Medebach - Titelberg

14. Medebach - Glindfeld

15. Bödefelder Wald

16. Brilon - Winterberg

17. Kallenhardt

18. Alme

19. Hardehausen - Rimbeck

20. Bad Driburg

21. Lippspringer Wald - Sandebeck

22. Stukenbrock

23. Blomberg - Schieder

24. Bielefeld.

(5) Die Abgrenzung der Bewirtschaftungsbezirke sowie die Abgrenzung von Kerngebieten und Randgebieten ergeben sich aus den in der Anlage 2 enthaltenen Grenzbeschreibungen. Die Anlage 2 ist Bestandteil dieser Verordnung.

(6) Karten der Bewirtschaftungsbezirke im Maßstab 1:50.000 mit deren Unterteilung in Kerngebiete und Randgebiete können bei den unteren Jagdbehörden eingesehen werden.

§ 42
Wilddichte

In den Bewirtschaftungsbezirken ist unter Berücksichtigung von Kerngebieten und Randgebieten die Wilddichte so zu regeln, dass das Wild in einer artgemäßen Dichte erhalten bleibt und übermäßige Wildschäden vermieden werden.

§ 43
Bejagung in den Freigebieten

In Freigebieten sind Abschussplanung, Abschussfestsetzung und Abschussdurchführung darauf auszurichten, dass vorhandene Stücke von Rot-, Sika-, Dam- oder Muffelwild innerhalb der Jagdzeit erlegt werden. Vom Abschuss ausgenommen sind

a) Rothirsche sowie

b) Damhirsche der Klassen I und II.

§ 44
Ausnahmen

(1) Die obere Jagdbehörde kann im Einzelfall zulassen, dass

1. abweichend von § 39 Rotwild, Sikawild, Damwild und Muffelwild auch außerhalb der in § 41 festgelegten Bewirtschaftungsbezirke gehegt werden darf, wenn eine Ausbreitung des Vorkommens auf Grund der Örtlichkeit nicht zu erwarten ist und übermäßige Wildschäden sowie ökologische Beeinträchtigungen ausgeschlossen werden können,

2. abweichend von § 43 Satz 2 Rothirsche sowie Damhirsche der Klassen I und II erlegt werden dürfen, sofern dies zur Vermeidung übermäßiger Wildschäden oder ökologischer Beeinträchtigungen erforderlich ist.

(2) Die obere Jagdbehörde kann im Einzelfall anordnen, dass abweichend von § 43 Satz 1 Sikahirsche der Klassen I, II oder III aus Gründen der Wildhege, insbesondere zur Erhaltung der Sozialstruktur, nicht erlegt werden dürfen.

Teil 5
Schlussvorschriften

§ 45
Gleichstellungsklausel

Soweit personenbezogene Bezeichnungen im Maskulinum stehen, wird diese Form verallgemeinernd verwendet und bezieht sich auf beide Geschlechter.

§ 46
Inkrafttreten, Außerkrafttreten

(1) Diese Verordnung tritt am Tag nach der Verkündung in Kraft und mit Ablauf des 31. Dezember 2015 außer Kraft.

(2) Mit dem Inkrafttreten dieser Verordnung treten die

1. Jägerprüfung vom 12. April 1995 (GV. NRW. S. 482, ber. 1997 S. 390),

2. Verordnung über die Falknerprüfung vom 11. Juli 1978 (GV. NRW. S. 315),

3. Verordnung über die Klasseneinteilung und den Abschuss von männlichem Schalenwild (außer Schwarzwild) vom 6. November 1993 (GV. NRW. S. 914),

4. Verordnung über die Beschränkung der Verwendung von Bleischrot bei der Jagdausübung vom 9. September 2002(GV. NRW. S. 448),

5. Fütterungsverordnung vom 23. Januar 1998 (GV. NRW. S. 186, ber. S. 380),

6. Fangjagdverordnung vom 5. Juli 1995 (GV. NRW. S. 918, ber. 1997 S. 288),

außer Kraft.

Der Minister
für Umwelt und Naturschutz,
Landwirtschaft und Verbraucherschutz
des Landes Nordrhein-Westfalen

Anlage

Verordnung
über die Jagdzeiten und die Jagdabgabe

Vom 31. März 2010

Auf Grund der §§ 2, 24 Absatz 1 und 57 Absatz 4 des Landesjagdgesetzes Nordrhein-
Westfalen in der Fassung der Bekanntmachung vom 7. Dezember 1994 (GV. NRW. 1995 S.
2, ber.1997 S. 56), zuletzt geändert durch Gesetz vom 17. Dezember 2009 (GV. NRW. S.
871), wird im Einvernehmen mit dem Landtag des Landes Nordrhein-Westfalen verordnet:

§ 1
Tierarten

Über die im § 2 Absatz 1 des Bundesjagdgesetzes genannten Tierarten hinaus werden
Waschbär (Procyon lotor), Marderhund (Nyctereutes procyonoides), Nilgans (Alopochen
aegyptiacus), Aaskrähe (Corvus corone), Elster (Pica pica) und Eichelhäher (Garrulus
glandarius) zu Tierarten, die dem Jagdrecht unterliegen, erklärt.

§ 2
Jagdzeiten

(1) Die Jagd darf ausgeübt werden auf:

1. Waschbären vom 16. Juli bis 31. März, Jungwaschbären ganzjährig,
2. Marderhunde vom 1. September bis 28. Februar, Jungmarderhunde ganzjährig,
3. Nilgänse vom 16. Juli bis 31. Januar mit Ausnahme der Beschränkung nach § 3 Nummer 6,
4. Aaskrähen vom 1. August bis 20. Februar und
5. Elstern vom 1. August bis 28. Februar.

(2) Abweichend von der Verordnung über die Jagdzeiten vom 2. April 1977 (BGBl. I S. 531),
zuletzt geändert durch Verordnung vom 25. April 2002 (BGBl. I S. 1487), darf die Jagd
ausgeübt werden auf:

1. Rotwild
Kälber vom 1. August bis 31. Januar
Schmalspießer vom 1. Juni bis 31. Januar,

2. Dam- und Sikawild
Kälber vom 1. September bis 31. Januar
Schmalspießer vom 1. Juli bis 31. Januar,

3. Rehwild
Kitze vom 1. September bis 31. Januar
Schmalrehe vom 1. Mai bis 31. Mai und vom 1. September bis 31. Januar,

4. Schwarzwild vom 1. August bis 31. Januar, Frischlinge (noch nicht einjährige Stücke)
ganzjährig,
5. Feldhasen vom 1. Oktober bis 31. Dezember,
6. Wildkaninchen vom 1. Oktober bis 28. Februar, Jungkaninchen ganzjährig,
7. Iltisse vom 16. Oktober bis 28. Februar,
8. Füchse vom 16. Juni bis 28. Februar, Jungfüchse ganzjährig,
9. Fasanen vom 16. Oktober bis 15. Januar,

10. Wildtruthähne vom 16. März bis 30. April,
11. Stockenten vom 16. September bis 15. Januar und
12. Grau- und Kanadagänse vom 16. Juli bis 31. Januar mit Ausnahme der Beschränkung nach § 3 Nummer 6.

(3) Soweit die Schonzeit für Wildkaninchen, Ringeltauben und Aaskrähen zur Vermeidung übermäßiger Wildschäden von der oberen Jagdbehörde aufgehoben worden ist (§ 24 Absatz 2 Landesjagdgesetz), ist die Jagd auch in den Setz- und Brutzeiten zulässig (§ 22 Absatz 4 Satz 2 des Bundesjagdgesetzes).

§ 3

Schonzeiten

Unbeschadet der Zuständigkeit der oberen Jagdbehörde, die Schonzeit für bestimmte Gebiete oder einzelne Jagdbezirke nach § 24 Absatz 2 des Landesjagdgesetzes aufzuheben, sind folgende Tierarten mit der Jagd zu verschonen:

1. Baummarder,
2. Mauswiesel,
3. Rebhühner bis zum 31. Dezember 2015,
4. Wildtruthennen,
5. Bläss-, Saat- und Ringelgänse,

6. Grau-, Kanada- und Nilgänse vom 15. Oktober bis 31. Januar innerhalb der Grenzlinien folgender Gebiete:
a) Unterer Niederrhein
Schnittpunkt Bahnlinie (außer Betrieb) / Staatsgrenze Bundesrepublik Deutschland / Königreich der Niederlande bei Kranenburg, Staatsgrenze bis B 8, B 8 bis B 220, B 220 bis Staatsgrenze, Staatsgrenze bis Gemeindegrenze Stadt Rees / Stadt Isselburg, Gemeindegrenze bis B 67, B 67 bis L 459, L 459 bis L 468, L 468 bis B 8, B 8 bis L 396, L 396 bis B 8, B 8 bis L 287, L 287 bis A 42, A 42 bis Bahnlinie, Bahnlinie bis Xanten, Bahnlinie (außer Betrieb) über Kleve, Kranenburg bis Staatsgrenze;
b) Weseraue
Schnittpunkt B 61 / Landesgrenze Nordrhein-Westfalen / Niedersachsen, Landesgrenze bis Bahnlinie, Bahnlinie bis K 39, K 39 bis B 482, B 482 bis Wehr bei Lahde, Wehr, linkes Weserufer bis L 770, L770 bis B 61, B 61 bis Landesgrenze;

7. Wildenten (außer Stockenten),
8. Sturm-, Mantel- und Heringsmöwen und
9. Eichelhäher.

§ 4

Jagdabgabe

Die mit der Gebühr für den Jagdschein zu zahlende Jagdabgabe wird für jedes Jahr der Geltungsdauer des Jahresjagdscheins auf 45 Euro, für jedes Jahr der Geltungsdauer des Jahresfalknerjagdscheins und des Jahresjagdscheins für Jugendliche auf 22,50 Euro, für den Tagesjagdschein und für den Tagesfalknerjagdschein auf 12 Euro festgesetzt.

§ 5

Inkrafttreten, Außerkrafttreten

(1) Diese Verordnung tritt am Tage nach der Verkündung in Kraft. Sie tritt mit Ablauf des 31. Dezember 2015 außer Kraft.

(2) Mit Inkrafttreten dieser Verordnung treten die Verordnung über die Jagdzeiten vom 9. Dezember 2002 (GV. NRW. S. 447) und die Durchführungsverordnung zum Landesjagdgesetz Nordrhein-Westfalen vom 8. Februar 1985 (GV. NRW. S. 170) außer Kraft.

Düsseldorf, den 31. März 2010

Der Minister
für Umwelt und Naturschutz,
Landwirtschaft und Verbraucherschutz
des Landes Nordrhein-Westfalen
Eckhard U h l e n b e r g

GV. NRW. 2010 S. 237

Anlage

Behandlung und Verwertung von eingezogenen oder verbotenen Waffen, von Munition und Jagdgeräten sowie polizeirechtlich sichergestellten Gegenständen

RdErl. d. Innenministeriums v. 24.3.2004 - 44.3- 2643

1

§ 46 Abs. 2 WaffG sieht vor, dass dem bisher waffenrechtlich Berechtigten **zunächst** die Möglichkeit eingeräumt wird, die Waffe oder die Munition unbrauchbar zu machen, einem Berechtigten zu überlassen oder einen solchen der Behörde zu benennen. Ist die Waffe sichergestellt, soll Kaufinteressenten im Rahmen des Möglichen Gelegenheit gegeben werden, die Waffen zu besichtigen. Erst wenn der bisher Berechtigte von den Möglichkeiten des § 46 keinen Gebrauch macht, zieht die Waffenbehörde die Waffe oder die Munition ein und ordnet die Verwertung an.

2

Die durch die Kreispolizeibehörden auf Grund eines unanfechtbaren Verwaltungsaktes oder eines rechtskräftigen Bußgeldbescheides eingezogene(n) Waffen, Munition (§ 46 WaffG) und Jagdgeräte sowie verbotene Waffen (§ 40 WaffG) sind an die Zentralen Polizeitechnischen Dienste(ZPD NRW) zu übersenden. Das Gleiche gilt, wenn ein gemäß § 43 PolG NRW sichergestellter Gegenstand i. S. des Satzes 1 (z.B. Jagdgeräte) nicht an einen Berechtigten herausgegeben werden kann.Die durch Gerichte eingezogenen Gegenstände i.S. des Satzes 1 werden von den Strafvollstreckungsbehörden auf Grund der §§ 69 ff. der Strafvollstreckungsordnung (StVollStrO) vom 22.März 2001 (Justizministerialblatt S. 97) und gemäß der Rundverfügung des Justizministeriums in der jeweils geltenden Fassung den ZPD NRW übersandt.
Verzichtet jemand freiwillig auf den Besitz von Waffen und / oder Munition (z.B. freiwillige Aufgabe des legalen Waffenbesitzes oder im Falle des Erbens von Waffen), darf sie die Polizei zur Vernichtung entgegen nehmen. In Anbetracht der Regelung in § 58 Abs. 8 WaffG werden Gebühren nach Abschnitt II, Nummer 11 der Kostenordnung zum Waffengesetz nicht erhoben.

2.1

Jeder Gegenstand i. S. der Nr. 2 ist mit einem Anhänger zu versehen, der folgende Angaben enthält: Bezeichnung des Gegenstandes einschließlich Hersteller und Herstellungsnummer, Name und Anschrift des bisherigen Inhabers, Bezeichnung der Einziehungsentscheidung (Urteil, Beschluss, Verfügung, Bußgeldbescheid) mit Aktenzeichen und Datum der Rechtskraft bzw. Unanfechtbarkeit.
Die Kreispolizeibehörden geben ferner die bis zur Abgabe entstandenen Verwaltungskosten an, soweit sie noch nicht gezahlt sind.

3

Die eingezogenen Gegenstände sind wie folgt zu behandeln bzw. zu verwerten:

3.1

Aufbewahrung

Die durch die Kreispolizeibehörden in Folge einer Maßnahme nach Nr. 2 eingezogene(n) oder entgegen genommene(n) Waffen und / oder Munition (§ 46 WaffG) und Jagdgeräte sowie verbotene Waffen (§ 40 WaffG) sind in einem Raum mit ausreichendem Widerstandszeitwert aufzubewahren. In den Fällen, in denen durch die Präsenz von Schutzkräften keine ausreichende Bewachung sichergestellt werden kann, ist eine Einbruchmeldeanlage einzurichten.

Hieb- und Stoßwaffen, Jagdgeräte und sonstige Gegenstände sind – soweit sie nicht in einem nach Satz 1 gesicherten Raum aufbewahrt werden können – zumindest in Stahlblechschränken mit Mehrfachverriegelung und Zylinderschloss aufzubewahren.

3.2

Behandlung

Über den Eingang und den weiteren Verbleib der Gegenstände ist ein Tagebuch zu führen. An die Stelle des Tagebuches kann ein automatisiertes Verfahren treten.

3.2.1Das Tagebuch muss folgende Angaben enthalten:

- Laufende Nummer und Datum des Eingangs
- Einsendende Stelle und Aktenzeichen
- Name des früheren Inhabers
- Anzahl und Art der Gegenstände
- Nähere Bezeichnung wie Fabrikat, Modell, Kaliber, Herstellungsnummer
- Datum der Rücksendung der Empfangsbescheinigung an den Einsender
- Datum und Art der Verwertung
- Belegnummer der schriftlichen Unterlagen. Wird das Tagebuch automatisiert geführt, ist programmmäßig sicherzustellen, dass gespeicherte Daten nicht gelöscht oder verändert werden können.

3.2.2

Die Kreispolizeibehörden leiten die so registrierten Waffen den ZPD NRW gegen Empfangsbescheinigung zu.

3.2.3

Anderen Behörden oder Dienststellen darf eine Waffe oder ein Gegenstand ebenfalls nur gegen Empfangsbescheinigung ausgehändigt werden.

4
Verwertung

4.1

Die durch Gerichte sowie die durch Kreispolizeibehörden behördlich auf Grund von Bußgeldbescheiden eingezogenen Waffen oder Gegenstände i. S. der Nr. 1, die mit der Rechtskraft der Entscheidung in das Eigentum des Staates übergegangen sind (§ 74 e StGB, § 26 OWiG), sind

4.1.1

in kriminaltechnische Sammlungen des Landeskriminalamtes aufzunehmen oder an Sammlungen der anderen Landeskriminalämter, des Bundeskriminalamtes, der Bundeswehr, des Bundesgrenzschutzes, des Instituts für Aus- und Fortbildung der Polizei NRW, der Kreispolizeibehörden oder der Zollverwaltung abzugeben, soweit ein entsprechendes Ersuchen vorliegt und ein solcher Gegenstand noch nicht vorhanden ist,

4.1.2

zu vernichten, soweit sie Kriegswaffen oder verbotene Waffen i. S. des § 40 WaffG sind, den beschussrechtlichen Bestimmungen nicht entsprechen oder nicht handhabungssicher sind, es sei denn, dass der von den ZPD NRW geschätzte Wert € 1000 übersteigt. Ist dies der Fall, bieten die ZPD NRW die Waffe der VEBEG GmbH, Günderrodestraße 21, 60237 Frankfurt zum Kauf an. Bleibt dies erfolglos, darf die Waffe ebenfalls vernichtet werden.

4.1.3

Für Waffen, auf die nach rechtskräftigem Abschluss eines Verwaltungsverfahrens § 46 WaffG Anwendung findet, ist nach Nummer 4.1.2 Sätze 2 und 3 zu verfahren.
Ein erzielter Erlös steht nach Abzug der Kosten der Sicherstellung, Verwahrung und Verwertung dem nach bürgerlichem Recht bisher Berechtigten zu (§ 46 Abs. 5 Satz 3 WaffG).

4.1.4

Nach § 43 PolG NRW von den Kreispolizeibehörden sichergestellte Gegenstände i. S. der Nr. 2 Satz 1 sind nach den Vorschriften der §§ 45 und 46 PolG NRW zu verwerten oder zu vernichten.

4.2

Der Deutschen Versuchs- und Prüfungsanstalt für Jagd- und Sportwaffen e.v. -Schießstand Buke- (DEVA) in 33184 Altenbeken können im Einzelfall für Schussversuche, Vorführungen und Ausstellungen von Jagd- und Sportwaffen die erforderlichen Schusswaffen zur Verfügung gestellt werden.

4.3

Dem Landeskriminalamt Nordrhein-Westfalen sowie den zu Kriminalhauptstellen bestimmten Polizeipräsidenten sind polizeiuntypische Faustfeuerwaffen auf Anforderung als Nachersatz für die bereits vorhandenen Waffen (LKA insgesamt 4 Stück, KHSt je 2 Stück) gegen Rückgabe der unbrauchbaren Waffen zur Verfügung zu stellen.

4.4

Munition ist für Beschusszwecke bei den kriminaltechnischen Untersuchungsstellen des Landeskriminalamtes und der Kreispolizeibehörden zu verwenden, soweit sie nicht in die genannten Sammlungen aufgenommen werden oder zu vernichten sind.

5

Fundwaffen und Fundmunition

Für Fundwaffen und Fundmunition, die Eigentum des Landes geworden sind, gilt die Nummer 4.1.2 entsprechend. Die für Kampfmittel geltenden Vorschriften bleiben unberührt.

6
Erlös

6.1

Der beim Verkauf (Nummern 4.1.3 oder 4.1.4) erzielte Erlös ist bei Kapitel 03 110 Titel 119 01 zu vereinnahmen.

6.2

Der bei der Verwertung nach den Nummern 4.1.2 und 4.1.4 erzielte Erlös ist nach Abzug der Verwaltungskosten unbar an den bisherigen Inhaber der Gegenstände zu zahlen; gleichzeitig ist mitzuteilen, wie sich der Betrag errechnet. Zu den Verwaltungskosten, die bei den Kreispolizeibehörden entstanden sind, treten die im Zusammenhang mit der Verwertung bei den ZPD NRW entstandenen Auslagen (§ 10 VwKostG). Übersteigen die Verwaltungskosten den Erlös, teilen die ZPD NRW das dem bisherigen Inhaber und der zuständigen Kreispolizeibehörde mit. Die Kreispolizeibehörde veranlasst die Einziehung der nicht gedeckten Verwaltungskosten.

7

Dieser RdErl. ergeht im Einvernehmen mit dem Justizministerium, dem Finanzministerium und dem Ministerium für Umwelt und Naturschutz, Landwirtschaft und Verbraucherschutz.

8

Mein RdErl. v. 23.04.2003 - (n. v.) – 44.3 – 2643 neu- tritt außer Kraft.

Anlage

Grundlage für das Gesetz zur Errichtung eines Nationalen Waffenregisters war die Änderung des Waffengesetzes aus dem Jahre 2009. Demnach war eine bundesweite Katalogisierung aller legal besessenen, erlaubnispflichtigen Waffen vorgesehen. Mit dem neuen NWRG können die deutschen Waffenbehörden zukünftig alle registrierten Waffen nebst Besitzer einheitlich erfassen. Dadurch ist der Weg einer Waffe von der Herstellung bis zum jeweiligen Endbesitzer rückverfolgbar. Zudem wird die Polizei in die Lage versetzt, notwendige waffenrechtliche Information bei einem Einsatz einzubeziehen. Es erfolgt eine Standardisierung nach Waffentyp, Hersteller- und Kaliberbezeichnung. Es ist zu erwarten, dass die Waffenbehörden unzureichende Bezeichnungen in der Waffenbesitzkarte zukünftig ändern werden.

Gesetz zur Errichtung eines Nationalen Waffenregisters (Nationales-Waffenregister-Gesetz - NWRG)

NWRG

Ausfertigungsdatum: 25.06.2012

Vollzitat:

"Nationales-Waffenregister-Gesetz vom 25. Juni 2012 (BGBl. I S. 1366)"

Dieses Gesetz dient der Umsetzung der Richtlinie 91/477/EWG des Rates vom 18. Juni 1991 über die Kontrolle des Erwerbs und des Besitzes von Waffen (ABl. L 256 vom 13.9.1991, S. 51), die durch die Richtlinie 2008/51/EG (ABl. L 179 vom 8.7.2008, S. 5) geändert worden ist.

Eingangsformel

Der Bundestag hat mit Zustimmung des Bundesrates das folgende Gesetz beschlossen:

Kapitel 1
Zweck des Nationalen Waffenregisters, Datenbestand

§ 1 Zweck des Nationalen Waffenregisters; Registerbehörde

(1) Das Nationale Waffenregister ermöglicht die Zuordnung von Waffen sowie waffenrechtlichen Erlaubnissen, Ausnahmen, Anordnungen, Sicherstellungen oder Verboten zu Personen.
(2) Das Bundesverwaltungsamt (Registerbehörde) führt das Nationale Waffenregister.
(3) Die Registerbehörde unterstützt durch die Übermittlung der im Register gespeicherten Daten die in § 10 aufgeführten Behörden bei der Erfüllung der dort genannten Aufgaben.
(4) Die Registerbehörde verwendet die ihr nach diesem Gesetz übermittelten Daten nur nach Maßgabe dieses Gesetzes.

§ 2 Begriffsbestimmungen

Im Sinne dieses Gesetzes sind:
1.

Personen:

natürliche und juristische Personen sowie Personenvereinigungen, sofern ihnen waffenrechtliche Erlaubnisse, Ausnahmen, Anordnungen, Sicherstellungen oder Verbote erteilt wurden,

2.

Waffen:

a)

erlaubnispflichtige Schusswaffen, ausgenommen diejenigen Waffen, deren Erwerb und Besitz gemäß Anlage 2 Abschnitt 2 Unterabschnitt 2 Nummer 1 des Waffengesetzes erlaubnisfrei sind,

b)

wesentliche Teile von Schusswaffen nach Anlage 1 Abschnitt 1 Unterabschnitt 1 Nummer 1.3 und 3 des Waffengesetzes,

c)

verbotene Waffen nach Anlage 2 Abschnitt 1 des Waffengesetzes, für die auf Grund einer Ausnahmegenehmigung des Bundeskriminalamtes nach § 40 Absatz 4 des Waffengesetzes der Umgang zugelassen wurde, sowie

d)

Kriegsschusswaffen nach Anlage 1 Abschnitt 3 Nummer 1.1 des Waffengesetzes sowie nach den Nummern 34 und 35 der Anlage Teil B zu § 1 Absatz 1 des Gesetzes über die Kontrolle von Kriegswaffen in der Fassung der Bekanntmachung vom 22. November 1990 (BGBl. I S. 2506), das zuletzt durch Artikel 2 des Gesetzes vom 6. Juni 2009 (BGBl. 2009 II S. 502) geändert worden ist,

3.

waffenrechtliche Erlaubnisse:

die Erlaubnis des Umgangs mit Waffen nach § 10 Absatz 1, 4 und 5, § 21 Absatz 1 Satz 1, den §§ 21a, 26 Absatz 1 Satz 1, die Erlaubnis zum Verbringen von Waffen nach den §§ 29 bis 31, zur Mitnahme von Waffen nach § 32 Absatz 1 und 6, die Ausnahme von Verboten nach § 40 Absatz 4 und § 42 Absatz 2 sowie besondere Berechtigungen nach § 57 Absatz 1 Satz 2 und § 58 Absatz 1 des Waffengesetzes,

4.

Waffenbehörden:

a)

die nach Landesrecht zum Vollzug des Waffenrechts bestimmten Behörden,

b)

das Bundeskriminalamt in den Fällen des § 40 Absatz 4 des Waffengesetzes,

c)

das Bundesverwaltungsamt, soweit es nach § 48 Absatz 2 des Waffengesetzes tätig wird, sowie

d)

das Bundesamt für Wirtschafts- und Ausfuhrkontrolle im Fall des § 57 Absatz 1 des Waffengesetzes.

§ 3 Anlass der Speicherung

Im Nationalen Waffenregister werden Daten aus folgenden Anlässen gespeichert:
1.

a)
Ausstellung einer Waffenbesitzkarte, Erteilung einer Erwerbserlaubnis für die erste Schusswaffe sowie Eintragung einer Berechtigung zum Erwerb einer oder mehrerer Schusswaffen auf einer bereits ausgestellten Waffenbesitzkarte nach § 10 Absatz 1 Satz 1 des Waffengesetzes,

b)
Eintragung einer Waffe auf oder Austragung einer Waffe aus der Waffenbesitzkarte sowie Eintragung oder Austragung der dazu erteilten Munitionserwerbsberechtigung nach § 10 Absatz 3 Satz 1 des Waffengesetzes,

2.

Eintragung oder Austragung einer berechtigten Person im Sinne des § 10 Absatz 2 Satz 1 des Waffengesetzes,

3.

Änderung der verantwortlichen Person im Sinne des § 10 Absatz 2 Satz 3 des Waffengesetzes,

4.

Ausstellung eines Munitionserwerbsscheins nach § 10 Absatz 3 Satz 2 des Waffengesetzes,

5.

Ausstellung eines Waffenscheins nach § 10 Absatz 4 Satz 1 des Waffengesetzes oder Verlängerung der Geltungsdauer eines Waffenscheins nach § 10 Absatz 4 Satz 2 des Waffengesetzes für
a)
gefährdete Personen nach § 19 des Waffengesetzes,

b)
Bewachungsunternehmer nach § 28 Absatz 1 des Waffengesetzes in Verbindung mit § 34a der Gewerbeordnung, einschließlich der Benennung von Wachpersonen nach § 28 Absatz 3 des Waffengesetzes und der Aufnahme eines Zusatzes nach § 28 Absatz 4 des Waffengesetzes in den Waffenschein,

6.

Ausstellung eines Kleinen Waffenscheins nach § 10 Absatz 4 Satz 4 des Waffengesetzes,

7.

Ausstellung einer Schießerlaubnis nach § 10 Absatz 5 oder § 16 Absatz 3 des Waffengesetzes,

8.

Ausstellung einer Erlaubnis für eine Person mit gewöhnlichem Aufenthalt in einem anderen Mitgliedstaat der Europäischen Union zum Erwerb und Besitz von erlaubnispflichtigen Schusswaffen oder erlaubnispflichtiger Munition in den Fällen des § 11 des Waffengesetzes,

9.

Eintragung der Sicherung einer Schusswaffe nach § 20 Absatz 6 des Waffengesetzes,

10.

Erteilung einer Ausnahme im Einzelfall nach § 20 Absatz 7 des Waffengesetzes,

11.

Erteilung einer Erlaubnis
a)
zur gewerbsmäßigen Waffenherstellung oder Munitionsherstellung,

b)
zum gewerbsmäßigen Waffenhandel oder Munitionshandel

nach § 21 Absatz 1 des Waffengesetzes einschließlich der Bewilligung einer Fristverlängerung nach § 21 Absatz 5 Satz 2 des Waffengesetzes,

12.

Erteilung einer Stellvertretungserlaubnis nach § 21a des Waffengesetzes,

13.

Erteilung einer Erlaubnis zum nichtgewerbsmäßigen Herstellen, Bearbeiten und Instandsetzen von Schusswaffen nach § 26 des Waffengesetzes,

14.

Erteilung einer Erlaubnis zum Verbringen erlaubnispflichtiger Schusswaffen oder erlaubnispflichtiger Munition in den Geltungsbereich des Waffengesetzes sowie aus dem Geltungsbereich des Waffengesetzes in die Europäische Union nach den §§ 29 und 31 des Waffengesetzes,

15.

Erteilung einer Erlaubnis zur Mitnahme von Schusswaffen in den Geltungsbereich des Waffengesetzes nach § 32 Absatz 1 des Waffengesetzes,

16.

Ausstellung und Verlängerung eines Europäischen Feuerwaffenpasses nach § 32 Absatz 6 des Waffengesetzes in Verbindung mit § 33 Absatz 1 der Allgemeinen Waffengesetz-Verordnung,

17.

Aufnahme von Nebenbestimmungen und inhaltlichen Beschränkungen in eine waffenrechtliche Erlaubnis nach § 9 Absatz 1 und 2 des Waffengesetzes,

18.

Anordnungen oder Sicherstellungen nach § 37 Absatz 1 Satz 2, § 40 Absatz 5 Satz 2, § 46 Absatz 2 bis 4 Satz 1 des Waffengesetzes, § 94 Absatz 1 und § 111b Absatz 1 der Strafprozessordnung sowie Sicherstellungen nach den gefahrenabwehrrechtlichen Vorschriften des Bundes und der Länder,

19.

Einziehung und Verwertung oder Vernichtung von Waffen oder Munition nach § 37 Absatz 1 Satz 3 sowie § 46 Absatz 5 Satz 1 und 2 des Waffengesetzes,

20.

Zulassung von Ausnahmen durch das Bundeskriminalamt nach § 40 Absatz 4 des Waffengesetzes,

21.

Untersagung des Besitzes oder Erwerbs von Waffen oder Munition nach § 41 Absatz 1 oder 2 des Waffengesetzes (Waffenverbot),

22.

Zulassung einer Ausnahme nach § 42 Absatz 2 des Waffengesetzes,

23.

Widerruf oder Rücknahme einer waffenrechtlichen Erlaubnis nach § 45 des Waffengesetzes sowie

24.

Ausstellung einer Ersatzausfertigung für eine verloren gegangene waffenrechtliche Erlaubnis.

§ 4 Inhalt des Nationalen Waffenregisters; Ordnungsnummern

(1) Im Nationalen Waffenregister werden gespeichert:

1.

bei natürlichen Personen: Familienname, frühere Namen, Geburtsname, Vornamen, Doktorgrade, Tag, Ort und Staat der Geburt, Geschlecht, Staatsangehörigkeiten, derzeitige Anschriften und Sterbetag,

2.

bei juristischen Personen und Personenvereinigungen: Namen, frühere Namen, Firma, derzeitige Anschriften und bei wirtschaftlichen Unternehmen die Branche,

3.

die Erlaubnisse, Ausnahmen, Anordnungen, Sicherstellungen, Einziehungen, Verwertungen oder Waffenverbote, einschließlich der jeweiligen Dokumente gemäß den Anlässen nach § 3 sowie

a)

im Fall der Austragung gemäß § 3 Nummer 1 Buchstabe b zusätzlich die Daten des Überlassers nach Absatz 1 Nummer 1 oder 2,

b)

im Fall des § 3 Nummer 14 zusätzlich die Angaben, die nach § 29 der Allgemeinen Waffengesetz-Verordnung vom 27. Oktober 2003 (BGBl. I S. 2123), die zuletzt durch Artikel 3 Absatz 6 des Gesetzes vom 17. Juli 2009 (BGBl. I S. 2062) geändert worden ist, zu machen sind,

c)

im Fall des § 3 Nummer 15 zusätzlich die Angaben, die nach § 30 der Allgemeinen Waffengesetz-Verordnung zu machen sind,

4.

Waffe, Waffenkategorie, Kaliber- oder Munitionsbezeichnung, Herstellerbezeichnung, Modellbezeichnung, Seriennummer,

5.

Angaben zu den verwendeten Systemen der Waffensicherung und -blockierung,

6.

bei wesentlichen Teilen einer Schusswaffe (Anlage 1 Abschnitt 1 Unterabschnitt 1 Nummer 1.3 und 3 des Waffengesetzes) ein Hinweis darauf, dass es sich um wesentliche Teile einer Schusswaffe handelt, sowie, soweit vorhanden, die entsprechenden Angaben nach Nummer 4,

7.

Bedürfnisse für den Umgang mit der Waffe im Sinne des Waffengesetzes,

8.

Verknüpfungen aus Daten nach den Nummern 1 bis 6, wenn
a)
Angaben verschiedener Behörden zu derselben Person, Waffe oder Maßnahme im Nationalen Waffenregister gespeichert sind oder

b)
mehrere Personen in einer Waffenbesitzkarte als Berechtigte eingetragen sind (§ 10 Absatz 2 des Waffengesetzes).

(2) Das Nationale Waffenregister enthält auch die Abbildung der jeweiligen tatsächlichen und waffenrechtlich bedeutsamen Gegebenheiten für die Datengruppen
1.

Personen gemäß Absatz 1 Nummer 1 und 2,

2.

waffenrechtliche Erlaubnisse einschließlich der zur jeweiligen Erlaubnis ausgestellten Dokumente gemäß Absatz 1 Nummer 3 und

3.

Waffen gemäß Absatz 1 Nummer 4 bis 6.

(3) Zu den nach Absatz 1 gespeicherten Daten werden die Bezeichnung der übermittelnden Waffenbehörde, deren Anschrift sowie das Datum der Datenübermittlung gespeichert.
(4) Im Nationalen Waffenregister werden zu den Angaben nach den Absätzen 1 und 3 jeweils die Ordnungsnummern gespeichert, die von der Registerbehörde vergeben werden. Diese dürfen keine personenbezogenen Angaben enthalten.

Kapitel 2
Datenübermittlungen, Verantwortlichkeiten

Unterkapitel 1
Datenübermittlung an das Nationale Waffenregister

§ 5 Datenübermittlung durch die Waffenbehörden

Die zuständigen Waffenbehörden übermitteln der Registerbehörde im Anschluss an das den Anlass der Speicherung nach § 3 begründende Ereignis unverzüglich die nach § 4 zu speichernden oder zu einer Änderung oder Löschung einer Eintragung im Register führenden Daten.

§ 6 Datenzuordnung beim Überlassen und Erwerben registrierter Waffen

(1) Im Fall der Überlassung und des Erwerbs einer bereits registrierten Waffe sind die in § 4 Absatz 1 Nummer 4 bis 6 genannten Daten des Überlassers innerhalb des Registers dem Erwerber zuzuordnen.

(2) Sind für den Überlasser und den Erwerber unterschiedliche Waffenbehörden zuständig, so übermittelt die für den Überlasser zuständige Waffenbehörde der Registerbehörde die Tatsache des Überlassens einer bereits registrierten Waffe unverzüglich nach der Anzeige nach § 34 Absatz 2 Satz 1 oder 2 des Waffengesetzes. Bei der Registerbehörde wird hierüber ein automatischer Datenaktualisierungshinweis generiert und auf elektronischem Weg der für den Erwerber zuständigen Waffenbehörde übermittelt.

(3) Nach Eingang des automatischen Datenaktualisierungshinweises überprüft die für den Erwerber zuständige Waffenbehörde die Daten, die nach § 4 Absatz 1 zu der Waffe und der ihr zuzuordnenden Person gespeichert sind, auf Richtigkeit und Vollständigkeit. Sie übermittelt der Registerbehörde die Tatsache des Erwerbs bei Eintragung der Waffe in die Waffenbesitzkarte gemäß § 10 Absatz 1a des Waffengesetzes. Bei Unrichtigkeit oder Unvollständigkeit der Daten übermittelt sie unverzüglich die nach § 8 Absatz 2 Satz 2 berichtigten und vervollständigten Daten. Bei der Registerbehörde wird über die Tatsache des Erwerbs nach Satz 2 ein automatischer Datenaktualisierungshinweis generiert und auf elektronischem Weg der für den Überlasser zuständigen Waffenbehörde übermittelt.

(4) Auf den erlaubnisfreien Erwerb und Besitz einer Waffe nach § 12 Absatz 1 des Waffengesetzes sind die Absätze 1 bis 3 nicht anzuwenden.

§ 7 Datenzuordnung bei Wohnortwechsel des Inhabers einer waffenrechtlichen Erlaubnis

(1) Im Fall des Zuzugs eines Inhabers einer waffenrechtlichen Erlaubnis sind die in § 4 Absatz 1 Nummer 1 bis 6 genannten Daten innerhalb des Registers der für den Zuzugsort zuständigen Waffenbehörde zuzuordnen. Sofern Deutsche im Sinne des Artikels 116 des Grundgesetzes den gewöhnlichen Aufenthalt an einen Ort außerhalb des Geltungsbereichs dieses Gesetzes verlegen, sind die in § 4 Absatz 1 Nummer 1 bis 6 genannten Daten innerhalb des Registers der nach § 48 Absatz 2 Nummer 4 des Waffengesetzes zuständigen Waffenbehörde zuzuordnen.

(2) Nach Mitteilung des Zuzugs durch die Meldebehörde nach § 44 Absatz 2 des Waffengesetzes teilt die für den Zuzugsort zuständige Waffenbehörde der Registerbehörde die Tatsache des Zuzugs und die neue Anschrift des Inhabers einer waffenrechtlichen Erlaubnis mit.

(3) Die Registerbehörde erstellt auf Grund der Mitteilung der für den Zuzugsort zuständigen Waffenbehörde einen automatischen Datenaktualisierungshinweis und übermittelt ihn auf elektronischem Weg der bisher zuständigen Waffenbehörde.

§ 8 Verantwortung für die Datenübermittlung und die Datenrichtigkeit

(1) Die Waffenbehörden sind gegenüber der Registerbehörde für die Zulässigkeit der Übermittlung sowie für die Richtigkeit, Vollständigkeit und Aktualität der von ihnen übermittelten Daten verantwortlich. Die Registerbehörde stellt durch geeignete elektronische Datenverarbeitungsprogramme sicher, dass die zu speichernden Daten zuvor auf ihre Schlüssigkeit hin geprüft werden und dass durch die Speicherung dieser Daten bereits gespeicherte Daten nicht ungewollt gelöscht oder unrichtig werden.

(2) Soweit den Waffenbehörden konkrete Anhaltspunkte für die Unrichtigkeit oder Unvollständigkeit der von ihnen übermittelten Daten vorliegen, prüfen sie diese auf Richtigkeit und Vollständigkeit. Wenn die von ihnen übermittelten Daten unrichtig oder unvollständig sind, übermitteln sie unverzüglich berichtigte und vervollständigte Daten. Die Registerbehörde schreibt die übermittelten Daten entsprechend fort.

(3) Die in § 10 bezeichneten Stellen haben die zuständige Waffenbehörde unverzüglich zu unterrichten, wenn ihnen konkrete Anhaltspunkte für die Unrichtigkeit oder Unvollständigkeit der ihnen übermittelten Daten vorliegen. Die zuständige Waffenbehörde prüft die Mitteilung unverzüglich. Wenn sie die Unrichtigkeit oder Unvollständigkeit der Daten feststellt, übermittelt sie unverzüglich der Registerbehörde die berichtigten und vervollständigten Daten.

(4) Stellt die Registerbehörde fest, dass zu einer Person im Datenbestand des Registers mehrere Datensätze vorhanden sind, darf sie diese im Benehmen mit den Waffenbehörden, die die Daten an die Registerbehörde übermittelt haben, zu einem Datensatz zusammenführen.

(5) Die Waffenbehörden treffen dem jeweiligen Stand der Technik entsprechende Maßnahmen zur Sicherstellung von Datenschutz und Datensicherheit, die insbesondere die Vertraulichkeit und die Unversehrtheit der von ihnen gespeicherten und übermittelten Daten gewährleisten. Die Datenübermittlung ist nach dem jeweiligen Stand der Technik zu verschlüsseln.

§ 9 Protokollierungspflicht bei der Speicherung

(1) Die Registerbehörde als speichernde Stelle erstellt bei Datenübermittlungen nach den §§ 5 bis 7 Protokolle, aus denen Folgendes hervorgeht:
1.
    der Tag und die Uhrzeit der Datenübermittlung,

2.
    die übermittelnde Stelle,

3.
    die übermittelnde Person und

4.
    die übermittelten Daten.

(2) Die protokollierten Daten dürfen nur für Zwecke der Auskunftserteilung an den Betroffenen, zum Zweck der Datenschutzkontrolle, der Datensicherung und zur Sicherstellung eines ordnungsgemäßen Betriebes des Registers verwendet werden. Sie sind gegen zweckfremde Verwendung und gegen sonstigen Missbrauch zu schützen. Die Protokollierung nach Absatz 1 ist nach dem jeweiligen Stand der Technik zu gewährleisten. Die Protokolldaten sind für mindestens zwölf Monate vorzuhalten und nach 18 Monaten zu löschen. Dies gilt nicht, soweit sie für ein bereits eingeleitetes Kontrollverfahren benötigt werden.

Unterkapitel 2
Datenübermittlung aus dem Nationalen Waffenregister

§ 10 Übermittlung von Daten an Waffenbehörden, Polizeien des Bundes und der Länder, Justiz- und Zollbehörden, Steuerfahndung sowie Nachrichtendienste

Zum Zweck der Zuordnung von Waffen sowie waffenrechtlichen Erlaubnissen, Ausnahmen, Anordnungen, Sicherstellungen oder Verboten zu Personen werden die nach § 4 Absatz 1 und 2 gespeicherten Daten sowie die Ordnungsnummern nach § 4 Absatz 4 folgenden Stellen auf deren Ersuchen übermittelt, soweit dies zur Erfüllung der genannten Aufgaben erforderlich ist:

1.

den Waffenbehörden zur Erfüllung ihrer Aufgaben

a)

nach dem Waffengesetz,

b)

nach den auf Grund des Waffengesetzes erlassenen Rechtsverordnungen sowie

c)

nach diesem Gesetz und den auf Grund dieses Gesetzes erlassenen Rechtsverordnungen,

2.

den Gerichten und Strafverfolgungsbehörden einschließlich Vollstreckungsbehörden für Zwecke der Strafrechtspflege,

3.

den zur Ahndung von Ordnungswidrigkeiten zuständigen Behörden für Zwecke des Ordnungswidrigkeitenverfahrens,

4.

den Polizeien des Bundes und der Länder

a)

zur Abwehr einer konkreten Gefahr für Leib, Leben, Gesundheit, Freiheit einer Person oder bedeutende Sach- oder Vermögenswerte,

b)

zum Schutz von Leib, Leben, Gesundheit oder Freiheit der im Rahmen der polizeilichen Aufgabenerfüllung tätigen Personen, wenn die Datenübermittlung nicht nach Buchstabe a erfolgen kann,

5.

den Hauptzoll- und Zollfahndungsämtern sowie dem Zollkriminalamt zur Erfüllung ihrer Aufgaben nach dem Zollverwaltungsgesetz, dem Zollfahndungsdienstgesetz, dem Schwarzarbeitsbekämpfungsgesetz, dem Arbeitnehmer-Entsendegesetz und dem Arbeitnehmerüberlassungsgesetz; Nummer 4 Buchstabe a und b gilt entsprechend,

6.

den mit der Steuerfahndung betrauten Dienststellen der Landesfinanzbehörden zur Erfüllung ihrer Aufgaben nach der Abgabenordnung; Nummer 4 Buchstabe a und b gilt entsprechend, sowie

7.

den Verfassungsschutzbehörden des Bundes und der Länder, dem Militärischen Abschirmdienst und dem Bundesnachrichtendienst zur Erfüllung der ihnen durch Gesetz übertragenen Aufgaben, sofern sie nicht aus allgemein zugänglichen Quellen, nur mit übermäßigem Aufwand oder nur durch eine den Betroffenen stärker belastende Maßnahme erhoben werden können.

§ 11 Weitere Voraussetzungen für die Datenübermittlung

(1) Das Übermittlungsersuchen nach § 10 ist schriftlich oder elektronisch bei der Registerbehörde zu stellen. Der Verwendungszweck ist anzugeben. Die ersuchende Stelle hat den Grund ihres Übermittlungsersuchens aktenkundig zu machen. Die ersuchende Stelle trägt die Verantwortung für die Zulässigkeit der Übermittlung. Die Registerbehörde prüft nur, ob das Übermittlungsersuchen im Rahmen der in § 10 genannten Aufgaben der ersuchenden

Stelle liegt, es sei denn, dass ein besonderer Anlass besteht, die Zulässigkeit der Übermittlung zu prüfen. Die Datenübermittlung durch die Registerbehörde erfolgt schriftlich oder elektronisch.

(2) Enthält das Übermittlungsersuchen keine der nach § 4 Absatz 4 gespeicherten Ordnungsnummern, müssen mindestens folgende Daten enthalten sein:
1.
    Familienname, mindestens ein Vorname sowie Wohnort oder Tag oder Ort der Geburt,
2.
    Name der juristischen Person oder Personenvereinigung sowie derzeitiger Ort der Niederlassung oder des Sitzes oder
3.
    Seriennummer der Waffe auch in Verbindung mit Waffenkategorie, Kaliber- oder Munitionsbezeichnung, Herstellerbezeichnung oder Modellbezeichnung.

(3) Abweichend von Absatz 2 ist es zulässig, in einem Übermittlungsersuchen der Polizeien des Bundes oder der Länder nur die Anschrift anzugeben, wenn dies in einem bestimmten Einzelfall zur Abwehr einer Gefahr für Leib, Leben oder Freiheit einer Person erforderlich ist. Dies gilt auch für Abfragen für Zwecke des § 10 Nummer 4 Buchstabe b. In diesen Fällen werden nur die Angaben nach § 4 Absatz 1 Nummer 1 oder 2 übermittelt.

(4) Die von der ersuchenden Stelle mindestens anzugebenden Daten nach Absatz 2 sind um weitere Daten nach § 4 Absatz 1 Nummer 1, 2 und 4 zu ergänzen, sofern diese der ersuchenden Stelle bekannt sind. Daten nach Absatz 2 Nummer 1 und 3 oder Nummer 2 und 3 können in einem Übermittlungsersuchen miteinander verknüpft werden; die Angabe der Seriennummer ist nicht erforderlich.

(5) Kann die Registerbehörde gleichwohl die Identität der Person oder Waffe nicht eindeutig feststellen, übermittelt sie zur Feststellung der Übereinstimmung an die ersuchende Stelle die jeweilige Ordnungsnummer, die zuständige Waffenbehörde sowie
1.
    die Angaben nach § 4 Absatz 1 Nummer 1, wenn die Abfrage die Angaben nach Absatz 2 Nummer 1 enthält,
2.
    die Angaben nach § 4 Absatz 1 Nummer 2, wenn die Abfrage die Angaben nach Absatz 2 Nummer 2 enthält,
3.
    die Angaben nach § 4 Absatz 1 Nummer 4 sowie den Ort des gegenwärtigen Hauptwohnsitzes oder der gegenwärtigen Niederlassung, wenn die Abfrage die Angaben nach Absatz 2 Nummer 3 enthält, oder
4.
    die Angaben nach § 4 Absatz 1 Nummer 1 oder 2 und die Seriennummer bei einer Abfrage nach Absatz 4 Satz 2.

Die ersuchende Stelle hat alle Daten, die nicht die gesuchte Person oder Waffe betreffen, unverzüglich zu löschen und entsprechende Unterlagen zu vernichten, soweit sie für den mit der Abfrage verfolgten Zweck nicht mehr erforderlich sind.

(6) Die Registerbehörde trifft dem jeweiligen Stand der Technik entsprechende technische und organisatorische Maßnahmen zur Sicherung von Datenschutz und Datensicherheit, die insbesondere die Vertraulichkeit und Unversehrtheit der im Register gespeicherten Daten gewährleisten.

(7) Die Registerbehörde trifft darüber hinaus dem jeweiligen Stand der Technik entsprechende Maßnahmen zur Sicherstellung von Datenschutz und Datensicherheit, die insbesondere die Vertraulichkeit und die Unversehrtheit der von ihr übermittelten Daten gewährleistet. Die Datenübermittlung ist nach dem jeweiligen Stand der Technik zu verschlüsseln.

§ 12 Gruppenauskunft

(1) In einem Übermittlungsersuchen kann um die Übermittlung mehrerer Daten ersucht werden, die nicht mit jeweils allen nach § 11 Absatz 2 erforderlichen Angaben bezeichnet sind, wenn

1.

    dies zur Abwehr einer konkreten Gefahr für Leib, Leben, Gesundheit, Freiheit einer Person oder bedeutende Sach- oder Vermögenswerte oder für Zwecke der Strafrechtspflege erforderlich ist und die Daten auf andere Weise nicht, nur mit unverhältnismäßigem Aufwand oder nicht rechtzeitig erlangt werden können,

2.

    die Daten auf Grund im Register gespeicherter und im Übermittlungsersuchen angegebener gemeinsamer Merkmale zu einer Gruppe gehören, und

3.

    die Leitung der ersuchenden Stelle oder eine von der Leitung für solche Zustimmungen bestellte Vertretung in leitender Stellung zustimmt, sofern nicht ein Gericht oder eine Staatsanwaltschaft um die Übermittlung ersucht.

(2) Für die Datenübermittlung auf Grund eines Übermittlungsersuchens nach Absatz 1 (Gruppenauskunft) gilt § 11 Absatz 1, 6 und 7 entsprechend.
(3) Die ersuchende Stelle hat die übermittelten Daten, die nicht mehr zur Aufgabenerfüllung erforderlich sind, zu löschen.

§ 13 Datenabruf im automatisierten Verfahren

(1) Die in § 10 genannten Stellen werden von der Registerbehörde auf Antrag zum Datenabruf im automatisierten Verfahren zugelassen, wenn

1.

    die beantragende Stelle mitteilt, dass sie die nach § 9 des Bundesdatenschutzgesetzes erforderlichen technischen und organisatorischen Maßnahmen getroffen hat,

2.

    technisch gesichert ist, dass bei einem Datenabruf die Identität der abfragenden Stelle zweifelsfrei feststellbar ist, und

3.

    der automatisierte Datenabruf wegen der Vielzahl oder der besonderen Eilbedürftigkeit der zu erwartenden Übermittlungsersuchen unter Berücksichtigung der schutzwürdigen Interessen des Betroffenen angemessen ist.

(2) Die §§ 10 und 11 sind auf das automatisierte Abrufverfahren entsprechend anzuwenden. Die abrufende Stelle hat alle Daten, die nicht zu der gesuchten Person oder Waffe gehören, unverzüglich zu löschen und entsprechende Unterlagen zu vernichten.
(3) Die Registerbehörde unterrichtet den Bundesbeauftragten für den Datenschutz und die Informationsfreiheit von der Zulassung und gibt dabei an, welche Maßnahme die zugelassene Stelle nach eigener Mitteilung getroffen hat. Hat die Registerbehörde eine öffentliche Stelle

eines Landes zugelassen, unterrichtet sie ferner die für die Kontrolle der Einhaltung der Vorschriften zum Schutz personenbezogener Daten zuständige Stelle dieses Landes.
(4) Die abrufende Stelle ist für die Zulässigkeit des einzelnen Abrufs verantwortlich. Demgegenüber überprüft die Registerbehörde die Zulässigkeit des Abrufs nur, wenn dazu ein besonderer Anlass besteht. Im automatisierten Verfahren dürfen Daten nur von Bediensteten abgerufen werden, die von ihrer Behördenleitung hierzu besonders ermächtigt sind. Die Registerbehörde stellt sicher, dass im automatisierten Verfahren nur Daten abgerufen werden können, wenn die abrufende Stelle einen Verwendungszweck angibt, der ihr den Abruf der Daten erlaubt.

§ 14 Gruppenauskünfte im automatisierten Verfahren

Gruppenauskünfte nach § 12 sind im automatisierten Verfahren nach § 13 nur zulässig, wenn eine gegenwärtige Gefahr für Leib, Leben, Gesundheit oder Freiheit einer Person nicht anders abgewendet werden kann. Die abrufende Stelle ist für die Zulässigkeit des Abrufs verantwortlich. Sie hat auch die Voraussetzungen für den Abruf nach Satz 1 zu dokumentieren und mindestens zwölf Monate vorzuhalten.

§ 15 Datenübermittlung für statistische Zwecke

(1) Ohne Bindung an den Zweck des Nationalen Waffenregisters können den Waffenbehörden und den für das Waffenrecht zuständigen obersten und oberen Bundes- und Landesbehörden sowie den Landeskriminalämtern zur Sammlung, Aufbereitung, Darstellung und Analyse Daten übermittelt werden.
(2) Die Daten dürfen keinen Bezug zu einer bestimmten oder bestimmbaren Person ermöglichen.
(3) Die Daten dürfen den genannten Behörden nur für ihren jeweiligen Zuständigkeitsbereich übermittelt werden. Ergänzend hierzu können für Vergleichszwecke auf Antrag die korrespondierenden Gesamtzahlen im Bundesgebiet übermittelt werden.

§ 16 Protokollierungspflicht bei der Datenübermittlung auf Ersuchen und im automatisierten Abrufverfahren

(1) Die Registerbehörde erstellt bei Datenübermittlungen auf Ersuchen nach den §§ 10 bis 12 sowie bei Datenübermittlungen im automatisierten Abrufverfahren nach den §§ 13 und 14 Protokolle, aus denen Folgendes hervorgeht:
1.
    der Tag und die Uhrzeit des Zugriffs oder im Fall des automatisierten Abrufverfahrens des Abrufs,
2.
    die ersuchende oder im Fall des automatisierten Verfahrens die abrufende Stelle,
3.
    die abrufende Person,
4.
    die übermittelten Daten und
5.
    der Anlass und Zweck der Übermittlung.

Im Fall einer Gruppenauskunft sind zusätzlich die im Übermittlungsersuchen angegebenen gemeinsamen Merkmale und die Anzahl der Treffer zu protokollieren.

(2) § 9 Absatz 2 ist anzuwenden.

Kapitel 3
Zweckbindung, Schutzrechte

§ 17 Zweckbindung bei der Datenverarbeitung und Datennutzung

Die ersuchende oder abrufende Stelle darf die Daten, soweit gesetzlich nichts anderes bestimmt ist, nur für die Zwecke verarbeiten und nutzen, zu deren Erfüllung sie ihnen übermittelt wurden. Sie darf die übermittelten Daten auch für andere Zwecke verarbeiten und nutzen, soweit sie ihr auch für diese Zwecke hätten übermittelt werden dürfen.

§ 18 Löschung von Daten

(1) Die Registerbehörde löscht auf Veranlassung der zuständigen Waffenbehörde die im Nationalen Waffenregister gespeicherten Daten, wenn sie zur Aufgabenerfüllung nicht mehr erforderlich sind.

(2) Im Übrigen werden die im Nationalen Waffenregister gespeicherten Daten auf Veranlassung der zuständigen Waffenbehörde gelöscht:

1. in den Fällen des § 3 Nummer 1 Buchstabe b, Nummer 2, 3, 8, 17, 19, 21, 22, 23 und 24 nach Ablauf von 20 Jahren nach Aufgabe oder der endgültigen Entziehung des letzten Waffenbesitzes durch den Erlaubnisinhaber oder nach Ablauf von 20 Jahren nach dessen Tod,

2. im Fall des § 3 Nummer 7 nach Ablauf von 20 Jahren nach Erlöschen der Erlaubnis,

3. in den Fällen des § 3 Nummer 1 Buchstabe a, Nummer 4, 5, 9, 11, 12 und 20 einen Monat nach Erlöschen der Erlaubnis,

4. in den Fällen des § 3 Nummer 16 mit Erlöschen der Erlaubnis oder der Nebenbestimmung,

5. im Fall des § 3 Nummer 11 Buchstabe a nach Ablauf von 30 Jahren nach Einstellung des Betriebes,

6. in den Fällen des § 3 Nummer 11 Buchstabe b nach Ablauf von 20 Jahren nach Einstellung des Betriebes,

7. in den Fällen des § 3 Nummer 13, 14 und 15 nach Ablauf von 20 Jahren nach Erteilung der Erlaubnis,

8. im Fall des § 3 Nummer 6 bei Tod des Erlaubnisinhabers oder bei Rückgabe des Erlaubnisdokumentes,

9.

im Fall des § 3 Nummer 18 nach bestandskräftiger oder rechtskräftiger Aufhebung des Waffenverbotes.

§ 19 Auskunft an den Betroffenen; Berichtigung von Daten

(1) Die Registerbehörde erteilt dem Betroffenen entsprechend § 19 des Bundesdatenschutzgesetzes Auskunft. Über die Erteilung einer Auskunft entscheidet die Registerbehörde im Benehmen mit der Waffenbehörde, die die Daten übermittelt hat.

(2) Der Antrag nach Absatz 1 Satz 1 muss die nachfolgenden Angaben zur antragstellenden Person enthalten:

1.
Familienname,

2.
Vornamen,

3.
Anschrift und

4.
Tag, Ort und Staat der Geburt.

(3) Die Auskunft kann auch im Wege der Datenübertragung über das Internet erteilt werden. Dabei ist zu gewährleisten, dass dem jeweiligen Stand der Technik entsprechende Maßnahmen zur Sicherstellung von Datenschutz und Datensicherheit, insbesondere im Hinblick auf die Vertraulichkeit und Unversehrtheit der Daten, getroffen werden. Die Identität des Antragstellers ist nachzuweisen mittels:

1.
eines elektronischen Identitätsnachweises,

2.
eines Identitätsbestätigungsdienstes,

3.
einer qualifizierten elektronischen Signatur nach dem Signaturgesetz oder

4.
eines anderen elektronischen Nachweisverfahrens, welches über einen entsprechenden Stand der Technik zur Sicherstellung von Datenschutz und Datensicherheit verfügt.

(4) Sind gespeicherte Daten unrichtig oder unvollständig, hat die Registerbehörde unverzüglich einen entsprechenden Hinweis an die zuständige Waffenbehörde zu übermitteln. § 8 Absatz 2 gilt entsprechend.

Kapitel 4
Schlussvorschriften

§ 20 Verordnungsermächtigung

(1) Das Bundesministerium des Innern wird ermächtigt, durch Rechtsverordnung mit Zustimmung des Bundesrates Näheres zu bestimmen

1. zu den Daten, die nach § 4 gespeichert werden,

2. zum Verfahren der Datenübermittlung an die Registerbehörde durch die Waffenbehörden,

3. zum Verfahren der Datenübermittlung durch die Registerbehörde nach den §§ 10 bis 12,

4. zum Verfahren des automatisierten Datenabrufs nach den §§ 13 und 14,

5. zu den nach § 9 des Bundesdatenschutzgesetzes erforderlichen technischen und organisatorischen Maßnahmen.

(2) Soweit in Rechtsverordnungen auf Grund dieses Gesetzes Form und Verfahren von Datenübermittlungen bestimmt werden, kann dabei auf Bekanntmachungen sachverständiger Stellen verwiesen werden, die für jeden zugänglich sind. In der Rechtsverordnung sind das Datum der Bekanntmachung, die Fundstelle und die Bezugsquelle der Bekanntmachung anzugeben. Die Bekanntmachung ist beim Bundesarchiv niederzulegen; in der Rechtsverordnung ist darauf hinzuweisen.

§ 21 Ausschluss abweichenden Landesrechts

Von den in diesem Gesetz oder auf Grund dieses Gesetzes getroffenen Regelungen des Verwaltungsverfahrens kann nicht durch Landesrecht abgewichen werden.

§ 22 Erstmalige Übermittlung des Datenbestandes

(1) Die Waffenbehörden übermitteln bis spätestens zum 31. Dezember 2012 die in § 4 Absatz 1 bis 3 genannten Daten an die Registerbehörde zu einem Zeitpunkt, der einvernehmlich festgelegt worden ist. Nachfolgende Änderungen dieses Datenbestandes werden der Registerbehörde fortlaufend übermittelt. Die Sätze 1 und 2 gelten auch für Daten und ihre Änderungen aus Erlaubnissen nach § 57 Absatz 1 des Waffengesetzes und fortgeltenden Erlaubnissen nach § 58 Absatz 1 des Waffengesetzes.

(2) Bei der Übermittlung nach Absatz 1 Satz 1 und 3 kann von den in der Rechtsverordnung nach § 20 Absatz 1 Nummer 1 und 2 festgelegten Anforderungen abgewichen werden, soweit die Daten bei der übermittelnden Behörde noch nicht in dieser Form vorliegen. Die hierbei einzuhaltenden Mindestanforderungen werden durch Rechtsverordnung des Bundesministeriums des Innern mit Zustimmung des Bundesrates festgelegt.

(3) Macht eine übermittelnde Stelle von Absatz 2 Satz 1 Gebrauch, so passt sie bei der nächsten Änderung eines Datensatzes diesen gesamten Datensatz an die Vorgaben der auf Grund von § 20 Absatz 1 Nummer 2 ergangenen Rechtsverordnung an, spätestens jedoch bis zum 31. Dezember 2017. Sie übermittelt die angepassten Datensätze unverzüglich der Registerbehörde.

§ 23 Einführungsbestimmung; Probebetrieb

(1) Die §§ 1 bis 21 sind bis zum 31. Dezember 2012 nur von den Behörden anzuwenden, die am Betrieb zur Erprobung der in diesem Gesetz vorgesehenen Verfahren zur Datenübermittlung und zum automatisierten Abruf teilnehmen.
(2) Dieser Probebetrieb dient der Überprüfung der Funktionalität, Interoperabilität, Stabilität und Sicherheit der einzelnen Bestandteile der Systeme sowie ihres funktionalen und technischen Zusammenwirkens. Diese Behörden werden durch den Bund und die Länder im Rahmen ihrer Zuständigkeit bestimmt und im Bundesanzeiger bekannt gegeben. Voraussetzung für die Teilnahme am Probebetrieb ist, dass die Behörden die hierfür erforderlichen technischen und organisatorischen Voraussetzungen geschaffen haben.

§ 24 Inkrafttreten

Dieses Gesetz tritt am 1. Juli 2012 in Kraft.

Anmerkung des Autors:

Der Autor hat versucht, die Jagd im Lichte des Natur-, Arten- und Tierschutzes darzustellen. Bereits der Umfang des Kapitels „Hege" innerhalb eines Jagdrechtsbuches zeigt auf, welchen Stellenwert der Natur-, Arten- und Tierschutz innerhalb der Jagdausübung hat. Die eigentliche Jagdausübung ist der geringere Anteil des Jägers innerhalb seiner Leidenschaft. Vielmehr nimmt die Hege und Pflege des Wildes die überwiegende Zeit des Jägers in Anspruch. Vollkommen unverständlich sind daher die Behauptungen einiger Kreise, dass ohne die Jagd eine Regulation von Tieren und Pflanzen möglich sei. Grundlagen dieser Behauptungen können nur aus Desinformationen entspringen. Deutschland ist kein Land mit Urwald. Vielmehr ist das Land durch Menschen geformt. Ein Fließgleichgewicht kann auch nur durch den Eingriff der Menschen erhalten bleiben. Die gleichen Kreise gebrauchen dann noch Schlagworte wie „Bambitöter". Dabei sind es gerade diese „Bambitöter" die einen erheblichen Teil ihrer Freizeit für die Erhaltung der Natur opfern. Etwa 98 Millionen Euro geben Jäger alljährlich aus für Hege und Lebensraumverbesserung[515]. Jäger können bis in den letzten Quadratmeter eines Gebietes hineinwirken und haben damit die Möglichkeit des flächendeckenden Naturschutzes. Gerade langjährige Pachtverträge fördern Naturschutzprojekte in den Revieren. Nutznießer sind klassischerweise die Land- und Forstwirte, aber natürlich auch die Jäger. Vor dem Hintergrund, dass die Jäger Naturschutz praktisch anwenden, sind die meisten Jagdverbände nach § 59 Bundesnaturschutzgesetz als Naturschutzverbände anerkannt.

Daneben informieren Jäger unsere Schulkinder mit der „Rollenden Waldschule" und bringen diesen das naturbewusste Verhalten nahe. Die „grüne Welle" informiert die Bevölkerung über das Radio über interessante Themen.

Natürlich wird die Jagd immer im Spannungsfeld Natur-, Arten[516]- Tierschutz und Ökonomie stehen. Aber bisher haben es gerade die Jäger geschafft, eine ordentliche und beachtenswerte Schnittstelle zwischen diesen Spannungsfeldern zu schaffen. Die Jäger erhalten das natürliche Gleichgewicht und verringern durch die Regulierung der Wildbestände erhebliche Schäden an Land- und Forstwirtschaft. Dies alles erfolgt gleichsam durch die Aufopferung ihrer Freizeit. Ein derart gut funktionierendes System sollte nicht zum Spielball der Politik werden indem die Aufteilung zwischen Bundesjagdgesetz und Landesjagdgesetz in Frage gestellt wird. Nach der Föderalismusreform können die Länder Abweichungen treffen. Demnach kann eine jagdfeindliche Regierung erheblichen Schaden anrichten. Dieser Schaden kann zwar durch den Bund eingefangen werden. Jedoch wird dies zu einem ewigen „Hin und Her" führen. Zudem besteht die Gefahr einer erheblichen Zersplitterung des Jagdrechts. In der Zukunft ist also der Zusammenhalt der Jäger gegen einseitige politische Interessen gefragt.

Trotz dieser positiven Bilanz gibt es auch kritische Punkte. Der Vergiftung von Wasservögeln mit Bleimunition muss Einhalt geboten werden. Wie in den Niederlanden oder Dänemark ist ein einheitliches Verbot sinnvoll. Auch die Einbürgerung von Wildarten, welche die Fauna verfälschen sollte nicht wieder vorkommen (vgl. Sikawild und Muffelwild).

Ich danke Herrn RJM Dietrich Schröder, Wermelskirchen, für die zahlreichen Anregungen zu diesem Buch. Herrn Ralph Paß, Köln, danke ich für die kritische Durchsicht.

---

[515] DJV-Handbuch 2008.

[516] Vgl. etwa Friedrich Karl von Eggeling, „Artenschutz als gesellschaftliche Aufgabe der Jagd?, Jäger 04/2008, Seite 14 ff.

Literaturverzeichnis

Argumentationshilfen für Jäger in der Öffentlichkeit, Roman Wagner, Der Berufsjäger, 23. Jahrgang 2008, Seite 21 ff.

Artenschutz als gesellschaftliche Aufgabe der Jagd?, Friedrich Karl von Eggeling in Jäger 04/2008, Seite 14 ff.

Ausübung der Jagd im NSG, Dr. TT, unsere Jagd 2/2005, Seite 27.

Das Jagdrecht in Nordrhein-Westfalen, Kommentar, Schandau, Drees, Thies, Müller-Schallenberg, Kommunal- und Schulverlag, Wiesbaden.

Das neue Staatsziel und die alte Jagd, Sailer in NuR 2006, Seite 271 ff.

Der deutsche Jagdzwang auf dem Prüfstand des Europäischen Gerichtshofs für Menschenrechte, Seiler, Christian, NuR, 2012, S. 165 (168).

Der Jäger und sein Recht, Mark G. v. Pückler, Paul Parey Zeitschriftenverlag

Die Jagd als Mechanismus der biotischen und kulturellen Evolution des Menschen, Kühnle, Univ. Diss. Trier 2003.

Die Jagdwilderei und ihre Bestrafung, Dr. Susanne Selter, Pirsch 24/2008, Seite 26 ff.

Die Rechtsordnung und das Töten von Tieren, Lorz in NuR 1992, Seite 401 ff.

Die Sache mit der Jagd, Heribert Kalchreuter, Kosmos-Verlag 2003.

Diesseits und jenseits von weidgerecht, Peter Conrad, DJZ 01/09, Seite 16 ff.

Ende des Reviersystems, Nieding in Pirsch 8/2008, Seite 28 ff.

Fasanen aus Massenerzeugung, Sojka in RdL 1984, 283 ff.

Gebietsfremde Organismen als Rechtsproblem, Fisahn/Winter, ZUR 2000, Seite 8.

Große Maisschläge – ein Kündigungsrecht, Heine, Günter, unsere Jagd 3/2008, Seite 24 f.

Jagd und Jäger in Nordrhein-Westfalen, 2007/2008, Hrsg.: Landesjagdverband NRW.

Jagd und Jäger in der DDR, Unsere Jagd, Sonderheft, 9/2000.

Jagdkunde, Ritz Nüßlein, BLV 1990

Jagdrecht, Fischereirecht, Lorz, Metzger, Stöckel, C.H. Beck´sche Verlagsbuchhandlung.

Jagdrecht in Baden-Württemberg, Kümmerle, Nagel, 10. Auflage 2006, Boorberg Verlag

Jagdrecht in Nordrhein-Westfalen, Heinz Rose, Kohlhammer Deutscher Gemeinde Verlag.

Jagdrecht Nordrhein-Westfalen, Müller-Schallenberg, Knemeyer, Neumann-Neumann.

Jagdwissen auf einen Blick, Hespeler, blv.

Junge Jäger Info, Wild und Hund, 3/2008, Paul Parey Zeitschriftenverlag.

Minderung der Jagdpacht möglich?, Mehring K.-G., unsere Jagd 2/2005, Seite 26.

Multifaktorielle Analyse von Schussverletzungen durch Jagdwaffen, Frank Wissmann, 1993.

Naturschutzrecht, Lorz, Müller, Stöckel, C.H. Beck.

Ordnungswidrigkeitengesetz, Göhler, 12., neubearbeitete Auflage 1998, Beck Verlag.

Palandt, Bürgerliches Gesetzbuch, 71., neubearbeitete Auflage, 2012.

Plötzlich ist Schwarzwild da, Frank B. in unsere Jagd 8/2004, Seite 22.

Rechtsfragen beim Tod eines Jägers/Jagdpächters, Frank in ZEV 11/2005, Seite 475 f.

Schwarzwild und Schwarzwildschäden in Deutschland 1946, Nachrichtenblatt Pflanzenschutzdienst, Berlin, 2. Jg., H. 28, Seite 74-77.

Steuer für beruflich gehaltenen Hund, Dr. O., unsere Jagd 5/2005, Seite 1.

Strafgesetzbuch, Kommentar, Schönke/Schröder, 26. Auflage 2001, Verlag Beck.

Strafgesetzbuch, Kommentar, Tröndle/Fischer, 54. Auflage 2007, Verlag Beck.

Studie zur „Ökologie ausgewählter Wasservogelarten (Gänse/Schwäne) in Bayern", Homma/Geiter im Auftrag des LfU.

Tierschutzgesetz, Hirt, Maisack, Moritz, 2. Auflage 2007, Verlag Franz Vahlen

Töten von verunfalltem Wild im fremden Revier, Jürgen Wolsfeld, unser Jagd 3/2011, S. 54 f.

Über den Begriff der Weidgerechtigkeit, Bernd Balke, Österreichischer Jagd- und Fischerei-Verlag, 2007.

Verkehrssicherungspflicht im Wald, Gebhard, ArgrarR 1995, Seite 389.

Waffenrecht geändert – was ist neu?, Jost Doerenkamp in unsere Jagd 4/2008, Seite 4 ff.

Was darf es kosten?, Rahn, Jörg, Wild und Hund, April/2005, Seite 26 ff.

Wem gehört das Stück, Osgyan, WuH 20/2007, Seite 16 ff.

Wie es für Jäger weitergeht, Thies, Hans-Jürgen, Rheinisch-Westfälischer Jäger, 8/12, S. 4.

Wie lange kann ein jagdbares Tier Gegenstand der Jagdwilderei sein?, Furnter in JR 62, Seite 414 ff.

Wildbretgewinnung nach europäischem Lebensmittelrecht, Frank Martini, Franckh-Kosmos Verlag, 2010.

Wildschaden an Buschbohnen nicht ersatzpflichtig, Hans-Jürgen Thies, Rheinisch Westfälischer Jäger 04/2008, Seite 10.

Wildschadenverhütung in Wald und Feld, Erhard Ueckermann, Parey-Verlag 1981

Windenergieanlagen im Revier – Minderung der Jagdpacht möglich?, Mehring K.-G., unsere Jagd 2/2005, Seite 26.

Zoff um Wildäcker in Naturschutzgebieten, Thies Hans-Jürgen, Rheinisch-Westfälischer Jäger, 03/08, Seite 4.

Zur Zulässigkeit des Totalabschusses von Rotwild in Rotwildfreigebieten – Anm. zu OVG Koblenz, Urteil vom 30.10.2002, Asche in: NuR 2003, 407 ff.

Schlagwortverzeichnis

Pressestimmen zur 1. Auflage:

„Einer, dem zu seiner Jägerprüfung im Kreis Neuss sicher dieses Fach schon sehr lag, hat sich zusammen mit Revierjagdmeiser Dietrich Schröder daran gemacht, den Stoff für den Jäger von Morgen aufzubereiten. Mit praktischen Beispielen hinterlegt und einem Fragenkatalog am Ende eines jeden Kapitels wird der Stoff von Jürgen Wolsfeld dem Adepten des Waidwerks nahegebracht. So steht auch dem Jäger, der sich über den aktuellen Stand der Gesetzgebung informieren möchte, ein praktisches Nachschlagewerk zur Verfügung. Insgesamt also ein Buch, welches sicher den Weg in viele Jägerhaushalte finden sollte, den bei aller Freude am praktischen Waidwerk kann einem die Unkenntnis der aktuellen Gesetzgebung (siehe kürzlich Waffentransport und Kurzflinten als Vorderschaftrepetierer) ganz schön in Schwierigkeiten bringen." **(Christian de Renet von der Kreisjägerschaft Neuss zur 1. Auflage dieses Werkes)**

„Dieser Mittelweg zwischen Gesetzestext und juristischen Kommentierungen dient Jagdscheinanwärtern als Lernhilfe und Jagdpraktikern zur schnelleren Orientierung." **(Pirsch, Magazin für Jagd und Kultur, Ausgabe 3/2009, Seite 25)**